KB089429

나는 경매로 노숙자에서
억대 연봉자가 되었다

Copyright ⓒ 2016, 천지인(김광석)
이 책은 한국경제신문 *i* 가 발행한 것으로
본사의 허락없이 이 책의 일부 또는 전체를 복사하거나 무단전재하는 행위를 금합니다.

나는 경매로 노숙자에서 억대 연봉자가 되었다

천지인(김광석) 지음

한국경제신문 _i_

오랜 세월 동안 길가에서 구걸하는 사람이 있었습니다.

어느 날 행인이 거지에게 물었습니다.

"나는 가진 것이 아무것도 없으니 적선도 할 수 없구려. 그런데 당신이 걸터앉아 있는 것이 뭐요?"

"이것 말이요? 그냥 낡은 상자일 뿐입니다. 그런데 왜 그것을 묻는 거요? 나는 눈이 오나 비가 오나 늘 이 상자에 앉아 있었소."

행인은 상자를 가리키며 묻습니다.

"한 번이라도 그 상자 안을 본 적이 있소?"

"이 상자 안을요? 그것을 봐서 뭐해요? 아무것도 없는 빈 상자요."

"안을 한번 들여다보시구려."

행인이 재촉하자 거지는 마지못해 상자 뚜껑을 열어 보았습니다. 그런데 이게 어찌 된 일인가요? 상자 안에는 놀랍게도 황금이 가득 들어 있었습니다.

이 책을 쓴 천지인 님은 독자 여러분들에게 아무것도 줄 수 없습니다. 행인과 마찬가지로 여러분의 내부를 한번 들여다보라고 말할 뿐입니다. 여러분 자신의 내면을 한번 들여다보시기 바랍니다. 당신이 누구인지. 왜 경매를 하려고 이 책을 집어 들었는지. 그리고 과연 경매로 경제적 자유를 얻을 수 있는지.

천지인 님은 이 책에서 인생의 구구절절한 사연을 풀어놓았습니다. 한번 책을 붙들면 손에서 책을 놓을 수 없는 인생의 향기가 배어 있습니다. 더불어 여러분들에게 당부합니다. 행복을 얻기 위해서는 탈출이란 명제 앞에 솔직한 내면을 드러내야 한다고.

솔개는 나이가 들면 먹이를 공격하는 부리가 휘어지고, 날카롭던 발톱도 너무 길어서 쓸모없어진다고 합니다. 포기할 것인가, 아니면 행복을 위해 새로운 탈출을 할 것인가 선택의 갈림길에 서 있습니다. 솔개는 바위에 부리가 부서질 때까지 쪼아서 뭉그러뜨릴 때 새로운 부리를 얻고 새로운 삶을 시작합니다.

이 책에서 저자는 수많은 실패담에서 배운 값진 교훈을 쏟아냅니다. 오랜 세월 속에서 얻어진 값진 경험들을 여러분들에게 나눠주고자 합니다. 사선을 넘나들던 아픈 과거를 가감 없이 드러냅니다.
한편으로는 책 곳곳에 추상같은 단호함으로 경매를 우습게 보지 말라고 일갈하기도 합니다. 수많은 경매초보자의 실패를 봐 왔기 때문입니다. 노력하지 않고 한 방에 큰 꿈을 실현하고자 하는 사람들에게 주는 선배의 충고입니다.
행복은 길바닥에 떨어진 돌멩이처럼 흔하디흔합니다. 그런데 돌멩이를 줍기 위해서는 허리를 구부려야 합니다. 행복을 줍기 위해 허리를 구부려야 한다는 진리는 모두 알고 있으나, 허리를 구부리는 그때는 사람마다 기준이 다릅니다. 자리 잡으면, 애들이 좀 크면 하는 식으로 지금 당장 필요한 것에만 몰두하기 일쑤입니다. 그러다 어느 날 집에 돌아와 보면 아들은 다 커서 아버지 자리가 사라져버릴지도 모르는데 말입니다.

저자는 당장 할 수 있는 것부터 지금부터 시작해보라고 말합니다. 그 길이 멀리 있는 것이 아니라 지금 허리 한번 구부리면 행복이란 돌멩이를 집을 수 있다는 진리를 이 책에서 알려주고 있습니다.

저도 나이가 들어서 경매를 시작했고, 이런저런 곳에서 천지인 님을 알게 되었습니다. 어느 날 한 카페에서 천지인 님의 부인께서 큰 병을 앓고 있어, 뜻있는 몇 사람이 십시일반으로 도움을 주자고 하는 글을 보고 동참해야지 하다 그만 때를 놓쳐버렸습니다.

힘들고 어려울 때마다 천지인 님의 글을 보고 힘을 얻었는데 천지인 님이 어렵고 힘들 때 힘이 되지 못한 미안함이 그리움이 되었고, 2015년 낙엽이 떨어지는 어느 가을날 천지인 님이 서울역에서 노숙하며 들렀던 국밥집에서 소주 한 잔 놓고 국밥을 함께 먹으며 인연이 시작되었습니다.

어느 날 책을 쓰셨다는 말씀을 듣고 내 일처럼 기쁨에 추천사를 쓰게 되었습니다. 제가 느낀 바와 같이 천지인 님 과거의 애환이 눈물로 떨어지고, 미래에 대한 희망의 붉은 기운이 독자 여러분들의 가슴속에 새겨들 것입니다. 특히 이 책은 경매의 기술뿐만이 아니라 인간 김광석 님의 내면세계가 고스란히 담겨 있습니다.

생선을 쌓은 종이에서는 비린내가 나고, 향초를 쌓은 종이에서는 향기가 난다는 말처럼 이 책을 통해서 여러분 가슴에 경제적 자유를 갈망하는 열정의 향기가 나길 기원합니다.

좌포의 부동산 경매 카페지기
도현 김종성

많은 분이 필자에게 '경매 달인'이니, '재야의 경매 고수'니 하십니다. 하지만 필자는 경매 고수도, 달인도 아닙니다. 다만, 학원도 다니지 않고 그저 책으로, 몸으로 산전수전 다 겪은 투자자에 불과할 따름입니다. 그 누구보다 처절하게 공부했고, 누구보다 오감품(눈품, 손품, 발품, 입품, 귀품)을 많이 팔아 실전 경험을 많이 한 사람이라고 자부합니다.

오히려 '낙찰의 달인'이라고 하신다면 웃음으로 받아들이겠습니다. 필자는 17년간 274건을 낙찰받았습니다. 필자 명의로 167건, 타인 명의로 78건 낙찰받았습니다. 그 외 낙찰받아 기각, 정지, 취하된 물건이 29건 있습니다. 수많은 기록은 책 중간중간 그 증명이 나올 것입니다. 낙찰받으며 애환과 처절함으로 점철된 사연은 되도록 이해하기 쉽게 집필하려고 많은 노력을 했습니다. 이 책은 초심자나 중수 분들을 위한 지침서로, 간접 경험을 많이 할 수 있을 것으로 생각합니다.

서점에 가시면 경매 책이 우후죽순 나와 있습니다. 하지만 이 책은 몇 년 경매하지도 않고 인지도 쌓아 학원이나 차리려는 사람들의 책과는 차원이 다릅니다. '몇천만 원으로 몇십억 원 벌었다', '몇백만 원으로 50억 원 벌었다', '몇 살에 몇십억 원 번 노하우 전수' 등 현란한 문구로 유혹하는 책들이 즐비합니다. 물론 사실인 분들도 있겠지만 그런 문구에 현혹되지 마십시오. 그렇게 돈을 많이 벌었다면 고생스럽게 학원 강사 하면서 자신의 노하우를 알려줄 이유가 없겠지요. 친인척 또는 지인끼리 조용히 부자 되면 될 텐데… 그런 분들 보면 거의 다 학원 차려 강의하고 있더군요.

아무것도 모르시는 경매 초보분들은 그런 책들 읽으시고, 그들을 교주처럼 떠받들기도 합니다. 그들처럼 큰돈 벌어 경제적 자유를 누려보겠다고 경매에 입문합니다. 강의를 듣고 평생 가본 일 없는 치열한 경매 법정에 가서 입찰에 도전합니다. 그러나 경매란 그렇게 만만한 것이 아닙니다. 경매 공부에 매진하고 입찰하지만 거듭된 패찰로 의욕은 상실되고 좌절감만 커집니다. 그 결과, '나는 경매가 맞지 않아' 하며 조용히 경매 세계를 떠나는 분이 90%가 넘습니다.

그래도 '아니야, 뭔가 내가 공부를 덜 해서 부족해서야'라고 위로하며 다른 뭔가를 찾기도 합니다. 낙찰에 어려움을 겪는 분들을 또다시 유혹하는 광고성 글귀가 난무합니다. '특수물건(지상권, 법정지상권, 유치권, 지분권, 선순위 가처분, 가등기, NPL 등)으로 낙찰받기 쉽고 고수익 창출!' 다시 돈을 내고 공부합니다. 특수물건에 입찰하면 낙찰받기는 아무래도 쉽습니다. 왜냐고요? 어렵고, 위험하고, 해결할 문제가 많아 입찰자가 적으니까요. 그러나 경매란 대출, 즉 지렛대 효과를 이용해야만 하는데 특수물건은 대출이 안 됩니다. 그러다 보니 있는 돈 다 투자하고 해결될 때까지 송사에 시달리며 몇 년을 버티다 결국 경매를 접을 수밖에 없습니다. 물론 개중에는 수익도 있고 금방 해결되는 것도 있지만 90%는 거의 몇 년씩 걸립니다.

그럼 경매로 어떻게 돈을 버느냐? 어떻게 경매하고 어떻게 수익을 내 불확실한 미래를 대비할 수 있을까요? 필자의 처절했던 과거사와 땀으로 얼룩진 노하우를 이 책 속에 모두 담았으니 그대로 따라 하면 됩니다. 처음은 무조건 따라 하는 것입니다. 그러면 쉽고, 머리 안 아프고 경매를 즐기면서 할 수 있습니다. 적은 종잣돈으로 1년에 연봉 5,000만 원에서 1억 원 정도는 수익을 낼 수 있습니다. 그렇게 할 수 있도록 필자의 노하우를 전수해드릴 테니 책을 끝까지 읽으십시오. 필자가 이 책을 집필하는 것은 일종의 양심선언이라고 생각하면 맞습니다. 반드시 경매로 경제적 자유를 만끽할 수 있는 그 날이 올 것입니다.

　필자는 1999년 IMF 때 부도를 맞아 돈 한 푼 없는 신불자에 거지가 되었습니다. 노숙생활을 하며 꿈도 희망도 없을 때 우연히 경매를 알게 되어 공부하고, 험난한 경매 세계에 입문하게 되었습니다. 그동안 책 한번 내라고 많은 권유를 받았지만, 67세 나이에 컴퓨터도 잘 다루지 못하고, 배운 것도 없다 보니 용기가 나지 않았습니다. 솔직히 나의 노하우를 알리기 싫은 점도 있었습니다. 얼마나 많은 시행착오를 거쳐 어렵게 터득한 노하우인데… 그 처절했던 과거, 고생한 것을 생각하면 누구에게도 알려주고 싶지 않았습니다.

　그러나 몇 년 전부터 생각이 바뀌기 시작했습니다. '그동안 많은 수익을 올려 노후 걱정은 안 해도 될 만큼 경제적인 자유를 누리게 되었고, 고아로 자라며 많은 이들에게 도움받아 오늘날 여기에 서 있지 않은가? 늦은 나이지만 과거의 나처럼 어렵고 힘든 분들에게 지팡이가 되자. 그분들의 길잡이가 되어 경제적 어려움을 겪고 있는 분들한테 베풀자. 이 삶을 마감하기 전에 뭔가 세상을 살았다는 흔적이라도 남겨야 하지 않겠나?' 이에 마음을 고쳐먹고 이 책을 집필하게 되었습니다.

평생직장은 사라진 지 오래, 언제 어떻게 회사에서 해고될지 모르는 살얼음판 같은 생활을 하는 이들이 많습니다. 스트레스에 찌든 몸을 술로 달래도 보지만 미래는 깜깜하기만 하고, 선배들의 사연은 더욱더 불안하고 초조하게 만듭니다. 퇴직 후 지인의 권유로 체인점을 운영하다 2년 만에 퇴직금을 다 날린 선배, 일확천금을 꿈꾸며 주식하다 깡통계좌에 빚만 덩그러니 진 선배. 평생 한 직장에서 최선을 다해 가족을 부양하고 한창 공부하는 자식을 위해 아직 더 일해야 하는 나이지만 세상은 그리 녹록지 않은 것이 사실입니다.

하지만 걱정하지 마십시오. 이 책이 여러분의 경매 지침서가 되어 성공의 길로 안내할 것입니다. 필자는 한 치의 거짓 없이 진실만을 담았습니다. 지난 세월, 필자가 터득한 모든 노하우를 집결한 이 책을 읽고 그대로 따라만 하십시오. 그러면 독자 여러분도 저처럼 성공할 수 있습니다.

감사합니다.

천지인(김광석)

  필자는 올해 67세다. 이 책의 독자 대부분은 부모님 품에서 어린 시절을 보내고 학업을 마친 평범한 분들이지 않을까? 물론 필자처럼 어렵고 힘들게 살아온 분도 계실 것이다. 밝고 아름다운 이야기만 하면 좋겠지만, 필자는 어두웠던 과거와 처절했던 삶의 풍파를 고스란히 이 책에 풀어놓으려 한다. 독자 여러분이 용기와 새 희망의 끈을 얻어 밝은 미래를 꿈꾸기를 바라는 마음에서다. 그럼 지금부터 필자의 경매 입문기와 그 처절했던 삶의 이야기를 시작하겠다.

  어릴 적 조실부모한 필자는 보육원에서 자랐다. 여섯 살 어린 여동생과 배를 곯으며, 뱀을 잡아먹기도 했다. 초등학교를 졸업하자마자 배고픔을 참지 못해 도망했다. 서울로 올라와 구두닦이의 밥 한 그릇을 얻어먹은 죄로 3년을 잡혀 구두닦이 생활을 했고, 싸움하다가 다리를 부러뜨려 소년원에서 6개월간 복역하기도 했다. 출소 후 마중 나온 이는 나를 소년원에 잡아넣었던 경찰관이었다.

  그 경찰관은 나를 자신의 집으로 데려가 밥을 주고, 대한통운 남대문 지점의 트럭 조수로 취직까지 시켜줬다. 제2의 은인인 운전기사님은 공부해야 잘 살 수 있다고 했고, 이에 필자는 독학으로 공부해 검정고시를 봤다. 이후 온갖 밑바닥 인생을 살며 우연한 인연으로 아내를 만나 결혼해 가정을 꾸렸고, 1남 2녀를 둔 가장이 됐다.

  나와 같은 고생을 자식까지 대물림하지 않기 위해 돈을 버는 일

이라면 밤낮없이 몸이 부서지라 일했고, 잠은 거의 네다섯 시간 이상 자본 적이 없다. 그러던 중 이산가족 찾기로 외삼촌을 만나 일본으로 건너갔다. 일본에서 외삼촌 사업을 도왔다. 오사카 광고회사 光(ひかり)에 근무하며 나는 일본인들보다 열심히 일했고 부장까지 역임하다 7년 만에 귀국했다.

약 6,000만 엔(¥)의 돈을 벌어 한국으로 왔는데, 1988년 당시 환율로 따지면 3억 6,000만 원 정도였다. 한마디로 눈물로 보낸 세월의 대가였다.

부산에 우선 집을 샀고, 광고기업연합이라는 광고회사를 설립해 부산 제2의 광고회사로 우뚝 섰다. 우리나라 광고대전에 나가 최우수상으로 국무총리상을 받은 후 승승장구했다. 굴지의 대기업 삼성전자 간판과 신세기 017의 이동통신사 간판 등 전국 대기업 간판을 수주해 그 외 제1금융권 간판과 자동차회사 간판 수주를 휩쓸었다. 종업원 47명을 거느린 부산 제2의 광고회사를 경영하던 중 IMF라는 거센 파도는 피할 수 없었다.

당시는 광고회사뿐 아니라 어느 기업이라도 어음으로 결제받는 것이 당연했다. 종업원 급여, 일부 재료 구입비, 운영비 등 현금이 있어야 했기에 주거래은행에 전 재산을 근저당 잡히고 어음을 교환했다. 사채업자에게 선이자 3%를 제하면 이익이 없어 근저당을 선택했다. 당시 시세 17억 원 정도에 해당하며 한 달에 6~7억 원 정도를 할인해 회사를 경영했다. 그런데 1999년 IMF 때 부산에서 제일 큰 토건회사가 7억 4,000만 원 어음 부도를 냈다. 이자는 눈덩이처럼 불어나고 더는 버틸 길이 없었다. 결국, 채권은행에서 기다리다 못해 경매를 신청해 전 재산이 다 날아갔고, 가재도구마저 동산 경매 처분돼 낙찰자로부터 이사비로 300만 원을 받았다. 2층 세입자가 배당을 다 못 받아 500여만 원의 손해를 보게 되어 이사비마저 돌려주고 나니 돈 한 푼 없는 거지가 됐다.

재산을 잃은 것은 참을 수 있었으나 자식과 아내가 보는 앞에서 멱살을 잡히기도 하고 욕설과 협박을 듣는 것은 참을 수가 없었다. 채권단에서는 밤낮을 가리지 않고 찾아와서 괴롭혔고 참을 수 없는 모욕을 겪었다. 자식들은 가출했고 이루 형언할 수 없는 괴로움에 죽음밖엔 생각할 수 없었다.

실의에 빠져 술로 세월을 보내다 수면제를 구해 자살을 두 번이나 시도했으나 실패했다. 연탄불을 피워놓고 자살을 시도했지만, 이웃의 도움으로 살아났다. 또 목을 매려고 소주 세 병을 마신 뒤 새벽 2시, 부산 서구에 있는 구덕산으로 향했다. 술에 취하지도 않았고 정신은 더욱 맑았다. 약 7m 높이의 낭떠러지기 위에서 보니 쭉 뻗은 나뭇가지가 보였다. 그 가지에 끈을 단단히 묶어 매듭을 짓고 마지막으로 이 세상에 태어나 한 번도 제대로 불러보지 못한 아버지, 어머니를 목이 메도록 불러보았다.

"정신이 드세요?" 죽는 것마저 마음대로 안 됐다. 인명은 재천인가 보다. 나를 구해준 중년 부부는 지금도 친구가 되어 연락하며 잘 지내고 있다. 당시 부부가 전해준 이야기는 이렇다. 새벽에 등산하는데 그날따라 조금 일찍 나서서 올라가다 신음을 듣고 내려와 보니, 필자가 땅에 떨어져 있었다는 것이다. 운명의 장난인지 나뭇가지가 몸무게에 못 이겨 찢겨 땅에 떨어졌지만, 많이 다친 곳은 없고, 의식이 있는 상태였다. 병원에 왔지만 돈 걱정에 밤잠을 설쳤다. 일어서려니 도대체 몸이 말을 듣지 않고 목이 부어 물 한 모금 넘길 수가 없었으나 며칠 동안 치료하니 호전됐다.

며칠 후 늦은 저녁, 화장실에서 옷을 갈아입고 도망쳐서 서울로 가 노숙생활을 했다. 노숙자 세계에도 그들만의 규칙이 있고, 살아가는 방법이 있었다. 무료로 밥을 주는 곳이 있고, 교회에서 돈이나 양말을 주었다. 그 돈을 모아 소주를 사고 순대국밥을 한 그릇 먹고는 잠을 청했다. 노숙자도 좋은 자리는 고참이, 바람 부는 입구 자리는 신참이 차지했다.

어느 날, 무료 급식을 먹으려고 길을 가다 《나도 이틀이면 경매박사》, 《부자 아빠 가난한 아빠》라는 두 권의 책을 발견했다. 경매라는 말만 들어도 나는 소름이 끼쳤다. 책을 발로 휙 찼다가 화장지로 쓰려고 한 권을 주머니에 넣었다. 화장실에서 볼일 보는 시간에 그 책을 읽었는데 경매는 돈으로만 하는 것이 아니라는 사실을 알게 되었다. 재기할 길이 있다는 사실에 번뜩 놀라 생각이 바뀌고 희망이 솟았다. '이거다!' 싶었다. 경매로 잃은 재산을 경매로 찾아보자. 신용불량자인 노숙자가 무슨 경매인가 싶기도 했지만, 이때부터 경매 책을 보며 공부했다.

부산 친구의 도움을 받아 조그만 무허가 구멍가게를 얻어 간판

수리점을 내고 재기를 노렸다. 정말 행복했다. 보증금 30만 원에 월세 10만 원짜리 단칸방이지만 가족이 함께 산다는 것이 얼마나 행복한 것인지 처음으로 알았다. 신용불량자라 간판수리점의 명의도 다른 사람 앞으로 해 운영하다 보니 말할 수 없는 어려움과 수모가 있었다. 그러다 파산을 신청했고, 1년 만에 파산신청이 받아들여지고, 면책을 받아 복권됐다.

경매 공부를 본격적으로 한 것은 인터넷 카페를 통해서였다. 카페에 가입해 경매 고수나 패널들의 정보를 기록했고, 책을 사서 읽어도 정리가 되지 않았다. 그래서 학원에 다니려고 알아보았다. 어쩌다 지지옥션의 전국 순회특강에 대한 정보를 보고 반가워서 강의를 듣고자 학원에 알아보았지만 8주 과정(주 1회) 교재 포함 45만 원이었다. 그 돈이 있을 리 없었다. 그 후 무료 샘플 강의만 찾아다니며 들었다. 그때마다 뜨거운 눈물을 삼키며 교육장을 빠져나오곤 했다.
다른 수강생들은 돈도 많은 것 같고 의욕도 넘치고 나이도 젊었다. 그들과 어울려 이야기하고 정보도 얻고 싶었으나, 커피값조차 없는 나는 그럴 수 없었다. 초라한 처지가 너무 아쉽고 서러워 눈물을 닦으며 등을 돌렸다. 그래서 책을 사서 보기 시작했다. 세 시간 이상 매일 공부했고 책마다 10회 이상을 탐독했다. 그러다 보니 자신감이 생겼고 친구 부인에게 천만 원을 빌려 첫 경매를 시작했다.
우선, 싸고 5회 이상 유찰된 것을 살펴보았다. 첫 낙찰부터 단독이고, 지상권이 뭔지, 지분이 뭔지 잘은 모르겠으나 쉬운 아파트는 아예 돈도 없거니와 경쟁이 심해 남는 것도 별로 없을 것 같아 처다 보지도 않았다. 지금 말하면 특수물건만 노렸다. 그렇다고 물어볼 멘토가 있는 것도 아니고, 부족한 실력이지만 입찰에 도전했다. 결국, 보증금만 2달여 만에 모두 까먹고 손을 들어야 했다. 왜냐하면, 대출이 안 된다는 것을 생각하지 못했기 때문이다. 담보물건이니 무조건 대출이 가능한 줄 알았다.

요즘은 인터넷이 발달해 정보가 넘쳐나고 물으면 알려주는 분이 많지만, 당시는 법무사 딜러들이 많았다. 또 한 번의 좌절에 몸부림쳐야 했다.

한 번 실수는 병가지상사라며 다시 공부를 시작했다. 그리고 경매는 대충 알면 모르는 것만 못하고 확실히 알아야 한다는 것을 깨달았다. 민사집행법실무제요와 같은 이해하기 어려운 책을 읽고 경매에 대한 개념이 섰다. 이후 실전 경매 책들이 무수히 쏟아져 나올 때쯤 '몇천만 원으로 몇십억 벌었다'는 제목의 책을 읽을 때면 내가 주인공인 양 착각에 빠지기도 했다. 그러나 경매 현장은 냉혹했고 그런 것은 한낱 꿈에 불과하다는 것을 몸소 깨닫는 데는 많은 시간이 걸리지 않았다.

잃어버린 보증금을 찾기 위해 돈 있는 실수요자들 대신 낙찰을 받아주는 컨설팅을 하기로 마음먹었다. 그러나 이런 실력으론 컨설팅은커녕 아무것도 할 수 없을 것 같아 다시 밤잠을 설치며 공부했다. 민법, 민사집행법, 주택임대차보호법, 경매실무제요 등을 공부하는데 잠이 쏟아질 때면 볼을 잡고, 구레나룻 털을 뽑아 잠을 쫓아가면서 독하게 공부에 매진했다. 시간이 흐를수록 자신감이 생겼다.

그렇게 컨설팅하기로 마음먹었으나 제아무리 경매 공부를 해서 잘 안다 한들 신불자인 내게 누가 뭘 믿고 일을 맡기려나 싶었다. 아무리 궁리를 해도 답이 없었다. 그렇다고 손 놓고 있을 수는 없어 알고 있는 지인들을 만날 때마다 경매 이야기를 해봤지만 소용없는 일이었다. 그러다 집에 오는 길에 전봇대에 붙어 있는 전세방 광고 전단을 발견했다. 경매 물건을 검색해 '법원 경매. 감정가 얼마 최저가 얼마, 몇 층 몇 평형, 대출 몇 %'인지 정리해, 수백 장을 써서 매물 주변에 붙였더니 전화문의가 오기 시작했다. 이것이 부산에서 경매 광고지의 원조가 된 것이다. 그 덕으로 문의하는 사람들이 늘어났고 설득을 통해 계약하고 입찰을 했으나 번번이 떨어지기 일쑤라 참으로 난감했다. 문제는 싸게 받아주려는 마음에 저가로 쓴 것이 실패의 원인이었다.

새로운 방법을 찾아야 했고, 연구 끝에 50% 정도는 낙찰받을 수 있는 노하우도 생겨 더욱더 열심히 발로 뛰고 전단을 매물 주변마다 붙이는 일을 쉬지 않고 했다. 부산 전역에 붙이고 문의가 오면 아파트, 빌라 등 주로 주거용을 낙찰받아 주고 수수료는 주는 대로 받았다. 작게는 30만 원에서 많게는 수백만 원까지 받았다. 어떤 때는 유치권이 있는 물건을 낙찰받아 유치권을 해결 못 해 유치권자에게 사실을 이야기하고 길거리에서 큰절하며 울먹이면서 집 좀 비워달라고 사정한 적도 있다. 지금 생각하면 웃지 못할 이야기지만 한 달에 한두 건씩만 낙찰받아도 먹고 사는 데는 지장이 없을 정도가 되었다.

두드려라, 그러면 열릴 것이다

낙찰받은 실제 사례 중 수입이 좋았던 첫 경험담을 소개하겠다.

'경매는 돈으로 하는 것이 아니다. 머리로 하는 것이다. 돈을 빌리는 것도 능력이다.' 허황한 이론으로 치부할 수 있는 대목이다. 당시 필자의 신용과 형편에 경매한다는 것은 도저히 말도 안 되는 것이었으나 경매밖에는 달리 길이 없었다. 50세 넘은 나이에 꿈꿀 수 있는 일은 아무것도 없었다. 간판 수리라도 해주며 입에 풀칠하고, 경매를 통해 새로운 인생을 꿈꿀 수밖에.

초창기, 의뢰받은 물건만 받다 보니 내 수익은 수수료 외엔 없었다. 그야말로 "재주는 곰이 부리고 돈은 뗀 놈이 먹는다"는 말처럼 이것이 나의 현실이었다. 어떻게 하면 신용불량자를 면할 수 있을지, 누구에게 돈을 빌릴 수 있을지를 고민하다 새마을금고 신 이사장님과 우연히 저녁 식사를 하게 되었다. 기회를 놓치지 않고 사정 이야기를 했더니 이사장님이 1,500만 원을 말없이 빌려주셨다. 단, 자녀의 결혼자금이라 3~4개월 정도만 사용하기로 했다. 내 귀를 의심했지만, 다음 날 정확히 1,500만 원이 입금됐다.

당장 물건 검색을 했고 다음 물건을 발견했다. 4,000~5,000만 원 정도의 물건을 찾았으나 마땅치 않았고, 순이익이 날 것 같지 않아 고민이 많았다. 미납된 재매각 물건이었으나 선순위 임차인 외엔 큰 하자는 없었기에 입찰해 3차에 낙찰받았다. 49% 최저가에서 67%로 낙찰받은 것이다. 그러나 1,500만 원으로는 어림도 없었고, 신용불량자이며, 누구 앞으로 낙찰받을 수 있을지가 문제였다.

2000타경53198		· 부산지방법원 본원 · 매각기일 : 2001.06.29(金) (10:00) · 경매 2계 (전화:051-590-1813)					
소 재 지	**부산광역시 사하구 다대동 927-5, 조표제27714호**	도로명주소검색					
물건종별	근린주택	감 정 가	163,368,700원	기일입찰	[입찰진행내용]		
토지면적	132.3㎡(40.021평)	최 저 가	(49%) 80,050,663원	구분	입찰기일	최저매각가격	결과
건물면적	176.2㎡(53.301평)	보 증 금		1차	2001-06-29	80,050,663원	
매각물건		소 유 자	이■수		낙찰 : 109,350,000원 (66.93%)		
사건접수		채 무 자	(주)보문				
사 건 명	임의경매	채 권 자	농협(중)				

부동산종합정보	토지이용계획열람	문건/송달내역	전자지도	전자지적도	로드뷰
인근진행물건	인근매각물건	공매인근진행물건	동산인근진행물건	주택임대차보호법	상가임대차보호법	경락잔금

＊지자체 정보 및 기타현황

다대제1동 주민센터	[604-823] 부산 사하구 다대1동 933-1 / 전화: 051-220-4912 / 팩스: 051-220-5339 [홈페이지]	
인근개발정보	· 다대-재개발 · 다대-재건축2	· 다대-재건축1
관련 사이트	· 부산정비사업	· 부산진해경제자유구역 · 부산도시공사

　　꼭 해내야겠다는 마음으로 걸림돌을 제거해보자고 다짐했다. 뜻
이 있다면 분명 길이 있을 것으로 생각했다. 우연히 부산은행에 과
장으로 있는 분을 잘 알고 있었는데 막역한 사이라 사정하며 설득
했다. 그분의 막냇동생 앞으로 받아 팔면 남는 돈에서 30%를 주
기로 하고 모험을 시작했다. 드디어 낙찰받고 영수증을 받고 나오
니 기쁨보다는 불안하고 초조한 마음이 앞서 점심때가 넘었는데
도 배가 고프지도 않았다. 그렇게 떨리는 손으로 낙찰 소식을 전했
다. 처음 낙찰이라 불안하고 초조해 집사람한테도 전하지 않았다.

낙찰받은 건물, '부동산 중개업소'

결국, 낙찰 후 잔금납부는 그분이 다 해결했다. 총비용은 대략 1억 2,000만 원이었다. 이자가 불어나기 때문에 이사비용도 좀 넉넉히 주었다. 그러나 구법사건이라 2층 세입자가 이의신청하고 애를 먹이는 통에 약 3개월 이상 명도시간이 소요됐다.

중개업소에 매물로 내놨는데 위치가 좋다 보니 20여 일 만에 매수자가 나타났다. 그때만 해도 그랬다. 낙찰받고 바로 팔아도 남는, 호랑이 담배 피우던 2001년이었으니까. 1억 8,000만 원에 내놨는데 500만 원을 깎아주기로 하고 계약했다. 딸들과 아내, 넷이 펄펄 뛰며 웃음바다가 되었는데 기쁨도 잠시, 아들이 생각났다. 아들은 고등학교 다니던 중 부도로 가정이 몰락하자 사춘기를 겪으면서 가출했기 때문이다.

다음 날 아침 매수자가 50만 원 임시계약금까지 맡겨 놓았는데 당황스러운 일이 생겼다. 명의를 빌려준 부산은행 과장님이 "김 사장 그 집을 말이야. 그냥 내가 사면 안 되겠나? 가족들이 집이 마음에 든다고 이야기하니 말이야. 그분들이 얼마에 사신다고 하나?"라고 하는 것 아닌가? "1억 7,500만 원입니다만" 우선 이렇게 이야기를 마치고 퇴근했다. 2층에 부모님을 모시고 1층은 세를 주면 3,000만 원에 60만 원의 세가 나오니 그 돈만 해도 부모님 사는 데 별문제도 없고 서로 편할 것 같다는 것이었다. 결국, 본인에게 넘겨달라는 이야기였다.

기가 차지만 어쩔 수 없이 그렇게 하기로 하고 계산은 정확히 해달라고 부탁했다. 1억 7,500만 원에서 1억 2,000만 원을 차감하면 5,500만 원으로 30% 드리기로 했으니 1,500만 원을 빼고 4,000만 원을 받기로 최종 합의했다. 불과 4개월여 만에 거금 4,000만 원을 번 것이다. 빌린 돈 1,500만 원과 내 성의로 500만 원을 보태 새마을금고 이사장님에게 드리고, 저녁 식사 대접을 했다. 그랬더니 내 형편을 뻔히 아시고는 500만 원을 도로 주신다. 그날 저녁은 정말 이 세상에서 가장 축복받은 날이었다.

4,000만 원을 돌려가며 세 보고 방바닥에 깔아놓고 온 가족이 돈방석 위에서 하룻밤을 지새웠다. 조금 더 큰 집으로 이사해 같이 행복하게 살자고 약속했다. 이 모든 것이 그동안 피눈물 흘리면서 공부하고 노력한 대가인 것 같아 아내와 손을 꼭 잡고 흐르는 눈물을 닦았다. 정말 오랜만에 갖는 행복하고 아름다운 밤이었다.

그 후, 간판수리점은 문을 닫고 전문 경매인으로 불법이지만 컨설팅을 하면서 사람을 고용해 컨설팅한 집 수리까지 맡아 했다. 수입은 배가 되었다. 경매 물건이 나오면 근처에 전단을 만들어 붙이는 것은 필자가 아마도 우리나라에서 원조가 아닌가 싶다. 그 후 1년 정도 지나니 법무사에서도 만들어 붙이기 시작해 그것을 떼 버리고, 내 전단을 붙였다. 그 후 법무사법, 변호사법 위반으로 고발당해 집행유예를 선고받는 등 곤욕을 치른 적도 있다.

법무사 사무실에 취직해 합법적인 컨설팅을 했지만, 법무사 직원 월급이 아니라 차비 정도의 돈을 받았다. 생활비를 벌기 위해 광고전단을 아줌마들에게 주는 일도 직접 하겠다고 말씀드리고 붙였다. 그 돈이 일일 3만 원이니 한 달이면 90만 원 그리고 법무사 보조 60만 원으로 총 150만 원을 받아 생활했다.

너무나 어려운 세월을 참고 견디고 몸으로 부딪치며 배워 150여 건 낙찰 명도를 처리하다 보니 4~5년의 세월이 흘렀고, 이제는 신용회복이 급선무라 파산 면책을 통해 사면복권을 받았다. 신용등급은 10등급이었지만, 그래도 죽었다 살아난 것처럼 부활의 인생이었다. 너무나 기뻐 하늘을 날 것만 같았다. 은행 통장도 자유롭게 만들어 압류 없이 적은 돈이나마 저축도 할 수 있었다. 신용이라는 것이 이처럼 중요한가를 새삼 느끼며 더욱더 법무사 보조 일을 열심히 했다. 그러다 보니 어느덧 경매 일하는 것이 체화되어 자신 있게 일도 처리하고 신임은 쌓여갔다. 처음은 어려웠으나 공부하고 노력하다 보니 눈앞의 뿌연 안개가 걷히고 환한 햇살이 비치는 것을 느꼈다. 처음에 산에 오를 때는 숨이 차고 힘들지만, 정상에 올라 산을 내려다보면 탁 트인 전망과 환희에 기쁨을 느끼는 것처럼 말이다. 올라가 보지 않은 사람은 느껴 볼 수 없는 그런 기쁨.

　법무사님의 신임은 두터워지고 경매 팀장보다 일 처리를 더 잘한다는 말을 듣게 되었다. 팀장은 나보다 10년 아래로 그동안 일을 잘하고 대단한 실력자였는데 얼마 지나지 않아 다른 변호사 사무장으로 옮기게 되었다. 이후 그 자리를 이어받아 필자가 경매 팀장을 맡게 되었다. 처음에는 실력이 부족하다고 생각해 거절했으나 본의 아니게 맡게 되어 열심히 최선을 다해 뛰었다. 월급도 정상적으로 많이 받고, 또 한 건마다 30%의 보너스가 지급되어 마음 편히 일할 수 있었다.

　아내와 둘이서 손을 호호 불며 광고전단을 붙이던 생각에 눈물이 나기도 했다. 전단을 붙일 때면 비 오는 날과 추운 겨울이 가장 힘들었다. 손이 굳고 입도 얼어 말하기도 힘들었던 그때, 길거리 어묵 국물로 손을 녹인 기억은 아프고 힘든 시간이었다. 팀장을 맡은 후 전단 일은 다른 사람에게 맡기고 일에만 매진하게 되었다. 그러나 불행히도 아내는 당시 직장암 3기였다. 수술을 마치고 항암 주사를 투여해 후유증이 심각했고 9층 입원실에서 뛰어내려 죽으려는 것을 말리는 상황까지 왔다. 교수님과 상의 후 약으로 대처하기로 하고 퇴원했다. 그런데 이것이 죽음의 원인이 된 것을 10년 후에나 알게 되었다. 여러분은 혹시 가족 중 누군가 암에 걸려 수술했다면 항암 치료는 끝까지 받게 하시라. 죽음과 같은 고통이 있지만, 항암 주사는 꼭 받으라고 간곡히 권한다.

이후 암은 양쪽 폐로 전이되어 또다시 여섯 시간에 걸친 수술을 마치고 항암 치료를 위해 다른 대학병원으로 옮겼다. 그 후 아내는 10년간 투병하다가 결국 2013년 12월 8일 첫눈 오던 날 하늘나라로 떠났다. 아내를 생각하면 아직도 가슴이 미어지고 저린다.

천지인(김광석)

차 례

Part 01

경매, 편견을 깨는 상식으로 도전하기

경매란 무엇인가?

일확천금,
허황한 꿈은 버려라

경매에 입문하려고 서점에 가서 책을 고르다 보면 '5,000만 원으로 50억 원 벌었다, 30세에 30억 원 벌었다' 등 우리 눈을 현혹하는 현란한 제목의 책들이 수없이 많은 것을 볼 것이다. 그렇게 책 낸 분을 만나 "어떻게 그렇게 많이 버셨습니까? 대단하십니다"라고 물어본 적이 있다. 그러자 지렛대 효과를 노리는 것이라는 대답이 돌아온다. 필자 역시 마찬가지 생각이다.

경매하는 분들이 경락자금대출을 받지 않고, 모두 자기 자금만으로 투자한다면 얼마나 좋겠는가? 그러나 90%는 경락자금대출을 이용한다. 우리는 투자자이니 돈이 있어도 시너지 효과를 발휘하려고 감당할 만큼의 대출을 받고 잔금을 치른다. 만약 경락자금대출이 안 된다면 경매할 사람은 거의 없고, 못할 것이다. 그렇게 된다면 사회적으로도 큰 문제가 될 것이다. 경매 물건은 아예 경쟁자도 없고, 아마 반값 이하로 낙찰되지 않을까? 그렇게 된다면 채권자들은 엄청난 손실을 보게 될 것이므로 부동산 대출은 하지 않을 것이다. 사회가 마비될 것이다. 이야기가 다른 데로 흘렀다.

그분 말은 이렇다. 예를 들어, 2억 3,000만 원 하는 아파트를 2억

1,000만 원에 낙찰받았다고 가정한다면… 80%인 1억 6,800만 원을 대출받고 약 4,500여만 원, 자기 돈을 내고 잔금을 치르면 소유자가 된다. 수리 후 월세를 놓으면 2,000/70만 원(월세)을 받는다. 그러면 자기 돈 2,500~3,000만 원으로 아파트를 취득한다. 이렇게 2억 5,000만 원 정도면 열 채를 보유할 수 있다. 아파트 총 열 채 가격이 얼마인가? 현실로 대출이 있든 없든 열 채, 즉 20억 원대 자산가로 탈바꿈한다. 빚도 재산이라는 것이다. 어떻게 보면 맞는 말 같기도 하고 헷갈린다. 여러분도 동의하는가? 필자는 동의 못 한다. 아니 안 한다. 빚은 빚이고 순수 내 돈이 곧 재산이다. 그런 허무맹랑한 계산은 그분들만의 계산이다.

필자는 IMF 때 부도를 맞고 신불자로 전락했다. 이후 채권자의 등쌀에 못 이겨 몇 번의 자살시도를 했고 결국 노숙자 신세가 되었다. 어릴 때 조실부모해 일가친척 하나 없는 천애 고아로서 돈 한 푼 없는 거지가 되어 노숙하다가 추운 겨울날 우연히 길거리에서 경매 책을 주워 경매에 발을 들여놓은 지 17년… 그 많은 고생과 좌절하면서 오늘날 여기까지 오게 되었으니 참, 소설 같은 인생을 살았다.

돈 없어 학원 근처도 못 가봤고 독학으로 경매 공부를 했다. 7년이란 세월 동안 법무사에서 노력해 신불자를 면하고, 274건의 낙찰 경험으로 몸으로 체화된 경매 이야기를 하는 것이다.

총 낙찰 건수 : 2000~2015년까지 274건

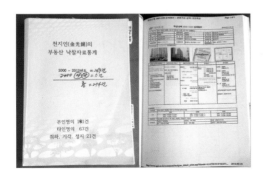

경매로는 산전수전 다 겪은 사람이다. 특수물건이라는 것도 다 해보았다. 즉 유치권, 지분, 법정지상권, 예고등기, 선순위 가처분, 가등기, 가장임차인 등등. 그러나 평범하고 쉬운 물건이 돈이 된다는 것을 알기까지 십수 년이 걸렸다. 특수물건은 대출도 안 되고 해결할 때까지 종잣돈이 다 들어가 해결될 때까지 기다려야 했다. 물론 쉽게 끝나는 것도 있지만, 극히 소수라 보통 2~3년간 송사에 시달려야 했다. 법원 송달이 오면 주위 눈총도 수없이 받아 봤고 5,000만 원에 받아 1억 원에 팔기도 했다. 남들이 보면 대박이라고 하지만 수리비 들고, 은행이자 주고, 양도세 내고 나면 개뿔도 소득이 없었다. 시간이 곧 돈인데…. 3년이란 세월이나 흘렀으니 무슨 대박? 필자 수입으로 보면 쪽박이다. 그런데 쉬운 물건을 입찰해보니 초보, 중수, 고수 할 것 없이 십수 명이 입찰해 남는 게 없었다.

경매라고 하면 일확천금을 꿈꾸는 이가 많고 그냥 낙찰만 받아 팔면 남는 줄 아시는데, 경매? 그렇게 호락호락 한 게 아니다. 돈 벌기 쉬운 것은 이 세상 아무것도 없다. 노력한 대가만큼 가져가는 것이다.

누가 경매를 어렵다고 말하는가?
누가 경매로 돈 벌기 힘들다고 말하는가?
경매를 죽을 각오로 해봤는가?

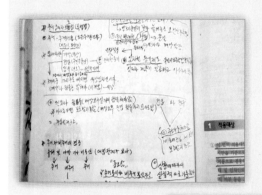

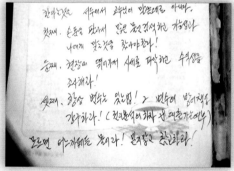

닳아 해질 정도로 낡은 필자의 책!

이렇게 공부해 많은 낙찰을 받아, 고수의 경지
에 오르게 된 것이다(책은 수원역 마스터경매학원
에 가면 직접 볼 수 있다).

02

남을 쫓아가면
남보다 빨리 갈 수 없다

1. 임장은 예정물건에 하라

경매는 1등만 살아남는 게임이다. 2등이면 뭐하고 3등이면 뭐하나? 꼴찌나 마찬가지다. 그래서 필자는 고민도 하고 연구도 많이 했다.

매각기일이 지정되어 1차 공고가 난 후 현장답사를 가보니 50%는 집안을 볼 수 있는데 2차에서는 10%도 집 내부를 볼 수 없었다. 다음부터, 예정물건을 검색하니 사이트에 등기부도 없고, 그림도 없고, 알 수 있는 것이 별로 없었다. 요즘은 등기부등본을 인터넷으로 발급받을 수 있어 편하지만, 필자가 경매 처음 할 때는 등기소 또는 지자체에 가서 직접 발급받아 조사해야만 했다. 스스로 말소기준권리를 찾아 권리분석하고, 주민센터에 가서 전입세대열람을 하는데 아직 예정건이라 안 된단다. 설명하고 이해시켜 발급받아 세입자를 판단하고 임장을 가니, 나중에 보니 가장임차인이 신고한 게 아니겠는가? 하하하, 나는 다 알고 있는데. 다른 분들은 선순위 세입자가 배당요구도 안 했으니 '인수'라 보고 쳐다도 안 보네? 덕분에 대박 한번 났다.

"일찍 일어나는 새가 많은 모이를 줍는다." 그런 때도 있었지만 시세가 1억 8,000만 원인데 감정가, 즉 1차 가격이 1억 6,000만 원에 뜬다. 1차 최저가로 입찰했다. 당연히 단독이다. 아, 이거로구나. 집 내부도 100% 다 본다. 아무도 안 왔고 점유자도 경매에 나오는 줄 필자가 와서야 아는 분들도 있다. 왜냐하면, 지금 경매 개시되어 송달과정에 있기 때문이다. 현장답사 참 쉽고 편했다. 노하우는 필자가 처음 밝히는 것이니까. 그게 무슨 노하우냐고? 하하하, 경매 10년만 하면 이해될 것이다. 필자도 경매로 산전수전 다 겪은 사람이다. 감언이설로 여러분을 속여 인지도를 쌓고, 학원을 차리고 돈 벌려고 이 책을 집필하는 것이 아니다. 필자는 현재 학원을 운영하는 사람도 아니고, 경매 학원 강사도 아니다.

필자는 현재 67세로 나이도 많고 특강은 대학 평생교육원이나 서울 굴지의 학원 또 전국에서 요청이 오면 간혹 한다. 필자는 전문 경매인이다. 월세 수입이 얼마인데 뭐하러 힘들고 재주도 없는 강사 노릇을 하겠는가? 돈 벌려고 강의하는 게 아니라 이 어려운 현실에 돈 걱정 없이 노후를 준비하시라고 여러분에게 베푸는 것이다. 이에 필자의 경매 기술(노하우)을 여러분께 알려드리고자 한다. "호랑이는 죽어서 가죽을 남기고 사람은 나서 이름을 남긴다"는 말에 현혹돼 이 글을 쓰게 된 것이다. 이 세상에 태어나 이름 석 자 김광석(천지인)을 남기고 얼마 남지 않은 세상을 하직하고자 함이니 많은 격려와 사랑을 주시길 바라면서 다음 글을 이어 가겠다.

2. 인구가 늘어나는 곳은 실패가 없다

낙찰 후 명도 처리하고 세를 2년 동안(주택임대차보호법에 의한 최소한의 기간) 놓으니 어떤 곳은 1,000만 원 정도 오르고, 어떤 곳은 본전? 한 바퀴 더 세를 놓으니 오히려 손해? 고민하고 연구해보니 인구가 줄어드는 곳이었다. 그 후부터는 통계청에 들어가 전국 데이터를 모니터링해 인구가 늘어나는 지역을 낙찰 또는 급매로 사서 세를 놓았다. 그리고 2년이 흐른 후 매도하니 매매도 쉽고 평균 1,500~2,000만 원 정도는 오른다는 것을 알 수 있었다. 별거 아닌 것 같지만, 수년의 경험을 통해 알아낸 진리다. 필자는 이런 평범한 진리 안에서 많은 수익을 올리며 오늘에 이르게 되었다.

3. 1년에 1억 원 버는 비법

필자는 대학교 평생교육원과 경매 학원 특강 강사로 많은 이들께 노하우를 전수하고 있다. 또 형편이 어려운 분들을 집으로 초청해 1박 2일로 가르쳐 바로 경매 법정으로 갈 수 있게 도와드리고 있다. 조금 받는 수강료는 어려운 이웃에 기부하고 있다.

한번은 서울 모 학원에서 초청받아 특강을 했는데 1년에 1억 원 번다니, 수강생들이 시큰둥하더라. 그도 그럴 것이 경매 책 낸 분들 대부분 수십억 원씩 벌었다고 해서 입문했는데 겨우 1억 원? 1년에 1억 원 버는 것이 우습다고 생각하는 분들은 이 책을 접으셔도 된다. 그러나 허황한 꿈은 버리고, 1년에 1억 원 버는 비법 그 전 과정을 경험하고 싶다면 이 책을 끝까지 탐독하라. 1년에 경매든, 공매든, 급매든 네 채 정도만 사서 2년이 흐른 후 팔면 즐기면서 연수익 7,000~1억 원은 쉽게 벌 수 있다.

다음 카페에서 '천지인의 실전 경매(http://cafe.daum.net/cheon-jiinauction)'를 쳐보고 가입하면 많은 도움을 얻을 수도 있다. 옆에 멘토가 있으면 마음도 놓이고 모르는 것도 물어볼 수 있다. 열심히 쉽고, 깨끗한 물건만으로도 계속해서 이어 나간다면 노후 걱정은 없을 것이다.

카페 회원 중 '흙에서 핀 성공' 님의 성공 경매 사례를 소개하겠다.

★ 다음 카페 〈천지인의 실전 경매(http://cafe.daum.net/cheonjiinauction)〉 회원 낙찰기 :

1,000만 원으로 4,000만 원 벌기

거제도 매매 후기 1탄!

2013년에 낙찰받은 거원아파트입니다. 명도 시 삼성중공업 하청 직원분이 살고 계셨는데 수월하게 나가시더군요. "수리할 것도 많은데 이걸 왜 낙찰받으셨어요?" 하시길래 빙그레 웃기만 했지요. 그 당시 시세가 1억 1,000~1억 2,000만 원 하는데 정작 본인은 시세도 모르고 계신다는 것.

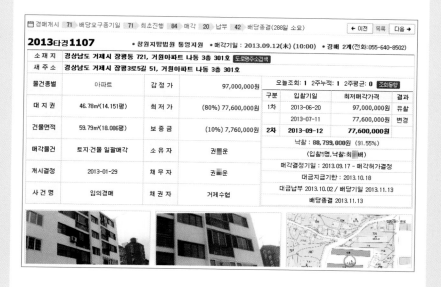

집 청소만 하고 바로 중개업소에 월세로 내놓으니 30분 만에 계약이 되었습니다. 대출 7,000만 원, 새마을금고 이자 25만 원 정

도, 월세 보증금 1000/90만 원. 내 돈 약 1,000만 원 들어가고 매달 65만 원 남음^^

요즘 제가 서울로 진입해 서울 집 사느라 돈이 필요해서 이 집을 중개업소에 1억 2,500만 원에 내놓고 1억 2,000만 원까지만 받아달라 했습니다. 며칠 만에 매수자가 1억 2,000만 원에 사신다고 해서 바로 계약 도장 꾹!

그동안 이 집으로 월세 약 '23개월×65만 원=1,495만 원', 시세차익 약 3,000만 원, 합이 4,495만 원, 여기서 양도세금 및 각종 경비 처리하면 4,000만 원 정도는 되겠죠. 1,000만 원으로 돈 벌기 참 쉽죠. 전 이 돈 들고 서울 갑니다. 이 돈이 얼마가 되어 올지 저도 궁금하네요. 또 글 올리겠습니다. 천지인 교수님 보고 싶습니다. 교수님 덕분에 제가 이만큼 할 수 있었습니다. 감사합니다.

거제도 매매 후기 2탄!

재작년에 받았던 거제아파트를 올해 처분하면서 수익률 보고드립니다.

경매개시 86 배당요구종기일 168 최초진행 28 매각 36 납부 26 배당종결(344일 소요)				← 이전 목록 다음 →
2012타경3915		• 창원지방법원 통영지원 · 매각기일 : 2013.02.07(木) (10:00) · 경매 4계(전화:055-640-8506)		
소재지	경상남도 거제시 고현동 101-4, 성림맨션 5층 505호 도로명주소검색			

물건종별	아파트	감 정 가	95,000,000원	오늘조회: 1 2주누적: 0 2주평균: 0 조회동향			
대 지 권	57㎡(17.243평)	최 저 가	(80%) 76,000,000원	구분	입찰기일	최저매각가격	결과
				1차	2013-01-10	95,000,000원	유찰
건물면적	63.285㎡(19.144평)	보 증 금	(10%) 7,600,000원	2차	2013-02-07	76,000,000원	
매각물건	토지·건물 일괄매각	소 유 자	신■경	낙찰 : 82,699,000원 (87.05%)			
				(입찰2명, 낙찰:최■연)			
개시결정	2012-05-01	채 무 자	신■경	매각결정기일 : 2013.02.14 - 매각허가결정			
				대금지급기한 : 2013.03.15			
사 건 명	임의경매	채 권 자	국민은행	대금납부 2013.03.15 / 배당기일 2013.04.10			
				배당종결 2013.04.10			
관련사건	2003타경1429(소유권이전)						

재작년 4월부터 30개월 동안 월세 1,000/80만 원 받은 맨션입니다.

- 낙찰 : 8,270만 원
- 대출 : 6,600만 원(80%)
- 이자 : 25만 원(3.8%)
- 수리비 : 350만 원
- 취득세 등 : 법무 비용 120만 원
- 중개수수료 : 30만 원(월세 놓을 때) 매매는 직거래
- 매매 : 1억 900만 원 직거래

고현 시내 중개업소에 100군데 정도 모조리 전화 돌려도 손님 하나 소개 못 하기에 제가 전단 50장 들고 가서 붙이자마자 핸드폰에 불이 나게 전화 오더니… 다음 날 100만 원 주고 바로 계약.

중개업소는 요즘 거제 경기가 안 좋아서 집을 내놔도 거래가 안 된다는 말만 하고 손님 붙일 의지를 안 보이더라고요. 그래서 제가 직접 전단 만들어 붙이니 과일가게 총각도 오고 생선장수 아줌마도 오고 맨션에 사시는 아저씨도 동네 아는 사람 소개해주고, 이유인즉슨 그 자리가 바로 고현 시장에 붙어 있는 맨션이라 가격

싸고 시장통 사람들이 원하는 입지라는 거. 지도에 빨간색 보이시나요? 바로 상업지라는 것, 그래서 직거래가 더 빨랐던 거 같아요.

중개업소는 5층 중 5층이라 손님이 안 보려고 한다더니만. 역시 부동산은 첫째도 입지요. 둘째도 입지입니다. 집값 내려가네, 경기 안 좋네 해도 사람들이 필요로 하는 입지는 무시 못 한다는 말을 또 한 번 실감했습니다.

8,270만 원 낙찰에 수리비 및 경비 500만 원 들고 대출 6,600만 원 받고 보증금 1,000만 원 받아서 내 돈 약 1,170만 원,

월세 80만 원에 이자 25만 원 빼고 55만 원×30개월 받아서 1,650만 원,

1억 900만 원에 매도해서 양도세 약 2,130만 원.

이 집은 양도세 비과세라 그냥 꿀꺽!

내 돈 1,100만 원 들어가서 30개월 월세 받고 정리하니 3,780만 원 벌었습니다. 큰돈은 못 벌었지만 이런 집 세 채를 재작년에 받아서 올해 다 팔고 수익률 계산하니 뿌듯. 계산은 여러분이….

거제도 매매 후기 3탄!

소 재 지	경상남도 거제시 고현동 1039 외 3필지, 덕산베스트타운 102동 1층 102호 도로명주소검색						
새 주 소	경상남도 거제시 중곡로 42, 덕산베스트타운 102동 1층 102호						
물건종별	아파트	감 정 가	134,000,000원	오늘조회: 1 2주누적: 1 2주평균: 0 조회동향			
대 지 권	27.89㎡(8.437평)	최 저 가	(80%) 107,200,000원	구분	입찰기일	최저매각가격	결과
				1차	2013-06-20	134,000,000원	유찰
건물면적	59.77㎡(18.08평)	보 증 금	(10%) 10,720,000원	2차	2013-07-11	107,200,000원	
매각물건	토지·건물 일괄매각	소 유 자	이■진	낙찰 : 119,369,000원 (89.08%)			
개시결정	2013-02-01	채 무 자	이■진	(입찰6명,낙찰:부산)			
				매각결정기일 : 2013.07.18 - 매각허가결정			
사 건 명	임의경매	채 권 자	거제중앙신협	대금지급기한 : 2013.08.23			
				대금납부 2013.08.06 / 배당기일 2013.10.02			
				배당종결 2013.10.02			

　이 아파트에 대해 잠깐 설명하자면 거제도에서 제일 좋은 동네가 고현이며, 고현중이 있는 아파트를 제일 선호합니다. 초중고 학군이 거제에서는 여기가 1군이고 평지에 대단지, 그리고 거제는 덕산건설을 알아줍니다. 그래서 거제도 사람은 여길 제일 좋아하고 1층이라도 수월하게 나갔던 거 같아요. 동 간격 거리가 넓어 1층인데도 남향이라 햇볕이 잘 들고 바로 뒤에는 강이 흐르고, 역시 사람은 엘리베이터 없는 5층도 살고 1층도 산다, 그죠?

　거제도는 지하철이 없어 교통이 많이 불편한 곳이라 선호 지역이 정해져 있어요. 삼성중공업의 고현과 중곡, 장평 이렇게 원하고 여기서 5분, 10분만 멀어져도 싫어한다고 공인중개사분들이 얘기하더라고요. 확실히 그 지역적 특징을 알려면 발품인 거 아시죠? 수익률 보고합니다.

- 낙찰 : 1억 1,940만 원
- 대출 : 1억 500만 원(90%)
- 이자 : 약 45만 원(4.5%)

이때는 90%까지 대출해주고 대신 이자가 좀 비쌌어요. 그래도 그때가 좋았네요. 투자자는 대출 많이 받는 것도 자기만의 노하우죠.

- 월세 1,000/95만 원

이 집은 22평에 전용 18평, 방 세 개라 월세 받기 딱 좋은 물건. 지금은 거제 경기가 안 좋아 20만 원 정도 내렸어요. 저는 만기 시점이라 2년 월세 받고 나오지만 지금 거제 가심 아니 됩니다. 이것 보고 거제 낙찰받고 월세 안 나가네, 집 안 팔리네 해도 전 몰라요.

- 취득세 등 포함 법무비 : 170만 원
- 중개수수료 : 100만 원(월세+매매)
- 명도비용 : 50만 원
- 수리비 : 100만 원
- 양도세 : 없음(1가구 1주택 비과세)
- 매매 : 1억 4,800만 원 거래완료

낙찰 1억 1,940원에서 대출 1억 500만 원 받고, 월세 보증금 1,000만 원 받고, 경비 420만 원 들어서 내 돈 860만 원. 월세 95

나는 경매로 노숙자에서 억대 연봉자가 되었다

만 원에서 이자 45만 원 빼고 50만 원×24개월 합이 1,200만 원

- 매도 : 1억 4,800만 원
- 낙찰 : 1억 1,940만 원
- 경비 : 420만 원
- 매매수익 : 2,440만 원(양도세 없어서 이것도 그냥 꿀꺽)

내 돈 860만 원 들어서 월세까지 합해서 번 돈이 3,640만 원. 약 4배 이상 수익이 났습니다. 재작년부터 시작해 올해 첫 수확으로 세 채를 이렇게 팔고 내년에 팔 집이 네 채, 내후년에 팔 집이 여섯 채×분양권(수도권 쪽이라 기대 만땅). 이제 저는 2018년에 팔 집을 슬슬 준비하려고 합니다.

교수님께서 "제가 누차 경매는 이렇게 한다고 강의하며, 이렇게만 하면 1년에 1억 원 번다고 하니 다른 학원생들도 곧이 안 듣고 '말이 되느냐. 그런 게 어딨느냐?'고. 제발 흙 총무님 대변 좀 해주세요." 하시네요. 경매로 1년에 1억 원 번다는 말, 전 이 말 믿는데 여러분은 안 믿으시나요? 올해 열심히 모아서 2년 뒤 팔 거 계산하고, 그렇게 많이도 말고 1억 원 정도 꾸준히 하시란 말 지금도 잊지 않고 열심히 실천하고 있습니다. 감사합니다, 교수님~ 다른 분들 안 하시면 좋겠다. 혼자 낙찰받기 쉽게.^^

작년에 통영 급매로 산 아파트 1년 만에 매매해 수익률 보고합니다. 봄비가 촉촉이 내리는 3월입니다. 자주 카페에 못 들어와서 죄송한 마음입니다. 올해 첫 매도 스타트한 집인데요. 작년에 통영 급매 매매 후기 올렸던 집입니다. 벌써 1년이나 지났네요. 다음 주, 잔금을 받기로 한 계약서입니다.

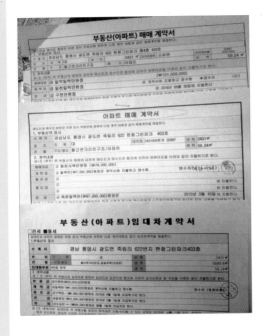

작년 7,400만 원에 급매로 사서 대출 5,950만 원 받고 월세 2,000만 원에 50만 원 받았던 집인데 1년이 지나 1억 100만 원에 매매했습니다. 요즘 조선소 경기가 안 좋다 싶어서 1년 만에 후딱 팔았는데

팔고 나니 중개업소에서 전화가 와서 너무 싸게 팔았나? 후회가….

- 매수가격 : 7,400만 원
- 매도가격 : 1억 100만 원
- 이전비 : 100만 원
- 수리비 : 200만 원
- 중개수수료 : 38만 원
- 대출 : 5,950만 원
- 이자 : 약 월 17만 원
- 월세 : 2,000/50만 원

보증금 2,000만 원 받아서 내 돈 안 들이고 오히려 200만 원 정도 돌려받고 월 33만 원씩 남았네요.

- 월세 : 33만 원×12=396만 원
- 매도 : 1억 100만 원-7,400만 원=2,700만 원

3,096만 원 정도 남았습니다. 1년에 이런 거 세 개만 했으면 하는 바람입니다. 밑에는 제가 작년에 올렸던 글 적었습니다. 모두 이런 물건 찾으러 갑시다. 오늘도 파이팅!

경매가 아닌 급매로 산 물건이라 카페에 올리기 조심스러웠는데 천지인 교수님께서 올리라 하시어, 올립니다. 요즘 제 투자 패

턴을 알려드립니다.

✿

  2014년 11월 통영 죽림에 한창그린파크 24평이 8,000만 원 저렴한 가격에 나왔습니다. 죽림 안정산업단지 쪽에 포스코 플랜텍도 들어온다 하고 시청을 제외한 모든 관공서가 죽림으로 이전한 신도시라 관심이 있던 터였습니다. 일단 저렴한 가격이 맞는지 실거래가 보고 경매 낙찰가를 보니 2013년에 두 개가 7,500만 원에 낙찰되었기에 가격은 일단 저렴한 것 같아 바로 출발해서 중개업소를 통해 집을 보러 갔습니다. 9월부터 내놓고 딸 집으로 이사 간 상태, 빈집으로 11월까지 집이 안 나가서 매도자님께서 마음이 좀 급한 것 같았습니다.

  도배가 오래되어 누렇고 방 한쪽이 누수같이 얼룩이 번져 있고, 욕실 천장은 곰팡이로 새카맣고, 달력은 9월 이후로 멈춰 있으며, 싱크대 수전은 물이 새서 거실장판도 누수같이 거무튀튀하게 물들었고, 신발장도 더러워, 중개업소가 올 수리해서 세를 놓아야겠다고 하네요. 일반인들이 집 보러 오면 안 사는 이유가 다 있더군요.

  하지만 제 눈에는 싱크대도 하이그로시고, 화장실 타일도 깨끗해 부분 수리하면 얼마 들지 않겠다는 생각에 7,800만 원 정도 해주면 명도비 들은 경매 가격 정도 되니 사자 싶었습니다. 중개업소 소장에게 누수가 심하고 완전 수리하면 1,000만 원 정도는 들지 않겠냐 하니, 끄덕끄덕하십니다. "수리비가 1,000만 원은 들지요" 하시길래 주인이 얼마까지 생각하나 물으니 "7,000만 원까지는 그렇고 7,500만 원 정도는 해보겠다고 하네요"라고 대답합니다. 오호~ 공인중개사 입에서 7,000만 원까지 나오는 거 보니 좀 더 깎자 싶었습니다. 누수 안 하고 7,200만 원까지 해달라고 하니 집주인이 7,400만 원에 준다고 해서 얼른 계약했습니다.

집 안 팔리는 11월에 계약하고 집을 아직 못 구했으면 꽃피는 3월에 이사하자 합의해서 잔금은 3월 10일에 맞췄더니 제가 사고 난 뒤로도 "광고가 8,000만 원에 나가는데 집 있냐고 전화가 계속 온다"며 "요즘 죽림 쪽이 집값이 올라서 1억~1억 1,000만 원 정도 나간다"고 중개업소에서 집 잘 샀다고 하네요.^^(매도자 없을 때)

매도자는 7,400만 원에 팔았다고 옆집 언니한테 욕 들어 먹었다 해서 "어머니, 그 집 엉망이라 수리비만 해도 1,000만 원 들어요." 했더니 "그건 그렇죠" 하며 끄덕끄덕. KB시세가 8,500만 원이라 70% 대출 5,950만 원 받고 이자는 3.4%로 월 17만 원 정도. 월세는 2,000/50만 원에 내놓자 바로 임차인이 들어왔습니다.

수리는 전체 화이트 페인트(신발장까지)하고 도배, 장판(소폭 합지)에 화장실은 변기, 세면, 거울, 수납장만 교체하고 목수에게 화이트로 집 몰딩하면서 화장실 천장까지 맡겼더니 200만 원 정도로 수리가 되더군요. 누수처럼 보이는 방은 바로 바깥인 외벽인 데다 보일러를 안 틀어 결로가 생긴 거더군요. 싹 뜯어서 왁스로 곰팡이 다 죽이니 멀쩡하더라고요. 누수비 벌었습니다.

- 매매가격 : 7,400만 원
- 이전비 : 100만 원

- 수리비 : 200만 원
- 중개수수료 : 38만 원
- 대출 : 5,950만 원
- 이자 : 약 월 17만 원
- 월세 : 2,000/50만 원

제 돈 안 들어가고 공짜 집 하나 생겼습니다. 이런 걸 무피 투자라고 하죠. 월세 계약 1년으로 해서 1년 뒤 매도 계획입니다. 제가 받고 싶은 금액으로 팔 수 있을지 그때 한 번 더 매도금액 올리겠습니다. 요런 거 1년에 세 건만 하면 1년 연봉 1억 원은 뽑겠습니다.

'흙에서 핀 성공' 님도 경매 학원에서 배운 분이 아니다. 어린아이 둘을 키우는 주부다 보니 아이 돌보랴, 시댁 어르신과 남편 수발하랴, 시간도 없고 바쁘다. 카페에 가입해 틈틈이 칼럼을 읽고 열정적으로 활동한 분으로, 토론하고 정보를 공유하며 필자의 지도를 받아 매년 상당한 수익을 올리는 분이다. 여러분도 얼마든지 할 수 있다는 희망을 품으시기 바란다.

4. 경매 상식 제대로 파헤치자

1) 법원 경매에 대한 편견, 제대로 알자

법원 경매의 대중화로 요즘 여러 계층의 사람들이 법원을 찾는다. 내 집 마련을 위해, 한 푼이라도 싸게 사기 위해 방문한 30대 주부에서부터 백발이 성성한 할아버지까지 실로 그 계층은 다양하다. 2002년 7월 1일부터 바뀐 새로운 민사집행법 시행으로, 이제 경매 투자는 시민의 건전한 투자처로 인기가 대단하다.

민사소송법에서 민사집행법으로 바뀐 것 중 대표적으로 개선된 '항고 시 보증금 공탁제도', '인도명령제도의 시행' 등은 모두 일반 투자자들을 위해 제정된 혁신적인 법들이다. 그동안 경매 진행과정에서 생긴 문제점을 해결해주는 제도개선인 만큼, 경매 투자를 위해 공부하고 꾸준히 투자하면 내 집 마련은 물론 부동산 투자에 성공할 수 있다고 말할 수 있다.

그러나 아직도 경매에 대한 고정관념, 즉 몹시 나쁜 사람, 과거

깡패들이나 하는 것으로 인식하기도 한다. 또 집을 강제로 뺏어 먹는 못된 사람들이나 하는 것으로 치부해 이상한 눈으로 좋지 않게 보는 분들도 있다. 그러나 이것은 일부 사람들의 편견이며, 경매란 국가에서 시행하는 합법적인 절차로, 절대 그런 일은 없다.

싸게 사고 싶은데 무서워서(?) 또는 망한 집이라 꺼림칙하게 생각해서 투자를 포기하는 사람들이 뜻밖에 많이 있다고 알고 있으나, 그렇지 않다. 특히 적은 돈을 가지고 내 집을 마련하는 실수요자나 여윳돈을 가지고 부동산 투자에 관심이 있다면 법원 경매를 통한 재테크에 적극적으로 나서면 어떨까? 아직도 경매에 안 좋은 인식이 있다면 이 글을 읽고 긍정적인 마음으로 바뀌길 바라는 마음이다.

2) 경매 물건은 남의 피와 눈물과 한이 맺힌 부동산인가?

경매에 부쳐진 주택이나 상가는 전 주인의 한숨과 눈물이 배어 있는 부동산이라고 생각하는 사람들이 많다. 그러나 남의 불행을 이용해 싸게 사는 것이 아니라 채권자(경매 부친 사람)의 채권회수를 쉽게 하게 하고, 채무변제를 도와주는 행위다. 경매에 부쳐진 부동산은 결코 눈물과 한이 서린 부동산이 아니다. 사람이 살다 보면 일이 잘못되어 빚질 수도 있고, 잘 풀리지 않아 경매로 넘어갈 수도 있다.

빚이 과다하게 많아 경매에 부쳐진 주택은 부동산 시장에 내놓아도 과도한 채무, 즉 집값보다 빚이 많아서 잘 팔리지 않고 팔 수도 없는 것이 대부분이니 국가에서 개입하지 않으면 안 되는 그런 부동산들이다. 국가기관인 법원이 위임을 받아 채권의 모든 권리를 소멸시켜 낙찰자에게는 깨끗하게 정리해 이전시켜 주며, 채무자에게는 최고가로 판매해 그 빚을 채권자에게 갚아주는 환가절차다.

또한, 경매에 부쳐진 부동산을 산다는 것은 빚진 사람의 신용회복과 명예를 회복시켜주고, 국가 경제에 이바지하는 현명한 판단이다. 낙찰자는 최고의 많은 빚을 갚아주는 사람이다. 낙찰자는 투자자이지 투기꾼이나 협잡꾼이 아니다.

3) 초보자는 위험하다?

잘못 알려진 사례 중 하나가 '위험하다', '겁이 난다'다. 싸다는 이유 하나만으로 샀다가 나중에 문제가 생기면 입주가 지연되고 고생(소송, 분쟁 등)할 것이란 판단에서다. 그러나 초보자도 경매의 절차와 과정, 서류 보는 간단한 방법을 익히고, 현장답사한 다음 마음에 든다면 입찰에 참여할 수 있다. 최근에는 각종 재테크 학원과 경매 교육 과정을 수강한 초보자들이 경매를 통해 쉽게 재테크하는 일이 크게 늘었다. 첫술에 배부를 수 없듯이 어느 정도 학습과 꾸준한 관심을 가지고만 있다면 경매는 어떤 투자보다도 안전한 투자 수단이고 최고의 재테크 수단이다.

4) 권리분석은 어려워 일반 사람이 접근하기 어렵다?

'권리분석'이란 부동산의 등기부등본에 기록된 각종 권리들이 소멸이냐, 인수냐를 따지는 것이다. 누구나 집을 살 때 토지와 건물의 등기부등본을 열람하고 토지이용계획확인원을 발급받는 것과 같이 기본적 상식과 관심만 있다면 그리 어려운 게 아니다. 전문가만이 할 수 있다고 생각하는 잘못된 인식으로 어렵다고 생각하는 것이다. 경매 시장에 나온 부동산 중 권리분석이 어려운 매물은 10% 미만이라고 보면 된다. 까다로운 법적 적용이 필요한 부동산은 피하거나 스스로 해결이 안 되겠다면 고수의 몫으로 돌리면 된다. 수많은 경매 물건이 쏟아지는데 그중에 쉽고 간단한 것만을 택하는 것이 현명한 처사다.

5) 경매 브로커나 조직이 개입되어 위험하다?

경매는 국가가 개입해 진행하는 부동산 중개라 보면 된다. 국가기관인 법원이 하는 일에 깡패가 개입할 수 있나? 주위에서 보면 경매 물건에 혹시 무서운(?) 깡패 같은 사람들이 개입되어 나중에 낙찰받았을 때 문제가 되지 않을까 염려하는 사람들이 의외로 많다.

경매에 부쳐진 부동산일수록 전 주인(채무자)이 과도한 부채를 해결할 능력이 없다 보니 채권자의 채권회수를 위해 경매되어, 새롭게 낙찰받은 사람에게 깨끗이 정리해 넘겨주는 부동산이 대부분이다. 2002년 7월 1일 이전 민사소송법일 때는 아무나 항고할 수 있어 명도가 1년 이상 지속되어 어쩔 수 없이 완력과 불법이 난무하던 시대였다. 그러나 7월 1일 이후론 민사집행법의 시행으로 항고하려면 보증금도 현금 공탁해야 하니 항고는 거의 95% 이상 없어졌다. 주택임대차보호법의 확대로 요즘은 돈 한 푼 받지 못하고 길거리 나앉은 사람도 거의 없다. 물론 간혹 이사비와 입주 지연 때문에 채무자(점유자)와 분쟁이 발생하는 경우는 있다. 그러나 경매 물건 하나 때문에 브로커가 개입하거나 조직의 목표물이 되는 경우는 법치국가에서 단연코 없다.

6) 채무자와 세입자는 길거리로 내쫓긴다?

"법 위에 잠자는 자는 보호하지 않는다"란 말이 있듯이 임차인은 임대계약을 할 때 반드시 등기부등본을 발급받아 과도한 부채가 있다면 계약하지 말아야 한다. 그러나 빚이 그리 많지 않다면 공인중개사의 책임하에 반전세 혹은 월세로 소액보증금을 걸고 입주하고, 확정일자를 꼭 받아두어야 한다. 행여 경매가 이루어질 때는 꼭 배당요구를 하면 구제받을 수 있다.

TV에 가끔 경매에 부쳐진 주택의 채무자나 세입자가 한 푼도 못 받고 길거리에 내몰리는 과장되고, 억울한 사연이 소개되곤 한다. 말도 안 되는 이야기다. 갚을 능력도 없으면서 빚진 채무자는 정당하고 그 빚을 갚아주는 낙찰자가 나쁜 사람인가?

그러나 세 들어 사는 임차인은 임차인의 주거안정을 위해 국가에서 특별법을 제정해 보호하고 있다. 임차인을 위한 '주택·상가건물임대차보호법'이 있어서 일정 금액의 최우선변제(서울 최고 3,200만 원)를 받는 경우가 많다. 은행 또한 세입자의 최우선변제를 감안하고 대출이 나가는 것으로 내부 규정을 구비하고 있다.

소유자의 경우 경매로 낙찰된 금액이 빚진 금액보다 많으면 소유자에게 남는 돈(잉여금)은 돌려주는 게 원칙이다. 경매라고 야속하게 한 푼도 못 받고 쫓겨나는 사례는 특별한 경우가 아니면 거의 없다고 봐도 된다. 오히려 전 주인이 계획적으로 많은 빚을 지고 일부러 경매를 이용해 부동산을 합법적으로 날리는 경우도 많은 게 사실이다.

7) 세입자의 집 명도(비우기)가 어렵다?

경매 부동산에는 대부분 집주인이나 세입자가 거주하기 마련이다. 물론 비어 있는 집도 있고 폐문부재로 방치된 집도 있다. 하지만 경매로 낙찰받은 다음, 거주자들 이사 문제로 조금 번거로운 절차를 거쳐야 하는 것이 사실이다. 그러나 초보자가 생각하는 것만큼 골치 아픈 경우는 그리 많지 않다.

주택 또는 상가건물임대차보호법에 따라 세입자는 일정액을 최우선변제 또는 우선변제받거나 배당순위에 따라 전, 월세 보증금을 돌려받고 나가는 세입자들이 더 많다. 돈을 못 받고 나가는 소유자에게는 이사비를 주면 쉽게 나가는 편이다. 만약 명도해주지 않고 버티면 법원의 도움(인도명령)으로 쉽게 명도를 받을 수 있다.

8) 가짜 세입자가 판친다?

주택 경매 물건 중에는 간혹 실제 살지도 않는 가짜 세입자나 친인척이 전입신고와 확정일자를 갖추고 있는 경우가 왕왕 있다. 주택에서 실제 살기 위한 목적이라기보다는 채무자와 짜고 최우선변제 금액이라도 챙기기 위해 가짜서류를 만들어 법원에 권리신고하고 거주하는 것이다. 그러나 입찰자는 신경 쓸 필요가 전혀 없다.

왜냐하면, 가짜 세입자 중 일정 요건을 갖췄으면 경락대금에서 우선변제받는 소액임차인들이기 때문이다. 낙찰대금에서 배당에 참여해 우선변제되는 사람들이기 때문에 낙찰자는 그들에게 한 푼도 물어주지 않아도 된다. 경매가 진행된다는 등기(경매개시결정등기) 후에 전입신고하고 들어온 가짜 세입자도 간단한 인도명령만으로 내보낼 수 있어서 크게 신경 쓰지 않아도 된다.

9) 법원 경매는 무조건 싸다?

경매로 부동산을 매입하면 물건에 따라 통상 적게는 10%에서 많게는 반값에도 살 수 있다는 것은 누구나 아는 사실이다. 법원마다 차이는 있으나 1회 유찰 시 20~30%씩 금액이 떨어지는 저감률 때문에 많이 유찰될수록 낮은 값에 낙찰받는다. 그러나 오히려 시세보다 높게 낙찰받는 경우도 적지 않다. 이는 감정평가액이 시세보다 낮게 감정되었거나, 감정가를 시세로 믿고 가격을 높이 써서 고가로 낙찰받기 때문이다. 감정가는 참고만 해야지, 전적으로 믿고 입찰하면 일반매물보다 비싸게 살 수 있는 게 경매다. 그 판단은 입찰자의 몫이다.

10) 낙찰금 전액을 내 돈으로 일시에 납부해야 하는가?

통상 경매에서 최고가매수인(낙찰자)으로 정해지면 잔금은 매각허가결정이 확정된 날로부터 1개월 이내에 납부해야 하는 것이 원칙이다. 만약 납부기한 내에 납부를 못 할 사정이 있다면 다음번 경매기일 3일 전까지 정해진 이자와 수수료를 함께 납부하면, 유효한 낙찰로 인정한다. 경매도 잔금납부의 여유 기간을 잘 이용할 수는 있지만, 이자가 비싸 자금 여력이 없다면 계획을 세워 입찰해야 한다. 만약 잔금 낼 여력이 부족하다면 금융권의 '경락자금대출제도'를 이용하면 간단하고 편리하다.

11) 낙찰 부동산을 사고팔면 투기꾼으로 본다?

낙찰받아 바로 팔면 양도세 문제와 세금 때문에 걱정하는 투자자들은 많아도 투기꾼으로 몰릴까 걱정하는 사람은 한 사람도 없다. 경매는 일반 매매와 달리 낙찰가가 공개적으로 노출되기 때문에 경락받은 부동산을 1년 이내에 바로 사고팔면 단기매매에 따라 양도소득세가 걱정이다. 재테크 목적으로 1년에 몇 차례 낙찰받으면 혹시 부동산 투기꾼으로 몰리는 것은 아닌가 생각할 수도 있다. 하지만 합법적인 절차에 따라 부동산을 경락받아 1년 안에 되팔게 되면 양도세 부담이 무거울 뿐이지, 정부에서 투기꾼으로 보지는 않으니 염려할 필요는 전혀 없다.

12) 전문가의 도움을 꼭 받아야만 하는가?

초보자는 경험이 전혀 없어 법률가나 경매 전문가의 도움을 받아 입찰하는 게 안전하리라 생각할 수 있다. 그러나 경매 투자는 우리가 일반적인 부동산 거래를 하는 것과 마찬가지로 단순하고 간단한 게 대부분이며, 소유자가 사는 아파트나 주택은 간단한 권리관계 때문에 손쉽게 낙찰받을 수 있다. 오히려 전문성 없는 법률사무소나 욕심 많은 경매 브로커를 만나면 과다한 수수료 또는 고

가낙찰로 인해 분쟁이 일어나 골치를 앓는 경우도 종종 있다. 그러나 입찰 전 권리분석 방법을 익히고 쉬운 물건부터 꾸준히 실전 경매 투자한다면 굳이 비싼 수수료를 내며 컨설팅업체를 이용할 필요는 없다. 그러나 수십억 원이 되는 물건이나 권리관계가 복잡한 특수한 물건은 전문변호사나 컨설팅업체에 자문을 구하고 의뢰하는 것이 더욱 안전하다.

5. 경매란 이런 것이다

1) 법원 경매란?

법원 경매는 돈을 받아야 할 사람(채권자)의 신청에 의해, 돈을 갚아야 할 사람(채무자)의 집이나 땅 등을 국가(법원)가 강제로 압류(경매개시결정)하고 매각해서, 그 매각대금을 돈 받을 사람(채권자)에게 나누어 주는 것이다. 경매의 절차는 '압류 → 현금화 → 변제'의 3단계로 진행된다.

채권자의 경매 신청 → 경매개시결정 → 매각부동산의 압류 → 경매개시결정 사유를 등기부에 기입 → 채무자에게 이 사실을 송달 → 배당요구의 종기공고 → 부동산 현황조사 → 감정평가 → 매각기일지정 → 매각실시 → 매각허가결정 → 대금납부 → 배당절차 → 등기촉탁 → 인도명령(명도받기)으로 이뤄지는데, 다음과 같은 절차에 따라 이뤄진다.

2) 법원의 경매 절차

경매 사건의 진행 기간(법원예규)

종류	기산일	기간
경매 신청서 접수		당일
개시결정 및 등기촉탁	접수일부터	2일
채무자에 대한 개시결정문 송달	개시결정일부터	3일 안
배당요구종기	배당요구종기결정일부터	2~3개월
채권신고의 최고기간	배당요구종기결정일부터	배당요구종기일까지
최초매각기일 지정, 공고	배당요구종기부터	1개월 안
최초매각기일	공고일부터	2주일~20일
매각결정기일	매각기일부터	1주일 안
대금지급기간의 지정 및 통지	매각허가결정확정일부터	3일 안
대금지급기한	매각허가결정확정일부터	1개월 안
매각부동산의 인도명령	신청접수일부터	3일 안
배당기일의 지정·통지	대금납부 후	3일 안
배당기일	대금납부 후	4주 안
배당표 원안의 작성·비치		배당기일 3일 전
소유권이전등기 촉탁	서류 제출일부터	3일 안

경매의 흐름도

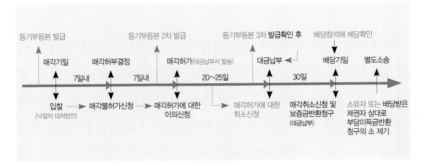

3) 경매의 종류

부동산 경매 사건들을 보면 임의경매, 강제경매, 형식적경매 등 세 가지 종류로 나뉘어 있는 것을 볼 수 있다. 경매 시장에 나오는 것 중 대부분이 임의경매가 아니면 강제경매다. 형식적 경매도 간혹 등장한다. 임의경매와 강제경매는 신청방법에 따라 나누어진다. 큰 차이는 없지만, 각각의 차이를 알고 물건의 특성을 잘 활용한다면 많은 도움이 될 것이다.

(1) 임의경매

경매 시장에 가장 많이 나오는 임의경매는 채무자가 은행권이나 혹은 개인에게 돈을 빌리면서 자신의 부동산을 담보로 제공한 경우로, 별도의 집행권원을 필요로 하지는 않는다. 해당 부동산에 근저당권 등의 담보권이 설정되는데 채무를 불이행할 경우, 채권자가 경매를 신청해 채권을 회수하는 것을 임의경매라고 한다. 매각물건명세서에도 표시되어 쉽게 확인할 수 있다.

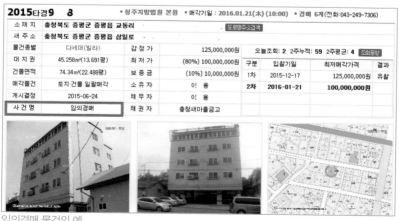

임의경매 물건의 예

(2) 강제경매

채권자가 돈을 빌려줬거나 전·월세보증금, 공사대금, 물품대금, 카드대금 등을 이유로 법원에 재판을 청구해 승소한 다음, 강제집행하는 절차다. 즉 채권자가 부동산 소유자, 즉 채무자를 상대로 재판하고, 승소판결문에 따라 소유자의 부동산에 경매를 신청하는 것이다. 예를 들어, 갑이라는 사람이 을에게 돈을 빌린 뒤, 상환기간이 지나도 원금과 이를 갚지 못한다면 을은 갑을 상대로 소송을 제기하고, 이 소송의 판결 결과에 근거해 갑이 소유하고 있는 부동산에 대해 집행권원 등을 가지고 경매를 신청하는 것이다. 이것을 강제경매라고 한다.

강제경매는 채권자가 채무자에게 담보 없이 돈을 빌려준 것이므로, 경매를 통해 채권을 회수하려면 필수적으로 집행권원이 필요하다. 집행력 있는 판결문, 지급명령결정정본, 민사 조정조서, 약속어음 공정증서 등이 여기에 해당한다.

2014타경14 6		• 울산지방법원 본원 • 매각기일 : 2016.01.25.(月) (10:00) • 경매 3계 (전화:052-216-8263)					
소 재 지	울산광역시 북구 달천동 107,	14층 1404호	도로명주소검색				
새 주 소	울산광역시 북구 달천로 119,	14층 1404호					
물건종별	아파트	감 정 가	170,000,000원	오늘조회: 4 2주누적: 332 2주평균: 24		조회동향	
대 지 권	34.112㎡(10.319평)	최 저 가	(100%) 170,000,000원	구분	입찰기일	최저매각가격	결과
건물면적	59.824㎡(18.097평)	보 증 금	(10%) 17,000,000원		2015-09-24	170,000,000원	변경
매각물건	토지·건물 일괄매각	소 유 자	최■화	1차	2015-11-24	170,000,000원	
개시결정	2014-09-19	채 무 자	최■화	낙찰 198,001,000원(116.47%) / 18명 / 불허가 (2등입찰가:192,583,000원)			
사 건 명	강제경매	채 권 자	(주)한라21세기축산	2차	2016-01-25	170,000,000원	

강제경매 물건의 예

임의경매나 강제경매는 입찰 시에 큰 차이는 없지만 임의경매는 신청이 쉬운 만큼 그 취하나 이의신청 과정도 쉽다. 그러나 강제경매는 판결문에 의해 진행되는 경매인만큼 그 공신력을 인정받지만 그만큼 절차가 까다롭다는 차이가 있다. 간혹 임의경매도 아니고 강제경매도 아닌 형식적 경매로 된 사건을 볼 때가 있다.

(3) 형식적 경매

형식적 경매는 유치권에 의한 경매와 공유물분할을 위한 경매, 타인의 권리를 상실시키는 경매, 청산을 위한 경매(상속재산의 경매 등) 등을 목적으로 행해지는 경매이며 임의경매 절차를 따른다. 이 형식적 경매도 일반 다른 경매의 절차와 동일하게 진행되지만, 매각조건(인수주의, 소멸주의)과 잉여주의 적용 여부, 배당요구와 배당절차 등에 있어 차이가 있다.

이 중 가장 중요한 부분은 매각조건인데, 임의경매와 강제경매는 매각에 의해서 제한물권 등의 부담이 소멸하는 소멸주의가 적용된다. 형식적 경매는 소멸주의와 인수주의 두 가지를 모두 취하기 때문에 입찰자들이 세심하게 살펴볼 필요가 있다. 만약 인수주의를 취하는 형식적 경매라면 매각물건명세서에 그 내용이 기재가 되기 때문에 이 부분을 꼭 확인하고 입찰에 참여해야 한다.

일반적으로 대부분의 형식적 경매가 소멸주의를 택하지만, 돌다리도 두들겨보고 건넌다는 생각으로 매각물건명세서를 꼼꼼하게 확인하시기 바란다.

마지막으로 공유물분할을 위한 형식적 경매에서는 공유자우선

매수신고제도는 불가능하며, 다른 지분권자들도 입찰에 참여할 수 있다. 형식적 경매는 지분경매와 매우 밀접한 연관성이 있는 만큼 특이사항 등을 꼼꼼히 파악한 후 입찰에 임해야 한다. 사후처리에 대한 대책만 잘 마련되어 있다면 큰 수익을 올릴 수 있을 것이다.

형식적 경매에서는 공유물분할을 위한 경매, 유치권에 의한 경매, 청산을 위한 경매가 있는데, 일반 경매와 달리 법원과 판사 또는 물건의 내용에 따라 낙찰 후에도 보증금, 근저당권, 가압류가 소멸되지 않고 인수될 수가 있으므로 주의를 필요로 한다. 매각물건명세서에서 확인할 수 있다.

① 형식적 경매의 종류 및 사례
- 자동차 정비공장에서 수리 후 소유자가 차량수리비를 지불하지 않아 유치권에 의한 형식적 경매를 신청한 사례다.

2015타경13 · 창원지방법원 본원 · 매각기일 : 2016.02.12(金) (10:00) · 경매 5계(전화:055-239-2115)

보관장소	경상남도 창원시 의창구 소답동 147-2,		도로명주소검색			
물건종별	승용차	감정가	12,000,000원	오늘조회: 4 2주누적: 357 2주평균: 26 조회동향		
토지면적		최저가	(80%) 9,600,000원	구분	입찰기일	최저매각가격	결과
건물면적		보증금	(10%) 960,000원	1차	2016-01-12	12,000,000원	유찰
매각물건	자동차(아반떼)	소유자	망 이강	2차	2016-02-12	9,600,000원	
개시결정	2015-10-26	채무자	망 이강				
사건명	(형식적경매)	채권자	최병				

유치권에 의한 형식적 경매 신청 사례

• 채권자의 임금 체불 등으로 경매를 신청한 형식적 경매 사례다.

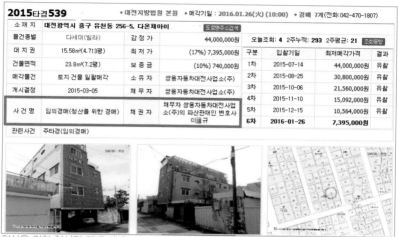

소재지	대전광역시 중구 유천동 256-5, 다온채아이		도로명주소검색				
물건종별	다세대(빌라)	감정가	44,000,000원	오늘조회: 4 2주누적: 293 2주평균: 21 조회동향			
대지권	15.58㎡(4.713평)	최저가	(17%) 7,395,000원	구분	입찰기일	최저매각가격	결과
건물면적	23.8㎡(7.2평)	보증금	(10%) 740,000원	1차	2015-07-14	44,000,000원	유찰
매각물건	토지·건물 일괄매각	소유자	쌍용자동차대전사업소(주)	2차	2015-08-25	30,800,000원	유찰
개시결정	2015-03-05	채무자	쌍용자동차대전사업소(주)	3차	2015-10-06	21,560,000원	유찰
사건명	임의경매(청산을 위한 경매)	채권자	채무자 쌍용자동차대전사업소(주)의 파산관재인 변호사 이■규	4차	2015-11-10	15,092,000원	유찰
				5차	2015-12-15	10,564,000원	유찰
				6차	2016-01-26	7,395,000원	
관련사건	주타경(임의경매)						

청산을 위한 형식적 경매 사례

• 유산으로 받은 아파트를 팔아 지분자들이 현금화해 나누자고 경매 신청한 사례다.

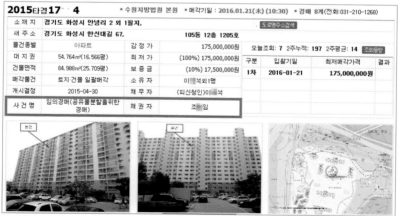

소재지	경기도 화성시 안녕리 2 외 1필지,			도로명주소검색			
새 주소	경기도 화성시 한신대길 67,		105동 12층 1205호				
물건종별	아파트	감정가	175,000,000원	오늘조회: 7 2주누적: 197 2주평균: 14 조회동향			
대지권	54.764㎡(16.566평)	최저가	(100%) 175,000,000원	구분	입찰기일	최저매각가격	결과
건물면적	84.988㎡(25.709평)	보증금	(10%) 17,500,000원	1차	2016-01-21	175,000,000원	
매각물건	토지·건물 일괄매각	소유자	이■석외명				
개시결정	2015-04-30	채무자	(피신청인)이■석				
사건명	임의경매(공유물분할을위한 경매)	채권자	조■임				

청산을 위한 형식적 경매 사례

※ 민사집행법 제91조(인수주의와 잉여주의의 선택 등)

가. 압류채권자의 채권에 우선하는 채권에 관한 부동산의 부담을 매수인에게 인수하게 하거나 매각대금으로 그 부담을 변제하는 데 부족하지 아니하다는 것이 인정된 경우가 아니면 그 부동산을 매각하지 못한다.

나. 매각부동산 위의 모든 저당권은 매각으로 소멸된다.

다. 지상권, 지역권, 전세권 및 등기된 임차권은 저당권, 가압류채권에 대항할 수 없는 경우에는 매각으로 소멸된다.

라. 다의 경우 외의 지상권. 지역권. 전세권 및 등기된 임차권은 매수인이 인수한다. 다만, 그중 전세권의 경우에는 전세권자가 제88조에 따라 배당요구를 하면 매각으로 소멸된다.

마. 매수인은 유치권자에게 그 유치권으로 담보하는 채권을 변제할 책임이 있다.

【해설】

우리가 경매 절차에서 경매 부동산을 매수하기 위해서는, 민사집행법 제91조 각항이 매수조건을 제시하고 있는바, 91조 각항을 완전히 자기 것으로 만들면 경매로 매수하는 부동산을 아무런 하자 없이 시세보다 저렴하게 구입할 수가 있게 된다.

| Key Point | 민사집행법상 규정에 대한 권리분석

첫째, 경락으로 부동산 등기부에 설정된 제한물권은 모두 말소되는 것이 원칙이다. 단, 말소기준권리보다 앞선 가처분, 소유권이전가등기, 예고등기, 등기하지 않은 대항력 있는 임차권, 유치권은 말소되지 않고 경락인에게 인수되며 건물철거를 원인으로 한 가처분은 후순위라도 말소되지 않고 경락인에게 인수됨을 주의해야 한다.

둘째, 유치권은 처음부터 경락인이 인수하는 물권이라고 가정한다

(91조 5항).

셋째, 법정지상권의 성립 여지 있다, 없다는 오로지 매수인이 결정할 문제이지, 집행법원이 결정할 문제가 아니라는 것이다(법원은 중립기관이고 냉정함).

넷째, 집행법원이 작성한 매각물건명세서를 믿고 매수에 응하다가 매각물건명세서의 작성에 하자가 있음을 발견했더라도 입찰에 있어 지렛대로 사용할 줄 아는 실력을 키우자. 이유는 매각물건명세서 작성의 하자가 있으면 낙찰불허가 내지는 매각허가결정취소 사유가 되므로, 낙찰받은 부동산이 낙찰 후 확인되면 기간(1주일) 내 불허가 신청서를 제출해 보증금을 돌려받을 수 있기 때문이다.

이상의 네 가지는 기본적인 권리분석이다. 경매로 매수할 부동산 등 기부를 보고 말소기준권리(혹은 매각기준권리)를 찾아낸 후 경매로 매수할 부동산 위의 권리 중 경락인에게 인수되는 물권과 소멸되는 물권을 알 수 있게 되어 있다. 그리고 외형적으로만 대항력 있는 임차인이 있다. 즉 가장임차인을 말한다. 주민등록전입일이 매각기준권리보다 앞서기 때문에 대항력이 있어 임차보증금을 인수하는 것처럼 보이나, 철저한 권리분석으로 가장임차인임인을 밝혀 임차보증금 액만큼 수익을 올릴 수가 있다.

마지막으로 집합건물에 있어 '대지권미등기'나 '대지권 없음'으로 나오는 아파트가 종종 있는데 이런 경우 권리분석만 잘한다면 뜻밖에 건물가격으로 토지, 건물을 일거에 매수할 수 있어 대박이 될 수도 있다. 그 밖에 유찰을 거듭하는 물건이라면 법정지상권, 예고등기, 선순위 가등기, 토지별도등기 등이 있다. 이런 물건은 초심자들은 실력이 쌓일 때까지 입찰을 자제하셔야 한다. 해결할 자신이 없으면 결국 포기하게 되는데 그렇게 되면 보증금은 몰수당하고 그 보증금은 배당재단에 산입되어 채권자들의 몫이 된다.

부동산 경매란? '싸게 구입해서 제값에 팔아 일반 매매에 비해 큰 수익을 올릴 수 있는 과학적인 재테크'라고 정의할 수가 있다.

Part 02

경매의 실전 이론

권리분석의 기초단계

01

주택임대차보호법의
목적과 의의

꼭 알고 넘어가야 할 법률

제1조(목적)

이 법은 주거용 건물의 임대차(임대차)에 관해 「민법」에 대한 특례를 규정함으로써 국민 주거생활의 안정을 보장함을 목적으로 한다(전문개정 2008.03.21.).

제2조(적용 범위)

이 법은 주거용 건물(이하 '주택'이라 한다)의 전부 또는 일부의 임대차에 관해 적용한다. 그 임차주택(임차주택)의 일부가 주거 외의 목적으로 사용되는 경우에도 또한 같다(전문개정 2008.03.21.).

제3조(대항력 등)

① 임대차는 그 등기(등기)가 없는 경우에도 임차인(임차인)이 주택의 인도(인도)와 주민등록을 마친 때는 그 다음 날부터 제삼자에 대해 효력이 생긴다. 이 경우 전입신고한 때 주민등록이 된 것으로 본다.

② 주택도시기금을 재원으로 하여 저소득층 무주택자에게 주거생활 안정을 목적으로 전세임대주택을 지원하는 법인이 주택을 임차한 후 지방자치단체의 장 또는 그 법인이 선정한 입주자가 그 주택을 인도받고 주민등록을 마쳤을 때는 제1항을 준용한다. 이 경우 대항력이 인정되는 법인은 대통령령으로 정한다. 〈개정 2015.01.06.〉

③ 「중소기업기본법」 제2조에 따른 중소기업에 해당하는 법인이 소속 직원의 주거용으로 주택을 임차한 후 그 법인이 선정한 직원이 해

당 주택을 인도받고 주민등록을 마쳤을 때는 제1항을 준용한다. 임대차가 끝나기 전에 그 직원이 변경된 경우에는 그 법인이 선정한 새로운 직원이 주택을 인도받고 주민등록을 마친 다음 날부터 제삼자에 대해 효력이 생긴다. 〈신설 2013.08.13.〉

④ 임차주택의 양수인(양수인)(그 밖에 임대할 권리를 승계한 자를 포함한다)은 임대인(임대인)의 지위를 승계한 것으로 본다. 〈개정 2013. 08.13.〉

⑤ 이 법에 따라 임대차의 목적이 된 주택이 매매나 경매의 목적물이 된 경우에는 「민법」 제575조 제1항·제3항 및 같은 법 제578조를 준용한다. 〈개정 2013.08.13.〉

⑥ 제5항의 경우에는 동시이행의 항변권(항변권)에 관한 「민법」 제536조를 준용한다. 〈개정 2013.08.13.〉(전문개정 2008.03.21.) '이하 생략'

[출처 : 주택임대차보호법 타법개정 2015.01.06.(법률제12989호, 시행 2015. 07.01.) 법무부 종합법률정보 법령] 이하 생략

02

말소기준권리와 대항력

1. 말소기준권리가 되는 권리

| Key Point |
- (근)저당권
- 소유권이전청구권가등기 중 담보가등기(경매 신청 또는 배당요구했 다면 담보가등기)
- (가)압류
- 전세권[건물전체(집합건물)에 대한 것+최선순위+경매 신청 또는 배당 요구한 경우]
- 강제경매개시결정기입등기

등기부등본의 모든 제한권리를 나열해 가장 빠른 권리가 말소기준권리가 된다. 만약, 같은 날에 설정된 권리의 우열은 접수번호 순으로 해야 한다. 말소기준권리는 무조건 경매로 소멸되며, 이 말소기준권리를 외워야 한다. '저, 담, 가, 압, 전, 개시'로 외우면 쉽고 간단히 터득할 수 있다.

말소기준권리(저, 담, 가, 압, 전, 개시)는 경매 법정용어가 아닌 편의를 위한 용어일 뿐이다. 다음으로 꼭 알아야 하는 것이 대항력이다.

2. 대항력이란 임차인의 강력한 무기

부동산 경매 권리분석 중 대항력에 대해 설명하겠다. 권리분석의 하자 중 대부분이 대항력에서 발생하고 있다. 대항력을 모르고 들어갔다 입찰보증금을 날리는 안타까운 일들을 많이 볼 수 있으니 특히 주의하고 익혀야 할 것이다.

주택임대차보호법에서 말하는 대항력은 여러 가지 권리를 누리고 있는데, 그중 하나는 임대차계약 기간(2년) 동안 거주할 수 있는 권리와 또 하나는 보증금을 전액 돌려받을 수 있는 권리를 대항력이라 한다. 다시 말해 대항력이 있으면 어떤 경우라도 보증금의 전액을 보호받을 수 있다. 경매와 관련해서 대항력이 있는 임차인의 경우는 낙찰자가 임차인의 보증금을 추가로 인수해야 하는 경우도 있으므로 입찰 전 대항력의 의미를 정확히 알고 판단할 수 있어야 한다.

3. 대항력의 성립요건

대항력의 성립요건은 주택의 인도(점유)+전입신고다. 효력은 다음 날(익일) 0시부터다. 다시 말해, 이사 들어가고 전입신고한 다음 날 0시부터 대항력을 갖게 된다. 예를 들어, 1월 5일 주택을 점유하고 1월 6일 전입신고를 했으면 익일 1월 7일 0시부터 인정이 된다. 대항력을 인정받기 위해서는 선순위에 말소기준권리보다 날짜와 시간이 빨라야 한다. 늦으면 대항력이 없고, 낙찰자는 보증금을 인수할 필요가 없다.

4. 대항력의 인정 여부

첫째, 대항력이 인정되는 경우에는 타인은 물론이고, 형제간, 성년의 부자간, 처남(동서), 자녀(사위)가 부모나 처가에 전월세 사는 경우 등이다. 즉 부부지간 외에는 임대차가 성립된다고 보면 된다.

둘째, 대항력이 인정되지 않는 경우에는 부부, 부모와 미성년 자녀 간, 부모가 자녀 집에 전월세 사는 경우 등 부부지간의 경우에 원칙적으로 대항력이 인정되지 않는다. 하지만 부부라도 협의 이혼한 시점부터는 임차인으로서 대항력을 주장할 수 있다. 그러나 이 경우에는 이혼한 시점이 말소기준권리보다 늦어 대항력이 인정되지 않는 것이 대부분이다.

셋째, 동산 경매 권리분석 중 대항력은 가장 중요하다고 할 수 있다. 말소기준권리 이전에 전입신고와 점유를 했다면 대항력이 있는 임차인이 되고, 말소기준권리 이후에 전입신고했다면 대항력이 없는 임차인이 된다. 말소기준권리, 즉 등기부등본에 설정된 권리(저당권, 근저당권, 압류, 가압류, 담보가등기, 경매개시결정등기, 배당요구한 집합건물의 전세권)보다 앞선 임차인이 대항력 있는 임차인이다.

> **Example**
>
> 2013.08.01. 근저당권 우리은행 ⇦ 말소기준권리
> 2013.09.01. 전입신고(김길동)
> 김길동 씨는 우리은행 근저당보다 전입일이 늦어서 대항력이 없다.
> --
> 2018.05.01. 전입신고(김길동)
> 2013.07.01. 근저당권 우리은행 ⇦ 말소기준권리
> 우리은행 근저당보다 먼저 전입신고된 김길동 씨는 대항력이 있다.

5. 임차인이 대항력이 있는 경우

　임대차계약, 주민등록전입, 주택의 인도(점유)를 마치면, 익일 0시부터 대항력이 발생한다. 점유는 임차인의 직접 점유뿐만 아니라 타인(세대원 등)의 점유를 매개로 간접 점유해도 인정된다. 임차인의 전입일은 세대원을 포함한 최초전입자의 전입일을 기준으로 판단한다. 임차인이 전입 후 전출해도 그 세대원이 계속 점유하면 임차인의 대항력은 유지된다. 채무자와 임차인은 별개의 지위이므로 채무자도 임차인이 될 수 있다.

　임차인의 대항력 유무는 건물 등기부의 말소기준권리 설정일자를 기준으로 판단한다.

◦ 임차인현황 (말소기준권리 : 2009.03.02, 배당요구종기일 : 2015.03.17)

임차인	점유부분	전입/확정/배당	보증금/차임	대항력	배당예상금액	기타
김■훈	주거용	전 입 일: 2003.10.20 확 정 일: 미상 배당요구일: 없음	미상		배당금 없음	
기타사항		☞목적물에 대하여 현황조사차 방문하였으나 폐문부재로 소유자 및 점유자를 만나지 못하였으며, 이에 '안내문'을 부착하여 두었으나 점유자들의 연락이 없어 점유관계를 확인할 수 없으므로 관할동사무소에서 확인한 전입세대열람결과를 기재함. 전입세대열람결과 김■훈세대만 전입되어 있음 ☞김■훈은(는) 전입일상 대항력이 있으므로, 보증금있는 임차인일 경우 인수여지 있어 주의요함.				

◦ 등기부현황 (채권액합계 : 518,670,849원)

No	접수	권리종류	권리자	채권금액	비고	소멸여부
1(갑2)	2003.11.01	소유권이전(매매)	김■녕			
2(을10)	2009.03.02	근저당	서울축협 (석촌지점)	468,000,000원	말소기준등기	소멸
3(을12)	2010.10.05	근저당	대부헬로우크레디트(주)	45,000,000원		소멸
4(갑3)	2013.04.17	가압류	롯데카드(주)	5,670,849원	2013카단591	소멸

6. 임차인이 대항력이 없는 경우

법인이나 단체가 임차인이면 주민등록전입이 불가능하므로 주택임대차보호법 대상이 아니었다. 그러나 소규모 회사의 직원 숙소에 직원이 있을 경우 그 직원의 전입날짜로 임대차 대항력을 판단해야 한다고 주택임대차보호법이 2014년 개정되었다.

말소기준권리 이후에 증액한 보증금은 대항력이 대부분 없다. 하지만 증액하고 다시 확정을 받은 날짜가 말소기준권리보다 빠르다면 대항력이 있다고 판단해야 한다. 배당요구종기일까지 점유하지 않거나 전입을 유지하지 않은 경우에는 대항력을 상실한다. 경매에서 제외된 주택의 대항력 있는 임차인은 토지 낙찰자에게 대항력을 주장할 수 없다.

임차주택의 건축물대장(등기부등본)상 현황과 계약서상 표시가 불일치하는 경우 대항력 없다. 다가구주택은 호수까지 기재할 필요 없으며 다세대주택은 기재해야 한다.

* **임차인현황**   말소기준권리 : 2013.01.29) 배당요구종기일 : 2015.09.24)

임차인	점유부분	전입/확정/배당	보증금/차임	대항력	배당예상금액	기타
이■호	주거용 전부	전 입 일 : 2015.06.30 확 정 일 : 2015.06.30 배당요구일 : 2015.09.16	보40,000,000원	없음	소액임차인	
기타사항	대본 목적물은 폐문부재하여 출입문에 권신고안내서를 부착하여 놓았으며, 행정관서에 확인한 바 전입세대가 없음.					

* **등기부현황** (채권액합계 : 138,000,000원)

No	접수	권리종류	권리자	채권금액	비고	소멸여부
1(갑1)	2013.01.29	소유권보존	이■제			
2(을1)	2013.01.29	근저당	서천서부수협	78,000,000원	말소기준등기	소멸
3(을2)	2013.07.01	근저당	이■년	60,000,000원		소멸
4(갑5)	2014.11.14	압류	시흥세무서			소멸
5(갑7)	2015.07.13	임의경매	서천서부수협	청구금액: 51,091,506원	2015타경2562	소멸
6(갑8)	2015.09.17	압류	국민건강보험공단			소멸

03

확정일자와
우선변제권, 최우선변제권

　확정일자란 주택임대차계약서가 존재한다는 사실을 증명하기 위해 계약서에 공신력이 있는 기관에서 확인인을 찍어주고 해당 접수번호를 계약서에 기재하는 것을 의미한다. 확정일자는 임대차계약을 하고 공공기관이나 법원, 공증사무소, 읍·면·동 주민센터에서 받을 수 있다. 가까운 주민센터에 전입신고를 하면서 동시에 확정일자를 받는 방법이 일반적이다. 소중한 내 보증금 보호를 위해서는 전입신고와 확정일자를 모두 받아 놓는 것이 안전하다.

　우선변제권이란 확정일자를 받음으로써 임차권이라는 채권을 물권화시켜주는 것으로 저당권의 효력과 같다고 할 수 있다, 경매가 되었을 경우 임차인의 보증금에 대한 배당순서를 정해준다. 임차인이 살던 집이 경매되었을 때 후순위 권리자 또는 다른 채권자들보다 우선해서 임차인이 보증금을 배당받는 것, 즉 우선변제권을 갖게 된다,

　주의해야 할 대항력 있는 임차인을 알아보자.

　첫째, 확정일자를 부여받지 않아 우선변제권이 없는 임차인이다. 배당요구는 할 수 있으나 우선변제권이 없어 배당에서 밀려 배당받지 못하면 전액 낙찰자가 인수해야 하는 상황이 되니 특히 주

의해야 한다.

둘째, 확정일자 신고로 우선변제권이 있어 배당요구를 했지만, 낙찰대금에서 보증금 전액을 배당받지 못한 임차인이다. 임차인은 보증금액을 배당받을 권리가 있으므로 낙찰자가 못 받은 금액을 추가로 인수해야 한다.

셋째, 확정일자 받았으나 배당요구종기일 내에 배당요구 신청을 하지 않았거나 배당요구종기일 이후에 배당요구해도 배당요구 안 한 것과 같으므로 이러한 경우 낙찰자 인수사항이다.

부동산 경매는 시세보다 저렴하게 취득할 수 있는 장점이 있지만 완벽한 권리분석 없이 입찰에 참여했다가 큰 손실을 볼 수 있으므로 특히 주의해야 한다

1. 최우선변제의 성립요건

최우선변제란 주택 임차인 중 지역별 특성에 따라 소액임차인을 보호하기 위해 '주택임대차보호법'인 특별법에 의해 소액보증금 중 일정액에 관해 선순위 담보권자보다 우선해 배당하는 것을 말한다.

- 첫 경매개시결정등기 이전에 대항요건(전입+점유)을 갖췄을 것(확정일자 필요 없음)
- 배당요구종기일까지 배당요구했을 것
- 배당요구종기일까지 대항력을 유지할 것

- 보증금 액수가 소액보증금 기준(주택임대차보호법 시행령 4조, 상가건물임대차 보호법 6조)에 해당되어야 하며 그 기준은 최선순위 말소기준권리 중 물권(압류, 가압류는 NO. 채권임)을 기준으로 한다.

| Key Point | 경매에서 주의해야 할 사항들

- 소액보증금의 기준이 되는 담보물권은 저당권, 가등기담보권(가압류, 압류는 포함 안 됨)이며, 만약 물권이 없을 경우는 경매개시결정등기로 판단한다.
- 토지 저당권 설정 당시 지상건물이 존재한 경우에는 토지의 매각대금에서도 우선해 변제받을 수 있다.
- 소액임차인 판단 시점은 최선순위 저당권설정일자 기준으로 한다. 다만 현재는 소액임차인에 하더라도 1순위 담보물권을 기준으로 하면 소액임차인에 해당하지 않을 경우 최우선변제를 받을 수 없다. 1순위 피담보채무가 모두 배당되면 그다음 순위의 담보물권을 기준으로 소액임차인 해당 여부를 다시 판단해야 한다.
- 임차권등기가 경료된 주택을 임차한 임차인과 전차인은 소액보증금 등의 우선변제를 받지 못한다.

- **임차인현황** (말소기준권리 : 2013.01.29) (배당요구종기일 : 2015.09.24)

임차인	점유부분	전입/확정/배당	보증금/차임	대항력	배당예상금액	기타
이■호	주거용 전부	전 입 일 : 2015.06.30 확 정 일 : 2015.06.30 배당요구일 : 2015.09.16	보40,000,000원	없음	소액임차인	
기타사항		☞본 목적물은 폐문부재하여 출입문에 권신고안내서를 부착하여 놓았으며, 행정관서에 확인한 바 전입세대가 없음.				

- **등기부현황** (채권액합계 : 138,000,000원)

No	접수	권리종류	권리자	채권금액	비고	소멸여부
1(갑1)	2013.01.29	소유권보존	이■제			
2(을1)	2013.01.29	근저당	서천서부수협	78,000,000원	말소기준등기	소멸
3(을2)	2013.07.01	근저당	이■년	60,000,000원		소멸
4(갑2)	2014.11.14	압류	시흥세무서			소멸
5(갑7)	2015.07.13	임의경매	서천서부수협	청구금액: 51,091,506원	2015타경2562	소멸
6(갑8)	2015.09.17	압류	국민건강보험공단			소멸

2. 우선변제 요건

우선변제란 후순위 권리자보다 우선해 변제를 받을 수 있는 권리를 말한다. 그 요건은 다음과 같다.

- 배당요구종기일 이전에 전입+점유+확정일자(임차권등기도 확정일자로 봄)를 갖췄을 것
- 배당요구종기일까지 배당요구했을 것(임차인이 경매 신청하거나 임차권등기한 경우는 배당요구한 것으로 간주하나, 경매개시결정등기 이후에 임차권등기 했다면 별도로 배당요구해야 함)
- 배당요구종기일까지 대항력을 유지해야 한다.

주택임대차보호법의 최우선변제 조건표

시행일	지 역	보증금 범위	최우선변제액
84. 6. 14~ 87. 11. 30	특별시, 직할시	300만 원 이하	300만 원까지
	기타지역	200만 원 이하	200만 원까지
87. 12. 1~ 90 .2. 18	특별시, 직할시	500만 원 이하	500만 원까지
	기타지역	400만 원 이하	400만 원까지
90. 2. 19~ 95. 10. 18	특별시, 직할시	2,000만 원 이하	700만 원까지
	기타지역	1,500만 원 이하	500만 원까지
95. 10. 19~ 2001. 9. 14	특별시, 광역시(군지역 제외)	3,000만 원 이하	1,200만 원까지
	기타지역	2,000만 원 이하	800만 원까지
2001. 9. 15~ 2008. 8. 20	수도정비계획법 중 과밀억제권역	4,000만 원 이하	1,600만 원까지
	광역시(군지역과 인천광역시지역 제외)	3,500만 원 이하	1,400만 원까지
	그 밖의 지역	3,000만 원 이하	1,200만 원까지

2008. 8. 21~ 2010. 7. 25	수도정비계획법 중 과밀억제권역	6,000만 원 이하	2,000만 원까지
	광역시(군지역과 인천광역시지역 제외)	5,000만 원 이하	1,700만 원까지
	그 밖의 지역	4,000만 원 이하	1,400만 원까지
2010. 7. 26~ 2013. 12. 31	서울특별시	7,500만 원 이하	2,500만 원까지
	수도권정비계획법에 따른 과밀억제권역 (서울특별시는 제외한다)	6,500만 원 이하	2,200만 원까지
	광역시(수도권정비계획법에 따른 과밀억제권역에 포함된 지역과 군지역은 제외한다) 안산시, 용인시, 김포시, 광주시	5,500만 원 이하	1,900만 원까지
	그 밖의 지역	4,000만 원 이하	1,400만 원까지
2014. 1. 1~ 2016. 3. 30	서울특별시	9,500만 원 이하	3,200만 원까지
	수도권정비계획법에 따른 과밀억제권역 (서울특별시는 제외한다)	8,000만 원 이하	2,700만 원까지
	광역시(수도권정비계획법에 따른 과밀억제권역에 포함된 지역과 군지역은 제외한다) 안산시, 용인시, 김포시, 광주시	6,000만 원 이하	2,000만 원까지
	그 밖의 지역(세종시 포함)	4,500만 원 이하	1,500만 원까지
2016. 3. 31~	서울특별시	1억 원 이하	3,400만 원까지
	수도권정비계획법에 따른 과밀억제권역 (서울특별시는 제외한다)	8,000만 원 이하	2,700만 원까지
	광역시(수도권정비계획법에 따른 과밀억제권역에 포함된 지역과 군지역은 제외한다) 안산시, 용인시, 김포시, 광주시, (세종시 포함)	6,000만 원 이하	2,000만 원까지
	그 밖의 지역(세종시 제외)	5,000만 원 이하	1,700만 원까지

*수도정비계획법 중 과밀억제권역
· 서울특별시, 의정부시, 구리시, 하남시, 고양시, 수원시, 성남시, 안양시, 부천시, 광명시, 과천시, 의왕시, 군포시, 시흥시(반월특수지역 제외), 남양주시(호평동, 평내동, 금곡동, 일패동, 이패동, 삼패동, 가운동, 수석동, 지금동 및 도농동에 한한다)
· 인천광역시(강화군, 옹진군, 서구 대곡동·불노동·마전동·금곡동·오류동·왕길동·당하동·원당동, 인천경제자유구역 및 남동국가산업단지를 제외)

3. 낙찰 후 소멸되지 않고 인수되는 권리들

- 선순위 가처분(건물철거·토지인도청구권을 위한 처분금지가처분
  은 후순위라도 소멸하지 않음)

■ 건물등기부

No	접수	권리종류	권리자	채권금액	비고	소멸여부
1(갑20)	2010.10.28	소유권이전(매매)	(주)온누리			
2(갑21)	2011.09.29	압류	의정부세무서			
3(갑22)	2012.12.31	가처분	이■애	소유권에 기한 방해배제청구권 의정부지법 2012카단7977 가처분 내역보기		인수
4(갑23)	2014.06.24	강제경매	이■애	청구금액: 1,294,537원	말소기준등기 2014타경25248	소멸
5(갑24)	2014.10.17	압류	연천군			소멸

■ 토지등기부

No	접수	※주의 : 토지는 매각제외		채권금액	비고	소멸여부
1(갑1)	1988.03.08	소유권이전(매매)	송■환			
2(갑16)	2005.03.25	소유권이전(매각)	안■욱		강제경매로 인한 매각, 2001타경7448	
3(갑19)	2011.11.25	소유권이전(증여)	서■석			
4(갑22)	2011.12.16	소유권이전(매매)	이■애			

- 선순위 소유권이전청구권가등기(담보가등기가 아닌 경우)
- 선순위 지상권. 단, 은행의 지상권은 대부분 소멸하며 개인은
  소멸하지 않으므로 당사자를 만나 확인해야 한다.
- 선순위 전세권(경매 신청 또는 배당요구하지 않은 경우)
- 예고등기(소송 중에 있으니 조심하라는 경고 의미의 등기다)
- 임차권(대항력 있는 임차인이 설정한 경우로써 등기부상 설정일자
  가 아닌 전입일자 기준), 유치권, 법정지상권(지하철 및 송전탑,
  KTX 기차터널. 항상 인수)

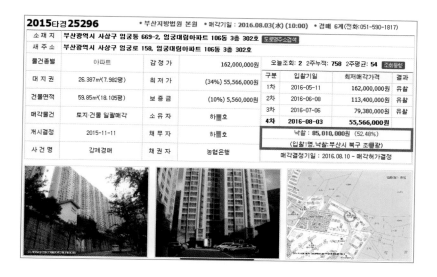

2015타경25296　• 부산지방법원 본원　• 매각기일 : **2016.08.03(水) (10:00)**　• 경매 6계(전화:051-590-1817)

소재지	부산광역시 사상구 엄궁동 669-2, 엄궁대림아파트 106동 3층 302호 도로명주소검색					
새 주 소	부산광역시 사상구 엄궁로 158, 엄궁대림아파트 106동 3층 302호					

물건종별	아파트	감 정 가	162,000,000원	오늘조회: 2 2주누적: 758 2주평균: 54 조회동향

				구분	입찰기일	최저매각가격	결과
대 지 권	26.387㎡(7.982평)	최 저 가	(34%) 55,566,000원	1차	2016-05-11	162,000,000원	유찰
건물면적	59.85㎡(18.105평)	보 증 금	(10%) 5,560,000원	2차	2016-06-08	113,400,000원	유찰
매각물건	토지·건물 일괄매각	소 유 자	하■호	3차	2016-07-06	79,380,000원	유찰
				4차	**2016-08-03**	**55,566,000원**	
개시결정	2015-11-11	채 무 자	하■호	낙찰: 85,010,000원 (52.48%)			
사 건 명	강제경매	채 권 자	농협은행	(입찰1명,낙찰:부산시 북구 조■광)			
				매각결정기일 : 2016.08.10 - 매각허가결정			

다음 사항은 특히 주의를 요구하는 물건들이다.

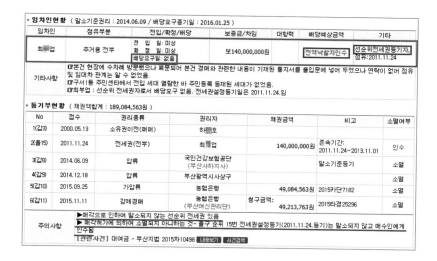

• **임차인현황** (말소기준권리 : 2014.06.09 / 배당요구종기일 : 2016.01.25)

임차인	점유부분	전입/확정/배당	보증금/차임	대항력	배당예상금액	기타
최■업	주거용 전부	전 입 일: 미상 확 정 일: 미상 배당요구일: 없음	보140,000,000원		전액낙찰자인수	선순위전세권등기자, 점유:2011.11.24

기타사항	□본건 현장에 수차례 방문했으나 폐문되어 본건 경매와 관련한 내용이 기재된 통지서를 출입문에 넣어 두었으나 연락이 없어 점유 및 임대차 관계는 알 수 없었음. □구서1동 주민센터에서 전입 세대 열람한 바 주민등록 등재된 세대가 없었음. □최부업 : 선순위 전세권자로서 배당요구 없음. 전세권설정등기일은 2011.11.24.임

• **등기부현황** (채권액합계 : 189,084,563원)

No	접수	권리종류	권리자	채권금액	비고	소멸여부
1(갑3)	2000.05.13	소유권이전(매매)	하■호			
2(갑15)	2011.11.24	전세권(전부)	최■업	140,000,000원	존속기간: 2011.11.24~2013.11.01	인수
3(갑8)	2014.06.09	압류	국민건강보험공단 (부산사하지사)		말소기준등기	소멸
4(갑9)	2014.12.18	압류	부산광역시사상구			소멸
5(갑10)	2015.09.25	가압류	농협은행	49,084,563원	2015카단7182	소멸
6(갑11)	2015.11.11	강제경매	농협은행 (부산여신관리단)	청구금액: 49,213,763원	2015타경25296	소멸

주의사항	▶매각으로 인하여 말소되지 않는 선순위 전세권 있음 ▶매각허가에 의하여 소멸되지 아니하는 것 - 을구 순위 15번 전세권설정등기(2011.11.24.등기)는 말소되지 않고 매수인에게 인수됨 [관련사건] 대여금 - 부산지법 2015차10498 내용보기 사건검색

토지별도등기 물건의 경우 토지와 건물의 감정가 비율로 토지

가 먼저 배당되므로 만약 건물의 대항력 있는 임차인이 전액 배당 받지 못한다면 낙찰자가 인수하니 특히 주의해야 한다. 또 한 사건에 여러 개의 물건이 있을 때는 특히 배당을 철저히 하고 주의해야 한다.

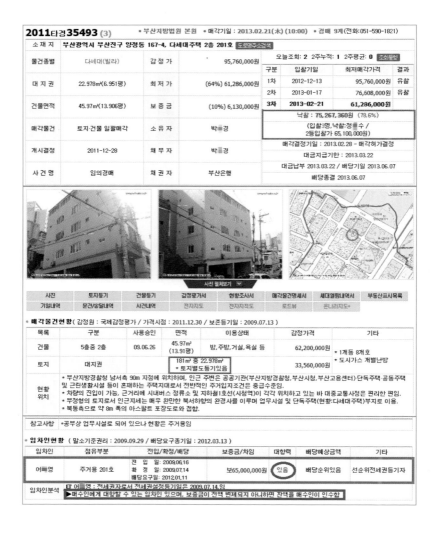

등기부현황 (채권액합계 : 731,250,200원)

No	접수	권리종류	권리자	채권금액	비고	소멸여부
1	2009.07.13	소유권보존	박■경			
2	2009.07.14	전세권(전부)	어■영	65,000,000원	존속기간: 2009.03.30~2011.03.29	소멸
3	2009.09.29	가압류	부산은행 (소관 총무동자점)	286,415,280원	말소기준등기	소멸
4	2009.11.16	가처분	부산은행	근저당설정등기이행청구권 부산지법 2009카단209 66 사건검색		소멸
5	2009.11.16	근저당	부산은행	336,000,000원		소멸
6	2010.05.04	가압류	박■호	43,835,000원		소멸
7	2011.09.05	압류	부산진세무서			소멸
8	2011.12.28	임의경매	부산은행 (여신관리부)	청구금액: 403,501,042원	2011타경35493	소멸

　　토지별도등기권자 부산은행이 먼저 배당되어 건물의 임차인은 선순위로 배당이 다 될 것처럼 보이나 임차인은 건물에서만 배당되기 때문에 이 사건의 경우 배당표에 보이는 것처럼 17,358,061원을 낙찰자가 인수해야 한다. 이 사건 5, 7번의 물건은 필자가 낙찰받았다. 자세한 내용은 카페에서 볼 수 있다.

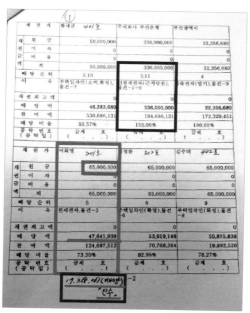

◀ 법원의 실제 배당표

저당권 설정 당시 지상건물이 없었다면 (소액)임차인은 건물의 매각대금에서만 (최)우선변제받으므로 대항력 있는 임차인이 전액 배당받지 못하면 낙찰자가 인수해야 한다. 이 사건처럼 토지만 있을 때 근저당 설정하고 그 돈으로 빌라를 착공해 임차인은 건축 후 입주했으므로 토지에서 배당받을 수 없다. 또한, 일반주택의 소액임차인은 주택가액(매각대금+입찰보증금의 이자+몰수된 입찰보증금-집행비용)의 2분의 1 범위 안에서 최우선변제받는다(상가는 임대건물가액의 2분의 1).

대항력 있는 임차인이 배당요구종기일 이후에 배당요구했다면 임차인의 보증금은 낙찰자가 인수한다. 배당요구하지 않은 것과 같다.

(소액)임차인이 배당요구하지 않거나 대항력 있는 임차인이 확정일자가 없다면 만약 매각대금이 남더라도 소유자에게 배당된다. 따라서 대항력 있는 임차인의 보증금은 낙찰자가 인수한다. 낙찰자는 즉시 소유자에게 배당되는 금원을 가압류로 해결해야 한다.

2015타경14740 (2)		● 청주지방법원 본원 ● 매각기일 : 2016.08.12.(金) (10:00) ● 경매 4계 (전화:043-249-7304)					
소재지	충청북도 청주시 흥덕구 봉명동 2758, 두진하트리움아파트 103동 12층 1203호 도로명주소검색						
새 주 소	충청북도 청주시 흥덕구 덕암로30번길 19, 두진하트리움아파트 103동 12층 1203호						
물건종별	아파트	감 정 가	230,000,000원	오늘조회: 34 2주누적: 239 2주평균: 17 조회동향			
대 지 권	52.8㎡(15.972평)	최 저 가	(80%) 184,000,000원	구분	입찰기일	최저매각가격	결과
건물면적	84.81㎡(25.655평)	보 증 금	(10%) 18,400,000원	1차	2016-07-08	230,000,000원	유찰
매각물건	토지·건물 일괄매각	소 유 자	김■희	2차	2016-08-12	184,000,000원	
개시결정	2015-11-02	채 무 자	목■상	낙찰: 188,990,000원 (82.17%)			
사 건 명	강제경매	채 권 자	김■호 외 1	(입찰2명,낙찰:박■희 / 2등입찰가 184,630,000원)			
관련사건	2016타경182(병합)			매각결정기일 : 2016.08.19			

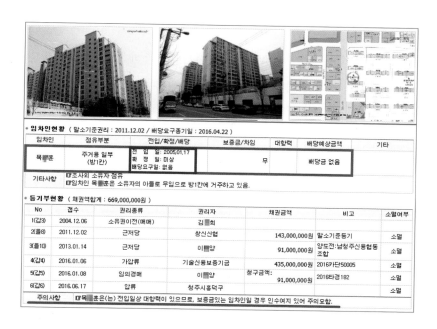

∙ 임차인현황 (말소기준권리 : 2011.12.02 / 배당요구종기일 : 2016.04.22)

임차인	점유부분	전입/확정/배당	보증금/차임	대항력	배당예상금액	기타
목█훈	주거용 일부 (방1칸)	전 입 일 : 2005.01.17 확 정 일 : 미상 배당요구일 : 없음	무	배당금 없음	

기타사항	☞조사외 소유자 점유 ☞임차인 목█훈은 소유자의 아들로 무임으로 방1칸에 거주하고 있음.

∙ 등기부현황 (채권액합계 : 669,000,000원)

No	접수	권리종류	권리자	채권금액	비고	소멸여부
1(갑3)	2004.12.06	소유권이전(매매)	김█희			
2(을8)	2011.12.02	근저당	창신신협	143,000,000원	말소기준등기	소멸
3(을10)	2013.01.14	근저당	이█양	91,000,000원	양도전:남청주신용협동 조합	소멸
4(갑4)	2016.01.08	가압류	기술신용보증기금	435,000,000원	2016카단50005	소멸
5(갑5)	2016.01.08	임의경매	이█양	청구금액: 91,000,000원	2016타경182	소멸
6(갑6)	2016.06.17	압류	청주시흥덕구			소멸

주의사항	☞목█훈은(는) 전입일상 대항력이 있으므로, 보증금있는 임차인일 경우 인수여지 있어 주의요함.

종전 경매의 임차인이 1차 경매에서 우선변제권을 행사했다면 2차 경매에서는 우선변제권이 없으므로 대항력 있는 임차인의 미배당금은 낙찰자가 인수한다. 두 번의 우선변제권행사가 불가능하다 (개미지옥 사건이라 함). 다음 사건의 예를 보자.

울산 2015타경74** 사건이다. 종전 경매에서 취득해 최○미(채무자겸 소유자), 국○중, 최○열이 셋이서 만들어 놓은 개미지옥으로 생각이 든다. 경매 고수라도 나쁘게 이용하는 사람이나 법인도 있다는 것을 알아야 한다.

1차에서 낙찰받고 변호사 또는 법무사 사무실에 가서 부탁해 '불허가 신청'을 해 빠져나왔으나, 3차에서 낙찰받은 사람은 구제받지 못했다. 1,144만 원 떡 사 먹고 장렬히 개미지옥에서 탈출하지 못한 것이다. 5차에서 1억 500만 원에 용감히 단독으로 낙찰받았으나, 임차인의 보증금 1억 원을 인수해야 하므로 결국 2억 500만 원에 매입한 꼴이다. 우선변제권은 한 번밖에 없다.

2015타경749			* 울산지방법원 본원 * 매각기일 : 2016.05.19(木) (10:00) * 경매 1계(전화:052-216-8261)					
소 재 지	울산광역시 남구 야음동 796-17 외 1필지, 야음신선아파트			도로명주소검색				
새 주 소	울산광역시 남구 야음로 4, 야음신선아파트							
물건종별	아파트	감 정 가	143,000,000원	오늘조회: 7 2주누적: 52 2주평균: 4 조회동향				
				구분	입찰기일	최저매각가격		결과
				1차	2015-11-19	143,000,000원		낙찰
대 지 권	25.504㎡(7.715평)	최 저 가	(64%) 91,520,000원	낙찰 151,670,000원(106.06%) / 1명 / 불허가				
				2차	2016-01-14	143,000,000원		유찰
건물면적	46.53㎡(14.075평)	보 증 금	(30%) 27,460,000원	3차	2016-02-17	114,400,000원		낙찰
				낙찰 136,000,000원(95.1%) / 1명 / 미납				
매각물건	토지·건물 일괄매각	소 유 자	최	4차	2016-04-21	114,400,000원		유찰
				5차	**2016-05-19**	**91,520,000원**		
개시결정	2015-05-19	채 무 자	최유	낙찰 : 105,000,000원 (73.43%)				
				(입찰1명, 낙찰:울산시중구 이)				
사 건 명	임의경매	채 권 자	국▉▉창 외 1명	매각결정기일 : 2016.05.26 - 매각허가결정				
				대금지급기한 : 2016.06.23				
관련사건	2013타경2414(소유권이전)			대금납부 2016.06.23 / 배당기일 2016.07.22				

대항력 있는 임차인이 배당요구했다가 배당요구종기일 이전에 철회했다면 낙찰자가 임차인의 보증금액을 인수해야 한다. 그리고 배당요구종기일 이후에는 철회하지 못한다.

임금채권, 압류세금(법정기일 기준)으로 인해 대항력 있는 임차인이 전액 배당받지 못하면 낙찰자가 인수해야 한다(대처방안 : 낙찰 후 다음 날 열람, 복사 신청해 법정기일을 확인하고 임차인의 전입일보다 빠르다면 불측의 손해임으로 불허가 신청을 해야 한다).

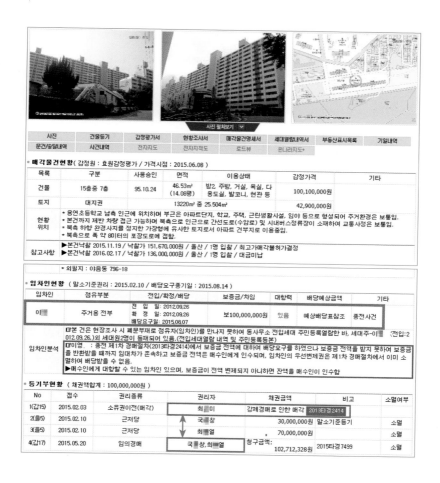

사진	건물등기	감정평가서	현황조사서	매각물건명세서	세대열람내역서	부동산표시목록	기일내역
문건/송달내역	사건내역	전자지도	전자지적도	로드뷰	온나라지도+		

◆ 매각물건현황 (감정원 : 효원감정평가 / 가격시점 : 2015.06.08)

목록	구분	사용승인	면적	이용상태	감정가격	기타
건물	15층중 7층	95.10.24	46.53㎡ (14.08평)	방2, 주방, 거실, 욕실, 다용도실, 발코니, 현관 등	100,100,000원	
토지	대지권		13220㎡ 중 25.504㎡		42,900,000원	
현황 위치	* 용연초등학교 남측 인근에 위치하며 부근은 아파트단지, 학교, 주택, 근린생활시설, 임야 등으로 형성되어 주거환경은 보통임. * 본건까지 제반 차량 접근 가능하며 북측으로 인근으로 간선도로(수암로)및 시내버스정류장이 소재하여 교통사정은 보통임. * 북측 하향 환경사지를 정지한 가장형에 유사한 토지로서 아파트 건부지로 이용중임. * 북측으로 폭 약 8미터의 포장도로에 접함.					
참고사항	▶본건낙찰 2015.11.19 / 낙찰가 151,670,000원 / 울산 / 1명 입찰 / 최고가매각불허가결정 ▶본건낙찰 2016.02.17 / 낙찰가 136,000,000원 / 울산 / 1명 입찰 / 대금미납					

* 외필지 : 야음동 796-18

◆ 임차인현황 (말소기준권리 : 2015.02.10 / 배당요구종기일 : 2015.08.14)

임차인	점유부분	전입/확정/배당	보증금/차임	대항력	배당예상금액	기타
이■	주거용 전부	전 입 일: 2012.09.26 확 정 일: 2012.09.26 배당요구일: 2015.08.07	보100,000,000원	있음	예상배당표참조	종전사건
임차인분석	☞본 건은 현장조사 시 폐문부재로 점유자(임차인)를 만나지 못하여 동사무소 전입세대 주민등록열람한 바, 세대주-이■ (전입: 2012.09.26.)외 세대원2명이 등재되어 있음.(전입세대열람 내역 및 주민등록등본) ☞이영■ : 종전 제1차 경매절차(2013타경2414)에서 보증금 전액에 대하여 배당요구를 하였으나 보증금 전액을 받지 못하여 보증금을 반환받을 때까지 임대차가 존속하고 보증금 전액은 매수인에게 인수되며, 임차인의 우선변제권은 제1차 경매절차에서 이미 소멸하여 배당받을 수 없음. ▶매수인에게 대항할 수 있는 임차인 있으며, 보증금이 전액 변제되지 아니하면 잔액을 매수인이 인수함					

◆ 등기부현황 (채권액합계 : 100,000,000원)

No	접수	권리종류	권리자	채권금액	비고	소멸여부
1(갑15)	2015.02.03	소유권이전(매각)	최■미	강제경매로 인한 매각 2013타경2414		
2(을5)	2015.02.10	근저당	국■창	30,000,000원	말소기준등기	소멸
3(을5)	2015.02.10	근저당	최■열	70,000,000원		소멸
4(갑17)	2015.05.20	임의경매	국■창, 최■열	청구금액: 102,712,328원	2015타경7499	소멸

　대위변제로 말소기준권리가 변동될 경우 대항력 없던 임차인이 대항력 있는 임차인으로 바뀌어 인수가 발생할 가능성 있으므로 주의해야 한다. 등기부등본을 열람해 확인 후 매각불허가 신청으로 구제받아야 한다.

전세권

　선순위 전세권자가 배당요구하지 않았다면 낙찰자가 보증금을 인수하고, 배당요구했다면 미 배당금이 있어도 존속기간 상관없이 전세권은 소멸한다(임차인으로서의 대항력은 별도로 주장 가능). 전세권자가 경매 신청했다면 배당요구한 것으로 간주한다(채권계산서를 제출한 것은 배당요구로 볼 수 없음).

　'집합건물의 전세권'은 대지권을 포함한 전체 매각대금에서 배당받으며, 단독주택·다가구주택 등의 전세권은 매각대금 2분의 1 내에서 배당된다. 건물 등기부에만 전세권을 설정한 경우 건물의 매각대금에서만 배당받는다. 집합건물 전체에 대한 전세권은 임의경매로 신청하나, 주택 건물 일부에 대한 전세권은 전세금반환청구소송을 거쳐 강제경매로 신청해야 한다.

• **임차인현황** (말소기준권리 : 2009.07.29 / 배당요구종기일 : 2014.10.29)

임차인	점유부분	전입/확정/배당	보증금/차임	대항력	배당예상금액	기타
신■철	주거용 전부	전 입 일: 2013.09.11 확 정 일: 2013.09.11 배당요구일: 2014.09.29	보2,000,000원 월450,000원	없음	소액임차인	전세권등기자
기타사항	☞본건 현황조사시 현장에 임한 바, 폐문부재로 이해관계인을 만날 수 없어 상세한 점유 및 임대차관계는 알 수 없으나, 전입세대열람결과 임차인이 점유하는것으로 추정됨. ☞임■숙 : 신명철의 배우자이며, 신■철의 전입일자는 배우자의 전입일자임						

• **등기부현황** (채권액합계 : 137,000,000원)

No	접수	권리종류	권리자	채권금액	비고	소멸여부
1(갑1)	2009.07.29	소유권보존	박■수			
2(을1)	2009.07.29	근저당	평동농협	117,000,000원	말소기준등기	소멸
3(을2)	2013.01.17	전세권(전부)	신■철	20,000,000원	존속기간: 2012.12.05~2013.12.05	소멸
4(갑5)	2014.08.22	임의경매	평동농협	청구금액: 92,019,197원	2014타경60288	소멸
5(갑7)	2015.05.28	압류	서울특별시동대문구			소멸

가장임차인

| Key Point | 가장임차인의 가능성과 조사하는 방법

- 선순위 임차인이 존재함에도 불구하고, 금융권에서 정상 대출된 경우
- 무상임차인각서를 제출한 경우는 실제 임대차계약의 유무, 금융거래내역, 권리신고 등 종합적으로 판단한다.
- 확정일자가 늦거나 없는 경우
- 권리신고한 내용이 현황조사서와 매각물건명세서상 권리신고 내용이 다른 경우
- 부모와 자식 간, 친인척 간 임대차의 경우(채권, 채무관계는 아닌가?)
- 부부간 임대차일 경우 이혼부부는 이혼해 주민등록 공부상 정리한 날로부터 임대차 성립한다.
- 채권채무관계의 임대차(주의 : 금전채권을 임차보증금으로 전환해 임대차계약을 체결했다면 임차인으로 인정된다)
- 수분양자가 점유하는 경우는 소유자로 보기 때문에 인정받기 힘들다.
- 협소한 주택에 채무자와 임차인이 방을 나누어 같이 동거하는 경우
- 소유권 취득 시 또는 근저당 설정 시에 채무자의 주소가 경매 물건 소재지로 된 경우
- 경매 개시 직전 소액으로 임차한 경우는 다른 채권자가 배당배제 신청할 경우 장기간 소송의 여지가 있고, 명도비, 관리비와 이자의 부담이 될 수 있

으므로 협의와 법적 절차를 병행하며 협의가 안 되면 강제집행을 각오해야 한다.

- 전 소유자 또는 종전임차인이 계속 점유 중인 경우는 계약 내용을 자세히 따지고 살펴보고 열람, 복사 신청해 확인해야 한다.
- 소유자, 채무자와 동거 중인 임차인의 경우는 친인척 또는 직계존비속 경우가 많다.
- 진실을 가장 잘 알고 있는 소유자(채무자) 및 임차인을 만나 본다.
- 채권은행 담당자를 만나 대출 당시 무상임차인각서 존재 여부를 확인하고, 채권자를 만나 소유자와 임차인과의 관계를 직접 또는 탐문 조사해 확인한다.
- 주민센터 담당자와 관리사무소장 또는 경비원, 이웃들을 만나 유도신문을 해본다.
- 법원 서류 열람을 인맥을 통해 알아본다(본인의 능력).
- 이웃 등 다가구주택의 경우 다른 임차인을 면담해 알아본다.

가장임차인에 대한 실제 사례(주의)를 알아보자.

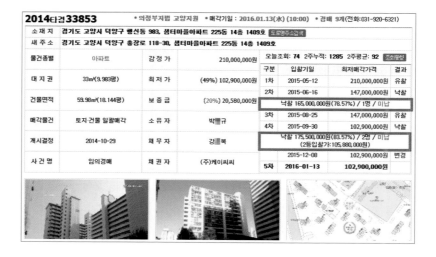

나는 경매로 노숙자에서 억대 연봉자가 되었다

• 매각물건현황 (감정원 : 홍의석감정평가 / 가격시점 : 2014.11.05)

목록	구분	사용승인	면적	이용상태	감정가격	기타
건물	15층중 14층	96.10.19	59.98㎡ (18.14평)	방3, 거실, 주방겸식당, 화장실, 발코니 등	84,000,000원	
토지	대지권		92537.8㎡ 중 33㎡		126,000,000원	

현황위치	• 무원고등학교 북측 인근에 위치하며, 주위는 아파트단지, 근린상가, 단독주택, 소규모 공동주택, 학교, 공원 등이 혼재하는 지역으로서 제반 입지조건은 보통임. • 본건까지 차량진입이 가능하며, 인근에 버스정류장이 소재하여 제반 교통사정은 보통시 됨. • 인접지 대비 등고평탄한 부정형의 토지로 아파트부지로 이용중임. • 단지내 도로를 통하여 외곽공도와 연계되어있음.
참고사항	▶ 본건낙찰 2015.06.16 / 낙찰가 165,000,000원 / 노원구 / 1명 입찰 / 대금미납 ▶ 본건낙찰 2015.09.30 / 낙찰가 175,500,000원 / 고양 / 2명 입찰 / 대금미납

• 임차인현황 (말소기준권리 : 2013.04.22 / 배당요구종기일 : 2015.01.19)

임차인	점유부분	전입/확정/배당	보증금/차임	대항력	배당예상금액	기타
소■섭	주거용	전 입 일 : 2013.02.04 확 정 일 : 미상 배당요구일 : 없음	미상		배당금 없음	
기타사항	☞현장 방문시 아무도 만나지 못하였고, 주민등록표에는 임차인이 등재되어 있으므로 점유관계 등은 별도의 확인요망. ☞임차인으로 조사한 소■섭은 주민등록표상재임. ☞소■섭은(는) 전입일상 대항력이 있으므로, 보증금있는 임차인일 경우 인수여지 있어 주의요함.					

전 소유자가 임차인이 되는 경우

전 소유자가 현 소유자에게 소유권을 이전한 날에 근저당이 설정되었다면, 전 소유자는 대항력이 없다.

2006.04.10. : 甲이 소유권 취득 후 전입

2010.05.15. : 甲은 乙에게 소유권 이전 후 임차인으로 거주, 乙이 같은 날 근저당 설정(말소기준권리)

2013.06.17. : 丙이 경매로 소유권 취득

외형상 甲의 전입일이 2006년 4월 10일로 나타나서 乙의 근저당(말소기준권리 가정) 설정일보다 앞서므로 대항력 있는 임차인으로 보인다. 그러나 甲은 乙이 소유권을 취득한 날(2010.05.15.)의 익일(2010.05.16)부터 임차인이 될 수 있으므로 丙에게 대항력을 주장할 수 없다.

종전 경매의 임차인이 낙찰자와 임대차계약을 체결한 경우

종전 경매의 임차인은 종전 경매의 낙찰자와 재계약한 날짜에 따라 대항력이 달라진다. 대부분 종전임차인은 낙찰자가 대금을 납부(소유권 취득)하고 1개월 정도 후 배당을 받은 다음에 재계약하므로 대항력이 없다.

2008.06.01. : 甲이 소유권 취득

2008.08.01. : 甲과 乙이 임대차계약 체결하고, 乙이 전입

2009.06.15. : 丙이 낙찰(1차 경매)

【사례1】

2009.07.01. : 乙과 丙이 임대차계약 체결

2009.07.20. : 丙이 낙찰대금납부(소유권 취득)+근저당 설정(말소기준권리)

【사례2】

2009.08.25. : 乙이 丙과 임대차계약 체결

2011.10.30. : 丁가 낙찰(2차 경매)

【사례 1】

丙이 소유권을 취득(대금납부)하기 이전에 乙과 丙이 임대차계약을 체결했다면, 乙은 丙이 소유권을 취득하는 동시에(즉시) 대항력이 발생하므로 대항력을 주장할 수 있다.

【사례 2】

 丙이 소유권을 취득(대금납부)한 이후에 乙과 丙이 임대차계약을 체결했다면, 외형상 乙의 전입일이 2008년 8월 1일로 나타나서 대항력 있는 임차인으로 보이더라도, 乙은 임대차계약을 체결한 날의 익일부터 대항력이 발생하므로 丁에게 대항력을 주장할 수 없다.

재계약하지 않은 종전 경매의 대항력 있는 임차인

2007.07.01. : 甲이 소유권 취득
2007.09.01. : 甲과 乙이 임대차계약 체결하고, 전입과 확정일자 받음
2008.09.10. : 丙이 낙찰(1차 경매)
2008.10.15. : 丙이 잔금납부+근저당 설정(말소기준권리), 乙은 丙과 임대차계약 없이 계속 점유
2010.03.30. : 丁이 낙찰(2차 경매)받음

 외형상 乙이 우선변제권이 있어 2차 경매에서 배당될 것처럼 보이나, 만약 乙이 1차 경매에서 배당요구했다면, 乙은 2차 경매에서 배당받지 못한다. 배당요구했더라도 배당이 안 되며, 따라서 乙이 대항력 있는 임차인이라면 낙찰자 丁이 임차인 乙의 미 배당금을 인수해야 한다. 낙찰자 인수라는 법원의 기록이 없을 경우에는 낙찰불허가 사유에 해당한다. 권리분석 시 1차 경매 사건번호를 클릭 후 세입자가 1차 경매 이전부터 임차인으로 거주했는가를 보아 판단한다.

• 임차인현황 (말소기준권리 : 2015.02.10 / 배당요구종기일 : 2015.08.14)

임차인	점유부분	전입/확정/배당	보증금/차임	대항력	배당예상금액	기타
이영	주거용 전부	전 입 일: 2012.09.26 확 정 일: 2012.09.26 배당요구일: 2015.08.07	보100,000,000원	있음	예상배당표참조	종전사건

임차인분석	▣본 건은 현장조사 시 폐문부재로 점유자(임차인)를 만나지 못하여 동사무소 전입세대 주민등록열람한 바, 세대주-이영 (전입: 2012.09.26.)외 세대원2명이 등재되어 있음.(전입세대열람 내역 및 주민등록등본) ▣이영. : 종전 제1차 경매절차(2013타경2414)에서 보증금 전액에 대하여 배당요구를 하였으나 보증금 전액을 받지 못하여 보증금을 반환받을 때까지 임차권이 존속하고 보증금 전액은 매수인에게 인수되며, 임차인의 우선변제권은 제1차 경매절차에서 이미 소멸하여 배당받을 수 없음. ▶매수인에게 대항할 수 있는 임차인 있으며, 보증금이 전액 변제되지 아니하면 잔액을 매수인이 인수함

• 등기부현황 (채권액합계 : 100,000,000원)

No	접수	권리종류	권리자	채권금액	비고	소멸여부
1(갑15)	2015.02.03	소유권이전(매각)	최ㅣ이		강제경매로 인한 매각 2013타경2414	
2(을5)	2015.02.10	근저당	국ㅣ창	30,000,000원	말소기준등기	소멸
3(을5)	2015.02.10	근저당	최ㅣ걸	70,000,000원		소멸
4(갑17)	2015.05.20	임의경매	국ㅣ창,최ㅣ걸	청구금액: 102,712,328원	2015타경7499	소멸

부동산종합정보+	토지이용계획+	개별공시지가+	인근진행물건	동일번지진행물건	인근반경진행물건	인근매각물건	동일번지매각물건
공매인근진행물건	동산인근진행물건	임대차보호법	예상배당표	입찰가분석표	시세/실거래가	경락잔금대출+	

수분양자가 소유권 취득 이전에 임대차계약을 체결한 경우

2007.06.01. : 甲이 분양권 취득

2009.08.20. : 甲과 임차인 乙이 임대차계약 체결하고, 전입

2009.09.01. : 甲이 근저당 설정(말소기준권리)과 잔금납부(소유권 취득)

2010.10.01. : 丙이 경매로 소유권 취득

甲이 소유권을 취득(잔금납부)하기 이전에 甲과 乙이 임대차계약을 체결했다면, 乙은 甲이 소유권을 취득하는 동시에(즉시) 대항력이 발생하므로 乙은 丙에게 대항력을 주장할 수 있다.

06

재경매

　재경매란 매각기일에 입찰자들이 입찰해 낙찰자가 정해졌을 경우, 법정기일 내 잔대금을 납부해야 함에도 불구하고, 잔대금을 납부하지 않았을 때 다시 이루어지는 경매를 말한다. 매수인(낙찰자)은 재입찰기일의 3일 전까지(실무에서는 재입찰 직전까지) 대금납부가 가능하며, 이 경우 매수인(낙찰자)은 재입찰을 위한 절차비용과 연 20%의 지연이자를 부담해야 한다.

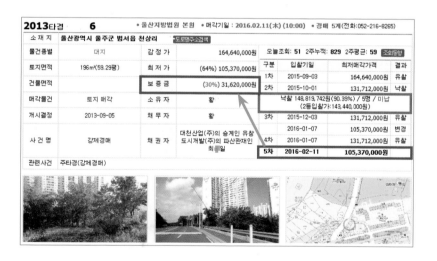

이 물건의 경우, 2차에 낙찰되었으나 미납으로 재경매가 이루어지고 있다. 보증금을 보면 미납되기 전에는 최저가격의 10%였으나 법원마다 재매각 입찰자들은 20~30%의 보증금을 납부해야 한다고 공지되므로 주의해야 한다.

07

대지권미등기

대지권미등기는 등기부등본상 표제부에 대지권 개별등기가 되어 있지 않아 대지권미등기로 나오는데 대지권미등기 물건은 미등기 사유를 반드시 확인해야 하며, 그 이유로는 아래 세 가지 경우가 있다.

| Key Point |

- 대지권이 없는 경우
- 대지권 취득을 위해 소송을 제기해야 하는 경우
- 대지권 취득을 위해 미납부한 분양대금을 지불해야 하는 경우(별도의 추가 비용이 발생할 수 있음)

대지권이 감정가액에 포함되어 있으면 미등기된 대지권도 포함해 취득하는 경우가 많다. 다만 대지권 취득에 따른 취·등록세를 추가 부담할 수 있다.

【대법원2001다22604】 집행법원이 구분건물에 대한 입찰명령을 함에 있어 대지지분에 관한 감정평가액을 반영하지 않은 상태에서 경매 절차를 진행했다고 하더라도, 전유부분에 대한 대지사용권을 분리 처분할 수 있도록 정한 규약이 존재한다는 등의 특별한 사정이 없으면 낙찰인은 경매 목적물인 전유부분을 낙찰받음에 따라 종물 내지 종된 권리인 대지지분도 함께 취득했다 할 것이다.

자료와 같이 '대지권미등기이나 감정가격에 포함됨'이 표시되면 아무런 문제가 없다. 그렇다고 무조건 믿지 말고, 참고만 하고 철저한 권리분석을 해서 입찰에 응해야 한다.

• 매각물건현황 (감정원 : 대일감정평가 / 가격시점 : 2015.05.06 / 보존등기일 : 2004.10.04)

목록	구분	사용승인	면적	이용상태	감정가격	기타
건물	15층중 5층	12.11.27	59.78m² (18.08평)	주거용	비준가격 107,000,000원	* 도시가스
토지	대지권		* 대지권미등기이나 감정가격에 포함 평가됨			

현황 위치	* 주위는 읍소재지 외곽 간선도로변 주택 및 농경지가 혼재한 지역으로 제반 주위환경은 보통임. * 제반 차량의 통행 및 출입이 자유롭고 군내버스 승강장이 인근에 소재하며, 간선도로변에 위치하는 등 제반 교통여건은 무난한 편임. * 부정형 토지로 북동측 하향 계단식 지대이고 아파트부지로 이용중임. * 북동측으로 아스팔트 포장 왕복 2차선 도로에 접하고 노면 상태는 보통임.
참고사항	* 토지소유자와 구분건물소유자의 등기명의 상이, 대지권미등기이며, 대지권 유무는 알 수 없음 * 최저매각가격에 대지권가격 포함(대지권비율은 알 수 없음).

08

선순위 가처분

선순위 가처분이 그 목적인 소유권 취득, 근저당 설정, 사해행위의 원상복구 등을 달성했다면 혼동(混同 : 채권, 채무와 같이 서로 대립하는 두 개의 법률상 지위가 동일인에게 귀속되는 일)으로 낙찰 후말소할 수 있다. 이혼을 원인으로 하는 재산분할청구 가처분은 말소되는 경우가 많고, 선순위 가처분이 실제 종결된 사건일 가능성이 있으면 당사자를 만나 확인해야 처리방안이 마련된다.

가처분의 소멸시효는 가처분권자가 아래 기간 내 본안소송을 제기하지 않은 경우 소멸을 청구할 수 있다는 것이지 자동 소멸되는 것은 아니다.

| Key Point | 선순위 가처분의 소멸시효

2002.06.30. 이전 : 10년
2002.07.01.~2005.07.26. : 5년
2005.07.27. 이후 : 3년

시효기간이 지나면 소멸을 청구할 수 있다. 단, 그동안 소 제기를 했다면 그 이후부터 적용한다(법원 사이트의 '나의 사건검색'에서 확인할 수 있다).

■ 건물등기부

No	접수	권리종류	권리자	채권금액	비고	소멸여부
1(갑20)	2010.10.28	소유권이전(매매)	(주)온누리			
2(갑21)	2011.09.29	압류	의정부세무서			
3(갑22)	2012.12.31	가처분	이■애	소유권에 기한 방해배제청구권 의정부지법 2012카단7977 [가처분 내역보기]		인수
4(갑23)	2014.06.24	강제경매	이■애	청구금액: 1,294,537원	말소기준등기 2014타경25248	소멸
5(갑24)	2014.10.17	압류	연천군			소멸

■ 토지등기부

No	접수	※주의 : 토지는 매각제외		채권금액	비고	소멸여부
1(갑1)	1988.03.08	소유권이전(매매)	송■환			
2(갑16)	2005.03.25	소유권이전(매각)	안■욱		강제경매로 인한 매각, 2001타경7448	
3(갑19)	2011.11.25	소유권이전(증여)	서■석			
4(갑22)	2011.12.16	소유권이전(매매)	이■애			

09

소유권이전청구권가등기

가등기란 부동산의 소유권이나 지상권 등 각종 권리를 매수하고 등기를 해야 하지만, 여러 가지 가등기권자의 사정으로 즉시 등기하지 못할 때 활용되는 등기의 권리를 말한다. 후일에 권리를 이전받게 되면 가등기한 날짜로 소급 적용된다. 등기부상에는 소유권이전청구권가등기로 기록된다.

소유권이전청구권가등기의 종류에는 가등기담보법에 의한 담보가등기와 소유권이전청구권가등기가 있다. 그러나 등기부상 기록은 모두 소유권이전청구권가등기로 나온다. 그러므로 경매에서는 담보가등기인지, 소유권이전청구권가등기인지를 확인하고 입찰해야 한다. 확인은 매각물건명세서나 송달 내역을 보고 알 수 있다.

경매 물건상에 선순위 소유권이전청구권가등기가 있는데 확인하지 않고 입찰하면 낙찰받아 소유권을 이전받았더라도 선순위 가등기권자가 본등기할 시 소유권을 빼앗길 수 있으니, 특히 주의해야 한다. 가등기권자가 경매 신청 또는 배당요구했다면 담보가등기이므로 낙찰 후 소멸하며, 가등기권자가 소유권을 취득하면 혼동으로 소멸한다.

외형상 소유권이전청구권가등기이더라도 담보가등기임이 분명하다면 낙찰 후 말소 가능하며, 인수되는 선순위 가등기도 낙찰 후 협의에 의해 말소시킬 수 있는 경우가 많다. 가등기의 소멸시효는 10년이다.

● **등기부현황** (채권액합계 : 120,407,092원)

No	접수	권리종류	권리자	채권금액	비고	소멸여부
1(갑2)	2006.01.11	소유권이전(매매)	박■기			
2(갑4)	2013.07.09	소유권이전 청구권가등기	박■기		매매예약	인수
3(갑5)	2013.10.28	가압류	배■호	120,407,092원	말소기준등기 2013카단102399	소멸
4(갑4)	2013.11.19	박■기가등기소유권이전 가처분	배■호	사해행위취소를 원인으로 한소유권이전청구권 가등기 말소청구권 수원지법 2013카단8838 가처분 내역보기		소멸
5(갑7)	2015.02.06	강제경매	배■호	청구금액: 60,203,546원	2015타경5643	소멸
주의사항	▶ 매각허가에 의하여 소멸되지 아니하는 것-갑구 4번 소유권이전청구권가등기(2013.7.9. 등기) 【관련사건】 구상금 - 대법원 2015다27651 내용보기					

나는 경매로 노숙자에서 억대 연봉자가 되었다

10

법정지상권

1. 법정지상권의 의미

우리의 법제에서는 건물과 토지를 별개의 독립된 물건으로 취급하고 있는데, 건물은 성격상 토지의 이용권을 수반하지 않고는 존립할 수 없으며 건물을 독립된 부동산으로 인정해 시장에 유통하려면 건물과 토지의 이용 면에서 그 불가분성을 인정하지 않을 수 없다. 이는 국가 경제상 타당한 것이고 당사자 간 의사에도 반하게 되어 많은 문제를 일으키게 되는 것이다. 이렇게 토지와 건물이 한 사람의 소유로 있다가 어떤 사정에 의해 소유권이 각각 달리 되었을 경우, 건물 소유자에게 법률상 인정되는 지상권을 '법정지상권'이라 한다.

> **꼭 알고 넘어가야 할 법률**
>
> ※ 민법 제366조(법정지상권)
> 저당물의 경매로 인해 그 토지 건물이 다른 소유자에 속한 경우에는 토지 소유자는 건물소유자에 대해 지상권을 설정한 것으로 본다. 그러나 지료는 당사자의 청구에 의해 법원이 이를 정한다.

2. 법정지상권이 성립되는 세 가지 경우

첫째, 토지와 그 지상건물이 동일인의 소유에서 건물 부분만 전세권 설정한 이후 토지 소유권이 달라진 경우

둘째, 토지와 건물이 동일인이었을 때 토지 건물이 어느 한쪽이 저당권이 설정된 후 그 저당권으로 경매가 실행되고 경락되어 토지 건물 소유권이 각각 달라질 경우

셋째, 토지와 임목이 동일인에 속해 있었으나 경·공매 등 어떤 사유로 토지와 임목의 소유권이 각기 다른 사람으로 달라진 경우

3. 법정지상권의 성립요건(민법 제366조)

- 저당권 설정 당시 토지 위에 건물이 존재해야 한다.
- 저당권 설정 당시 토지와 건물이 동일소유자에게 속하고 있어야만 한다.
- 토지, 건물의 어느 한쪽이나 양쪽에 저당권이 설정되어야 한다.
- 저당권의 목적으로 되어 있는 토지나 건물이 경매 또는 공매로 소유자가 달라져야 한다.
- 이와 같은 법정지상권에 관한 내용은 강행규정이며 저당권 설정 당사자와의 특약으로 법정지상권의 성립을 막을 수 없다.

4. 법정지상권의 성립 시기(판례 및 민법 참조)

- 법정지상권의 성립되는 시기는 토지나 건물이 경매로 소유권이 이전한 때라 했으니 낙찰자가 잔대금을 완납한 때 성립하는 것이다.
- 법정지상권은 법률규정에 의한 물건 취득이므로 등기는 필요치 않으며, 법정지상권을 취득한 사람은 토지 소유자에게 지상권등기를 청구할 수 있다.
- 법정지상권을 제삼자에게 처분하려면 등기해야 한다. 등기 없이 처분했을 경우 판례는 법정지상권부 건물의 양수인은 양도인이 토지 소유자에 가지고 있던 지상권설정등기청구권을 대위 행사할 수 있으므로, 토지 소유자가 건물철거를 요구하는 것은 신의측상 허용되지 않는다고 판결하고 있다.

5. 법정지상권의 내용

- 법정지상권의 범위는 반드시 그 건물에만 국한되는 것이 아니고 건물로 이용되는 데 필요한 한도에서 대지 외의 부분에도 미치게 된다.
- 법정지상권의 지료는 당사자 간 합의로 정한다. 당사자 간 합의가 불가능하게 되면 당사자의 청구에 의해 이를 법원이 결정하게 되며 결정된 지료는 지상권이 성립한 때부터 소급해 그 효력이 발생한다.

- 존속기간은 설정행위로 최장기간의 제한은 없다[최단기간은 석조·석회조·연화조·수목 : 30년, 그 외 물건은 15년, 공작물은 5년].
- 기간을 정하지 않은 때는 최단기간으로 적용한다.
- 설정 당시 공작물의 종류와 구조를 정하지 않은 경우는 15년이다.

6. 계약의 갱신

- 당사자의 계약으로 갱신할 수 있다.
- 지상권자의 갱신 청구권 : 지상권이 존속기간 만료로 소멸한 경우 건물 기타 공작물이나 수목이 현존하고 있는 경우 지상권자는 일방적으로 계약갱신을 요구할 수 있다.
- 지상권자의 지상물 매수 청구권 : 지상권설정자가 지상권자의 계약갱신 청구를 거절하는 경우 지상권자는 상당한 가액으로 지상물의 매수를 청구할 수 있다(이때 토지주는 받아들여야 한다).
- 지상권의 존속기간과 지상물매수청구권 등은 강행규정이므로 이들 규정에 위반해 지상권자에게 불리한 약정을 해도 그것은 무효다.

11

관습법상의
법정지상권

1. 관습법상 법정지상권의 의미

 토지와 건물 중 어느 하나가 매매 또는 기타의 원인으로 소유자
가 다르더라도 그 건물을 철거한다는 약정이 없는 경우에 당연히
건물 소유주에게 인정되는 지상권을 말한다.

2. 관습법상 법정지상권의 성립요건

• 매매 등이 있을 당시 토지와 건물의 소유자가 동일인에 귀속
 하고 있어야 한다. 강제경매의 경우는 낙찰 당시 소유자가 동
 일인이면 된다.
• 적법한 원인에 의해 소유자가 달라져야 한다. 여기서 적법한
 원인은 매매, 증여, 경매, 귀속재산의 귀속, 공유물의 분할, 공
 매 등이 있다고 판시하고 있다.
• 건물을 철거한다는 약정 또는 합의가 없어야 한다.

3. 민법상 법정지상권과 관습법상 법정지상권의 비교

구분	민법상 법정지상권(제366조)	관습법상 법정지상권
개념	저당권 실행에 의한 경매로 소유자가 달라지는 경우	매매 등의 원인으로 소유자가 달라지는 경우
요건	① 토지와 건물의 소유자가 동일 ② 저당권 설정 당시 건물이 존재 ③ 경매로 토지와 건물의 소유자가 달라짐	① 토지와 건물의 소유자가 동일 ② 매매 등으로 토지와 건물의 소유자가 달라짐 ③ 건물을 철거한다는 특약이 없어야 함

건물 소유자가 2기 이상(통상 2년분) 지료를 연체한 경우, 토지 소유자는 법정지상권의 소멸을 통지하고 건물의 철거 요구가 가능하다. 건물의 소유를 목적으로 한 토지 임대차는 이를 등기하지 아니한 경우에도 임차인이 그 지상건물을 등기한 때는 제삼자에 대해 임대차의 효력이 발생한다(민법 제622조 : 건물등기 있는 차지권의 대항력).

미등기 건물의 법정지상권

【사례 1】甲이 본인 소유 토지에 건물 신축(미등기) → 乙이 매매 또는 경매로 토지만 취득 : 甲은 법정지상권 취득하며, 이후 계속 성립함(단, 건물을 철거한다는 특약이 없어야 함).

【사례 2】甲이 본인 소유 토지에 건물 신축(미등기) → 乙이 매매로 미등기 건물 및 토지 취득 → 丙이 토지에 근저당 설정 → 丁이 토지 낙찰 : 乙은 丁에게 법정지상권을 주장할 수 없음.

【대법원98다4798】 미등기 건물과 그 대지를 함께 양수한 사람이 그 대지에 관하여만 소유권이전등기를 넘겨받고 건물에 대하여는 그 등기를 이전받지 못하고 있는 상태에서 그 대지가 경매되어 소유가 달라지게 된 경우 미등기 건물의 양수인은 미등기 건물을 처분할 수 있는 권리는 가지고 있을지언정 소유권은 가지고 있지 아니하므로 대지와 건물이 동일인의 소유가 아니므로 법정지상권은 발생할 수 없다.

※미등기 건물의 소유권 변동현황은 (무허가)건축물대장 및 주변 탐문으로 조사한다.

구건물 철거 후 신축된 건물의 법정지상권

【사례】 甲이 본인 소유 토지에 1층 건물신축 → 乙이 건물 및 토지에 공동근저당 설정 → 甲이 1층 건물 멸실 후 2층 건물신축(乙은 신축건물에 근저당 미설정) → 丙이 경매로 토지만 낙찰 : 甲은 丙에게 법정지상권을 주장할 수 없다.

【대법원98다43601】 동일인의 소유에 속하는 토지 및 그 지상건물에 관해 공동저당권이 설정된 후 그 지상건물이 철거되고 새로 건물이 신축된 경우에는 그 신축건물의 소유자가 토지의 소유자와 동일하고 토지의 저당권자에게 신축건물에 관해 토지의 저당권과 동일한 순위의 공동저당권을 설정해주는 등 특별한 사정이 없는 한 저당물의 경매로 인해 토지와 그 신축건물이 다른 소유자에 속하게 되더라도 그 신축건물을 위한 법정지상권은 성립하지 않는다.

건물을 철거하거나 멸실하지 않고 동일성이 인정되는 범위에서 개축 또는 증축하는 경우는 법정지상권 성립한다.

공유지분 토지 위에 있는 건물의 법정지상권

【사례】 甲, 乙, 丙 토지 소유 → 甲이 건물 신축(乙, 丙의 동의 여부는 상관없음) → 丁이 토지지분 취득 : 甲은 丁에게 법정지상권을 주장할 수 없음(구분소유적 공유 토지라면 법정지상권 성립여지 있음).

꼭 알고 넘어가야 할 판례

【대법원1992다55756】 토지공유자의 한 사람이 다른 공유자의 지분 과반수의 동의를 얻어 건물을 건축한 후 토지와 건물의 소유자가 달라진 경우 토지에 관해 관습법상의 법정지상권이 성립되는 것으로 보게 되면 이는 토지공유자의 1인으로 하여금 자신의 지분을 제외한 다른 공유자의 지분에 대해서까지 지상권설정의 처분행위를 허용하는 셈이 되어 부당하다.

● 매각토지.건물현황(감정원 : 태평양감정평가 / 가격시점 : 2015.06.26)

목록		지번	용도/구조/면적/토지이용계획	m²당 단가 (공시지가)	감정가	비고
토지	1	동림동 532-1	도시지역, 제1종일반주거지역, 제2종일반주거지역, 소로2류 (폭 8M~10M)(저촉)	대 208㎡ (62.92평)	262,000원 (354,900원)	54,496,000원	＊현 '도로'
	2	동림동 532-3	도시지역, 제1종일반주거지역, 소로2류(폭 8M~10M)(저촉)	대 99㎡ (29.948평)	625,000원 (275,500원)	61,875,000원	▶소유권 제한시금액: 48,260,500원
			면적소계 307㎡(92.867평)		소계 116,371,000원	
제시외 건물	1	동림동 532-3 목조 및 조적조 기와지붕	단층	주택	34.4㎡(10.406평)	217,000원	7,464,800원	매각제외
	2		단층	다용도실	30.2㎡(9.136평)	187,000원	5,647,400원	매각제외 ＊일부 타지상 소재
	3		단층	창고 및 변소	7.5㎡(2.269평)	131,000원	982,500원	매각제외
		제시외건물 매각제외				
감정가		토지:307㎡(92.867평)			합계	116,371,000원	토지만 매각

현황 위치
- "한울초등학교" 남서측에 위치, 주변은 단독주택들이 소재하는 기존주택지대임.
- 본건까지 차량접근 가능하며, 인근에 시내버스정류장이 소재하는 등 제반 교통사정은 보통시 됨.
- 1): 부정형 평지로, 도로로 이용중임. 2): 자루형 평지로, 주거용 건부지임.
- 1): 콘크리트포장도로임. 2): 남동측으로 폭 약 3~4m의 콘크리트포장도로(토1)에 접함.

● 임차인현황 (배당요구종기일 : 2015.09.07)

임차인	점유부분	전입/확정/배당	보증금/차임	대항력	배당예상금액	기타
문■례	주거용 전부	전 입 일: 2012.03.05 확 정 일: 미상 배당요구일: 없음	무			

기타사항
- ☞조사외 소유자 점유
- ☞현 거주자 문■례에게 문의한바 임대차관계는 없이 점유중이라고함. 본건 부동산은 아들 소유라고 주장하며 문■례의 며느리 서■■에게 유선상으로 문의한바 소유자 ㈜미래드림종합건설에 매도하였으나 현재 돈을 받지 못한 상태라고 진술함. 건축물대장상 등재된 최■■소유의 주택은 소재불명이며 현 제시외건물의 정확한 소유관계는 알수없음

* **토지등기부** (채권액합계 : 130,000,000원)

No	접수	권리종류	권리자	채권금액	비고	소멸여부
1(갑5)	2013.12.27	공유자전원지분전부이전	(주)미래드림종합건설		매매	
2(을1)	2013.12.27	근저당	거창사과원예농협	130,000,000원	말소기준등기	소멸
3(을2)	2013.12.27	지상권(토지의전부)	거창사과원예농협		존속기간: 2013.12.27~2043.12.27 30년	소멸
4(갑8)	2014.08.19	압류	국민건강보험공단			소멸
5(갑10)	2015.06.01	임의경매	거창사과원예농협	청구금액: 111,770,410원	2015타경10422	소멸
기타사항	☞ 동림동 532-1 토지 등기부상					

건물등기부		※주의 : 건물은 매각제외	채권최고액		비고	소멸여부
		☞ 건물등기부는 전산발급이 되지않아 등재하지 못함.				
주의사항	☞2토지 지상에 매각에서 제외되는 제시외 건물(목조및조적조 기와지붕 단층 주택 34.4㎡, 조적조슬레이트지붕 다용도실 30.2㎡, 창고 및 변소 7.5㎡)로 인하여 법정지상권 성립여지 있음					

12

예고등기

대법원 '나의 사건검색 〉 판결문 열람 신청'을 활용해 진행 상황 및 결과를 확인할 수 있다. 예고등기의 소송이 진행 중이고 그 결과가 낙찰에 영향을 준다면 입찰을 피해야 하나, 예고등기의 내용 또는 판결이 경매와 무관한 경우에는 입찰을 고려해볼 만하다. 예고등기는 낙찰 후 권리자와 협의한다면 별도의 신청으로 말소 역시 가능하다. 앞으로 예고등기는 없어지고 가등기로 대체한다는 말이 있었으나 실행 여부는 결정된 것이 없다.

• 임차인현황 (말소기준권리 : 2014.03.11 / 배당요구종기일 : 2015.10.16)

임차인	점유부분	전입/확정/배당	보증금/차임	대항력	배당예상금액	기타
이■구	주거용 전체	전 입 일: 2010.10.04 확 정 일: 2015.10.16 배당요구일: 2015.10.16	보10,000,000원	있음	소액임차인	

임차인분석 ▶매수인에게 대항할 수 있는 임차인 있으며, 보증금이 전액 변제되지 아니하면 잔액을 매수인이 인수함

• 등기부현황 (채권액합계 : 24,920,000원)

No	접수	권리종류	권리자	채권금액	비고	소멸여부
1(갑1)	2003.10.24	소유권보존	(주)삼포건설		강제경매등기의 촉탁으로 인하여	
2(갑14)	2009.07.29	갑구3번가등기및본등기말소예고등기	청주지법 2009가합3514 예고등기내역보기			
3(갑21)	2013.11.13	소유권이전(매매)	김■화		거래가액:35,200,000원	
4(을8)	2014.03.11	근저당	동군산새마을금고	24,920,000원	말소기준등기	소멸
5(갑29)	2014.12.02	소유권이전(매매)	고■곤			
6(갑31)	2015.06.12	임의경매	동군산새마을금고	청구금액: 75,665,160원	2015타경8660	소멸

주의사항 ▶ 매각허가에 의하여 소멸되지 아니하는 것-갑구 순위 14번 가등기 및 본등기 말소예고등기(2009. 7. 29. 제92719호)

사례 참조

13

유치권

1. 유치권의 의의

유치권이란 채권을 변제받을 때까지 그 유치물을 점유해 인도를 거절할 수 있는 권리를 말한다. 예를 들어, 자동차가 고장 나 정비공장에 수리를 맡겼는데 정비요금을 내지 않으면 정비공장에서는 차의 인도를 거부할 수 있다. 이것이 유치권이다. 유치권은 담보물건으로 목적물을 직접 갚을 수도 있고 낙찰자에게도 그 권리를 주장할 수 있다. 경매에서 발생하는 유치권은 보통 신축건물의 미지급 공사채권으로 건물을 유치하는 것을 말한다.

유치권은 주로 상가나 공장에서 볼 수 있는데, 유치권의 성립 여부가 불분명한 허위의 권리를 신고한 경우가 많다. 신고자가 저가에 낙찰받거나 취하의 목적으로 돈이 마련될 때까지 경매를 지연시킬 목적, 즉 시간 연장 수단으로 신고하는 경향이 많다.

2. 유치권의 성립요건

• 경매 목적 부동산 자체에 발생한 채권이어야 한다(타인의 건물

이어야 함).

- 채권자가 목적 부동산을 점유할 것. 그리고 채권자를 위해 제삼자가 점유해도 무방하며 점유를 상실하면 즉시 소멸하며, 다시 점유한다면 권리를 회복할 수 있다. 채권자는 낙찰자에게 채권의 변제를 받을 때까지 목적물을 점유해야 한다(불법점유는 안 됨).
- 결연성이 있어야 한다.
- 채권이 변제기에 있어야 한다(경매개시결정 이후의 발생한 채권은 인정하지 않는다).
- 유치권 발생을 배제하는 특약이 없어야 한다(원상회복의무 등은 유치권배제특약으로 간주).
- 임차인이 자신의 편익을 위해 지출한 시설비는 인정되지 않는다(표준 임대차계약서 5조).

1) 경매 실무에서 발생하는 유치권의 종류

① 필요비·유익비 등 지출채권

현상유지 또는 가치 증가를 위해 지출한 비용을 변제받지 못했을 때, 경매 절차에서 필요비·유익비를 비용상환청구권에 대해 배당요구를 못한 경우에는 낙찰자를 상대로 유치권을 행사할 수 있다. 그러나 실무에서는 원상복구조항을 유치권 배제 특약으로 보아 상환받기 힘든 것이 사실이다.

② 공사대금

건축주와 도급자 간에 계약을 체결하고 그 건물을 신축 또는 증·

개축한 공사대금을 전액 변제받지 못해 공사한 자(도급자)는 공사대금을 변제받을 때까지 그 건물을 점유해 낙찰자에게 상환을 청구할 수 있다.

③ 유치권자의 권리행사

법원에 권리신고를 하든 하지 않든 유치권 성립조건에는 아무런 하자가 없다. 그러나 신고자는 해당 경매 사건의 이해관계인이 되어 항고할 수도 있으나 신고하지 않으면 이해관계인이 못 되어 항고할 수 없다. 정당한 권원이 있다면 권원에 의해 채권이 성립되고 유치권 성립요건을 만족한다면 물건명세서에 '유치권 존재' 또는 '유치권 성립 여지 있음'을 알리는 문구가 기록된다. 그렇게 되면 유치권을 살펴 낙찰받아야 해서 상당히 저감된 가격으로 낙찰될 수밖에 없다.

매각물건명세서에 유치권이 표시되어 있더라도 실체적 권리를 확정하는 효력이 없으므로 후일 낙찰자는 명도소송을 통해 유치권의 부존재 입증을 증명할 수 있다면 채권액을 부담할 필요가 없게 되는 것이다. 유치권은 대부분 성립요건에 부합되지 않아 사실상 인정되는 경우는 별로 없으며, 만약 증거가 명백하거나 소송에서 낙찰자가 패소하면 유치권의 원인 채권을 인수해야 한다. 왜냐하면, 경매 실무에서는 유치권의 실체적 존부에 관해 경매 법원은 관여하지 않고 다만 당사자 간의 합의나 소송을 원칙으로 하기 때문이다.

1(갑11)	2011.06.15	소유권이전(매매)	이■도		기대가격 금450,000,000원	
2(을10)	2011.06.15	근저당	대방새마을금고	312,000,000원	말소기준등기	소멸
3(갑12)	2011.06.15	소유권이전청구권가등기	박■인		매매예약	소멸
4(을11)	2011.06.23	근저당	최■철	90,000,000원		소멸
5(갑13)	2011.10.19	압류	광주광역시광산구			소멸
6(갑14)	2012.06.04	임의경매	대방새마을금고	청구금액: 271,113,750원	2012타경12728	소멸
7(갑15)	2012.07.25	가압류	우리은행	5,014,047원		소멸
8(갑16)	2012.07.27	가압류	우리은행	44,975,133원		소멸
9(갑17)	2012.11.13	압류	광주시			소멸
10(갑18)	2014.02.26	압류	인천세무서			소멸
11(갑19)	2014.04.24	압류	신광주세무서			소멸
12(갑20)	2014.10.13	압류	수원지방검찰청성남지청			소멸
13(갑21)	2014.10.24	압류	광주광역시광산구			소멸
주의사항	☞**유치권신고** 있음.- 황■정으로부터 1동건물 전체에 대한 공사대금 금151,778,260원의 유치권 신고가 있으나 그 성립여부는 알 수 없음, 2012.11.02 점유자 황■정 유치권(추가)신고 제출 , 2012. 11. 2. 유치권자 황■정으로부터 유치권행사금액 변경신고 있음(151,778,260원을 201,814,298원으로),2012.11.21 유치권자 황■정 권리신고서(수정) 제출 ☞황■정으로부터 공사대금 74,587,118원의 유치권 신고가 있으나 그 성립여부는 알 수 없음 ☞황■정으로부터 공사대금채권 74,587,118원(302호에 관한 것임)을 위하여 유치권신고가 있었고, 채권자가 이 유치권자를 상대로 제기한 유치권부존재 소송에서 유치권이 존재한다는 확정판결문을 유치권자가 제출함					

2) 유치권 주장의 유형

- 신축건물 개축과 관련해 미지급된 공사대금이 원인이 되어 공사업자가 유치권을 행사하는 경우
- 상가나 주택 세입자가 목적 부동산의 보존이나 개량을 위해 지출한 비용을 근거로 해서 유치권을 행사하는 경우(토지에 관한 유치권도 있다)
- 토지 상에 공사 중단된 구조물이 있어서 건축업자가 유치권을 주장하는 경우
- 전원주택 등을 개발하기 위해 택지 조성을 하던 중 경매에 처하면서 유치권을 주장하는 경우

3) 유치권의 중요 이론

- 유치권은 등기부등본상에 등기할 수 없는 권리다.

- 유치권은 권리신고를 전혀 할 필요가 없는 권리에 해당하기 때문에 경매 절차에서 유치권의 권리신고를 하는 유치권인 경우라면 가짜 유치권일 가능성이 매우 크다.
- 유치권은 점유로 모든 대항력을 구비하므로 법원에 유치권 신고를 하지 않아도 된다.
- 정당한 유치권이라면 낙찰자가 유치권자의 채권 금액을 갚아주어야만 물건을 넘겨받을 수 있다.
- 유치권은 채권이 변제되지 않는 한 소멸하지 않는다.
- 목적물의 소유권이 누구에게 속하든 그 권리를 주장할 수 있고, 채권을 변제받을 수 있을 때까지 유치할 수 있다.
- 점유를 잃으면 유치권은 소멸한다. 즉 유치권의 목적물이 소유권이 이전되더라도 유치권은 영향을 받지 않으나 점유를 잃게 되면 소유권이 이전이 없더라도 유치권은 소멸한다.
- 유치권은 동산뿐만이 아니라 부동산에 대해서도 성립한다.
- 유치권은 채권의 이전이 있으면 목적물의 점유도 이전이 되어야 한다.
- 유치권은 경매 신청권은 있어도 우선변제권은 없다.
- 경매개시결정 후에 발생한 공사대금채권에 관해서는 유치권이 인정되지 않는다. 즉 경매개시결정기입등기 전에 발생한 채권이어야 하며 그 금액을 세금계산서 등 공신력 있는 서류에 의해 입증해야 한다.
- 유치권자는 점유 사용에 의한 부당이득분을 반환해야 한다. 즉 점유 사용할 수 있는 권리는 인정하되, 그에 따른 부당이득분

은 반환해야 한다.

- 낙찰자는 낙찰 전에 해당 부동산을 점유하고 있지 않았던 유치권자임을 사진이나 서류 등으로 입증 또는 증빙할 수 있다면 이를 인도명령 또는 명도소송에 의해 강제집행을 할 수 있다.
- 채무자의 승낙 없이 유치물을 사용한 경우에는 유치권의 소멸사유에 해당한다.
- 유치권자가 유치물에 관해 필요비를 지출한 때는 소유자에게 그 상환을 청구할 수 있다. 그러나 소유자의 선택을 좇아 결정할 수 있다.
- 유치권의 행사는 소멸시효의 진행에 영향을 미치지 않는다.

4) 유치권의 성질

① 수반성

유치권은 특정의 채권을 담보하는 것으로 그 채권의 이전이 있으면 목적물의 점유도 이전해야 한다.

② 유치권의 불가분성

유치권자는 채권 전부를 변제받을 때까지 유치권 전부에 권리를 행사할 수 있다.

③ 유치권의 양도 배서 문제

채권이 양도되고 목적물의 점유 이전이 있으면 부종성에 의해 당연히 이전하기 때문에 유가증권의 양도에서 요구하는 배서는 필요치 않다.

④ 타 담보 제공과 유치권 소멸

채무자는 상당한 담보를 제공하고 유치권의 소멸을 청구할 수 있다.

⑤ 유치권자의 처리 방법

- 유치권 신고 물건에 매수 신청해 최고가매수인으로 선정되었을 때는 경매 사건 기록을 열람해 유치권 신고 내용과 임대차 계약서 유치권 신고 관련 서류를 복사한 다음 유치권의 성립 여부를 분석한다.
- 만약 허위의 유치권 신고라는 냄새가 날 때는 형법상 부동산 효용 침해죄, 경매 입찰의 방해죄, 강제집행면탈죄 등의 조항을 활용하면 효과가 있다.
- 허위 유치권자임을 밝혀내면 사해행위(채권자를 해하는 법률 행위)로도 처벌할 수 있다.
- 매각 대금을 납부 후 바로 점유 이전금지 가처분한 후 인도명령이나 명도소송을 신청한다.

⑥ 불측의 유치권에 대한 대응

법원의 현황조사 당시에 유치권의 점유가 없었고 법원에 달리 신고한 사실이 없는데 낙찰 후 유치권 신청자가 발견되었을 때는 다음과 같은 조치를 할 수 있다.

- 매각결정 기일 전에는 매각에 대한 이의 또는 불허가를 신청할 수 있다.

- 매각결정이 났을 때는 즉시항고를 할 수 있다.
- 매각허가가 확정되고 잔금납부 전이면 매각허가결정의 취소 신청을 할 수 있다.
- 매각 허가 확정 후 잔금도 낸 때는 채무자나 배당받은 채권자에게 담보책임을 물을 수 있다.

이상으로 유치권에 대한 상식을 머릿속에 넣어두시길 바란다. 공부는 암기가 아니라 이해하는 것이다.

14

유치권 해결
실전 사례

1. 7개월 만에 7억 대박 나다

경매에서는 현장답사(임장)가 가장 중요하고, 다음이 명도(점유이전)이며, 명도는 곧 협상이라는 것을 알게 될 것이다. 임차인이든, 소유자든, 물상 보증인이든, 유치권이든, 법정지상권이든, 가장임차인이든 어떤 점유자에게 어떻게 명도(점유이전)를 받느냐가 중요하다.

필자가 법무법인 창우에서 경매 팀장이 된 지 1여 년이 흘렀을 때의 이야기다. 2006년 4월 말일경 법무사님이랑 친분이 상당했던 박 사장님이란 분이 찾아와서 30분 정도 대화를 나눈 후의 일이다. 법무사님이 같이 식사하러 가자고 해서 사양하자 박 사장님이 말한다.

"부탁드릴 것도 있고 같이 가십시다. 맛있는 것 사드릴 테니."

"아, 아닙니다. 전 괜찮습니다."

"왜 이리 빼시나?"

법무사님이 너무 거절해도 예의가 아니라며 같이 가자고 한다.

하는 수 없이 따라나서니 우족탕 집으로 들어가 세트 정식으로 1인당 3만 원짜리로 시킨다. 식사가 나오기 전에 반주로 인삼주가 들어오고, 각종 음식이 열 가지도 넘는다. 이것만 해도 밥 두 그릇은 비우겠다. 잠시 침묵이 흐르고 박 사장님이 본론을 꺼내며 정보지를 내민다.

2004타경4656*(부산지법) 사건

				면적소계 411㎡(124.328평)		소계 2,466,000,000원	
건물	1	온천동 210-8 철근콘크리트	1층	근린생활시설,위락시설	161.25㎡(48.778평)	800,000원	129,000,000원
	2		2층	근린생활시설,위락시설	295.65㎡(89.434평)	800,000원	236,520,000원
	3		3층	근린생활시설,위락시설	295.65㎡(89.434평)	800,000원	236,520,000원
	4		4층	근린생활시설,위락시설	295.65㎡(89.434평)	800,000원	236,520,000원
	5		5층	근린생활시설,위락시설	295.65㎡(89.434평)	800,000원	236,520,000원
	6		6층	근린생활시설,위락시설	285.84㎡(86.467평)	800,000원	228,672,000원
	7		7층	근린생활시설,위락시설	268.14㎡(81.112평)	800,000원	214,512,000원
	8		8층	근린생활시설,위락시설	245.24㎡(74.185평)	800,000원	196,192,000원
	9		지하	공실	249.92㎡(75.601평)	800,000원	199,936,000원
				면적소계 2392.99㎡(723.879평)		소계 1,914,392,000원	

감정가	토지:411㎡(124.328평) / 건물:2392.9㎡(723.879평)	합계	4,380,392,000원	일괄매각

현황 위치	* 동래관광호텔 남서측인근에 위치 * 부근은 노선상가지대로 로변으로 유흥주점,숙박시설,각종 제반편의시설등이 형성됨 * 차량접근 가능,노선버스정류장,지하철 온천장역이 소재,교통사정 무난한편임 * 일단의 부정형 평지,남측으로 노폭 약12M의 포장도로에 접함

참고사항	▶본건낙찰 2006.06.20 / 낙찰가 2,338,000,000원/ 최□진 / 2명 입찰 / 대금미납 * 지상건물은 내부마감공사가 일부 미완성 상태이며,건축법상 사용승인을 받지 않았음 (건물 감정은:정일,가격시점:2005.06.08)

● 임차인현황 (말소기준권리 : 2005.05.17 / 배당요구종기일 : 2005.08.24)

===== 조사된 임차내역 없음 =====

기타사항	* 현장에서 만나 (주)토익 전무이사 손□호에 의하면 현재는 미등기 건물로 곧 준공이 된다고 하며 전층이 미분양 상태로 있다고 하였고 코아메디칼센타로 병원 등을 임대할 계획이라고 하였음(1층약국 2~8층은 병원으로 임대할 계획)

● 건물등기부 (채권액합계 : 2,026,000,000원)

No	접수	권리종류	권리자	채권금액	비고	소멸여부
1	2005.05.17	소유권보존	(주)토익		부동산임괄경매를 위한 추가경매 개시결정등기로 인하여 2005년5월17일 등기	
2	2005.05.17	임의경매	부산은행 (여신관리팀)	청구금액: 2,019,991,159원	말소기준등기 2004타경9608	소멸
3	2005.05.26	가압류	부산은행	2,017,000,000원		소멸
4	2005.08.04	가처분	부산은행		근저당권설정등기이행 청구권	소멸
5	2005.08.19	압류	부산광역시		부산광역시동래구(세무 과-11841)	소멸
6	2006.01.13	가압류	(주)거풍	9,000,000원		소멸

● 토지등기부 (채권액합계 : 2,725,000,000원)

No	접수	권리종류	권리자	채권금액	비고	소멸여부
1	2002.06.07	소유권이전(매매)	김□남			
2	2003.12.15	지상권(토지 중앙부분 15㎡)	부산은행		존속기간: 2003.12.15~2033.12.15 30년	인수
3	2004.02.06	소유권이전(매매)	(주)토익			
4	2004.04.02	근저당	부산은행 (동래화목아파트지점)	2,400,000,000원	말소기준등기	소멸
5	2004.04.02	근저당	덕경종합건설(주)	300,000,000원		소멸
6	2004.06.25	압류	부산광역시		동래구청(세무8384)	소멸
7	2004.08.18	임의경매	부산은행 (동래화목아파트지점)	청구금액: 2,019,991,159원	2004타경46563	소멸
8	2004.12.02	가압류	김□대	25,000,000원		소멸
9	2005.11.03	압류	부산광역시		부산광역시동래구(세무 과-15947)	소멸

등기부 분석	온천동	번지 토지의 중앙부분 15㎡에 대한 2003.12.15.자 부산은행의 지상권등기 있음

주의사항	㈜(주)제일종합찰강으로부터 공사금액 240,000,000원으로 유치권신고 있음.도하테크(주)로부터 청구금액 금123,200,000원에 대하여 유치권신고 있으나,그 성립여부는 불분명함.정□호로부터 청구금액 금247,000,000원에 대하여 유치권신고 있으나,그 성립여부는 불분명함

잠시 훑어보니 근린시설인데 낯이 익다. 대지 411㎡(124. 3평이고), 건물 2,393㎡(724평), 신축건물이고 아직 사용승인도 안 된 건물이다. 유치권이 ㈜제일종합철강 2억 4,000만 원, 도하테크(주) 1억 2,300여만 원, J씨가 2억 4,700만 원으로 합계 6억 원이 넘고, 그 외 법원에 신고하지 않고 유치권 주장하는 H건설이 10억 4,000만 원으로 유치권 총액이 16억 원이 넘는다. 이 건물은 메디컬센터 건물로 건축한 것이고, 위치 또한 부산사람이라면 모르는 사람이 없을 정도로 잘 알려진 온천장(온천동) 노른자위 땅이다. 평당 2,500여만 원 호가하는 땅이다. 땅값만 쳐도 약 30억 원 정도 된다. 거기다 선순위 지상권까지 감정평가서를 보니, 감정가가 43억 8,000여만 원이다. 건물 포함 가격이다.

감정평가서가 1차, 2차 두 권이다. 1차는 땅만 경매 넣었다가 중단시키고 2차에 건물까지 감정해 보존등기하고 경매를 다시 시작한 것이다. 1차 감정해 땅만 넣었을 때 건물은 지하와 1층이 올라오는 상태였다. 경매가 시작되어 매각하는 데 약 6개월 정도 기간이 소요되어, 지하에서 8층까지 완공단계에 이르다 보니 경매를 중단시키고 재감정해 건물과 토지를 일괄경매로 진행한 사건이다. 거기다가 유치권과 선순위 지상권까지 있으니 유찰이 4차나 거듭되고 있었다.

박 사장 : 팀장님, 이 건물을 내가 먹어야겠는데 도와줘야 합니다.
필자 : 네, 제가요?
법무사 : 사장님, 수수료 두둑이 주시면야 다 해결해드리겠습니다.

필자 : 예, 실력은 없지만, 최선을 다하겠습니다.

박 사장 : 하하하, 좋습니다. 이 건이 해결되면 두 장, 큰 거 드리리다. 허허허!

　내 평생 만져 보지도, 보지도 못한 거액의 건물이다. 유치권, 지상권에 가슴이 쿵쾅거리고, 숨이 멎을 것 같았다. 순간, 내가 왜 경매 팀장을 했을까? 그렇게 후회해본 적은 없다. 당장에라도 때려치우고 싶었다. 유치권이라야 아파트나 상가밖엔 해보지 않은 내가 어떻게? 말도 안 되는 일이라는 생각에 한숨이 절로 났다. 내 정신이 아니었다. 어쩔 줄 몰라 쩔쩔매며 식은땀을 흘리는 나에게 법무사님이 끔뻑 윙크한다. 다시 눈을 찡긋하시니 하는 수 없이 그 일을 맡았다. 참, 배포가 큰 사람이다.

　경매는 통 큰 자가 돈 벌고, 통 큰 경매인이 고수라고 생각한다. 공부만 했지 맨날 이리 재고, 저리 재는 경매인은 돈을 벌 수 있는 사람이 아니라 결국은 하수다. 우리가 부산서 서울을 간다면? 가는 방법은 여러 가지가 있다. 비행기를 타고 가는 방법, KTX를 타고 가는 방법, 고속버스나 자가용, 오토바이나 자전거로 가는 방법 등이 있다. 몇 날 며칠을 가든지 아니면 뛰어가든지, 한 달씩 걸려 걸어가든 죽지 않으면 어차피 목적지는 간다. 저지르지 않으면 결과는 없으니 결국 열매는 따는 놈이 임자다. 잘못 골라서 썩은 열매를 따는 사람도 있지만 아주 잘 익은 열매를 따는 사람이 있고 풋과일을 따는 사람도 있다. 실패 없는 경매를 하는 것은 맛있는 열매를 고르는 법과 따는 법을 배우는 과정이다. 잘못 따 먹으면 죽을 수도 있을 것이다.

사무실에 들어와서도 실감이 나지 않아 멍하니 창 넘어 먼 하늘만 쳐다보고 있었다. 이 큰 짐을 어떻게 지고 가야 하나? 앞이 안 보인다. 아니 아무 생각도 안 나고 공황 상태에 빠진다. 조금 있으니, 법무사님이 들어온다.

"김 팀장, 법무법인 만들고 처음 이런 큰 사건을 맡았는데 부담스럽겠지만, 최선을 다해 한번 해봐야 하지 않겠나? 법률 쪽은 내가 맡고, 현장 조사와 해결은 자네가 해봐!"

"법무사님, 제가 뭐 아는 게 있습니까? 책 몇 권 읽고 조그만 사건도 사실 버거웠는데요."

"나도 사실은 경매 쪽은 잘 알진 못해. 하지만 누군 날 때부터 배우고 나왔나? 용기를 가져 보자고."

"예, 한번 해보지요. 뭐!"

이순신 장군님 왈 "죽기를 각오하면 살 것이요, 살려고 발버둥치면 자멸해 죽을 것"이라 했다.

입찰이 6월 20일이니 대법원사이트에 들어가 모든 서류를 복사했다. 그리고 그 서류를 퇴근하면서 가지고 집으로 와서 다시 한 번 검토했다.

신고된 유치권	㈜제일종합철강	240,000,000원
	도하테크㈜	123,200,000원
	정강호	247,000,000원
	합계	610,200,000원

| **신고하지 않은 유치권** | 1,000,000,000원 | 1,000,000,000원 |

선순위 지상권(권리자) 부산은행의 그것도 대지 중앙부위의 $15m^2$에 대한 지상권

다음 날 양복을 말쑥하게 차려입고 출근했다. 사무실 경리실장 경숙 씨가 제일 먼저 한마디 한다.

"와, 팀장님! 오늘 무슨 날이에요? 정말 멋져요."

김 대리, 차 주임, 법무사님도 모두 놀란 눈치다.

"오늘 뭐 귀빠진 날인가? 아님 결혼기념일인가?"

"아닙니다. 무슨 날은 아니고요. 의뢰받은 유치권 좀 조사하러 가려고요."

큰일을 할 때는 옷을 깨끗이 하고 정장을 해야 한다. 머리와 신발을 보면 그 사람을 알 수가 있다. 옷이 구겨지고 더럽다거나 형클어진 머리라면 일단 무시하는 경향이 많다. 그러나 옷을 단정히 입고 머리도 깨끗이 다듬고, 신발도 반짝반짝 빛나는 걸 신으면 태도가 달라진다. 그래서 큰 볼일이나 관공서를 찾아갈 때면 나는 항상 깨끗이 하고 간다.

우선 유치권 관련 자료도 얻을 겸 채권은행을 찾아갔다. 지상권의 내막도 알아야 했다. 조회를 마치고 10시 30분 P은행 P지점으로 들어갔다.

"어서 오십시오. 어떻게 오셨습니까?"

"예, 채권팀 유 과장님을 뵈러 왔는데요?"

"아, 그렇습니까?" 직원이 2층 대부계로 안내한다.

"과장님! 손님이 찾아오셨는데요?"

"아, 그래 이쪽으로 모시고 차 한잔 내오지."

찻잔을 앞에 두고 마주 앉았다. 잠시 침묵이 흘렀다.

"처음 뵙겠습니다. 법무법인 창우 경매 팀장 김광석입니다."

명함을 주고받으며 인사를 건넸다. 약국에서 사 온 컨디션 한 박스를 내놓았다.

"아니, 이런 걸 다 사오십니까?"

"업무를 보시다 보면 피곤할 때가 많습니다. 한 병 드셔 보십시오."

손수 뚜껑을 열어 권했다.

"은행에서 토지(대지) 15㎡에 지상권 설정해 놓으시고 1년 후 저당권을 실행해 20억 원을 대출해주셨는데 어떤 이유인지 알고 싶습니다. 또한, 유치권에 대해 은행의 고견을 듣고 싶습니다."

관련 서류를 꺼내 오더니, 이내 설명이 이어졌다.

"채무자 겸 소유자인 (주)토익 회사에서 건축하기 위해 중간에 5평 남짓 땅이 있었는데 짱배기(알박이) 땅이라 1억 5,000만 원 주고 매입해서 합필하고, 당시 그 땅이 공지라 전 주인이 대출할 때 지상권과 근저당을 실행한 것입니다. 이후 (주)토익에서 매수하며 전체 토지를 담보 제공하고 20억 원을 대출받았는데 모두 상환하면 말소하기로 한 것이지요."

"그럼, 건축 허가 당시 동의서가 들어가야 하는데…."

"맞습니다. 동의서와 인감 첨부하고 건물 완공 후 추가 대출하기 위해 건물도 같이 근저당 설정계약 하기로 계약서도 받았습니다. 건실한 회사고, 원래 건축회사는 아닙니다. 세금 문제 때문에 국세청에 고발되어 이자가 연체되고 하여, 내부규정상 채권회수를 위해 경매를 넣은 것입니다. 처음엔 대지만 경매를 넣었으나 1차 경매 실행 당시 6개월 정도 기간이 흐르니 아, 벌써 8층까지 H빔 골조가 완성되었더군요. 어차피 법정지상권이 성립되면 채권회수가 힘들다 보고 현재 외부공사를 하는 상황이라 경매를 중단하고 건물을 대위 등기해 토지, 건물을 일괄매각하게 되었습니다. 그랬더니, 또 유치권 때문에 채권회수가 힘들 것 같아서 전전긍긍하고 있습니다."

"그러시면, 지상권 문제는 어떻게 하실 겁니까? 담보강화를 위한 지상권인데."

"낙찰받으신다면 내부 윗사람과 조율해서 말소시켜드리도록 해보겠습니다."

"그런데 유치권은 어떻게 대처하실 겁니까?"

"글쎄요? 은행 채권 법무팀에서도 공사업자가 공사한 것은 사실인데, 채무자의 이야기로는 거의 공사비는 지불됐고 지금 신고된 것은 대부분 맞다는군요."

"아, 그렇군요. 죄송합니다만, 은행에서 손해가 덜 가도록 좀 높은 가격에 낙찰받을 테니 소유자(채무자) 연락처 좀 가르쳐 주실 순 없는지요?"

"안 됩니다. 개인정보보호 차원에서 알려드릴 수가 없습니다."

모든 대화를 소니 만년필 녹음기로 녹음하고 있다는 것을 아는 사람은 없었다. 쾌재를 불렀다. 한 가지는 해결의 실마리를 잡았다. 그러나 더 이상은 알려고 해도 단호하게 거절하니 어쩔 수 없이 돌아설 수밖에 없었다. 정중하게 식사 대접을 청했으나 한사코 거절이다. 열 번 찍어 안 넘어가는 나무 없다고 했다. 다음을 기약하자.

그동안 유치권에 대해 하루 다섯 시간 이상 책을 보고 판례를 공부했지만, 여전히 어려웠다. 날밤을 지새우며 연구하고 인터넷 카페에 물어보면 아예 그런 물건은 피하는 게 상책이란다. 나는 생각했다. 그럼 이런 물건은 과연 누가 잡아먹는가? 교수? 경매 강사? 변호사? 경매 고수? 이들은 사람이 아니고 귀신인가? 난, 왜 안 되는가? 못하는가? 생각에 생각을 거듭하니 머리가 아팠다. 나 자신이 너무 초라하고 작아 보이는 건 어쩔 수 없었다. 그렇게 고민하다 잠을 자다 보니 잠꼬대를 심하게 한 모양이다. 아내가 물 한잔을 떠 주며 나지막한 목소리로 말한다.

"여보, 무슨 고민이 그리 많아 잠꼬대해요?"

"내가 뭐라 했는데?'

"×새끼, 소 새끼 하면서 유치권 얘기에 온갖 욕이란 욕은 다 합디다."

"그랬어? 이건 내 운명이 걸린 거고 경매를 그만두느냐, 마느냐의 갈림길에 서 있어."

"꼭 해낼 거라 난 굳게 믿어요. 용기를 내요. 지난날을 생각해봐요. 못할 게 뭐가 있겠어요? 난 당신과 30년 넘게 같이 살았어요. 누구보다 난 잘 알아요."

다음 날 머리를 짧게 깎았다. 아주 깍두기다. 안 되면 비상수단이라도 써야겠지. 범을 잡으려면 호랑이 굴로 가야지 않겠는가? 이제 물러설 곳도 없었다. 오후 2시경 사무실을 떠나 현장으로 갔다. 공사하던 자재며 쓰레기가 나뒹굴고 있었고, 지하 1층부터 8층까지 전부 사진을 찍었다.

"누구요? 누군데 허락도 없이 사진을 찍소?"

"당신은 누구요?"

"나? 유치권자요. 댁은 누구요?"

"보면 모르겠소? 집 사러 왔지."

"놀고 있네. 이게 얼만데, 유치권은?"

"잔소리 말고 당신 사장 좀 봅시다."

"나 찾소? 무신 일인교?"

새카만 다이너스티 승용차에서 내려오면서 묻는다.

"처음 뵙겠습니다. 이 집이 경매에 떴길래 입찰 한번 할까 싶어서 왔습니다."

"음, 그래요? 사무실로 갑시다."

사무실이 아니라 완전 쓰레기장이다. 다 떨어진 소파, 찌그러진 책상, 끓여 먹다 남은 면 부스러기. 쥐새끼가 왔다 갔다 하고, 직원 하나는 소파에서 자고 있다. 사장이 발로 툭 차면서 말한다.

"일라, 인마!"

"놔두시지요. 앞에 카페가 보이는데 그리로 가시는 게?"

카페로 자리를 잡고 커피를 주문했다. 서로 인사를 하고 명함을 주고받았다. 주문한 차가 오기 전에 말을 건넸다.

"사장님, 공사하시다가 이런 일 겪으시면 참 안타깝겠습니다."

"그래도 이건 다행이요. 사장이 부도낼 사람은 아닌데, 국세청 세무조사에 간 거지요."

"어쩌다 그렇게 됐나요?"

한참 침묵을 지키다가 말한다.

"난들 자세한 건 모르겠고, 세금포탈이 20억 원 정도 되나 봐요."

"재기의 희망은 없나요?"

"글쎄요. 아마 힘들 거요."

"그나저나 사장님께서는 골조공사를 하신 거 같은데 얼마나 못 받으셨어요?"

"11억 원 공사인데, 2억 4,000만 원 못 받았지요."

녹음기를 켜야 하는데 깜빡했다.

"사장님, 실례하겠습니다. 화장실 좀 잠시."

난 부리나케 화장실에 가서 녹음기를 작동시키고 자리로 돌아왔다.

"아까 사장님께서 11억 원 공사에 2억 4,000만 원 못 받으셨다 하셨는데 맞나요?"

"예, 맞습니다."

"그럼 그 돈은 다 받으셔야 합니까?"

"다 받아도 적자요, 적자. 사람 써서 이렇게 1년 가까이 유치권 점유하는 게 장난인 줄 알아요?"

"아, 그러셨군요? 고생이 많으십니다. 이번에 낙찰이 안 되겠습니까? 작년이면 1년 가까이 되는데 언제부터 이러고 계세요?"

여기서 결정적 단서가 나온다.

"작년 6월이니까 만 1년이 됐네요."

"6월 며칠인데요?"

"기억은 잘 안 나는데, 10일인가? 15일인가? 아니, 근데 그건 왜 묻소?"

"아, 예. 직원봉급이 장난이 아니겠네요?"

"봉급이야 뭐 갈라서 내니 별거 아닙니다."

"갈라 내다니요?"

"유치권자 네 명이 용역 두 명 교대로 근무하고."

아, 간접 점유. 더 물어보려는데 저쪽에서 손을 흔들며 이리로 오는 사람이 있었다.

"어, 손 전무! 우옛 일이요?" 철강 사장이 반갑게 인사한다.

"내가 개콘데, 어디서 고소한 냄새가 나길래 올라와 봤지."

"어이, 여기 한 잔 더."

손 전무가 날 힐끗 봤다.

"이분은 누구요?"

"어! 경매 때문에 왔다네. 그래 얘기 중이요."

"마, 신경 끄시고 돌아가소. 우리가 다시 경매 뜰 건데."

"아, 그래요? 잘 되셨네요."

"어떤 놈이라도 낙찰받으면 쉽진 않을 건데."

"자. 그럼 전 이만 가보겠습니다. 두 분 말씀 나누십쇼."

찻값을 내고, 차 세워둔 곳으로 갔다. 유리창에 빨간 주차위반 딱지가 붙어 있다. 핸드폰의 벨 소리, '마이웨이'가 흘러나온다. '나,

이대로 넘어질 순 없어~' 어? P은행 과장 목소리다.

"아, 예, 저녁 식사 대접하겠습니다. 예, 친구분하고 나오시면 어떻습니까?"

"예, 6시 서면 참치 횟집에서 뵙겠습니다. 감사합니다."

사무실에 돌아와서 대강 오늘의 임장 결과를 적어 보고서를 작성했다. 보고서를 법무사님께 드리고 자초지종을 설명해드렸다.

"음, 수고했어요. 근데, 다른 유치권자는 안 만나 봤소?"

"예, 그 사람들보다 제 생각엔 용역회사를 가봐야겠습니다."

"왜?"

"언제부터 용역계약이 되었는지 확인도 해야겠고요."

"음, 아까도 설명 들었는데 점유는 더 이상 무의미하네. 실제 소송으로 가면 아주 명백하지 않은 한 점유는 인정한다네. 명백한 입증은 사실상 어렵지. 점유 자체의 해석은 판사님들도 어렵게 생각한다네."

나도 이번 건으로 유치권은 확실하게 알아야겠다고 생각해 실전을 겸하면서 공부하기로 마음먹은 터다. 유치권은 참 여러 가지 변수가 있는데도 민법은 제320~328조밖에 없다. 그 외 판례와 법조문에 대한 부연설명이다. 그중 제일 어려운 부분이 점유에 관한 부분이다. 나도 이 부분을 이해하는데 제일 어렵고 힘들었다.

"유치권자의 점유방법과 관련해 점유란 물건이 사회 통념상 그 사람의 사실적 지배에 속한다고 보이는 객관성이 있는 것을 말한다. 사실상 지배가 있다고 하기 위해서는 반드시 물건을 물리적으로 현실적으로 지배하는 것만을 의미하는 것이 아니고 시간적, 공간적, 관계 외 본권관계 타인지배의 배제 가능성 등을 고려해 사회관념에 따라 합목적으로 판단해야 한다(대판 1996.8.2395다8713)" 라고 판시하고 있다.

판례를 열 번 읽고, 써봐도 그 뜻을 이해하기가 일반인들로서는 상당히 난해한 부분이다. 쉽게 말하면 다음과 같다.

사람(채권자)	사람(채무자)
시간적	공사 후 변제기가 도래된 때를(사회관념상 합목적 판단의 뜻)
공간적	유치물건 내를 말하는 것
본권관계	견련성 즉 상호관계

채권자의 점유(타인배제 가능성)를 고려해 종합적으로 판단한다는 뜻으로 생각한다. 유치권의 성립요건은 다음 한 가지 조건이라도 일치하지 않는다면 유치권은 성립하지 않는다. 타인의 물건이어야 하고, 합법적으로 점유를 유지해야 하며, 그 물건에 관한 견련성이 있어야 하고, 변제기가 도래해야 하고, 배제하는 특약이 없어야 한다.

그 외에 민법 320~328조까지 간단하니까 외우고, 유치권 판례를 약 70여 가지를 읽고 쓰면서 공부하면 거의 단기간에 정복할 수 있다. 그다음 중요한 것은 자신을 믿고 과감히 도전하는 정신무장이 되어야 한다. 공부를 많이 한 독자들은 쉽지만, 초보자를 위해 쓴 것이니 이해하고 봐주기 바란다.

　벌써 퇴근 시간이 되어 서면 약속 장소로 택시를 타고 총알같이 날아갔다. 먼저 회를 주문하고 조금 기다리니, 안면이 있는 그분들이 온다.

　"아이고, 어서 오십시오. 반갑습니다. 이렇게 시간을 내주셔서 감사합니다."

　"별말씀을요. 그동안 조사 좀 해보셨나요? 저도 그 점이 좀 궁금해서 왔습니다만."

　"제가 이해관계인이 아니니 유치권 내용도 맞는지 또한 사실관계를 알아볼 수가 있어야지요."

　술을 한 잔씩 하고 대화가 무르익어 친밀감이 돈독해졌음을 알수 있었을 때 본론으로 들어가 설득에 나섰다. 남자의 세계는 술이 없으면 앙꼬 없는 찐빵이다. 술이란 사업에 참 좋은 도구인 것 같다. 결국, 위임장과 법인등기부등본을 받기로 했으며 소유자(채무자)의 주소와 개인 및 집 전화까지 알아냈다.

　"이렇게 협조를 해주시는데 2차로 가라오케 가서서 한잔 더 합시다."

　"아, 좋습니다. 좀 무리하시는 거 아닙니까?"

　"에이, 무슨 말씀! 갑시다. 오랜만에 술맛이 꿀맛이네요."

　가다 보니 신장개업이라는 '라스베이거스 노래방'이 유난히 나를 유혹한다. 지하주점인데 정말 넓다. 음주·가무를 즐기며 놀다 보니 벌써 2시가 넘어가고 있었다. 얼큰하게 취했을 때쯤 자리를 일어섰다.

"자, 일어납시다. 쥐꼬리만 한 봉급이라도 받으려면 내일도 출근해야 하니, 형님 갑시다."

어느덧 형님, 동생 하는 처지가 되어 어깨동무하고 밖으로 나와 집에 도착하니 새벽 3시가 넘어가고 있었다. 너무 술에 취해서 옷도 벗지 않은 채 쓰러져 잠이 들었다.

다음 날 출근해 은행에 가서 서류를 받아 부산지법 본원 4계에 가서 서류를 내밀었다. 유치권 관련 서류와 소유자법인 관련 서류 모조리 복사해 사무실에 와서 법무사님 두 분과 서류 검토에 들어갔다. 어제 마신 술로 머리가 아프다. 법무사님이 어제 얼마나 썼느냐고 묻는다.

"신경 쓰지 마십시오."

"아니야, 활동비로 300만 원 받았으니 줘야지."

100만 원을 활동비로 쓰라고 건넨다.

"김 팀장, 빨리 해야겠어. 입찰이 20일이니까. 날짜가 촉박해. 5일밖에 안 남았어."

"알겠습니다. 지금 현장으로 다시 가보겠습니다."

"아니야. 그보다 전화해놨으니 협성건설 이 전무를 모시고 가게. 그리고 같이 사무실로 와야 하네. 협성건설 사무실 약도하고 명함이니 가져가게. 내 다시 전화해 놓겠네."

이 전무님은 젊고, 서글서글한 호남형이었다. 누가 보더라도 한

눈에 반할 그런 타입이다. 우리 법무사님과 어떻게 되는 사이냐고 물었더니 사돈이라고 한다. 그분과 같이 현장에 도착해 8층부터 조사하러 올라가려니 용역직원들이 앞을 막아선다.

"안 됩니다. 우리 임무가 뭔 줄 아시오? 어느 놈 하나 모가지 잘리는 거 보고 싶소?"

한참 실랑이를 하고 있는데 어제 그 책임자 전무란 사람이 온다.

"뭐요? 누구요? 어떻게 왔소? 어제 내가 말했을 텐데. 이 양반 말참 못 알아듣네?"

"보십시오, 손 전무님! 우리 같은 사람이 잘 보고 가서 비싸게 낙찰받아야 당신 회사 빚 더 갚을 것 아니요?"

실랑이를 한참하고 있는데 협성건설 이 전무님이 끼어든다.

"내 모르겠소? 나 협성 이 전무요."

"어? 그래 안면이 많다 했는데."

"이 전무 이게 몇 년 째요? 동창회 때 보고. 그래, 그동안 어떻게 지냈소?"

두 사람은 고등학교 선후배로 잘 아는 사이라고 했다. 참, 세상은 좁고도 넓다. 두 사람이 이야기하도록 자리를 멀찌감치 피해 담배 한 대를 꼬나물고 허공에 타는 가슴을 토해내고 있었다. 결국, 무슨 일이든 부닥치면 해결이 되는구나. 사람과 사람이 하는 일이 아닌가? 어제 못다 찍은 사진을 찍고 이 전무와 사무실에 도착해 복사한 유치권 관련 도급계약서 등을 검토했다. 나야 건축에 문외한이라 무슨 말인지 서류를 보아도 도무지 알 수가 없다. 완전 까막눈이다. 이 전무님은 건설회사 베테랑이니 척척 짚어내 기록하고 부풀린 견적이라든지 하는 내용을 상세히 법무사님께 알려준다.

다음 날, 신고하지 않은 유치권자와 통화하고, 오후 2시에 현장에서 만나기로 했다. 유치권자에게 꼭 물어야 할 내용을 간단하게 메모하고 어떤 식으로 핵심을 찌를까 고심했다. 현장으로 가는 택시 안에서 고뇌와 번뇌로 현기증이 일어났다. 눈에 갑작스럽게 별이 보이고 어지럽다. 택시기사가 말했다.

"손님? 온천극장 다 왔는데요. 어디 가십니까?"

"아, 저기 새 건물 앞에 세워주십시오."

"감사합니다."

건물에 들어서니 안면이 있어서인지 용역회사 직원들이 인사한다.

"저, 유치권 서 사장이라고 혹시 안 오셨나요?"

"어? 좀 전에 보이시던데. 아, 아까 손 전무님하고 나가시는 것 같던데요?"

"그래요? 내가 늦은 건 아닌데."

시계를 보니 2시 10분 전을 가리킨다.

"혹시나 보시면 저 앞 카페에 기다린다고 말씀 좀 전해주실래요?"

"알겠습니다."

2층 카페로 가서 들어서니 점심시간 후라 제법 손님이 많다. 구석 소파에 앉아 홀 내부를 훑어보는데, 칸막이 사이로 손 전무가 누군가와 귀엣말을 나눈다. 마침 비어 있는 뒷좌석으로 잽싸게 옮겨 둘의 이야기를 엿들을 수 있었다.

"손 전무, 효원 법률사무소 사무장과 통화했는데 이번에 꼭 들어가야 한다고 하더라고."

"그런데 보증금이 1억 8,000여만 원인데 어찌 융통은 되겠소?"

"손 전무, 나도 친구라 어쩔 수 없이 끌려들어 왔는데 나한테 돈 얘기는 하지 말라니깐. 내 뭔 돈이 있어?"

"서 사장, 잘만 되면 그냥 있겠소? 여하튼 잔금은 내가 신협과 얘기됐으니 걱정하지 말고."

"손 전무, 누구 앞으로 들어갈 거요? 믿을 만한 사람 있어?"

"응, 최대진이라고 서인건설 정 사장 처남인데 신용은 괜찮다는데 등급이 좀 낮다고 해."

"그래? 어느 신협이야?"

"서면 부전동에 있는 성의신협이라고."

"얼마나 해준대?"

"23억 원 정도."

"많이 나오네."

"아, 내 정신 좀 봐. 법무사 팀장하고 만나기로 했는데 15분이나 늦었네."

"왜? 유치권 우리 해놓은 것, 그거 물어본다나 뭐라나. 안 만날 수 없잖아?"

"쪼그만 꼰댄데 김 팀장이라나 뭐라나. 보통이 아니야."

"알아? 아는 사람이야?"

"몇 번 왔어, 여기. 내가 공갈은 좀 쳐 놨는데 먹혀들질 않아."

"그럼 좀 올려 써야겠네. 컨설팅한다면 높게 들어올 텐데."

"아냐, 최저가 깔고 가면 돼. 우리가 유치권 10억 원이 있는데? 허허"

"나가보자. 서 사장, 나 아는 체하지 마."

"이거 누굴 애 취급이야."

"천천히 가. 놈이 전화할 때까지. 흐흐"

'놈'이라니 기분이 아주 나빴다. 두고 보자. 걸리기만 해봐라. 이 모든 것을 녹음했다. 더 이상 알아볼 것도 없이 건물을 거저먹으려고 한 것이다. 벌떡 일어나 다리를 장애인처럼 절뚝거리며 카운터로 가 계산하고 밖으로 나왔다. 하느님이 도운 것이다. 이게 꿈인가 싶었다. 웃옷을 벗고 뒤집어 안았다. 혹시 내 모습을 보았는지 몰라 윗옷을 벗고 티셔츠 바람으로 건물 앞에서 담배 한 대 피워 물고 서성이면서 유치권자에게 전화를 했다.

"저, 실례합니다. 혹시, 서 사장님 전화 아닌가요?"

"누구신데요? "

"네. 법무법인 창우입니다."

"아. 그래요? 신문을 보다 보니 제가 깜빡했습니다. 요 앞 2층 카페로 오면 돼요."

"예, 알겠습니다."

올라가니 벌써 손 전무는 어디로 빠지고 북적이던 손님들도 거의 없다.

"여기요? 손님 중에 서 사장님 계십니까?"

저쪽에서 비스듬히 앉아 구겨진 신문을 보다 말고 손을 번쩍 든다. 가까이 가보니 키 180㎝ 정도에 뱁새 눈이다. 그리 썩 호감이 가는 인상은 아니다.

"저, 실례합니다. 창우에서 나온 김 팀장이라 합니다. 처음 뵙겠습니다."

명함을 내밀었다. 서 사장은 마지못해 지갑에서 명함 한 장을 꺼내면서 말한다.

"앉으쇼." 눈길도 안 준다. 싸가지가 없다.

"앞에서 30분 정도 기다렸습니다."

"어제부터 전화가 자꾸 오고, (주)토익 손 전무라는 분이 전화가 와 내키진 않지만 내 만나기로 했소. 용건은 뭐요?"

"네, 그러셨군요. 단도직입적으로 말씀드려도 될까요?"

"말해보슈. 뭔데요?"

"유치권을 법원에 신고도 안 하시고 얼마나 공사대금을 못 받으셨으며, 그 근거 서류와 공사 내역서를 좀 보았으면 해서 왔습니다만."

"이 양반 보자 보자 하니까 아주 싸가지가 없네. 내가 왜 당신한테 보고해야 하는데, 당신이 지금 낙찰자도 아니잖아. 낙찰받고 와. 알았어?"

"말씀이 좀 지나치십니다. 제가 혹시 낙찰받는다면 당신 미불 공사대금을 갚을 사람인데 반말에다 욕설까지 좀 지나친 것 아니신지? 나이로 봐도 한참 아래인 거 같은데. 응?"

"어쭈? 허, 누굴 훈육하러 왔나. ××, 재수 없으려니까. 뭐야, 이게 진짜 죽으려고 환장했나?"

나도 한계에 다다라 맞섰다.

"근데 이 ××놈이 양반집 머슴살이도 안 해봤나. 입이 개차반
이네. 응!"

서 사장은 벌떡 일어나더니 내 왼쪽 뺨을 향해 주먹을 사정없이
날렸다. 키가 작으니 이럴 땐 아주 유리하다. 살짝 앉으면서 사정
없이 급소를 짧고 강하게 끊어 찼다. 이런 덩치 큰 놈은 한방으로
마무리하지 않으면 안 된다는 것이 어릴 적 보육원에서부터 다져
온 나의 지론이고 경험이다. 급소를 맞으면 고통은 심해도 죽지는
않는다. 한 방 맞더니 이내 무릎을 꿇는다. 카페주인과 종업원, 손
님들이 에워싸고 말린다. 그 순간이다.

"허! 놔둬, 놔!"

고통으로 차마 말을 잇지 못한다. 커피잔으로 내 머리를 후려치
니 내 머리에도 피가 낭자하다. 난 이러면 어릴 때부터 신이 나는
놈이다. 옆 좌석 맥주병을 내 머리에 후려쳐 깨고, 깨진 유리병으
로 그놈의 등을 찍으려 하는 순간 누가 내 팔을 부여잡는다. 손님
들과 종업원들이 깨진 병 주둥이를 잡은 내 손아귀를 여럿이 합동
으로 빼앗았다.

"참으소, 참으소."

애원하듯 한다. 한참이 흘렀을까? 경찰이 왔다. 언제 왔는지도
모르겠다. 경찰이 말한다.

"나이깨나 잡수신 분들이 애들도 아니고 이게 뭡니까? 두 분 다
주민등록증 내보소."

지갑에서 주민등록증을 꺼내 주었다.

"신고한 분이 누굽니까?"

"종업원이 신고했습니다."

한참 시간이 흐른 후였다.

"두 분 여기서 악수하시고 합의하지 않으면 경찰서로 가야 합니다. 어쩌실 겁이니까?"

"…."

"…."

종업원이 물수건으로 머리를 닦아주었고 지혈을 했다. 머리가 욱신욱신 쑤시고 통증이 밀려온다. 찬 수건을 머리에 대고 열을 식히고 있었다. 서로 마주 보고 의자에 앉아 내가 말했다.

"야, 씨벌놈아, 우짤래 같이 갈까? 우짜꼬? 으잉?"

조금 있더니 말한다.

"마, 그만둡시다."

"그래?"

일어나며 사정없이 귀퉁배기를 올렸다.

"와? 억울해? 그럼 같이 가든가. 억울하면 니 하자는 대로 해줄게."

한참 침묵이 흘렀다. 내가 나이가 많다 보니 많이 참는 거 같다. 힘으로야 젊은이를 당할 수 있겠나.

"죄송합니다. 제가 경솔했습니다. 그만두십시다."

"좋다, 그만하자. 잘잘못은 반반이다. 그런데 원인 제공은 니다! 알겠나?"

유치권자 만나서 금액이나 공사내역 조사한다는 게 애들처럼 싸움질만 했다. 이때 내 나이가 57세였다. 둘이 악수하고 술을 시켜 한잔하면서 서로 사과하고 헤어졌다.

　사무실로 돌아오니 법무사님 두 분이 묻는다.

　"오른쪽 머리가 부었네? 도대체 무슨 일이야?"

　아무것도 아니라며 묻지 마시고, 내일 말하겠다고 해도 계속 추궁한다. 어쩔 수 없이 녹음기를 틀었다.

　"이게 뭐야! 짜고 치는 고스톱 아냐?"

　"아니, 이걸 어떻게 담았어? 특종이잖아."

　아주 만족하고 경매의 달인이라며 놀란다. 그저 우연한 일이었고 행운이었다는 자초지종을 모두 말했다.

　"김 팀장, 이제는 만날 일도 알아볼 일도 없어. 신고된 거 복사다 해왔겠다, 다른 유치권자 만날 필요도 없어. 어이, 이 실장, 모든 준비는 끝났다고 박 사장한테 보증금 갖고 사무실로 오라고 하지. 내일 오전까지."

　나는 최종적으로 가등기권자인 P은행 유 과장한테 전화했다.

　"유 과장, 어찌 돼가는가?"

　"예, 윗선 재가가 나왔으니 낙찰만 받아오십시오."

　퇴근 후 집에 와서 머리를 감으니 다시 피가 터져 얼굴로 타고 내린다. 아내가 놀라 묻는다.

　"여보, 왜 이래. 응? 싸웠어?"

　"아냐, 내 나이에 무슨 싸움, 오다 넘어졌어. 괜찮아."

　아내가 연고를 가져와 발라준다.

"이상하네. 넘어졌는데 왜 머리 위가 두 군데나 찢어졌어?"

"많이 찢어졌어?"

"한쪽은 1.5*cm* 오른쪽은 3*cm* 정도 찢어졌어요. 안 되겠어요. 지혈이 안 돼. 병원에 가서 꿰매야겠어요."

피가 또 계속 흘러 지혈이 잘 안 되어 결국 병원에 가 두 군데 여섯 바늘을 꿰맸다. 집에 와서 누워 천장을 바라보니 보육원에 있을 때 생각이 난다. 초등학교 6학년 때 중학교 2학년과 싸움을 해 얼마나 맞았던지 눈이 부어 학교에 가지 못했던 기억이 난다. 얼굴 붓기가 사라질 무렵부터 계속 그놈 집에 찾아가 싸움하고 버티며 한 달 정도를 싸웠다. 결국은 졌다며 내게 빌었던 그놈이 어떻게 사는지 문득 궁금해졌다. 어릴 적 나는 덩치가 작고 힘이 없어 많이도 맞았다. 내 편을 들어줄 사람은 이 세상 아무도 없었다. 그 모든 것이 나를 강하게 만든 게 아닌가 싶다.

다음 날 10시경 사무실에 출근하니 박 사장님이 와 있었다.

"내일이 드디어 입찰 날입니다. 잘 돼야 할 텐데."

박 사장님은 결연한 의지를 보였다. 하루종일 입찰가를 법무사 두 분과 상의하고, 입찰서를 작성을 마쳤다.

다음 날, 드디어 결전의 순간이 다가왔다. 법무사님은 24억 원을 쓰자고 했고, 박 사장님은 23억 원을 고집했다. 나에게 얼마나 쓸 생각이냐고 묻기에 대답하지 않고 웃어넘겼다.

"김 팀장, 시간 다 됐어. 10시 30분이야. 지금 가야 해."

박 사장님과 빠른 발걸음으로 본관 2층으로 들어섰다. 인산인해다. 그때만 해도 IMF 이후 조금씩 오르다가 정체 상태였다. 그러나 상승세 압력이 여전히 있을 때였다. 입찰서를 다 써온 터라 그냥 접수만 하면 된다. 박 사장님이 입찰서를 집행관에게 접수하고 뭐가 좋은지 입이 귀에 걸렸다. 뭐가 그렇게 기분 좋으시냐 물었더니 접수번호가 77번이란다.

"7땡이야. 행운의 번호가 두 개 77이야."

접수 마감 시간에 넣었더니 금방 개찰에 들어간다. 직원들의 손놀림이 바빠지고 장내의 열기는 후끈 달아올라 있었다. 2006년이었지만 2004년 사건이라 두 번째로 사건번호가 빨랐다.

"2004타경4656*사건을 개찰하겠습니다. 박영○ 씨, 23억 1,400만 원. 최대○ 씨, 23억 3,800만 원. 최대○ 씨가 23억 3,800만 원으로 최고가매수신고인이 되었습니다."

휴, 할 말이 없었다. 법무사님 말씀대로 썼더라면… 2,400만 원 차이다. 보증금을 찾아 사무실로 향했다. 다리에 힘도 없고 맥이 없었다. 사무실에서 계속 전화가 온다. 받기가 미안해서 받지 않았다. 너무나 안타깝고 아쉬운 하루였다.

한동안 멍하게 보냈다. 나는 다가구주택을 의뢰받았고, 다시 나의 본연의 일을 열심히 할 수밖에 없었다. 이 사건은 임장하고 낙찰받은 김 대리 손님의 물건이었다. 대지는 65평이고, 1974년도에 지은 건물이라 무척 허름하고 형편없는 2층 슬래브 건물인 다가구주택이다. 위치는 남구 대연동 경성대와 수산대(구) 건너편에 있고,

서쪽으로 소로2류에 접해 있었다. 근처에는 유엔공원이 지척에 있으며, 동명대가 그 근처에 있어서 임대 수요는 상당히 좋은 위치다.

김 대리를 데리고 현장을 한번 둘러보고 김 대리의 설명을 들은 뒤 이번 물건 명도는 직접 해보라고 시켰다. 그랬더니 두 손을 흔들며 말한다.

"팀장님, 아파트 같으면 한 가구가 사니 별문제가 없지만, 다가구주택은 말 그대로 많은 가구가 살고 있는데요."

"마찬가지지, 뭐."

"주인은 야반도주했는지 1년이 넘도록 오지 않는답니다. 그리고 세 가구 중 두 가구는 거의 배당받고, 한 가구는 전세 5,000만 원이라 최우선변제는 해당 안 되고. 우선변제권도 있으나 순위가 늦어 말소기준권리인 근저당 채권자 은행에서도 전액배당을 못 받아가는 처지라 한 푼도 배당이 없습니다."

"그래? 쉽지 않겠는걸. 소유자와 임차인 한 가구가 문제네. 흠, 골치 아프겠는걸. 명도비가 얼마나 책정되어 있나?"

"저, 350만 원인데요?"

"뭐, 350만 원? 법무사님께 말씀드려. 의뢰인 만나시거든 최하 150~200만 원을 더 써야 한다고."

"그럼 500~550만 원이란 말씀입니까?"

"그래, 그것도 장담 못 해."

"뭐, 그렇게나 많이 듭니까?"

"생각해봐. 주인(소유자)집 강제집행비용 250만 원 이상. 배당 못 받는 세입자 300만 원, 이상이야."

"의뢰인이 더 내어 놀까요?"

"안 된다면 설득해야지. 정 안 되면 난 손 뗀다."

"팀장님!"

"그리고 잔금 치렀나?"

"예."

"인도명령 신청은?"

"신청했습니다."

"어떻게 돼가나?"

"아직 배당기일이 보름이나 남아 있어 아직 인용 안 되었습니다."

"그래? 그럼 여기 뭣 하러 오자 했는데."

"세입자도 만나 보고 소유자도 혹시 왔는가 해서."

"가자, 만나 봐야 속만 긁는 거지."

그리고 김 대리한테 설명해주었다.

"그 건물 내에 제일 깡다구 세고 큰소리치는 놈 먼저 들어내면 (강제집행) 다른 사람들은 그냥 나가게 돼 있어. 이런 건 강제집행하면 불상사가 나게 되어 있다고. 그러니 어떻게 하든 합의를 봐야 해. 생각해봐. 보증금 한 푼도 못 받고 쫓겨나는데, 순순히 돈 몇 푼 받고 나가겠어? 최후의 발악(?)을 할 걸세. 그때 당근을 입에 물려줘야지. 아니면 최악에는 재갈을 물려야 해."

다가구주택 명도

사무실에 와서 법무사님께 자초지종을 설명하고, 명도비용 550만 원을 맞추어 달라고 말했다. 며칠 후 완강히 거부하던 의뢰인을 설득해 550만 원을 받기로 하고 명도 작업에 들어갔다. 역시 소유자(채무자)는 송달이 안 되어 주소보정명령이 내려왔다. 2, 3일 후면 배당일인데 임차인 세 명은 인용되어 송달되었으니 별걱정은 없다.

김 대리한테 은행에서 현금 만 원짜리로 550만 원을 찾아오라 시키고, 내 가방 속에 넣어 놓으라 했다.

일단 한 푼도 못 받고 나가는 세입자에게 전화 통화를 시도했다.

"뚜뚜."

전화를 받지 않는다. 김 대리가 사무실에 온 후, 한 시간 만에 통화를 할 수 있었다.

"안녕하십니까? 창우법무사 김 팀장입니다. 오늘 저녁이라도 만나서 명도에 대해 협의하고자 해서요."

"배당기일통지서는 받았는데 배당받은 후 만납시다."

배당이 한 푼도 없는데 이분은 당연히 배당을 어느 정도 받는 줄 아는 모양이다. 이럴 땐 어떻게 이야기해야 할지 난감할 때가 많다. 어떻게 설득을 할지 고민했다.

"이성렬 씨, 배당기일이 3일 정도 남았는데 한번 법원 경매계에 가보시지요. 가면 배당이 얼마 되는지 아마 배당표가 나와 있을 것입니다. 내일이라도 가보시지요?"

아, 난감하다. 매번 당하는 일이지만 명도는 똑같은 게 한 건도 없고, 사연도 가지가지다. 이럴 땐 배당기일이 지나 다 알고 난 후 분이 사그라지고 지쳐서 풀이 죽을 때, 모든 것을 체념할 때쯤 찾아가는 것이 협상이 좀 수월해진다. 배당기일 날 오후 4시경, 배당 받는 세입자가 찾아왔다.

"저, 명도확인서랑 인감증명서를 법원에서 가져오라는데요."

"아, 그래요? 명도확인서는 집을 비워주었다는, 즉 이사했다는 확인서입니다. 지금 사장님은 이사를 안 하셨으니 이사 후 저희가 확인한 후 열쇠를 넘겨받아야 드릴 수가 있습니다."

"그럼, 이사비는요?"

"배당받고 나가시는데 저희가 무슨 이사비를 드립니까?"

항상 겪는 것이지만 이럴 때 참 답답하고 난감하다. 배당을 한 푼도 못 받는 세입자도 계신다며 한 시간 이상을 설득하고 돌려보낼 수 있었다. 이럴 때 옛날 내가 당했던 생각에 가슴이 아파온다. 배당받지 못하는 세입자는 전화도 없다. 며칠 지난 후 전화를 했다.

"여보세요? 안녕하세요. 법무사입니다. 어떻게 되셨나요?"

"다 죽이고, 죽어버리겠다! 내 돈이 어떤 돈인데. 돈 받기 전엔 이 집에서 한 발자국 못 뗀다!"

이성을 잃을 정도로 술에 취해 대화 자체를 이어 갈 수 없는 지경이다. 며칠 후 소주를 3병 사 들고 통닭을 한 마리 사고 저녁 9시쯤에 방문했다. 조금 진정이 됐는지 들어오라고 한다. 방에는 철없는 초등학교 5학년, 2학년 두 자녀가 있고, 아내는 삶에 찌든 표정이 역력했다. 죄인이 된 기분으로 말문을 열었다.

"힘드시지요. 죄송합니다. 저도 어려움을 당했던 사람이고 지금도 아이러니하게 먹고살기 위해 이 짓을 하지만 안타까움을 금할 길 없습니다."

그의 살아온 내력과 나의 처절했던 과거사 이야기로 시간 가는 줄 모르고 12시를 넘겼다. 어차피 사장님은 이 집을 비워줘야 하고, 우리는 이 집을 샀으니 들어와야 한다는 현실을 부인할 순 없다는 걸 인식시켰다. 서로 좋은 방향으로 해결하자고 했으나 그렇게 쉽게 결론이 나지 않았다.

그렇게 한 달이 흘러가고 있었다. 마냥 그냥 두고만 있을 수는 없다는 사무실 이야기는 강제집행하자는 것이었다. 내가 꼭 해결하겠다고 다짐했으나 법무사님과 의뢰인을 설득시키는 데 더욱 힘이 들어 지쳐 있었다.

법무사님은 말했다.

"강제집행하면 250만 원 정도면 될 거고 시간도 빠를 건데 왜 고집을 피우냐고!"

아이들 때문이다. 아이들한테는 나쁜 상처가 얼마나 독이 되는지 겪어본 나이기에 지금도 강제집행은 반대다. 결국은 몇 번을 찾아가 설득 끝에 2,000만 원 달라고 하는 것을 500만 원으로 합의하고 집을 얻는 데도 협조를 해주기로 했다. 부부는 모두 직장을 나가기 때문에 집을 얻을 시간이 일요일밖에 없었다. 아이들 학교 문제로 그 주위가 아니면 이사하기가 힘든 상황이라 김 대리와 같이 주위 월세방 두 칸짜리를 알아봤다. 더운 날씨에 비지땀을 흘리며 좀 꼭대기지만 이틀 만에 구할 수 있었다. 500만 원에 월 25만 원 일반주택 1층이었다. 그 후 이사했고 배당받는 세입자들도 우여곡절 끝에 이사비 없이 내보냈다.

마지막으로 소유자인데 야반도주 상태라 송달이 될 리도 없고 강제집행비용도 배당 없는 세입자에게 다 주고 나니 돈이라고는 50만 원밖에 없으니 대책이 없었다. 추 주임을 시켜 국제시장 비닐 집에 가서 180폭 두꺼운 비닐을 10m 사오라 이르고, 이삿짐센터 직원 두 명을 불러 옥상으로 짐을 옮기라 했다. 바닥에서 50*cm* 정도 높여야 하니까 시멘트 블록을 20장 사서 세우고 합판을 깔고 비닐 사 온 것을 4m 잘라 바닥에 깔았다. 그 위에 장롱을 갖다 놓고 그 안에 짐을 차곡차곡 쌓으니 많은 짐이 들어간다. 거의 다 넣고 또 비닐로 위를 덮어 포장하고 마지막으로 천으로 다시 덮고 마무리하고 끈으로 촘촘하게 얽어맸다. 이삿짐센터 인부들 노임을 주고, 짜장면으로 허기진 배를 채우니 힘이 쭉 빠진다.

모든 명도를 마친 후 의뢰인에게 인계했다. 옥상의 짐은 우리가 책임진다고 각서까지 썼다. 2개월 후 주인이 찾아와 시비는 좀 있었지만, 그 짐을 모두 버리기로 하고 결국 마무리 지었다.

그 후 이 집을 철거하고 5층짜리 원룸을 지어 상당한 시세차익을 보았다는 이야기를 들었다. 주위에 대학이 세 개나 있고 당시만 해도 주로 빌라를 많이 건축했는데, 이분은 건축업자라 부동산에 선견지명이 있는 분이었다. 그 후에도 이분의 부탁으로 터만 65평 이상이면 낡은 주택이라도 매입하겠다고 의뢰를 받아 몇 건 더한 기억이 난다.

한여름은 의뢰 물건도 별로 없어 좀 한가한 편이었다. 친구가 하는 부동산 사무실에서 에어컨 틀어 놓고 바둑을 두고 있는데 사무실에서 긴급 호출이 왔다. 경숙 씨였다.

"팀장님! 법무사님, 대장님이 부르십니다. 빨리 오세요."

사무실에는 법무사님 두 분과 실장밖엔 없었다. 법무사님이 벌떡 일어나더니 박장대소하면서 말한다.

"김 팀장, 온천장 그 물건 경매에 다시 떴어."

나는 그 물건을 잊고 있었다.

"미납이네. 무슨 일인지 모르겠네."

대충 짐작이 간다. 대출에 제동이 걸린 것이다.

"법무사님, 어떻게 하시려고요."

"뭐, 박 사장한테 연락해보고 다시 시작해야지."

다음 날 법무사님이 펄쩍 뛰면서 말한다.

"이번엔 꼭 받아야 하네. 저번엔 나 때문에… 이번엔 입도 뻥끗 안 하겠네."

"자책하지 마십시오. 부동산은 임자가 따로 있습니다. 억지로 안 됩니다. 그래서 어떤 분은 운 7, 기 3이라고 하지요. 보름 정도밖에 안 남았는데 준비는 되겠습니까?"

"돈 걱정은 말게. 박 사장은 시간하고 돈밖엔 없잖아. 허허!"

다음 날부터 새로 시작하는 마음으로 저번 서류를 검토하고, 녹취해놓은 것을 다시 들어보고, 법리적인 판단과 여러 가지를 검토하기 시작했다. 법무사의 사활이 걸린 사건이라 모두 휴가를 반납하고 혼연일체로 움직였다. 벌써 8월 26일, 결전의 시간은 3일밖엔 없다.

"모두 식사하러 갑시다. 늦으시는 것 같으니."

막 일어서려는 찰나, 박 사장님이 낯선 사람과 함께 들어온다.

"아이고, 죄송합니다. 이 친구가 약속을 안 지켜 코리안 타임이 됐어요."

"아, 죄송합니다. 최영호라고 합니다. 처음 뵙겠습니다."

최 사장님은 사채업을 하는 부산의 큰손이라고 한다. 당장 담보만 제공한다면 50억 원은 3일 안에 동원할 수 있고, 이자는 월 1할이란다. 박 사장님도 여유 자금을 최 사장님에게 주고 돈을 굴리는 눈치였다.

"자, 갑시다. 포항집이라고 시장 안에 허름한 집이지만 음식 맛은 끝내주니 그리로 갑시다."

최 사장님 차, 링컨 콘티넨털을 타고 온천장 포항집으로 갔다. 박 사장님이 오늘은 벌밥을 사겠다고 한다. 벌밥? 처음 듣는 말이다. 고개를 갸우뚱하니 벌주나 벌밥이나 같다고 하며 포항 물회를 시킨다. 식사가 끝나고 법무사 두 분과 그 물건에 관한 대화가 이어진다.

"법률적 판단은 우리 팀장과 이야기했지만, 허위 유치권은 아닙니다. 서인건설의 10억 원 유치권은 아직 조사 중이나 거의 90% 가짜입니다. 왜냐하면, 처음 (주)토익에서 공사를 맡긴 곳은 덕경종합건설입니다. 덕경의 공사대금은 거의 지불하고, 3억 원을 토지에 근저당해주었기 때문에 유치권은 주장할 수가 없습니다. 당시 하청받은 업체는 철골업자 석(石)건설자재회사(정강호 씨), 실내 인테리어업자 도하테크(주) 이분들은 덕경 종합건설과 도급계약을 했으나 나머지 공사 잔금을 받지 못한 것으로 전부 6억 원 정도입니다. 그리고 부연설명은 우리 김 팀장이 하실 것이니 들어보시지요."

"김 팀장, 말씀드리게."

"예! 제가 검토한 결과 그분들은 100% 완공 시 결제라는 것입니다. 어차피 마무리 공사를 해야 하니 협의해 공사를 맡기고, 잔금 완납하기로 하면 서로 좋은 것으로 생각합니다. 하지만 낙찰 후 협의 과정에서 결론을 낼 일이라 지금은 결정한다고 되는 것도 아니잖습니까? 문제는 서인건설의 유치권인데요. 아무리 허위라 할지라도 입증은 주장하는 쪽에 있으니 제가 내일 주례 교도소를 방문해 소유자를 만나 알아보도록 하겠습니다. 그리고 허위라는 입증은 우리에게 있으니 현장조사(현장방문)를 하는 게 아닙니까? 허위라는 것, 유치권을 걸어놓고 저가에 낙찰받으려는 음흉한 뒷거래를 모두 녹취했으니, 최종적 히든카드로 제출한다면 승산은 우리에게 있을 것입니다. 그러나 어차피 협상이니 제가 최선을 다 해보겠습니다."

이어서 법무사님이 말했다.

"아마 짜고 치는 고스톱이라 쉽지 않을 것입니다. 손 전무라는 사람이 소유자와 처남매제지간이라는 말을 들었으나 쉽게 호락호락 잘 안 된다 보면 맞고요. 그러니 낙찰 후 서인과는 소송으로 가서 밝혀야지 싶습니다."

"어차피 소송은 피할 순 없다고 봅니다."

두 시간 이상의 대화가 오가며 거의 정리가 되었다. 과연 입찰가를 얼마 쓸 것인가가 문제다. 경매하면 초보나 고수나 밤낮없이 고민하는 것이 입찰가가 아닌가? 2등과의 차이는 사실상 경험으로 보면 초보 때는 좀 많이 차이가 나면 불안하다. 그러나 경험이 쌓이면 좀 무뎌지는 것이고, 별 의미가 없다는 걸 알게 될 것이다. 어차피 낙찰되지 않으면 손해 보고, 수익이 나고 하는 일은 없는 것이다. 부동산의 감정은 현재의 가치를 판단, 감정하는 것이고 진정한 경매인은 감정을 미래까지 하는 것이다. 따라서 미래가치를 얼마를 쓰느냐의 차이가 2등과의 차이임을 100회 이상의 낙찰 후에야 얻는 값진 경험이라 감히 말씀드릴 수가 있다. 듣고 있던 박 사장님이 말했다.

"그럼 얼마를 쓰면 좋겠습니까? 저번엔 제가 우기는 바람에 떨어졌으니 이번에는 법무사님이나 팀장님에게 맡기지요."

법무사님이 생각을 많이 했는지 두 분이 동시에 말한다.

"저번 낙찰가격으로 갑시다. 23억 4,000만 원으로 어떻습니까?"

침묵이 흐르고 잠시 후 박 사장님이 내게 물어본다.

"박 사장님, 저를 믿으십니까?"

"…."

말씀이 없다.

"…."

한참을 생각하더니 말한다.

"저번에 입찰장에서 떨어지고 나오면서 말했지요? 김 팀장, 많이 입찰한 분이 낫습니다. 고기도 먹어본 놈이 많이 먹지."

"김 팀장, 말해보게. 자네 판단은 어떤가?" 법무사님이 내게 물어본다.

"예. 말씀드리지요. 최저가입니다."

"최저가? 이 사람이 또 망칠 일이 있나?"

한참 있다가 박 사장님이 말한다.

"음, 최저가라? 김 팀장이 저번에 경매 법정을 나오면서 말하는 걸 들었네. 운 7, 기 3이라고 부동산은 운이 있어야 한다고 해지 않았는가? 좋네. 자네에게 맡길 테니 잘 해보게. 설명이나 들어보세."

"이 부동산을 취득하려면 각종 부대비용(유치권 합의금, 공사비, 보존등기비, 각종 인허가, 소송비 등)이 수억 원이 들어갑니다. 그걸 생각 안 할 수가 없지 않습니까? 그리고 먼젓번에 낙찰받고 1억 8,000여만 원 보증금 포기를 할 땐 대출 때문이라고 생각합니다. 약속대로 대출이 실행됐다면 아마 이 물건은 정말 물 건너갔겠지요. 미납 후 성의신협에 찾아갔습니다. 사실 이야기하고 물어봤더니 14~15억 원 정도 대출해준다고 했답니다. 낙찰자의 신용등급이 낮았던 모양입니다. 제가 다 조사하고 알아봤습니다. 그러니 잔대금 맞추려면 그 사람들은 12억 원 정도가 더 있어야 하니까 그 돈을 백방으로 알아봐도 구하기 힘들었겠지요. 그래서 미납된 것입니다. 제 생각엔 그분들도 좀 맹한 데가 있었다 봅니다만."

"맹하다니?"

"이런 말씀은 이야기하기가 그렇습니다만 신협 조합장(행장)이나 과장에게 한 장을 던졌더라면 23억 원 해줬을 겁니다. 세상은 혼자 돈 벌어 챙기면 그것으로 끝입니다. 박 사장님도 만약 수수료만 준다면 전 이 일 안 합니다. 그건 그렇고, 왜 최저가에 들어가야 하느냐 물으신다면? 누가 보더라도 이 유치권이 진성이니 8억 원 정도 보고, 마무리 공사 5억 원, 사용승인, 소유권 이전비 1억 원 해서 15억 원을 예산해야 들어옵니다. 그럼 총 38억 몇천이 되는데 들어오겠습니까? 안 들어옵니다. 조금 보태서 중개업소에서 사지요."

나의 설명을 듣고 나더니 법무사님 두 분과 박 사장님이 고개를 끄덕이며 수긍한다. 같이 온 박 사장 친구분도 도와줄 테니 잘 해보라고 격려한다. 28일 날 3억 9,000여만 원(20% 보증금) 수표를 끊고 사무실에서 만나기로 하고 헤어져 사무실로 왔다.

"어이, 김 팀장, 왜 어렵게 가나? 우리 돈 쓰는 것도 아닌데, 만약 이번에 실패하면 자네와 내 인연은 여기서 끝이야."

완전 선전포고였다. 할 말이 없었다. 결과는 지나야 아는 것이 아닌가?

"죄송합니다. 그러나 제 판단은 변함이 없습니다."

"잘잘못을 논하는 게 아니잖아? 쉽게 갈 일을 왜 어렵게 끌고 가? 돈이 얼마인데. 에이!"

퇴근 후 단골 포장마차에 들러 소주와 안주를 시켜놓고 혼자서 홀짝홀짝 넘기니, 싸한 게 뱃속까지 전해진다. 8시가 되었는데도 아직 어둑어둑하다. 여름이라 해가 길긴 길다. 혼자서 한 병을 마시고 나니 취기가 오른다. 거슴츠레 눈이 깔리는 걸 느낄 수 있었다. 나이가 드니 주량도 반으로 줄고 더구나 아직 심하진 않지만, 당뇨도 있고 인생살이 고달프고 서글프다.

집에 도착하니 휑하니 썰렁하다. 캄캄한 밤인데 불도 안 켰고 집

사람은 고통을 호소하며 앓고 있었다.

암 수술 후 전이가 되어 두 번째 수술하고 항암 치료 후 집에서 투병생활한다. 측은하고 불쌍하기 그지없다. 사람이 왔는데도 죽은 송장이다.

"여보, 나왔어."

"오셨어요. 저녁 잡숴야지요?"

"아니야. 먹었어. 당신은?"

"기다리다 당신 늦는 거 같아 약 먹으려고 조금 먹었어요."

"그래. 잘했어. 몸은 좀 어때?"

"난 괜찮아요."

선풍기를 틀어주고 내 방으로 와서 컴퓨터를 켜고 다시 한 번 입찰가를 분석해본다. 최저가? 지난번 가격과 4억 원이 차이가 나는데 최저가에 2억(반값) 원 올릴까? 이 생각 저 생각에 뒤척거리다가 잠자리에 누우니 창 사이로 별빛이 영롱하다. 아련히 떠오르는 아버지와 어머니가 그립다. 속으로 어릴 때 불렀던 '생일 없는 소년'을 마음속으로 노래하며 잠이 들었다.

2006년 8월 28일, 말복이 지나 입추도 얼마 전 지나니 아침저녁으로 제법 선선하다. 세월의 무상함과 거슬릴 수 없는 자연의 이치에 인간은 그 자연 앞에 순응할 수밖에 없는 작은 돌에 불과하다.

아침 일찍 출근해보니 경숙 씨가 청소를 깨끗이 하고 있었다. 김 대리는 물건 검색하느라 정신이 없고, 차 주임은 화장실 청소를 하고 오는지 솔과 황산을 가지고 들어온다.

"모두 일찍 나왔네요? 오늘은 김 대리와 차 주임이 함께 움직여 근린상가 유치권을 철저히 조사해오도록 하고, 실장님은 오늘 박 사장님이 보증금 가지고 오실 테니 준비 철저히 하세요. 저녁에 붙일 광고 전단 작업하고 용역 아줌마 불러서 오후 5시 이후 붙이라고 하시고요."

대강 오늘의 업무를 지시하고 자리에 모두 앉아 모닝커피를 한 잔하고 있을 때, 두 분 법무사님이 들어온다.

"그래, 내일이 입찰인데, 생각은 해봤나?

한참 침묵이 흐르고 다시 한 번 나의 뜻을 묻는 것이다.

"법무사님, 대출도 안 되는 20억 원을 쉽게 구할 수도 없거니와 과연 입찰하려고 우리처럼 준비한 사람이 얼마나 있겠습니까? 그리고 잔금 포기한 미납물건 아닙니까? 몇억 원짜리면 모를까. 그러니 최저가에 들어가도 된다고 판단하는 것입니다. 만약 낙찰된다면, 우리가 수수료를 좀 더 생각해달라고 한다면 아마 흔쾌히 응할 거라 생각합니다."

"그렇게 말한다면, 지난번 가격 23억 원에 들어가면 지금 17억 원에 들어가는 거와 수수료 차이가 600~700만 원 차이가 나는데 뭐하러 더 달라고 사정하겠나? 사실상 불법이잖아. 더 달라 하면."

"저는 그렇게 생각합니다. 돈을 따지지 마시고 사람을 얻고 신뢰 속에서 그분을 알고 지낸다면 더 큰 덕이 있다고 생각합니다. 그리고 2억 원이면 우리 법무사 1년 수입에 버금갑니다. 너무 과욕하지 마시고요."

"…"

한참 침묵이 흐르고 신수영 법무사님이 들어온다. 우리 법무사는 법무법인이라 법무사님이 두 분이다. 양현수 법무사님은 경매와 소송을 맡고, 신수영 법무사님은 주로 이 사무장이란 분과 별도로 개인 파산, 회생을 주로 하고 가정법률 상담을 담당한다. 신 법무사님의 중재로 결국 입찰가 산정과 입찰은 내가 맡고, 법률적 처리는 양현수 법무사님이 전담하기로 했다.

오후 3시가 되어서야 박 사장님이 사무실에 왔다. 내게 자기앞 수표 한 장(358,850,000원)을 내밀며 잘 부탁한다고 호탕하게 웃음을 보인다.

드디어 다음 날, 결전의 날이 밝았다. 입찰서를 꼼꼼히 적고 입찰가액만 적지 않고 법원에 일찍(9시 45분) 도착해 커피를 두 잔 뽑아 박 사장님과 나누어 마시며 각오를 다짐한다. 처음 경매 입찰하는 것과 마찬가지로 떨리고 눈앞이 캄캄해진다.

법대에서는 경매 입찰 방법과 주의할 점이 멘트로 흘러나오고 있었다. 그리고 집행관의 부연설명과 입찰물건 중 취하, 변경, 유치권신고 물건을 고지하고 매각물건명세서를 책상 앞에 사건번호 순으로 나열해 놓았다. 설명이 끝나자 우르르 몰려나간다. 지금은 미리 인터넷으로 다들 보고 오지만 2006년만 해도 법원에서 또 확인하는 분들이 대부분이었다. 혹시나 다른 것이 접수되었나 싶어 나도 나가 사람들 뒤쪽에서 사건번호를 멀리서 확인하고 그 위에다 표시 나게 필통을 옮겨 놓았다. 멀리서 보며 몇 명이나 보는지 계속 체크했다. 입찰마감이 10분밖에 남지 않았는데 아무도 들춰

보는 사람이 없다. '단독이다'라고 마음먹고 입찰가 빈칸에 17억 9,430만 원으로 최저가에 10만 원만 올려 썼다. 그리고 박 사장님께 서류를 건넸다. 박 사장님은 포부도 당당하게 접수를 시키고 입찰표를 받아 나오며 내게 엄지손가락을 치켜세운다. 가슴이 쿵쾅거리고 숨이 멎을 듯한 불안감과 후회(더 높게 쓸 걸). 그러나 주사위는 던져졌다.

입찰이 마감되고 바싹바싹 타들어 가는 입술에 침을 바르며 박 사장님과 나는 법대를 주시했다. 입찰자가 많아서 시간이 꽤 오래 걸린다. 사건번호가 빨라 금방 부를 것 같은데 입찰자가 많은 사건부터 부르다 보니… 예나 지금이나 아파트는 거의 한 사건에 입찰자가 10~20명에 이른다. 드디어 사건번호가 불린다.

"다음 사건은 2004타경4656*호 채무자 ○○○, 소유자 ○○○, 채권자 ○○○. 임의경매 사건에 입찰하신 분 앞으로 나오세요."

박 사장님이 나가고 조금 있다가 또 한 분이 나온다. 어, 두 명? 아이고 또 떨어졌나 싶다. 최저가로 썼으니 결과를 볼 필요도 없다. 아, 하늘이 노랗다. 그런데 입찰봉투는 하나? 집행관이 두 분 다 수취증을 보자고 한다. 다른 분에게 묻는다.

"어디 입찰했습니까?"

"…"

말이 없다.

"이 사건은 2004타경4565*호 사건입니다. 번호는 헷갈리지만 이건 2005년 사건이니 조금 기다리세요."

아이고, 지옥 갔다 온 느낌이다. 후, 드디어 집행관이 말한다.

"2004타경4656*호 최고가 매수신고인은 17억 9,430만 원에 응찰하신 영도구에 사시는 박○○ 씨 단독입니다. 다음 사건은⋯."

그날따라 햇빛이 영롱하고 아름다워 보였다. 한낮이건만 바람이 불어오니 땀에 젖어 있던 셔츠가 오히려 춥도록 선선했다. 내 생에 이렇게 좋은 날은 처음인 것 같다. 박 사장님이 내 등을 쓰다듬으며 말한다.

"김 팀장 덕분에 5억 4,000만 원이나 벌었어. 역시 최고야! 부산 최고의 고수야, 하하하!"

경매 시작하고 고수 소리는 처음 들어 봤다. 순간 떠오르는 것이 역적과 충신! 성공하면 충신이요, 실패하면 역적인 것을. 만약 이번 사건에서 패찰했다면? 물론 목이 잘렸을 것이고 결국은 스스로 그만둬야 할 그런 사건이었다.

사무실에 도착하자 박 사장님의 친구도 기다리고 있었다. 두 분이 얼싸안고 펄펄 뛰며 좋아한다. 법무사 두 분뿐 아니라 우리 식구들 모두 난리였다.

"법무사님."

"김 팀장, 수고했어. 그리고 미안허이."

"자, 자, 자, 문 닫고 가자고. 그리 바쁜 거 없지? 하하하, 내가 근사하게 대접하지."

바쁜 일도 많지만, 우리 식구들은 가자는 대로 따라나설 수밖에 없었다. 도착한 곳은 해운대 바다가 보이는 파라다이스 호텔 한식당이었다. 수준의 차이인가, 난 불편하기만 하다. 이런 곳에 온 지 얼마 만인가? 기억도 새롭기만 하다. 난 국밥집 수육에 소주 한잔이 최고인데 반찬은 수십 가지에 산해진미는 다 있다. 그중 바닷가재는 상상을 초월하는 큰 사이즈였다. 맛이 죽여줬다. 너무 맛이 있어 아무도 모르게 몇 개를 가방에 쑤셔 넣었다. 창피하지만 집사람 주려고… 혼자는 목구멍에 걸려서 말이다.

식사가 끝나고 2차로 향했고, 밤늦은 시간에 집으로 돌아왔다. 바닷가재를 내놓고 아내에게 오늘 있었던 이야기를 했다. 오랜만에 즐겁게, 맛있게 먹는 집사람을 보니 눈시울이 뜨거워진다. 꼭 돈 벌어서 다시 한 번 내 돈으로 사줘야겠다고 다짐해본다.

다음 날 아침, 그렇게 발걸음이 가벼운 날은 처음이었다. 어김없이 다른 사건을 처리해야만 했지만 일이 손에 잡히지 않았다. 오후 퇴근 시간 무렵, 박 사장님과 친구 최 사장님과 같이 들어온다.

"여전히 바쁘시네. 김 팀장 어제 잘 들어갔습니까?"

"아, 예, 감사합니다."

인사를 나눈 뒤 경리실장을 불러 컨설팅비용을 내놓으며 세 보란다.

"2,700만 원입니다. 일단 컨설팅비는 컨설팅비고, 명도가 완료되면 큰 거 두 장 드린다 했으니 약속은 지킵니다."

"감사합니다. 최선을 다하겠습니다. 감사합니다."

그 후 박 사장님과 친구분, 법무사님 두 분은 박장대소하며 즐거운 말을 주고받는다. 퇴근 후 점검하기 위해 현장을 찾으니 용역직원과 손 전무는 사무실에서 담배를 물고 카드를 하고 있었다. 2층을 지나 8층까지 올라가는데 전깃불이 없어 몇 번 넘어지면서 한 층 한층 점검하고 2층에 내려왔다.

"안녕하십니까, 손 전무님. 그리고 여러분도 더운 날씨에 수고가 많으셨지요?"

"흠!" 긴 한숨을 뿜으며 내게 말을 건다.

"참, 인연이 더럽네. 당신이유? 우짤라고 받았수? 참, 골 때리네!"

"이봐요, 손 전무님! 오랜만에 만났으면 나중에 지지고 볶든 어쨌든 축하한단 말이라도 해야 하지 않나요? 그렇게 인정머리가 없어서야, 원."

"축하해요. 그런데 박영○이란 사람이 낙찰받았던데 뭐 하는 사람이요?"

"알아서 뭐 하게요? 부산에 큰 손이라고만 알고 있소만."

"그래? 하하하 돈 좀 제대로 받겠구먼, 말 좀 잘 전해주소. 축하한다고요."

이야기가 이렇게 흐르자 용역직원이 물었다.

"그라마, 우린 인자 안 나와도 되나요?"

"이것들이 미쳤나. 돈 안 받을 거야? 해결할 때까지 계속 나와라이."

더 이상 있을 필요도 없고, 5만 원을 던져주었다.

"이거 가지고 술 한잔하면서 집이나 잘 봐주슈. 난 가요."

여러 가지 상념에 잠겨 집에 돌아와 다시 책을 들고 유치권에 관해 공부한다. 유치권 판례를 다 뒤져보면서, 이 사건과 비슷한 내용이 나오면 복사를 해서 다시 한 번 보고 어떻게 적용할 것인가를 생각하며 새벽이 되어서야 잠을 청했다. 이때 유치권에 관한 공부를 많이 한 것 같다.

드디어 2006년 9월 5일, 대법원사이트에 접속해보니 드디어 매각허가결정이 떨어졌다. 일주일의 항고기간이 지나고 이틀 후 박 사장님에게 연락이 왔다. 지금 대금납부통지서를 등기로 받았단다. 며칠 전 부산은행 채권팀장인 유 과장을 만나 술 한잔하면서 금일봉을 넉넉히 쥐어줬다. 지상권말소 서류와 대출을 부탁해 부산은행(채권은행)에서 14억 원 대출을 약속받은 터라, 등기서류와 근저당 설정에 필요한 서류를 알려주고 준비해 사무실로 오라고 전했다.

하루라도 빨리 잔금 내고 명도를 시작해야 한다고 해서 9월 12일 박 사장님과 서면 은행에서 만나기로 약속했다. 채권최고액 16억 8,000만 원을 근저당 설정하고 14억 원을 대출했다. 이틀 후 드디어 명의이전 서류를 작성해 법원에 제출했다. 14일 촉탁등기를 신청하고, 박 사장님께 위임장과 인감증명을 첨부해 모든 법률적인 문제를 위임한다는 약정과 함께 공증증서를 받았다.

다음 날 아침, 제일 먼저 10억 원의 허위유치권으로 의심, 아니 거의 확실한 서인종합건설의 유치권부터 해결하자고 내부적으로 결론을 내렸다. 다음 날 서인건설의 유치권자인 정 사장과 통화 후 1차 면담을 저녁 5시에 약속을 잡고 얘기를 하기로 했다. 우리 사무실에선 서인건설의 유치권서류도 본 적이 없을뿐더러 아무것도 모르는 상황이라 더욱 막막했다. 법무사님과 고민 끝에 일단 만나서 서류를 받아보고 법무사의 사돈인 협성건설 이 전무님의 도움을 받기로 했다.

다음 날, 협성건설 이 전무님과 둘이서 동래호텔 커피숍에서 약속을 정하고 호텔로 갔다. 한쪽 구석에서 약방에 감초 같은 손 전무와 서인종합건설(주) 서 사장이 기다리고 있었다. 손 전무는 이 전무를 보더니 안부를 묻고 인사했다. 유치권자 서 사장은 나를 보더니 벌레 씹은 인상으로 비웃는 듯 째려보고 마지못해 말을 건다.

"참, 인연이 기요(길다). 먼젓번에 미안했소. 이자 이리 됐으니까 본론으로 야그합시다."

"덕분에 머리통에 훈장을 달았으니 기분 썩 좋은 건 아니요. 그럼 공사대금 서류나 좀 봅시다."

"내가 당신네한테 서류를 왜 보여줘야 하는기요? 낙찰자 안 왔잖소? 이쪽 이분이요?"

손 전무가 이 전무를 가리키며 말한다.

"이 친구는 동창인데 우연이 이 일 땜시 만났습니다."

나는 속으로 웃음을 참지 못해 피식 웃었다. 짜고 치는 고스톱에 친구끼리 말도 올리고 잘들 논다 싶었다.

"아, 이분은 낙찰자와 친인척 간이고, 이런 말 나올까 해서 위임장 가지고 왔으니 보시지요."

"위임장이라, 알았소. 유치권 관련 서류는 여기 있소."

"이 서류 우리가 가져가도 됩니까? 아니면 복사할까요?"

"가져가슈! 우리 회사에 또 있으니 보시고 잔대금 10억 원에서

1원도 빠지면 안 된다는 거 알지요?"

"알겠습니다. 사실이라면 드려야지요. 하지만 한 가지 물어보겠습니다. 제가 조사한 바에 의하면, 서인건설에서는 이 공사를 한 적이 없는 거로 알고 있습니다만?"

"(흠칫 놀라며) 나는 덕경종합건설(주)의 유치권을 양수받은 사람이란 말이오. 알겠소?"

"양수라, 양수라면 돈을 주고 샀단 말인가요?"

"산 게 아니고 덕경종합건설(주)에서 소유자 (주)토익의 동의에 정식으로 계약하고 인수해 공사했으며 그 잔대금이 10억 원이란 말이오. 아시겠소? 그 서류 안에 공사위임계약서랑 다 있으니 보시오."

"아, 그래요? 덕경종건 관계자를 만나 사실인가를 알아보고 판단한 다음 결론을 내리도록 하겠소."

더 이상 대화할 필요가 없었다. 서류를 검토하고 다시 조사한 다음 대응하기로 하고 사무실로 돌아왔다. 완전히 거짓말이란 것을 난 알고 있다. 녹음한 것도 있고, 다음에 만나기로 약속하고 헤어져 사무실로 왔다.

이후 사무실에 도착해 법무사님과 협의한 끝에 이 전무님이 손 전무와 동창생이고, 철강회사 정 사장이 손 전무와 동창생이라니까… 철강 정 사장이 설득해 서인건설에 공사 주체가 인수인계 되었다면 모든 내막을 알고 있을 것이다. 서인건설의 하청이 되었으니 결제도 서인건설에서 받았을 것이고, 그렇다면 세금계산서도 있을 것이고 또한 금전 거래내용도 밝혀질 수밖에 없지 않겠나? 결론을 내려 그 부분은 이 전무님께 의뢰하고, 나는 교도소 면회를 신청해 소유자(채무자)를 만나 보고 진의를 확인하기로 했다. 원 건설사인 덕경종합건설(주)의 사장님을 만나 공사 인수인계가 이루어진 내막을 확인 조사하기로 했다.

　나는 소유자(채무자) 집으로 전화를 걸었다. 잘 아는 지인인데 불행한 소식을 전해 듣고, 사모님 면회하실 때 같이 좀 가면 안 되겠냐고 했다. 그리고 사식과 용돈도 좀 넣어드리려 한다고 했더니, 흔쾌히 허락해 교도소 앞에서 만나기로 했다.

　거짓말을 하니 얼굴이 붉어지는 것을 느낄 수가 있었다. 하지만 어떡하든 해결은 해야 했다. 본의 아니게 경매를 하다 보면 거짓말을 많이 할 수밖에 없는 나 자신이 부끄러웠다. 그렇지만 어쩌랴, 교도소 앞에서 얼굴도 모르니 전화로 통화하면서 상대를 확인하고, 30만 원 영치하고 사식도 넣어드렸다. 드디어 면회 순번이 되어 만남이 이루어졌다. 사모님보고 먼저 이야기하시라 했다. 얼마 후, 사모님에게 자리 좀 피해달라고 양해를 구했다. 사장님은 의아한 눈으로 쳐다봤다.

　"처음 보는데 누구시지요?"

　"예, 미안합니다, 거짓말을 해서. 어차피 만나야 하지 않겠습니까?"

　"낙찰받은 분이 왜 날 만나야 하나요?"

　"예, 서인건설 유치권 때문에."

　"유치권이 왜요? 나와는 상관없습니다. 그분들과 만나 상의하세요. 더 이상 할 말 없으니 저는 들어가겠습니다. 교도관님, 면회 끝났습니다."

"저, 잠깐만요. 좋습니다. 그럼 손 전무님의 대화 내용이니 들어보고 들어가세요. 녹음해왔으니….."

만년필 녹음기를 들려주었다.

"이런, 개×끼들! 그러나 난 이 안에 있어서 잘 모르오."

듣고 난 후 순간적으로 순한 양으로 변한다.

"사장님, 이해는 갑니다만 허위유치권을 사주하시면 어떻게 되는지는 더 잘 아시지요."

내 명함을 들이밀어 넣었다.

"낙찰자가 아니라 법무삽니까?"

"아니요, 저는 경매 팀장입니다. 생각해보시지요. 며칠 후 면회하러 다시 오겠습니다."

첫 만남은 면회를 거절할 수 없게 했다는 것이 성공적이었다. 그리고 쓸쓸히 뒤돌아가는 그분을 보니, 측은한 마음에 안타까움을 금치 못했다. 나는 그 길로 원청회사인 덕경종합건설(주) 사장님과 통화 후 만나기로 약속하고 그 회사로 갔다.

뜨거웠던 열정처럼 무더운 여름도 추억의 뒤안길로 감춰진 지금. 이 글을 쓰면서 10년 전 자료를 검색하니, 그때 힘들었던 일과 마음 아파했던 상황, 화났던 기억이 선연히 떠오른다. 그때 카페에 올렸던 자료가 없었다면… 아마 지금 이 글을 쓸 수 없었을 것이다.

협상 과정의 다툼과 수사과 형사처럼 뒷조사하고, 증거를 확보해 상대를 꼼짝 못 하게 만들어 내가 원하는 방향으로 협상을 이끌어가는 과정이 유치권과 가장임차인 문제에서는 필요하다. 단, 중요한 것은 용기와 배짱이 있어야 한다. 용기와 배짱은 처절함 없이는 사실상 힘든 부분이긴 하지만, 답답하지 않으면 일찍 포기해버린다.

　진정 꼭 여러분께 말씀드리고 싶은 것은 특수물건만 돈을 더 벌 수 있다는 것은 아니라는 점이다. 특수물건은 저렴하게 낙찰받고, 치열한 경쟁을 피할 수 있다는 것 외엔 특별한 수익은 따지고 보면 그다지 없다. 쉽게 말씀드려 특수물건이 돈 되는 것도 많이 있지만, 그 한 건으로 경매계를 떠날 수도 있다. 자기 분수에 맞게 쉬운 것부터 접근해 자기의 전문분야를 만드신다면 꼭 당신은 진정한 고수의 경지에 이르실 것이다.

　이 사건의 해결 과정은 협상과 소송으로 끝이 나지만 그때 상황을 리얼리티하게 전하려면 앞으로도 몇십 페이지를 더 써야 할지 모른다. 필자가 간단하게 해결 과정을 설명해드리고 다른 사건 또는 명도 과정을 하나라도 짧은 지면에 소개할까 한다. 그렇게 하면 많은 간접 경험을 얻을 수 있지 않을까?

　교도소를 나와 덕경종건(주)의 사무실로 차를 몰았다. 중견 건설 업체치곤 상당히 큰 회사이고, 건물도 아주 깨끗하다. 2층 사무실에 들어가니 아주 바쁘게 움직이고 있었다. 아가씨의 안내를 받아 3층 사장 접견실로 올라가 소파에 앉으니 차를 두 잔 내온다. 그리고 대표이사라는 분과 비서인지 젊은 분(총무과장이라 함)이 같이 왔다. 나이는 50대 후반으로 머리칼은 희끗희끗 하지만 오히려 매력적으로 보인다.

"처음 뵙겠습니다. 법무법인 창우 경매 팀장 김광석이라고 합니다."

"아, 그렇습니까? 저는 덕경종건 대표이사 한○○라 합니다. 이야기는 들어 알고 있습니다만, 제게 도움을 달라 하심은?"

"예, (주)덕경은 처음부터 이 건물공사를 수주하셨고 근저당권자이시라, 공사도급 내역과 설계도면을 받을까 해서 왔습니다. 어려우시겠지만, 도와주시면 안 될까요?"

"음, 무슨 말씀인지는 잘 알겠으나 저희가 드릴 이유도 없고, 채무자 (주)토익과의 협의 없이는 드릴 수가 없습니다."

단호하게 한마디로 거절한다. 물론 쉽게 내주지 않을 것이란 짐작은 했으나 역시나였다.

"더 이상 제게 할 말씀이 없으시면 바빠서 이만 실례해야겠습니다."

바로 발을 빼려 하고 있다.

"아, 잠깐만요? 그럼 한 가지만 묻겠습니다. 귀사에서 공사하시다가 서인건설에 공사대금채권과 공사를 넘겼다고 하시던데 사실입니까?"

"예, 저희가 큰 공사 건으로 소유자의 양해와 허락으로 넘긴 건 사실입니다만."

말끝이 흐려지는 걸 느꼈지만 더 이상 협조가 되지 않으니 막막할 따름이다.

"한 가지만 더 묻지요. 경매 나오기 4개월 전에 3억 원의 근저당을 설정하셨던데 그것이 공사하신 부분의 잔금은 아니십니까?"

"중도금이라 보시면 됩니다."

"아, 그러시군요? 잘 알겠습니다. 말씀 주셔서 감사합니다. 그럼 이만 실례를."

차를 몰아 사무실로 오는 동안 어떻게 알아낼까? 생각에 생각을 거듭했다. 정정당당하다면 왜 굳이 숨기려 할까? 뭔가 있는 건 확실한데 답이 떠오르지 않는다. 사무실에 도착해 법무사님께 보고하고, 작전에 들어갔다. 일단 협의는 계속하되, 우리 법무사 수준으론 쉽게 해결할 수가 없다는 결론에 도달했다. 박한식 경매 전문 변호사님을 선임해 '유치권 부존재 소송'과 아울러 여러 가지 법률적으로 압박하지 않으면 해결의 실마리를 풀 수 없다고 판단했다. 그리고 그동안 조사한 모든 근거자료를 변호사님께 드리고 설명했다. 또 녹취해 변호사님께 제출하고 시키는 대로 자료를 구해드리고, 공사 내역 설명 등은 이 전무님이 상세히 말씀드려 변호사님도 승소는 장담하지는 않지만, 긍정적인 답변은 구할 수가 있었다.

변호사님들의 답변은 항상 "한번 해봅시다"가 전부다. 승, 패소는 절대 이야기하지 않는 것이 그들의 불문율이다. 그리고 협성건설의 이 전무님은 동래호텔에서 받아온 서류 검토 작업을 하고, 공사대금 유치권 서류를 복사해 진위 확인 작업에 들어갔다. 결론은 30% 정도 부풀려졌다는 것이다. 이 정도는 양심적이고 정직하다 보면 된단다. 협상 시 깎일 것을 감안한 금액이라는 것이다. 다음 날 아침 회의에서 내가 법무사님께 한 가지 제안했다. 모든 일은 압박과 협상인 것으로 생각했다.

"진성 유치권자로 분류된 (주)제일종합철강, 도하테크(주), 정강ㅇ의 유치권 금액을 이 전무님이 확인하시고! 모두 불러 협의해 공사를 재개해 건물완공을 서둘러야 하지 않겠습니까?"

법무사님이 걱정스러운 얼굴로 나를 보며 말한다.

"지금 점유 중인 자들이 있는데 쉽게 되겠나?"

"그건 제게 맡겨주십시오."

그 후 며칠 동안 찾아가 용역직원들을 술과 금전으로 회유도 하고, 진성 유치권자들과도 협상이 잘 되어가는 중이니 서인건설 서 사장과 (주)토익의 손 전무를 왕따시킨다는 전략을 꾸미고 시행에 착수하자고 제안했다. 그렇게 하자고 결론을 내고 박 사장님께 전화해서 흔쾌히 허락을 받고 나는 유치권자 사장 세 명과 미팅을 주선해 만났다. 한 달여 동안 밀고 당기는 협상 끝에 유치권 신고금액에서 부풀린 부분 약 30%를 깎고 공사 재개를 즉시 하기로 하고, 공사 완공 시 잔금은 지불하기로 약속했다. 서로 믿음이 가게 공증까지 해주기로 하고 유치권 취하서와 법인인감과 개인 정강ㅇ의 인감과 유치권 포기각서를 드디어 받아냈다. 그날 저녁 거나한 술자리를 만들어서 모든 내막이 실타래처럼 풀렸고, 우리에게 최대한 협조를 하기로 합의했다.

다음 날, 공사현장 청소를 하고 일주일 후 공사는 재개되었다. 10억 원의 유치권자와 손 전무는 처음에는 발악하고 점유침탈이라며 난리를 쳤으나, 상황은 반전되어 용역직원도 퇴거(돈 주고)했다. 공사 직원들이 우리도 먹고살아야 하니 일을 해야 한다며 비키라고 하고 몸싸움도 하니 손 전무인들 어쩌랴! 유치권자 서인건설 서 사장도 점유침탈이라고 고발한다 해서 나는 단호하게 이야기했다.

"서 사장님, 손 전무님, 고소하세요. 고소하든 고발을 하든, 아니면 점유회복소송을 하십시오. 응해드릴 테니."

"마음대로 하라시고? 그리고 허위유치권 사실이 드러나면 어떻게 된다는 법 정도는 잘 알고 계시겠지?"

그리고 나는 그 현장을 나와 마지막으로 소유자(채무자)를 만나보려고 소유자 사모님께 전화했다. 혹시나 면회했다면 하루 한 번밖엔 안 되기 때문에 다음 날로 미뤄야 한다. 그동안 나는 면회를 신청해 3~4회 사장님을 만나 뵙고, 점유를 풀고 합의를 하자고 했다. 계속 설득을 했다. 벌써 유치권부존재소송한 지도 석 달이 다 지나가고, 그동안 갑론을박으로 답변서가 오가고 드디어 석 달 반 만에 변론기일이 잡혔다.

나는 변호사님께 원청회사인 덕경종건을 상대로 공사계약서와 설계도면, 공사대금 지급확인서와 통장내역 석명을 요구해달라고 건의를 했다. 결국, 판사님의 재가를 받아 덕경종건으로부터 모든 서류를 넘겨받아 3개월 반 만에 모든 것을 적나라하게 파헤칠 수 있었다.

이 공사계약서와 유치권자의 공사도급 계약서도 몇 자만 고쳤을 뿐 똑같은 가짜였다. 원청인 덕경종건은 판사의 석명 요청을 받아들일 수밖에 없었다. 결국, 모든 사실이 적나라하게 드러났다. 덕경종건으로서도 사실을 말할 수밖엔 없었던 것이다.

그 모든 것은 만년필 소니 녹음기 덕분이었다. 이 모든 것이 소유자 (주)토익의 작전이었다. 결국, 세금에 건물이 어차피 공매로 날아갈 것 같으니 경매로 날려 저가에 낙찰받기 위한 작전이었다. 낙찰은 받았으나 대출문제로 백약이 무효였단다. 마지막으로 칼자루를 소유자(채무자)가 쥐고 있으니, 다시 한 번 만나 설득하기 위해 면회 신청을 했다.

"사장님, 이제 다 끝났습니다. 더 이상 해봐야 서로 상처만 입고 남는 게 뭐가 있겠습니까? 결국, 또 다른 죄만 뒤집어쓸 뿐입니다. 낙찰자분도 정이 있으시고, 선한 분이시니 제가 설득해 좀 도와드리겠습니다. 어떻습니까? 이것이 제가 마지막으로 사장님께 베풀 기회가 되었으면 합니다. 저도 아픈 과거가 있는 사람입니다. 집안도 어려우시니, 가족을 생각해서라도. 제가 이렇게 사장님께 사정할 아무런 이유가 없습니다. 이렇게 다 밝혀진 상황에서 버틴다고 해결될 문제는 아닌 것 같습니다. 오늘 금요일이니, 다음 주 화요일에 오겠습니다. 그때는 제가 서류를 준비해오겠습니다."

한참을 머리를 뜯으며 장고를 하더니….

"좋습니다. 가족들과 상의해 손 전무에게 모든 걸 위임해 연락드리도록 하지요. 감사합니다. 자, 그럼!"

며칠 후 3차 변론기일이 잡혔으나 피고 측에서 출석하지 않았다. 판사님이 결심이 섰는지 35일 후 선고한다고 한다. 날씨는 12월 말이 되니 을씨년스럽게 춥다. 세월도 빠르다. 건물도 그동안 공사가 계획대로 진척되어 거의 완공 다 되어 사용승인 신청을 했다 한다.

며칠이 지나 2007년 새해가 밝았다. 손 전무가 직접 유치권 포기각서와 인감증명서 등 필요한 서류를 갖다 주었다. 그동안 미안하고, 감사했다며 꼭 잡는 그 손에서 따스한 온기가 전해진다. 얼마 후 서 사장이 사무실로 들어와 90도로 인사한다. 나에 대한 폭력의 미안함일까? 나도 그에게 사과했다. 그리고 며칠 동안 법무사님과 박 사장님을 설득해 2,000여만 원을 드리기로 하고 결국 협상으로 마무리를 지었다. 모든 게 끝났다고 생각하니 피로가 밀물처럼 밀려온다.

박 사장님은 약속대로 큰 것 두 장을 입금하고 입금증을 우리 경숙 씨한테 준다. 돈이 뭔지, 돈의 위력은 정말 대단하다는 것을 새삼 느꼈다. 나는 처음으로 특별수당 3,000만 원을 받았다. 이 사실을 알고 박 사장님이 별도로 1,000만 원의 금일봉을 주었다. 며칠 후 변호사님에게 협의 사실을 알리고 소송은 모두 취하했다. 변호사님의 승소비용만 손해 보는 격이 되고 말았다. 다 된 밥에 재 뿌리는 그런 격이었다.

결론적으로 승소한 게임이었다. 허위유치권 서 사장도 손 전무의 친구며, 손 전무와 (주)토익의 사장과는 처남매제지간이었다. 이 사건으로 유치권은 자신이 있고 아무것도 아닌 것처럼 느껴지고 자신이 생겼다. 독자 여러분도 작은 것부터 하다 보면 자연스레 체화될 것이라고 믿는다.

그 후 이 건물을 사자는 분((주)레인에프○○)이 나타나서 2007년

2월 5일 31억 5,000만 원에 단기 매매했다. 그러니까 낙찰 후 7개월 만에 대박이 났다. 이 건의 추가지출은 7억 원이다. 계산은? 사시는 분의 대출도 우리 사무실에서 소개해 26억 원 대출을 일으켰다. 채권최고금액은 31억 2,000만 원이지만 결국 박 사장님의 그 배짱과 자금력이 뒷받침되어 남에게 크게 베풀면서 7개월 만에, 7억 원이란 대박을 낸 것이다. 이렇게 필자가 마무리할 수 있었던 것은 박 사장님의 충분한 자금력과 세 분 법무사님의 믿음으로 일궈낸 결과라고 생각한다. 이후로 부산지법 앞에서 창우 경매 팀장 천지인이라면 모르는 이가 없었다. 경매 팀장을 한 이후부터 실명보다 천지인이라는 별명이 오늘날까지 이어지게 된 것이다.

2. 한 사건을 두 번 낙찰받다

집사람 암이 양쪽 폐로 전이되어 두 번의 폐 수술을 마치고 많은 생각이 들 때였다. 마지막으로 아내에게 건강을 되찾아주기 위해 전원주택을 마련하기로 했다. 경북 청도 하면 공장이 없는 청정지역이라 부산, 울산, 대구 사람들이 선호하는 지역이다.

부산근교 농·어가 주택이나 전원주택을 검색하던 중 마땅한 물건을 발견했다. 2011년 5월 10일경이었다. 부산에서 한 시간 정도의 거리고 청정지역이라 우선 현장을 가보기로 했다. 현장에 가보니 부산에서 45분 정도 소요되어 거리는 괜찮아 보였다.

전원주택은 외롭게 달랑 한 채만 있어도 살기가 좋지 않다. 이웃이 있어야 한다. 시골은 좋은 이웃이 있고, 마을에서 조금 떨어진 곳이 특히 좋은 입지다. 마을 안에 있으면 동네 분들이 낮이고 밤이고 없다. 사생활 침해가 많아서 도시인들은 극히 꺼린다. 위성 지도로 보니 마을에서 500m 정도 떨어져 있고, 동네에 조그만 가게도 있어서 좋아 보였다. 남향이라 일조권도 그만이다.

국도에서 300m 위쪽에 20여 가구를 전원주택으로 개발해 건축하다가 분양이 잘 안 되어 부도가 난 모양이다. 올라가는 길가에 유치권 점유 중이라는 현수막 몇 장이 걸려 있다. 현장에 도착해보니, 1년 넘게 방치되어 마당엔 잡풀이 무성하고 테라스도 방부목으로 만들어 놓았는데 색이 바랬다. 창문 앞에 채양이 없어서 비가 들이쳐 창틀에 물이 고여 푸른 이끼도 있었다.

유리창으로 살펴보니 안에는 벽난로도 있고, 2층으로 올라가는 계단도 복층 형태로 되어 있었다. 문손잡이를 잡고 힘껏 당겨보니 어? 문이 열린다. 안에 들어가서 실내를 모두 사진에 담고, 나와서 문을 잠가 버렸다. 유리창엔 유치권 점유 중이란 스티커가 돌아가며 붙어 있고, 전기도 없고, 물도 역시 없으며, 보일러 역시 설치되어 있지 않았다.

이 집을 마무리하려면 줄잡아 3,000만 원은 족히 들어가야 한다고 판단하고, 동네에 내려가 음료수 박스를 하나 사 들고 이장님을 찾아갔다. 이장님을 만나서 건축 중단 사유와 모든 내막을 상세하게 알 수가 있었다. 몇 번 업자가 바뀌었는데 유치권 주장자는 마지막으로 공사한 사람이라고 한다. 그 사람 성향을 물어보니 노가다 십장이라 막무가내에, 말이 거칠고 상대하기 좀 거북스러울 거라며 걱정스러운 얼굴로 그냥 잘 해보란다. 감사하단 인사를 드리고, 부산으로 발걸음을 돌렸다.

2차 입찰일이 내일인데 최저가로 들어간다면? 수리비와 유치권을 해결한다면 거의 감정가다. 한 번 더 유찰을 시켜야 한다는 판단 아래 더 조사도 해보고 유치권자도 만나야겠다고 생각했다. 굿옥션 사이트를 매일 점검하고 집사람 때문에 이런 물건을 낙찰받으려고 한다고, '앤소니와 함께하는 부동산 경매' 카페 부산방에 글을 올렸다. 세상은 참으로 냉정했다. 클릭 수가 하루 8~13회 정도였는데, 70~80회나 되는 것 아닌가? 참으로 경솔하기 짝이 없는 행동을 했다. 한편으론 회원들이 원망스럽기까지 했다. 당장 공지를 지워버렸다. 아마 많은 분들이 알고 계실 것이다.

그 후 유찰이 되어, 15일 정도 입찰일이 남은 어느 날 또다시 현장을 방문했을 때, 누구라고 여기서 밝히지는 않겠다. 현장에 도착한 날이 토요일이었는데 코란도 승용차가 올라온다. 너무 더워서 나무 그늘에 앉아 있는데, 카페 회원 한 분이 부모님을 모시고 현장답사를 왔다. 멀리서 보고 있으려니, 기가 막힌다. 사진도 찍고, 둘러보며 설명도 하고. 그런데? 조금 있다니 한 대의 승용차가 멈추더니 또 본다.

"안녕하십니까? 지나는 길에 부모님과 같이 보러 왔습니다. 사모님이 편찮으시다던데 좀 어떻습니까?"

할 말이 없었다. 나를 분명히 알고 있었다. 자본주의 체제에서 저도 입찰하겠다는데 막을 방법이 없지 않은가? 그는 무안했던지 머리를 긁적이며 계면쩍어한다. 나는 대답했다.

"아, 회원이시군요. 우리 집사람 다 나왔습니다. 살펴보시고 입찰하세요."

"수리비가 얼마나 들겠습니까?"

"업자 불러다 견적을 봐야죠. 제가 수리업자도 아니고."

"그럼, 유치권에 대해 조사 좀 했나요? 유치권 금액은 얼만가요? 유치권 성립이 안 될 거 같은데?"

진짜 눈치도 코치도 없다.

"유치권을 조사해보니 전 아직 판단이 안 섭니다. 저기 플래카드에 핸드폰이 있으니 전화하시면, 유치권 금액과 유치권에 대해 말해줄 겁니다. 물건 좋으니 잘 판단하셔서 입찰해보세요."

"그럼 회장님은 입찰 안 하시게요?"

"아직 잘 판단이 서질 않아서 고려 중입니다."

그 후에도 몇 번 가보았는데, 그때마다 날 알아보는 사람이 있었다. 어떤 분은 공부 삼아 왔다, 어떤 분은 사서 판다고 노골적으로 말씀도 하시고. 와, 진짜 인터넷의 막강함과 파격적인 광고 효과에 새삼 두렵도록 놀랐다. 카페에 글을 지워버린 지도 며칠이 지났는데. 엄청나게 임장을 온다. 특단의 대책을 세워야 했다.

2010타경34371 · 대구지방법원 본원 · 매각기일 : **2011.08.10(水) (10:00)** · 경매 2계 (전화:053-757-6772)

소재지	경상북도 청도군 매전면 온막리 148-16	도로명주소검색				

물건종별	주택	감정가	129,348,280원

토지면적	539㎡(163.047평)	최저가	(49%) 63,381,000원

건물면적	115.58㎡(34.963평)	보증금	(10%) 6,340,000원

매각물건	토지·건물 일괄매각	소유자	최■옥

사건접수	2010-12-14	채무자	최■옥

사건명	임의경매	채권자	경주농협

기일입찰 [입찰진행내용]

구분	입찰기일	최저매각가격	결과
1차	2011-04-13	129,348,280원	유찰
2차	2011-05-12	90,544,000원	유찰
3차	2011-06-13	63,381,000원	낙찰

낙찰 96,563,000원(74.65%) / 7명 / 불허가

4차	**2011-08-10**	**63,381,000원**

낙찰 : **72,387,000원** (55.96%)

(입찰2명,낙찰:부산사상구 장■■자 /
2등입찰가 63,387,000원)

매각결정기일 : 2011.08.17 - 매각허가결정
대금지급기한 : 2011.09.15
대금납부 2011.09.02 / 배당기일 2011.10.26
배당종결 2011.10.26

사진1	사진2	지적도	기타	위치도	전자지도	전자지적도	로드뷰

매각토지.건물현황 (감정원 : 한창감정평가 / 가격시점 : 2010.12.23 / 보존등기일 : 2008.12.19)

목록	지번	용도/구조/면적/토지이용계획		㎡당	감정가	비고
토지	온막리 148-16	* 계획관리지역	대 539㎡ (163.047평)	65,000원	35,035,000원	표준지공시지가: (㎡당)35,000원
건물	1	위치상 철근콘크리트구조 슬라브	1층	주택(공실)	84.64㎡(25.604평)	816,000원	69,066,240원	
	2		2층	주택(공실)	30.94㎡(9.359평)	816,000원	25,247,040원	
		면적계 115.58㎡(34.963평)			소계 94,313,280원	

감정가	토지:539㎡(163.047평) / 건물:115.58㎡(34.963평)	합계	129,348,280원	일괄매각

현황위치	* "매전초등학교" 북동쪽 인근에 위치하며, 부근 일대는 소규모 전원주택단지로서 대지, 농경지 및 임야 등으로 형성되어 있으며, 주위 환경은 보통시됨. * 차량의 접근이 가능하며, 도로조건 등을 고려할 때 제반 교통사정은 보통시됨. * 장방형의 토지로서, 남서측 하향 경사지대에 자체지반 평탄하게 조성되어 북서측 폭 약 6미터 내외의 포장도로를 경유하여 접근이 가능함.

참고사항	▶본건낙찰 2011.06.13 / 낙찰금 96,563,000원 / 부산사상구 김○○ 7명 입찰 / 최고가매각불허가결정

부동산종합정보	토지이용계획열람	감정평가서	건축물대장	현황조사서	전입세대열람	매각물건명세서	사건내역
기일내역	문건/송달내역	건물등기부	토지등기부	예상배당표	입찰가분석표		

임차인현황 (말소기준권리 : 2009.01.13 / 배당요구종기일 : 2011.02.23)

===== 조사된 임차내역 없음 =====

기타참고	▣공사가 중단된 전원주택단지 내에 위치하고, 인접 건물은 공사가 중단된 상태이나, 목적건물은 내부공사까지 마친 상태임. ▣주민등록상 전입된 세대는 없다고 나타남. ▣수도는 작동이 되지 않으나, 배선은 있으나 전기는 들어오지 않음. ▣주택단지 상부에 물탱크가 1개 존재하며, 배수관이 파손된 상태로 노출되어 있음. 내외부의 기본적인 공사는 되어 있는 것으로 보임

건물등기부 (채권액합계 : 134,342,410원)

No	접수	권리종류	권리자	채권금액	비고	소멸여부
1	2008.12.19	소유권보존	최■옥			
2	2009.01.13	근저당	경주농협	84,500,000원	말소기준등기	소멸

6월 13일 드디어 결전의 날이 밝았다. 아침 8시 KTX로 동대구 역에 도착하니 9시 10분 전이다. 법원까지 걸어서 20분 정도 소요

된 것 같다. 우선 배가 고파 법원 옆 식당가에 곰취 해장국집이 있어 한 그릇 하고 나니 벌써 10시 10분이 지나가고 있었다. 어제저녁 모든 입찰서는 다 써서 온 터라 입찰가만 적으면 된다. 보증금도 수표로 끊어 놨고, 입찰가를 적으려는데, 임장 왔던 회원이 둘이나 보인다. 화가 나지만 어쩔 수 없는 일 아닌가? 선의의 경쟁을 벌일 수밖에. 그분들이 잘못됐고, 나쁘다는 이야기는 아니다. 보이지 않는 필연의 경쟁은 어쩔 수 없이 해야 한다. 도리가 없지 않은가?

최저가는 63,381,000원이었다. 사정없이 질렀다. 96,563,000원을 적었다. 드디어 사건번호가 불리고 입찰봉투는 개봉되었다. 일곱 명이나 입찰했다. 최고가 매수신고인은 "부산시 사상구에 사시는 김광석입니다." 집행관의 선언이 떨어졌다. 2등과 무려 1,000만 원 정도나 차이가 난다. 왠지 서글프고 기분이 좋지 않았다. 미안한지 회원들은 바람과 같이 사라지고 없다. 같이 한잔하려 했었는데, 깊은 상념에 잠겼다.

최종 결론은 불허가를 내는 것이다. 빼앗기지 않으려고, 필요했기에 써넣은 것이다. 집에 와서 아내에게 낙찰 소식을 전하니 기뻐서 어쩔 줄을 모른다. 그러나 씁쓸한 마음에 기쁘지도 않았다. 왜일까? 그러나 걱정도 앞섰다. 유치권 해결과 불허가를 받아서 다시 입찰해 낙찰받는 게 그리 수월한 일은 분명 아닌데. 최선을 다해 꼭 이뤄 내겠다는 굳은 결심을 하고, 어떻게 판사님의 마음을 움직일 수 있는 것인가가 관건 아닌가?

그래서 경매에 대해 아무것도 모르는 나이 많은 문외한이 되어 판사님을 설득하기로 하고 다음과 같은 눈물 없이 볼 수 없는 매각불허가 신청서를 작성했다. 군청 앞 지하수 개발 회사에서 견적서도 첨부했다. 최선을 다해 며칠 동안 고심을 하면서 아래와 같이 매각불허가 신청서를 작성해 마지막 매각결정일 날 아침 9시에 대구지법에 가서 제출했다.

제출 시기도 저울질을 잘해야 한다는 것도 나는 잘 알고 있다. 빨리 제출하면 대부분 안 되는 쪽으로 검토하니까. 검토할 시간을 주지 않고 오후 2시까지는 결정을 해야 하니, 민사집행법123조 제2항, 제121조 제6호에 저촉되면, 거의 불허가를 해주는 편이다. 그러나 법원에 따라 차이가 있고, 판사님의 성향에 따라 다르니 참고하기 바란다.

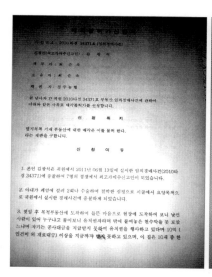
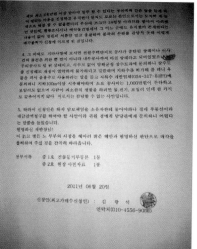

필자가 낙찰받은 건물, 곳곳에 유치권을 알리는 현수막을 걸어 놓았다. 유치권은 피담보채권으로 법원에 신고하든 안 하든 그건 개인 사정이다. 성립되고 안 되고는 나중에 소송으로 판결 날 수밖에는 없다. 신고를 안 했다 해서 유치권이 성립 안 되는 것은 아니다. 적법한 성립요건을 갖춘다면 성립하는 것이다.

매각불허가를 제출한 다음 날, 인용을 받아내고야 말았다. 그 후 2달 가까이 흐른 후 재매각이 떴다. 기일은 보름 후인 8월 10일이 입찰일이다. 보통 기다리면 날짜가 참 늦게 간다. 그만큼 기대를 하고 있다는 방증이 아니겠는가?

고수나 하수나 입찰가 산정이 항상 고민이고, 잠 못 이루게 한다. 세월이 흘러 40~50여 건 정도 하다 보면 예전 낙찰가율과 굿옥션, 지지옥션 클릭 수로 입찰자를 짐작할 수는 있다. 하지만 그것이 참고는 될망정 100% 장담은 할 수 없다. 오직 하늘과 땅만 알 수 있는 영역이란 것을 매번 느낀다. 투자자만 입찰한다면 난 90%는 먹을 자신이 있다. 하지만 실수요자나, 생초보가 지르는 데는 아무리 고수라도 절대 이길 순 없을 것이다. 며칠 장고의 시간이 흐르고, 입찰 2일 전이라 이젠 결정을 해야 할 시간이 다가왔다.

이 물건을 놓고 볼 때, 그래도 경매를 좀 하신 분들이나 카페 회원님들은 어떻게 판단할까? 나는 고수는 아니지만 나름 경매깨나 한 사람이다. 그런 자가 매각불허가를 받아냈다면 이 유치권은 쉽게 해결할 수 없다고 판단할 것이다. 만약 건설회사 같은 곳에서 입찰한다? 약 15일 동안에 그렇게 쉽게 밝혀내기는 쉽지 않다고 판단할 것이다. 최저가로 돼 좋고, 아니면 말고 식으로 들어올 것이니 이것을 역 이용해 낙찰받자. 최종적으로 입찰가를 남겨둔 채 입찰서를 기록했다. 집사람 명의로 입찰하기로 하고, 인감 한 통을 첨부하고 보증금을 찾았다. 아침 8시 KTX로 부산에 있는 우리 회원 최고 님과 같이 대구로 갔다.

모든 것을 꼼꼼히 확인하고 마지막으로 입찰가를 72,387,000원으로 적어 넣고 접수했다. 마감시간이라고 집행관의 선언이 떨어지고 개함해서 사건별로 분류 작업을 하는 것을 보고 밖으로 나왔다. 담배 한 대를 피워 물고 하늘을 향해 뿜어대니… 이 맛에 담배를 피우는 것 같다. 속이 다 시원하고 배속과 머릿속의 열기가 밖으로 배출되니 그야말로 환상이다.

여름인데도 에어컨의 성능이 좋아서 사람이 많아도 시원하다. 드디어 사건번호가 불린다. 옆에 있던 최고 님이 말한다.

"형님, 됐습니다. 흐흐흐 두 사람이네요. 틀림없습니다."

"사건번호 2010타경34371호 입찰하신 분 앞으로 나오세요. 부산시 사상구 엄궁동에 사시는 장수자 씨 대리인 김광석 씨가 최고가매수인으로…."

며칠이 지나 매각허가가 나고, 항고기간이 지나가니 대금납부통지서가 날라 왔다. 대출해야 하는데 첫 입찰 때는 매각물건명세서에 유치권 내용이 전혀 기재되지 않았고 불허가를 낸 후 매각물건명세서에 유치권이 있다는 것이 계시가 되니 누구도 대출해주는 금융기관은 없었다. 집수리하려면 2,000만 원에 잔금 6,500여만 원, 약 1억 원이 있어야 하는데 5대 독자에 보육원에서 자란 놈이 친인척이 있을 리 없었다. 쥐었다 준다 해도 빌려줄 사람은 아무도 없었다.

그렇다고 시집보낸 딸, 사위에게 부탁할 수도 없는 처지 아닌가? 하늘을 쳐다보고 원망도 많이 했다. 사무실에서도 탐탁지 않게 생각하는 터라 법무사님에게 말할 수도 없는 상황이었다. 현재 가지고 있는 보유금이 4,000만 원밖엔 없어 큰 고민에 빠졌다. 두드려라. 열릴 것이다. 입으로 되뇌며 상념에 잠긴다. 총알이 모자라니 대출을 해야겠는데… 대구지법에서 대출 알선하는 분들 명함을 죄다 뒤져서 전화를 해본다. 부산에서 예전부터 알고 있는 은행에 전화해 신분을 밝히고 부탁했더니 경북이나, 대구는 취급하지 않는다고. 아, 여기서 걸리나? 미치고 환장할 노릇이었다.

다음 날, 전 채권은행 경주농협과 밀양에 산동농협에 전화해 대출을 타진해보았으나 모두 거절한다. 다시 산동농협에 채권담당 권 과장님께 마지막으로 간곡히 부탁했다.

"사실은 조금 높게 낙찰되어 채권회수가 되었다면 윗분께 이야기할 수 있습니다. 그러나 손실이 막대한 처지에 그 물건을 또? 사정은 딱하지만 안 됩니다. 다른 데 알아보시는 게 빠를 것입니다."

"그러면 유치권 배제 신청이라도 좀 접수해주시면 큰 도움이 되겠습니다."

"이제 매각결정도 됐고, 다 끝난 마당에 우리가 조사도 하지 않았는데 유치권 배제 역시 윗분께 건의할 사안이 안 됩니다."

도저히 답이 없었다. 그러나 보증금을 포기한다면? 이건 웃음거리밖에 되지 않고 그동안 쌓아온 나의 인지도 역시 땅에 떨어질 수밖엔 도리가 없을 것이다. 나는 이렇게 어려움에 봉착할 때마다 나는 자신에게 되물어 본다. '야, 너! 이것밖에 안 되는 그런 놈이었어? 이런 것 하나 해결 못 하면 차라리 경매 손 놓고, 또다시 노숙자나 다시 되지?' 그러나 이건 대출이 아닌가? 경우가 틀리지 않는가? 혼자 변명도 해보고 위로도 해보지만, 그것이 무슨 소용인가? 마지막으로 최선을 다 해보자. 아, 그게 있었지. 컴퓨터를 켜고 검색을 시작했다.

대구지법에 최근 유치권을 전부 검색해 잔금 치른 사건의 등기부등본을 인터넷등기소에 접속해 대출한 금융기관을 모조리 뒤졌다. 제2금융권과 새마을금고가 대출한 기록이 몇 개 있다. 전화했다. 세 군데 중 두 군데는 자금 여력이 안 돼 어렵다고, 휴. 그중 한 군데서 자기 은행과 거래가 있느냐고 물었다. 물론 없었다.

"그럼 신용등급이 몇 등급인지 말씀해줄 수 있나요?"

"예, 8등급인데요."

"그럼 직장은 어디 다니고 계십니까?"

"예, 법무사 사무실에서 경매 팀장을 맡고 있습니다만."

그저 웃는다. 아무 말도 하지 않는다.

"지금 제가 당장 KTX 타고 바로 올라갈 테니 이야기나 좀 합시다."

"흠, 예. 그럼 경매 팀장이라 말씀하시니, 일단 이야기나 들어보겠습니다."

그 길로 부산역에서 동대구 차표 두 장을 끊고 집사람 대동해, 북대구 ○○은행으로 가서 담당 팀장을 만나 설득했다. 적금 3,000만 원짜리 넣고, 집사람 명의로 카드도 한 장 발급받아 5,400만 원을 대출받았다(필요하신 분 등기부 확인해보시길). 어렵게 대출받았고, 집사람과 함께 은행 뒤 시장에서 국밥을 한 그릇 시켜 먹고 다시 부산으로 왔다.

다음 날 밀양으로 건축 자재상에 가서 현금 박치기로 자잿값 주기로 하고 도매가격으로 현장까지 운송조건으로 계약했다. 목수 한 분 소개받고 현장에 와서 수리내역을 설명하고 당장 내일부터 공사 시작하기로 했다. 그다음 날 미니 굴착기로 인부 세 명하고 하수관거와 우수관거를 다시 묻었다. 나는 청도 한전에 들러서 계량기 신청과 정원 마당에 공사용 전주대 철거 신청하고 돌아와 작업진행과정을 보고 다음 날도 속전속결로 진행했다.

20여 일간 작업하니 거의 마무리 단계가 되어 조경수와 잔디를 심기로 했다. 잔디 작업을 일부 하면서 굴착기로 각종 조경수와 나무를 다 심어가는 오후 3시경 낯선 남녀 다섯 명이 들이닥친다.

"당신이 주인이요? 나 유치권자요. 집수리 잘하네? 누구 허락을 받고 마음대로 집수리를 합니까?"

"왜? 내 집 내가 수리하는데 뭐가 잘못된 게 있소? 그리고 유치권자면 유치권자이지 왜 남의 집에 와 간섭입니까?"

"우리 다섯 명이 받을 돈이 8,000만 원인데, 그 돈 안 주면 절대 공사 못 하고 이 집에 들어올 생각을 마시오."

"유치권이 성립되려면 점유는 필수고, 그에 대한 채권을 밝혀야지요. 법원에 신고도 안 하고 현수막 몇 장 걸어놓고. 여태껏 나타나지도 않다가 갑자기 와서 이 무슨 행패요."

"행패? 당신 법 좋아하는 모양인데 법대로 해보슈. 점유 좋아하네. 야, 점유란다. 안에 들어가자. 점유하며 술이나 한잔하자!"

무식한 놈들한테 통하지도 않고, 설득 자체도 안 된다. 어쩔 수 없이 나도 무식하게 112에 신고를 했다. 경찰이 출동해 신분증을 전부 내놓고 이야기하니 이건 형사사건이 아니고 민사사건이니 잘 협의하고 타협해서 해결하라며 그냥 가려 한다. 경찰한테 따지고 들었다.

"지금 남의 집에 주거 침입한 현행범이요. 내쫓고 일단 고발했으니 지구대로 가서 진술서 받고 본서로 이첩해주십시오."

한참 동안 경찰과 승강이를 벌이다 청도경찰서에 직접 고발하겠다며 이름이 뭐냐고 물었다. 경찰관이 어딘가 전화하더니, 차에 타라 한다. 유치권자와 나를 차에 다 태우고 지구대로 갔다. 그리고 경찰관한테 유치권자 신분증 주소와 주민등록번호를 억지 부려 확인했다. 소송을 하든 어떻게 하든 신분확인이 되지 않으면 어쩔 수가 없기 때문이다. 모두 확인하고 물어보니 세 명은 유치권자를 따라온 자들이고, 여자 한 명은 유치권자 마누라였다. 나는 경찰관한테 단호히 말했다.

"이 두 분 빼고 나머지 세 분은 무단 주거침입 및 공사방해죄로 처벌해주십시오."

그렇게 요구하니 경찰관도 어쩔 수 없는 것 아닌가? 유치권자와 그 마누라는 입장이 이렇게 되니 난감한 모양이다. 유치권자에게 내 명함을 주고 상대 핸드폰을 다 적고 서로 소송을 하든 다음 날 만나서 이야기하자고 했다. 가려고 하니 경찰관과 유치권자가 따라 나오며 오늘 사건에 대해서는 고소 취하해달란다. 단호하게 "그렇게는 안 됩니다. 취하할 생각은 없으니 법대로 하시죠"라고 했다. 현장으로 돌아와 인부들과 술을 한잔하다 보니 유치권자가 또 여기까지 따라온다. 나의 속셈은 친한 친구들을 묶어놓고 합의할 생각이었다.

다음 날 지하수도 연결했고 실내인테리어 작업에 들어갔다. 그 동안 2년 넘게 비워 놓고 방치한 터라 도배도 다시 하고 거실 전면 포인트 장식하고 벽난로 작동해보고 보일러도 틀어보니 방이 굉장히 따스하다. 햇볕 가림막과 포리그라스 채양 달고, 테라스 방부목 칠과 집 측면 좌우 후면까지 이틀 동안 작업이 계속되어 99% 완성되었다. 20일 잡았지만, 시멘트 양생 기간까지 약 35일이 소요되었다.

인테리어 작업 마친 후 실내 모습

월요일 새벽부터 유치권자로부터 전화가 온다. 합의가 안 되니 너무 버텨도 안 될 것 같아서 합의서에 도장을 찍어주고 대략의 유치권을 합의하기로 했다. 결국, 500만 원으로 합의에 이르게 되었다.

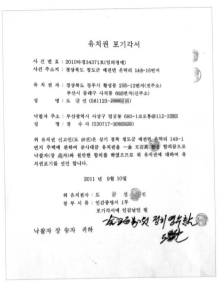

◀ 유치권 포기각서

추석도 며칠 남지도 않았다. 며칠 후 마무리를 다 하고 집사람을 데리고 집 구경을 시켜주었다. 그런데 갑자기 아내가 외마디 비명을 지르며 뛰어오다 넘어졌다.

"아니, 왜 그래? 응?"

"한번 가봐요! 뱀, 뱀!"

아내가 가리키는 쪽으로 가보니 큰 구렁이가 두 마리 칭칭 감고 똬리를 틀고 있다. 기겁했다. 테라스 쪽으로 뛰어가니 거기에도 비단뱀이 테라스 밑으로 기어들어간다.

"여보, 나 여기 안 살래요! 아니 난 못 살아요!"

"아무도 없을 때, 짐승이나 뱀이 나온다면? 전 자신이 없어요. 여보, 이거 그냥 다른 분한테 팝시다."

추석이 지나 아는 공인중개사와 지인들에게 연락해 매매를 부탁했는데 그렇게 쉽게 팔리지 않는다. 필요한 사람은 따로 있는 법이다. 이발할 겸 오랜만에 아는 이발관에 갔다. 거기서 우연히 전원주택을 팔아야겠다고 말하던 중에 길 건너 이천○ 사장님을 소개받고 현장을 구경시켜 주었다.

다음 날, 마음에 들어 다시 부인과 같이 다녀오는 길이라며, 싸게만 준다면 산다고 한다. 아니, 이게 웬 떡인가? 우연이란 이런 건가? 그분 부인도 암에 걸려 요양 겸 찾고 있었는데 청도군 매전면 온막리가 고향이고 친정이며, 청도 운문사에 주말마다 오니 주말 주택으로 쓴다고 한다. 보통 전원주택은 1억 7,000~8,000만 원 한다고 하니 경매로 싸게 받았으니 1억 5,000만 원에 달라신다. 너무 많이 깎아 달라고 한다. '부동산은 첫 손님이 무조건 임자다!' 이것이 나의 지론이다. 고집 피우고 몇 푼 더 받으려다 영원히 제집 될 수도 있다.

"좋습니다, 거저 드리지요. 저는 또 경매로 사면 되니까요. 딱 500만 원만 더 얹으시고 양도세는 사장님이 내십시오. 그러면 당장 계약합시다."

"그럼 내일 오전까지 전화 드리리다."

다음 날, 목욕탕에 가는데 전화가 온다. 이 사장님이 지금 당장 사무실로 오란다. 그렇게 1억 5,500만 원에 수리비 포함해 매도해 5개월 만에 5,500만 원 수익을 올렸다.

토지별도등기

토지별도등기가 있으면 매각대금을 대지권과 건물의 감정가 비율로 배분해 대지권에 해당하는 배분액을 토지의 저당권자 등에게 먼저 배당한다. 만약 임차인이 토지의 저당권설정일보다 늦더라도 건물의 저당권설정일보다 먼저 전입했다면, 임차인은 대항력이 있으나 건물의 매각대금에서만 배당을 받으므로 낙찰자가 임차인의 보증금을 인수할 가능성이 있다. 주의해야 한다.

● **매각물건현황**(감정원 : 정일감정평가 / 가격시점 : 2015.07.28)

목록	구분	사용승인	면적	이용상태	감정가격	기타
건물	12층중 11층	79.09.27	82.22㎡ (24.87평)	주거용	73,980,000원	
토지	대지권		2345.8㎡ 중 29.9934㎡ ● 토지별도등기있음		63,020,000원	
현황 위치	* 양북초등학교 통측 인근에 위치하며, 주위는 아파트, 단독주택, 상업시설 등이 소재하는 지대로서, 제반 주위환경 보통임. * 본건까지 차량 출입 자유로우며 인근에 시내버스정류장이 소재하여 제반 대중교통 사정은 보통시 됨. * 본건 대지권의 목적인 토지는 가장형의 토지로서, 아파트 부지로 이용중임. * 본건 대지권의 목적인 토지는 동측으로 왕복4차선 도로와 접함.					

● **임차인현황** (말소기준권리 : 2011.06.24 / 배당요구종기일 : 2015.10.08)

===== 임차인이 없으며 전부를 소유자가 점유 사용합니다. =====

지분경매

지분경매란 하나의 물건에 대한 소유자가 두 명 이상인 물건을 그 일부 소유자의 지분만 경매하는 것을 말한다. 예를 들면 아파트를 A, B, C가 각각 3분의 1씩 공동소유하고 있는데, A가 사업실패로 A의 지분권이 경매에 나왔다고 치자. 그러면 경매 신청인(채권자)은 채무자인 A 외에 공유자인 B와 C도 이해관계인으로 보아 송달료를 납부하고 법원은 이들에게도 법원의 경매 진행 내용을 통지하게 된다.

만일 A의 공유지분이 매각기일에 D라는 낙찰자가 100만 원에 최고가매수신고인으로 매각되었다면, 집행관이 당해 사건 매각종결 선언 전까지 B 지분권자는 입찰 법정에 출석해 손을 들고 '우선 매수합니다'라고 신고하고 보증금을 당 회차 최저가격의 10분의 1의 보증금을 즉시 납부하면 지분을 낙찰자보다 우선 매수할 수 있다. 이것을 '우선매수권'이라 한다. 또한, 다른 지분권자인 C도 매수하고자 한다면 100만 원과 같은 가격에 우선 매수할 수 있는 권한을 준다. 이때 B와 C가 서로 우선 매수신고를 주장할 경우 각자 지분비율만큼씩 우선 매수할 수 있다.

민사집행법 제139조(공유물지분에 대한 경매)

① 공유물지분을 경매하는 경우에는 채권자의 채권을 위해 채무자의 지분에 대한 경매개시결정이 있음을 등기부에 기입하고 다른 공유자에게 그 경매개시결정이 있다는 것을 통지해야 한다. 다만, 상당한 이유가 있는 때는 통지하지 아니할 수 있다.

② 최저매각가격은 공유물 전부의 평가액을 기본으로 채무자의 지분에 관해 정해야 한다. 다만, 그와 같은 방법으로 정확한 가치를 평가하기 어렵거나 그 평가에 부당하게 많은 비용이 드는 등 특별한 사정이 있는 경우에는 그러하지 아니하다.

제140조(공유자의 우선매수권)

① 공유자는 매각기일까지 제113조에 따른 보증을 제공하고 최고매수신고가격과 같은 가격으로 채무자의 지분을 우선 매수하겠다는 신고를 할 수 있다.

② 제1항의 경우에 법원은 최고가매수신고가 있더라도 그 공유자에게 매각을 허가해야 한다.

③ 여러 사람의 공유자가 우선 매수하겠다는 신고를 하고 제2항의 절차를 마친 때는 특별한 협의가 없으면 공유지분의 비율에 따라 채무자의 지분을 매수하게 한다.

④ 제1항의 규정에 따라 공유자가 우선 매수신고한 경우에는 최고가매수신고인을 제114조의 차순위매수신고인으로 본다.

지분경매의 경우 선순위 임차인이 있을 때는 보증금 전액을 지불하고, 지분비율만큼 각 지분권자에게 구상권을 행사할 수 있다. 공동임대인이 임차인에 대해 부담하는 임차보증금반환의무는 그 성질상 불가분이므로 공동임대인 중 1인의 공유지분에 대한 경매 절차에서 주택 전체 임차인의 보증금은 경매 법원의 지분비율에 따라 해당하는 금원만을 배당하는 것이 아니라 전액 배당해야 한다. 다만 집행채무자는 공동임대인인 다른 공유자에게 그 지분에 상응하는 금원에 대한 구상권을 청구할 수 있다

　다음은 현황도로로 총 94.2평 중 5분의 3 지분을 매각하는 사건이다. 만약 이 지역이 재개발된다면 입주권은 물론이고, 보상금이 감정가(4억 5,000여만 원)를 웃돌 것이다. 언제 될 것인가가 관건이다. 된다면 2~3억 원의 수익 창출이 되는 물건이다. 자본주의 국가에서 돈이 돈 번다 하지 않는가? 투자금만 있다면 묵혀둘 만한 땅이다.

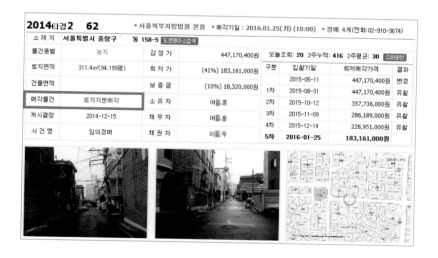

2014타경2　62		＊서울북부지방법원 본원		＊매각기일 : 2016.01.25(月) (10:00)		＊경매 4계 (전화:02-910-3674)		
소 재 지	서울특별시 중랑구　동 158-5 도로명주소검색							
물건종별	농지	감 정 가		447,170,400원	오늘조회: 20 2주누적: 416 2주평균: 30 조회동향			
토지면적	311.4㎡(94.199평)	최 저 가		(41%) 183,161,000원	구분	입찰기일	최저매각가격	결과
건물면적		보 증 금		(10%) 18,320,000원		2015-05-11	447,170,400원	변경
매각물건	토지지분매각	소 유 자		여██훈	1차	2015-08-31	447,170,400원	유찰
					2차	2015-10-12	357,736,000원	유찰
개시결정	2014-12-15	채 무 자		여██훈	3차	2015-11-09	286,189,000원	유찰
					4차	2015-12-14	228,951,000원	유찰
사 건 명	임의경매	채 권 자		이██우	5차	2016-01-25	183,161,000원	

● **매각토지.건물현황**(감정원 : 안국감정평가 / 가격시점 : 2014.12.31)

목록	지번	용도/구조/면적/토지이용계획		m²당 단가 (공시지가)	감정가	비고
토지	동 158-5	도시지역, 제2종일반주거지역 (7층이하), 도로(저촉),가축사 육제한구역...	전 311.4m² (94.199평)	1,436,000원 (561,000원)	447,170,400원	☞ 전체면적 519m²중 갑구3번 여■훈 지분 3/5 매각 ● 현황 도로
감정가		토지:311.4㎡(94.199평)		합계	447,170,400원	토지지분매각
현황 위치	● " 중흥초등학교" 남측에 위치하며, 주위는 아파트, 다세대주택 등 공동주택과 단독주택이 주로 이루는 기존주택지역으로서 인근에 관 공서 등 공공 편의시설 및 근린생활시설 등이 소재하여 제반 주위환경은 보통임. ● 본건 토지까지 차량에 의한 접근이 가능하며, 인근에 시내버스정류장 및 전철 "중화역"과 "상봉역"이 소재하여 대중교통수단에 의한 편의도는 보통임 ● 가장형평지로서 도로로 이용중임 ● 본건은 노폭 약 6미터 내외의 포장도로임					

● **임차인현황**(배당요구종기일 : 2015.02.24)

===== 조사된 임차내역 없음 =====

기타사항	☞전입세대열람 미발견

● **토지등기부** (채권액합계 : 30,000,000원)

No	접수	권리종류	권리자	채권금액	비고	소멸여부
1(갑3)	2012.11.28	여수철지분전부이전	여■훈		협의분할에 의한 상속, 지분3/5	
2(을1)	2014.05.22	여■훈지분전부근저당	이■우	30,000,000원	말소기준등기	소멸
3(갑4)	2014.12.15	여■훈지분임의경매	이■우	청구금액: 30,000,000원	2014타경 28862	소멸

지분경매의 실제 사례

청도군 매전면에 임장을 갔다가 오는 길에 깨끗한 집을 보게 되었다. 건물은 매각 제외이고, 대지가 2필지인데 그중 한 필지가 그것도 지분이다. 이걸 먹어야 하나? 뱉어야 하나? 현장엘 가보니 집도 지은 지 얼마 안 되어서 새집이고 마당에 잔디도 깔려 있고 정자도 있었다. 굿옥션에는 정자는 보이지 않았는데 일단 대문이 열려 있으니 들어가서 주인을 찾았다. 일하러 갔나? 아무도 없다. 정자에 걸터앉아서 영양가 없는 담배를 두 대나 피우고 기다려도 안 온다. 평면도를 보니, 창고 부분 쪽 대지이니 주택은 등기가 있어도 매각 제외이고 내가 받을 대지와는 관계가 없고, 창고가 두 필지 지상에 걸쳐 있다. 언제 이것저것 따지나? 배 곯으면 먹어야 산다. 두 번째 임장을 가는 날 밀양지원에 오랜만에 분위기도 볼 겸 갔다. 사람도 별로 없고 이상하게 한산했다. 에라, 모르겠다 입찰하자. 3차에 최저가 2,876,000원이니 보증금 30만 원 넣고 집행관 체면 보고 34,000원 더 써서 291만 원 입찰! 단독일 수밖에 없다.

· 등기부현황

No	접수	권리종류	권리자	채권금액	비고	소멸여부
1	1999.10.21	소유권이전(상속)	이██순		재산상속	
2	2009.10.19	강제경매	이██우	청구금액: 12,540,358원	말소기준등기 2009타경5877	소멸
3	2010.01.04	소유권일부이전	노██용	강제경매로 인한 매각 2009타경2892 , 지분6/26		

등기부 분석	☞ 전체면적 139㎡중 이██순 지분 20/26 매각주의(건물은 매각제외)		
건물등기부	※주의 : 건물은 매각제외	채권최고액	비고	소멸여부
	☞ 건물등기부는 전산발급이 되지않아 등재하지 못함.		
주의사항	☞법정지상권성립여부 불분명		

인근진행물건	인근매각물건	공매인근진행물건	동산인근진행물건	주택임대차보호법	상가임대차보호법

· 지자체 정보 및 기타현황

상남면 주민센터	[627-911] 경남 밀양시 상남면 기산리 907 / 전화: 055-354-0301 / 팩스: 055-359-6738 [홈페이지]
관련 사이트	경남개발공사
관련 파일	경남도시개발정비.pdf

· 낙찰사례분석 (경상남도 밀양시 상남면 대지)

구분	감정가	낙찰가	유찰횟수	입찰인원	낙찰율
상남면 대지 32평	₩4,494,000	₩2,910,000	2회	1명	64.75%

집행관이 친절하게도 "우선매수 신청 없습니까?"세 번이나 외친다. 아무도 없다. 우선매수 들어올 줄 알았는데 돈이 없어 안 올리는 없고, 어찌 술 먹고 늦잠잤나? 영수증 받아들고 집에 오니 해가 진다. 그동안 청도 매전면 온막리 전원주택 낙찰받고 바쁘게 움직이다 보니, 시간 가는 줄 모르게 아주 바쁘다. 한 보름이 지났는지 대금납부통지서가 왔다. 일단 주인을 만나 봐야 향후 계획이 서고 할 게 아닌가? 며칠 후, 오후 6시경 찾아갔다. 시골이라 들에 일하러 가면 못 만나고 헛걸음한다. 대문 앞에 들어서니 필자 나이 또래쯤 남자가 말한다.

"누구요?"

"이 집 마당을 조금 떼서 산 사람인데요."

"이 양반아, 이런 거 뭐하려고 샀소?"

"팔아묵을라고 샀지요? 몰라 묻소?"

"누가 내 집을 산단 말이오?"

"당신이 사지 누가 사?"

"흐흐흐. 웃기고 있네!"

이렇게 기 싸움을 조금 하다가 막걸리 한 통을 가져오며 한잔하잔다.

"보소, 나도 경매 좀 아는데 당신 산 땅이 대문에서 저 창고 쪽이요."

"아, 그래요? 위치 좋네. 창고 뜯어내고 대문 뜯어내어 내 땅 주소."

"햐, 이것 봐라! 이것도 지분이란 걸 모르나 봬? 응?"

이렇게 영양가 없는 시비만 오가다가 친척인가 뭔가 오더니 점 잖게 말한다.

"조카님이 좀 그래요. 내하고 얘기합시다."

"마, 치우소!"

"닌 가만히 있으라." 예상외로 빠르게 협상에 돌입했다.

"그냥 넘기소. 수고비 줄 테니 얼마요? 한 310만 원이면 안 되 겠소?"

"장난치요? 지금, 복덕방 알아보니 평당 80~100만 원 한다는데 32평을 310만 원에?" 펄쩍 뛰어넘어지는 줄 알았다.

"살려면 3분의 1 값, 500만 원 어떻소? 하기 싫으면 말고요. 잘 생각해보소. 난 길이 머니 먼저 갑니다."

그 후 며칠이 지나도 소식도 없고 잔금을 내야 할 날짜도 10일 남았다. 밤 9시 넘어 전화가 온다. 누구인가 했더니 주인 아들이란 다. 사정한다. 아, 낯간지럽고 창피하다. 이래서 경매꾼이라며 좋 은 소리 못 듣는가 보다. 결론적으로 난 500만 원! 아니면 당신네 가 잔금 내고 등기 다 하고 200만 원에 하자고 했다. 며칠 후 "우리 가 처리하고 200만 원 줄 테니 계약하자"고 한다. 어쩌랴, 그렇게 하자고 했다. 그러나 난 돈이 얼마라도 보증금 조로 입금돼야 계약하러 가지, 안 간다. 참, 자잘한 것도 한 달 생활비를 보태준다. 여러분은 이런 거 하지 마시길! 창피하고 얼굴 붉어지고 가슴 아프고 안타깝다. 경매하려면 많은 경험을 해야 해서 받아본 것이지 뭐 큰돈 벌려고 한 것은 아니다. 경매는 끝나고 나면 항상 외롭고 쓸쓸하고 그런 것인가 보다.

17

대위변제

대위변제는 선순위의 채권 금액이 소액이고 대위변제로 이익을 보는 사람이 있으면 발생할 가능성 있다. 주로 대항력 없는 임차인들이 하므로 말소기준권리의 금액이 적으면 등기부등본을 입찰 전, 매각허가 후, 대금납부 전 이렇게 세 번 이상 발급받아 상황에 대처해야 한다. 입찰일 7일 전에 공지하는 대법원의 매각물건명세서에서 등 최선순위 설정일자를 반드시 확인하고 미리 대처한다.

경매하다 보면 여러 경우를 겪게 마련인데, 대위변제는 이루어지는 경우가 그리 많지 않은 것 또한 사실이다. 그러나 열 번 잘하다 한번 대처를 하지 못한다면 큰 손해를 보아 다시 돌이킬 수 없는 경우가 종종 있다는 것을 염두에 두시고 이번 계기로 확실하게 공부하시기 바란다.

가령 임차인의 보증금이 1억 원인데, 앞의 저당권이나 가압류, 압류 등의 선순위가 있어 대항력이 없는 경우가 종종 있을 때, 긴장의 끈을 놓지 않고 예의 주시하고 확인을 계속해야 한다. 언제까지? 경매 잔금을 낼 때까지… 선순위가 소액 2,000~3,000만 원이라면, 세입자가 채무자 대신 갚아주고 그 권리를 소멸시키면 순위

가 상승해 대항력을 얻게 된다. 보증금 다 회수하지 못하면 낙찰자에게 '내 돈 내놔!' 하는 권리를 얻게 된다. 낙찰자가 이러한 사정을 미리 알았다면 시기에 따라 매각불허가 또는 매각허가에 대한 이의신청하고 잔대금을 내고, 배당 전이라면 즉시 추탈담보에 대한 법리에 따라 배당절차정지 신청을 하고 부당이득반환청구의 소로 다툴 수밖에 없다. 이 어려운 과정을 겪지 않기 위해 강의에서 누누이 강조했다. 등기부등본을 세 번 발급받아 보면 확인할 수 있는데, 귀찮아서 아니면 사설 사이트에서 제공되는 등기부등본만 믿고 발급받지 않는 경매인이 95% 이상 된다. 죽어봐야 저승을 안다. 특히 수도권의 전세가액이 수억 원에 달하니 조심해야 한다.

낙찰이 끝이 아니라 시작임을 알아야 한다. 만약, 말소기준권리의 금액이 소액이고 임차인의 전세금이 고액일 때 대위변제는 언제든지 일어날 수 있다. 매각허가결정과 대금납부 전 미리 등기부등본을 발급해 확인하면 다음과 같은 사건은 벌어지지 않고 매각불허가 또는 매각허가취소 신청으로 보증금 찾고 빠져나올 수 있지만 안일하게 대처하면 불행의 길로 빠지게 됨을 명심하시기 바란다. 낙찰받은 후 항상 등기부등본을 발급받고, 확인 후 잔금을 내야 한다.

아무 생각 없이 대금납부한 사안에서 임차인의 대항력 없다고 안심하고 무심코 잔대금을 내 명도하러 갔을 때 "난 배당요구하지 않은 선순위 대항력 있는 임차인이니 보증금 7,000만 원을 물어준다면 나가겠다" 하면 난감하다. 입찰부터 대금납부 때까지 세 번의 등기부등본을 발부받아 확인했다면 이런 사고는 미리 예방할 수 있다. 그러나 이를 간과해 큰 어려움과 소송으로 긴 세월을 송사에 시달리고 피눈물로 세월을 보낼 것이다.

이 책을 읽는 독자님들은 이런 사고가 나지 않도록 제발 세 번 발급받아 확인을 꼭 하시기 바란다(입찰 전, 매각허가 후, 대금납부 할 때).

다음 사례는 임차인의 보증금이 근저당보다 많다. 이럴 때, 대위변제는 이루어진다.

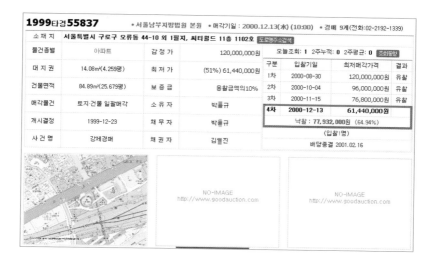

미리 대처하는 방법은 잔금 내기 전에 등기부등본을 확인하는 것이다. 매각허가취소 신청하면 보증금 돌려받고 끝이다.

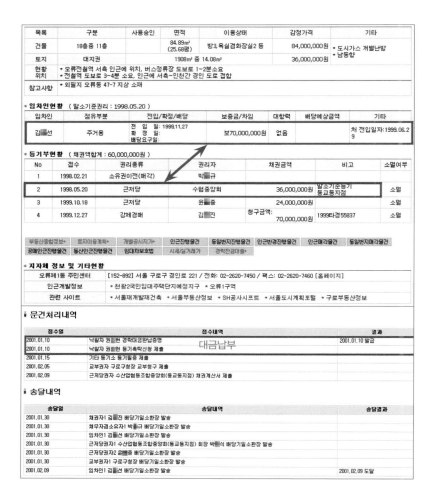

목록	구분	사용승인	면적	이용상태	감정가격	기타
건물	18층중 11층		84.89㎡ (25.68평)	방3, 욕실겸화장실2 등	84,000,000원	• 도시가스 개별난방 • 남동향
토지	대지권		1908㎡ 중 14.08㎡		36,000,000원	
현황 위치	• 오류전철역 서측 인근에 위치, 버스정류장 도보로 1~2분소요 • 전철역 도보로 3~4분 소요, 인근에 서측~인천간 경인 도로 접함					
참고사항	• 외필지 오류동 47-7 지상 소재					

• **임차인현황** (말소기준권리 : 1998.05.20)

임차인	점유부분	전입/확정/배당	보증금/차임	대항력	배당예상금액	기타
김■선	주거용	전 입 일: 1999.11.27 확 정 일: 배당요구일:	보70,000,000원	없음		처 전입일자: 1999.06.29

• **등기부현황** (채권액합계 : 60,000,000원)

No	접수	권리종류	권리자	채권금액	비고	소멸여부
1	1998.02.21	소유권이전(매각)	박■규			
2	1998.05.20	근저당	수협중앙회	36,000,000원	말소기준등기 동교동지점	소멸
3	1999.10.18	근저당	윤■중	24,000,000원		소멸
4	1999.12.27	강제경매	김■진	청구금액: 70,000,000원	1999타경55837	소멸

부동산출입정보+ 토지이용계획+ 개발공시지가+ 인근진행물건 동일번지진행물건 인근반경진행물건 인근매각물건 동일번지매각물건
경매인근진행물건 동산인근진행물건 임대차보호법 시세/실거래가 경락진금대출+

• **지자체 정보 및 기타현황**

오류제1동 주민센터	[152-892] 서울 구로구 경인로 221 / 전화: 02-2620-7450 / 팩스: 02-2620-7460 [홈페이지]
인근개발정보	• 천왕2국민임대주택단지예정지구 • 오류1구역
관련 사이트	• 서울재개발재건축 • 서울부동산정보 • SH공사사이트 • 서울도시계획포털 • 구로부동산정보

• **문건처리내역**

접수일	접수내역	결과
2001.01.10	낙찰자 권■현 경락대금완납증명	2001.01.10 발급
2001.01.10	낙찰자 권■현 등기촉탁신청 제출	
2001.01.15	기타 등기소 등기필증 제출	
2001.02.05	교부권자 구로구청장 교부청구 제출	
2001.02.09	근저당권자 수산업협동조합중앙회(동교동지점) 채권계산서 제출	

• **송달내역**

송달일	송달내역	송달결과
2001.01.30	채권자1 김■진 배당기일소환장 발송	
2001.01.30	채무자겸소유자1 박■규 배당기일소환장 발송	
2001.01.30	임차인1 김■선 배당기일소환장 발송	
2001.01.30	근저당권자1 수산업협동조합중앙회(동교동지점) 회장 박■석 배당기일소환장 발송	
2001.01.30	근저당권자2 윤■중 배당기일소환장 발송	
2001.01.30	교부권자1 구로구청장 배당기일소환장 발송	
2001.02.09	임차인1 김■선 배당기일소환장 발송	2001.02.09 도달

낙찰자가 임차인 보증금 7,000만 원을 변제하고 소유자를 상대로 소 제기해, 원심과 고법에서도 패소하고 대법에 또다시 항고해 승소했으나 소유자의 재산이 있다면 모를까, 없으면 받을 길이 없다.

대법원 2003.04.25. 선고 2002다70075 판결(손해배상(기))

【판시사항】

(1) 낙찰대금지급기일 이전에 선순위 근저당권이 소멸한 경우, 후순위 임차권의 대항력의 소멸 여부(소극)

(2) 강제경매의 채무자가 낙찰대금지급기일 직전에 선순위 근저당권을 소멸시켜 후순위 임차권의 대항력을 존속시키고도 이를 낙찰자에게 고지하지 아니하여 낙찰자가 대항력 있는 임차권의 존재를 알지 못한 채 낙찰대금을 지급한 경우, 채무자가 민법 제578조 제3항 소정의 손해배상책임을 부담하는지 여부(적극)

【판결요지】

(1) 부동산의 경매 절차에 있어서 주택임대차보호법 제3조에 정한 대항요건을 갖춘 임차권보다 선순위의 근저당권이 있는 경우에는, 낙찰로 인해 선순위 근저당권이 소멸하면 그보다 후순위의 임차권도 선순위 근저당권이 확보한 담보가치의 보장을 위해 그 대항력을 상실하는 것이지만, 낙찰로 인해 근저당권이 소멸하고 낙찰인이 소유권을 취득하게 되는 시점인 낙찰대금지급기일 이전에 선순위 근저당권이 다른 사유로 소멸한 경우에는, 대항력이 있는 임차권의 존재로 인해 담보가치의 손상을 받을 선순위 근저당권이 없게 되므로 임차권의 대항력이 소멸하지 아니한다.

(2) 선순위 근저당권의 존재로 후순위 임차권이 소멸하는 것으로 알고 부동산을 낙찰받았으나, 그 후 채무자가 후순위 임차권의 대항력을 존속시킬 목적으로 선순위 근저당권의 피담보채무를 모두 변제하고 그 근저당권을 소멸시키고도 이 점에 대해 낙찰자에게 아무런 고지도 하지 않아 낙찰자가 대항력 있는 임차권이 존속하게 된다는 사정을 알지 못한 채 대금지급기일에 낙찰대금을 지급했다면, 채무자는 민법 제578조 제3항의 규정에 의해 낙찰자가 입게 된 손해를 배상할 책임이 있다.

【참조조문】
(1) 주택임대차보호법 제3조 (2) 주택임대차보호법 제3조, 민법 제
578조 제3항

【참조판례】
(1) 대법원 1998.08.24. 자 98마1031 결정(공1998하, 2491)
【원심판결】 서울고법 2002.11.01. 선고 2002나18604 판결

【주문】
원심판결을 파기하고, 사건을 서울고등법원에 환송한다.

【이유】

1. 원심의 판단요지

원심판결 이유에 의하면, 원심은, 이 사건 아파트가 원래 피고의 소
유로서, 1998.05.29. 채권최고액 3,600만 원, 근저당권자 수산업협
동조합중앙회로 된 근저당권설정등기가, 1999.10.18. 채권최고액
2,400만 원, 근저당권자 윤필중으로 된 근저당권설정등기가 각 경
료되었는데, 같은 해 12.23. 채권자 김영진의 신청으로 서울지방법
원 남부지원 99타경 55837호로 강제경매 절차가 개시되어, 원고가
2000.12.13. 실시된 입찰기일에 최고가로 입찰해 같은 달 20. 낙찰
허가결정이 고지되었고, 대금지급기일이 2001.01.10.으로 지정된 사
실, 한편 김종선은 1999.06경 피고로부터 이 사건 아파트를 임차보
증금 7,000만 원에 임차해 처인 신덕자를 비롯한 가족들과 함께 입
주했고, 같은 해 06.29. 신덕자가 이 사건 아파트로 전입신고를 마쳤
는데, 피고는 신덕자로부터 임차보증금의 반환을 요구받고도 이에
응하지 못하고 있던 차에, 임차권의 대항력이라도 유지될 수 있도록
선순위 근저당권을 말소해 달라는 간청에 못 이겨 대금지급기일 전
인 2001.01.05.경 선순위 근저당권자인 수산업협동조합중앙회에 피
담보채무를 변제하고 같은 달 06. 근저당권설정등기를 말소시켰고,
원고는 대금지급기일인 같은 달 10. 대금을 지급하고 이 사건 아파
트의 소유권을 취득한 사실, 그 후 신덕자는 같은 해 3.8. 원고를 상

대로 서울지방법원 남부지원 2001가단10575호로 임차보증금 반환청구의 소를 제기했고, 일부 패소판결에 대해 서울고등법원에 항소한 결과, 2002.06.19. 위 법원으로부터 임차보증금 7,000만 원 전부에 대한 승소판결을 선고받아 이 판결이 같은 해 09.30. 상고기각으로 확정된 사실을 인정한 다음, 피고는 강제경매를 당하는 채무자로서 경매 절차에 별 관심이 없었을 뿐만 아니라 법률전문가도 아닌 관계로 신덕자의 독촉에 밀려 선순위 근저당권을 소멸시키면서도 그로 인해 임차권의 대항력이 유지되어 낙찰자에게 대항할 수 있게 되고, 낙찰자인 원고로서는 그 임차보증금반환채무를 인수하게 되어 동액 상당의 손해가 발생한다고 하는 구체적인 사실 내지 법적 효과에 대해 확실히 알고 있었다고 볼 수 없으므로, 원고에게 이러한 사정을 고지하지 아니했다고 하여 피고에게 손해배상책임을 물을 수는 없고, 한편으로는 경매의 특성상 경매에 참가하고자 하는 자는 자신의 위험부담하에 경매 목적물에 관한 권리관계를 분석해 자신의 책임으로 입찰하는 것이라는 점에서도 피고에게 손해배상 책임을 물을 수 없다고 판단했다.

2. 이 법원의 판단

이러한 원심의 판단은 다음과 같은 점에서 수긍할 수 없다.

부동산의 경매 절차에 있어서 주택임대차보호법 제3조에 정한 대항요건을 갖춘 임차권보다 선순위의 근저당권이 있는 경우에는, 낙찰로 인해 선순위 근저당권이 소멸하면 그보다 후순위의 임차권도 선순위 근저당권이 확보한 담보가치의 보장을 위해 그 대항력을 상실하는 것이지만, 낙찰로 인해 근저당권이 소멸하고 낙찰인이 소유권을 취득하게 되는 시점인 낙찰대금지급기일 이전에 선순위 근저당권이 다른 사유로 소멸한 경우에는, 대항력이 있는 임차권의 존재로 인해 담보가치의 손상을 받을 선순위 근저당권이 없게 되므로 임차권의 대항력이 소멸하지 아니하고(대법원 1998.08.24. 자 98마1031 결정 참조), 선순위 근저당권의 존재로 후순위 임차권이 소멸하는 것으로 알고 부동산을 낙찰받았으나, 그 후 채무자가 후순위 임차권의 대항력을 존속시킬 목적으로 선순위 근저당권의 피담보채무를 모두 변제하고 그 근저당권을 소멸시키고도 이 점에 대해 낙찰자에게 아무런 고지도 하지 않아 낙찰자가 대항력 있는 임차권이 존속하게 된다는 사정을 알지 못한 채 대금지급기일에 낙찰대금을 지급했다면, 채무자는 민법 제578조 제3항의 규정에 의해 낙찰자가 입게 된 손해를 배상할 책임이 있다 할 것이다.

원심이 인정한 사실관계를 위와 같은 법리에 비추어 볼 때, 피고가 채무자로서 경매 목적물인 이 사건 아파트에 신덕자의 대항력 있는 임차권의 존속이라는 부담이 발생하게 된 사정을 잘 알면서도 낙찰자인 원고에게 이를 고지하지 아니한 이상, 이로 인해 원고가 입게 된 손해를 배상할 책임이 있다 할 것이다.

한편, 경매에 참가하고자 하는 자는 자기의 책임과 위험부담하에 경매공고, 경매물건명세서 및 집행기록 등을 토대로 경매 목적물에 관한 권리관계를 분석해 경매참가 여부 및 매수신고가격 등을 결정해야 하나, 경매기일이 지난 후에 발생한 위에서 본 바와 같은 사정변경에 대하여는 그로 인한 부담을 최고가매수신고인 또는 경락인에게 귀속시킬 수는 없다 할 것이다.

이와 달리 원심은 판시와 같은 이유로 피고에게 손해배상책임을 물을 수 없다고 판단했으니, 거기에는 민법 제578조에 정한 경매와 매도인의 담보책임에 관한 법리를 오해한 위법이 있다.

3. 결론
그러므로 원심판결을 파기하고, 사건을 다시 심리 · 판단하게 하기 위해 원심법원에 환송하기로 하여 관여 법관의 일치된 의견으로 주문과 같이 판결한다.

18

상가건물임대차보호법

2002년 11월 1일부터 상가건물임대차보호법이 적용되었으며, 법 시행 전에 근저당이 설정되어 있다면 적용 안 되며, 임차인의 배당금은 건물 가액의 2분의 1 범위 내에서 우선 배당한다(법 개정시행 2014.01.01.).

그리고 상가 임차인의 보증금 범위는 환산보증금으로 계산하는데 그 계산 방법은 '보증금+월세×100'이며, 세무서의 사업자등록일은 주택임대차보호법의 전입일처럼 적용한다. 배당 시 1순위 근저당 기준으로 해당하지 않더라도 만약 1순위 근저당이 모두 배당되면 그다음 순위의 근저당권을 기준으로 상가건물임대차보호법 적용대상 여부를 다시 판단해야 한다.

상가는 첫째가 위치다. 주택마냥 학군을 따지는 것이 아니다. 접근성과 인구의 이동 경로 어디에 위치하느냐에 따라 건너편 건물과 가격 차이가 천차만별이니 상가는 많은 공부를 하고 고수들의 조언을 듣고 배워야 한다. 상가는 살아 있는 생물과 같아 권리분석도 중요하지만, 물건분석이 특히 중요한 것은 두말할 나위가 없는 것이다.

상가를 싸게 사서 대박을 쳤다 해도 몇 년 후 상권이 완전히 사라져 공실이 수년간 계속되고 그동안 월세 받은 것을 몽땅 토해내는 일도 있다. 따라서 상가에 접근할 때는 고수의 도움이 필요하다는 것을 재차 강조한다.

상가건물임대차보호법의 최우선변제 조견표

담보물권설정일	지역	보호법 적용대상	보증금 범위	최우선변제액
2002. 11. 1~ 2008. 8. 20	서울특별시	2억 4천만 원 이하	4,500만 원 이하	1,350만 원까지
	과밀억제권역 (서울특별시 제외)	1억 9천만 원 이하	3,900만 원 이하	1,170만 원까지
	광역시 (군지역 및 인천광역시 제외)	1억 5천만 원 이하	3,000만 원 이하	900만 원까지
	기타지역	1억 4천만 원 이하	2,500만 원 이하	750만 원까지
2008. 8. 21~ 2010. 7. 25	서울특별시	2억 6천만 원 이하	4,500만 원 이하	1,350만 원까지
	과밀억제권역 (서울특별시 제외)	2억 1천만 원 이하	3,900만 원 이하	1,170만 원까지
	광역시 (군지역 및 인천광역시 제외)	1억 6천만 원 이하	3,000만 원 이하	900만 원까지
	기타지역	1억 5천만 원 이하	2,500만 원 이하	750만 원까지
2010. 7. 26~ 2013. 12. 31	서울특별시	3억 원 이하	5,000만 원 이하	1,500만 원까지
	과밀억제권역 (서울특별시 제외)	2억 5천만 원 이하	4,500만 원 이하	1,350만 원까지
	광역시 (수도권정비계획법에 따른 과밀억제권역에 포함된 지역 과 군지역은 제외한다) 안산시, 용인시, 김포시, 광주시	1억 8천만 원 이하	3,000만 원 이하	900만 원까지
	기타지역	1억 5천만 원 이하	2,500만 원 이하	750만 원까지
2014. 1. 1~	서울특별시	4억 원 이하	6,500만 원 이하	2,200만 원까지
	과밀억제권역 (서울특별시 제외)	3억 원 이하	5,500만 원 이하	1,900만 원까지
	광역시 (수도권정비계획법에 따른 과밀억제권역에 포함된 지역 과 군지역은 제외한다) 안산시, 용인시, 김포시, 광주시	2억 4천만 원 이하	3,800만 원 이하	1,300만 원까지
	기타지역	1억 8천만 원 이하	3,000만 원 이하	1,000만 원까지

＊수도정비계획법 중 과밀억제권역
· 서울특별시, 의정부시, 구리시, 하남시, 고양시, 수원시, 성남시, 안양시, 부천시, 광명시, 과천시, 의왕시, 군포시, 시흥시(반월특수지역 제외), 남양주시(호평동, 평내동, 금곡동, 일패동, 이패동, 삼패동, 가운동, 수석동, 지금동 및 도농동에 한한다)
· 인천광역시(강화군, 옹진군, 서구 대곡동·불노동·마전동·금곡동·오류동·왕길동·당하동·원당동, 인천경제자유구역 및 남동국가산업단지를 제외)

19

배당이란?

　배당이란 목적 부동산의 경매 절차로 인한 매각대금으로 채권자의 채권 변제에 충당하는 절차다. 이 배당할 재원으로 각 채권자의 채권을 모두 만족하게 하기에 충분한 경우 법원은 각 채권자에게 채권액을 변제하고 잔액이 남으면 채무자에게 교부하게 된다.

　그러나 대부분은 변제받을 채권자가 경합되어 배당할 재원으로 채권자들의 채권을 만족하게 하기에는 불충분해 법원은 민법, 상법과 특별법 등에 의해 각 채권자에게 그 우선순위에 따라 순위를 배정해 안분배당한다.

1. 배당의 종류-순위배당, 동시배당, 안분배당, 이시배당 등

　순위배당은 목적 부동산을 매각해 권리 순서대로 배당해주는 것을 말한다. 동시배당은 공동저당권이 설정된 여러 개의 부동산을 동시에 매각해, 동시에 배당하는 경우로 각 부동산의 경매가액에 비례해 그 채권의 부담액을 정한다. 즉 동시배당의 경우에는 공동저당권자의 의사에 따라 부동산별로 임의로 배당받는 것이 허용되지 않고, 각 부동산의 낙찰대금액의 비율로 공동저당권 부동산별 채권 부담액을 안분해, 안분된 금액만 그 부동산으로부터 배당받을 수 있는 것이다.

　이시배당이란 저당 부동산 중 일부가 먼저 경매되어 배당되는 경우, 먼저 배당되는 대가에서 그 채권의 전부를 변제받을 수 있다. 이 경우에 매각된 부동산의 차순위 저당권자는 선순위 저당권자의 공동 저당목적 부동산 전부가 매각되어 동시에 배당되었더라면 다른 부동산의 경매 매각대금에서 변제받을 수 있었던 금액의 한도 내에서 선순위자를 대위해 저당권을 행사할 수 있다. 그렇게 배당받는 것을 이시배당이라 한다.

법원에서의 배당 순위

순위	구 분	내용
1	경매비용	
2	필요비	보일러, 가스, 수도, 전기 등
	유익비	재산의 가치를 증대시키는 비용
3	소액임차보증금	최우선변제에 해당해야 함. 그 기준은 최선순위물건이다.
	임금채권	최종 3개월분 임금과 3년분의 퇴직금
4	당해세	경매 부동산에 부과된 국세(상속세, 증여세. 재평가세), 지방세(재산, 자동차, 도시계획, 종합토지세)
5	압류세금	법정기일 기준
	담보물권	근저당권, 담보가등기, 전세권, 임차권 설정일자 기준
	임차인우선변제권	전입일+확정일자 기준
6	국세, 지방세	법정기일 기준
	공과금	국민연금, 건강보험
	일반채권	

2. 배당표의 자세한 설명과 판례(민법, 민사특별법 참고)

1) 필요비, 유익비

만약 제삼자가 필요, 유익비를 배당받지 못했거나 배당요구하지 않았을 경우는 그 비용을 상환받을 때까지 유치권(민법 제320조)을 주장할 수 있다. 단, 수리할 당시 소유자와의 공사 확인서와 인정한다는 내용의 확인서가 있어야 한다. 저당물의 제삼취득자 필요비, 유익비는 당해 부동산의 보존, 개량을 위해 지출한 비용은 민법 제203조(점유자상환청구권) 규정에 따른 저당물의 경매대금에서 우선 상환받을 수 있다(민법 제367조 규정). 이때 제삼취득자는 지상권, 전세권, 임차권 등을 취득한 자다. 필요비, 유익비를 상환받기 위해서는 이를 증명해 배당요구종기일까지 그 법원에 상환을 청구해야 한다.

2) 소액임차보증금(최우선변제)

주택임대차보호법의 보증금은 제한이 없으며, 차임은 포함되지 않는다. 상가건물임대차보호법은 상한 제한이 있으며 환산보증금이 상가건물임대차보호법 규정을 넘으면 적용대상이 안 된다. 소액임차인에 해당한다 하더라도, 적법한 배당요구를 하지 않았다면, 배당에서 제외됨은 물론이고, 후순위 채권자를 상대로 그 반환을 청구할 수 없다(대판. 98다12379).

3) 당해세란?

경매 목적물의 자체에 부과된 세금, 즉 국세, 지방세와 그 가산금이다.

- 국세 : 상속세, 증여세, 재평가세
- 지방세 : 재산세, 도시계획세(취, 등록세는 당해세 아님)

4) 공과금

국민연금, 건강보험료, 산재보험료는 납부기한 이후 설정된 일반채권에 우선한다.

5) 일반채권

집행력 있는 집행권원을 소지한 자는 배당요구종기일까지 배당요구해야 한다.

꼭 알고 넘어가야 할 판례

※담보물권자는 그보다 앞서 등기된 가압류채권자에 대하여 우선변제의 권리는 없으나, 가압류 채권자와 안분배당 받을 수 있다(대판 86타카2570).

※가압류 후에 가압류 목적물이 제삼자에게 이전되고, 가압류채권자가 집행권원을 얻어 제삼취득자가 아닌 가압류채무자(전 소유자)를 집행채무자로 하여 그 압류를 본 압류로 이전해 강제집행을 실행한 경우 제삼취득자에 대한 채권자는 당해 가압류 목적물의 매각대금 중 가압류의 처분금지효력이 미치는 금액에 대하여는 배당에 참여할 수 없다(대판98다43441).

※(甲)가압류 후 ⇨ 소유권(乙)에 이전 ⇨ (丙)가압류&근저당 설정
└→경매 신청 ⇨ 1순위배당 ⇨ 잉여금이 있으면(乙)의 채권자(丙)에

게 배당.

※전 소유자의 일반채권자(가압류하지 않은 채권자)는 배당에 참여할 수 없다(대판97다57337).

※배당결과 남는 잉여금이 있어도 확정일자가 없는 임차인은 배당요구해도 최우선배당, 소액보증금 외는 배당 받지 못한다(배당이의 소).

※배당기일 출석해 손을 들어 구두로 이의제기를 한 후 그 자리에서 시정이 안 되었다면, 1주일 내 배당이의 소 제기를 해야 한다. 단, 배당일에 출석해 이의신청하지 않은 자는 배당이의 소를 제기하지 못한다(대판79다1846 부당이득반환청구).

※당연배당자가 배당일에 참석하지 않아 배당이 확정된 경우 배당이 부당하다면 부당이득반환을 구할 수 있다(대판96다51585. 93다55241).

※배당받을 자가 배당을 못 받고, 배당받지 못할 자가 배당받았다면, 받은 자를 상대로 부당이득반환청구권을 가진다(대판99다26948).

권리의 배당사례 조견표

권리 순서			배당순서	비고
1	2	3		
근저당(갑)	근저당(을)		근저당(갑) 〉 근저당(을)	
근저당	가압류		근저당 〉 가압류	
가압류(갑)	가압류(을)		가압류(갑) = 가압류(을)	
가압류	근저당		가압류 = 근저당	
가압류	근저당	우선변제권	가압류 = 근저당, 가압류 = 우선변제권, 근저당 〉 우선변제권 따라서 안분배당 후 흡수배당	
근저당	가압류	우선변제권	근저당 〉 가압류 = 우선변제권	

20

명도(이사 내보내기)

　경매 경험이 전혀 없거나 몇 번 있어도 경매인들이 가장 힘들고 두려워하는 것이 바로 명도다. 그래서 "명도가 경매의 꽃"이란 말이 있으나, 필자는 임장이 경매의 꽃이라고 주장한다. 그러나 명도 처리하지 않고는 온전한 내 권리를 다 찾았다고 볼 수 없기 때문에 명도 역시 굉장히 중요하다. 그래서 명도에 대해 자세히 알려드리겠다. 현재 점유하고 있는 자로부터 점유를 넘겨받는 것을 명도라고 말한다. 명도의 기본은 협상(협의)이며, 강제집행은 마지막 보루로 남겨두어야 한다. 이사비 없는 명도는 없다. 이사비의 산정은 강제집행비용 내에서 협상해야 한다.

구분	내용
기본	협의 : 재계약 여부, 이사 날짜, 이사비, 공과금·관리비연체 등 물건 검색, 배당계산, 현장답사 시 판단하고 낙찰대금납부 이전 명도방안 확정
명도확인서	(소액)임차인은 명도확인서 제출해야 배당받을 수 있다. 단, 일부만 배당받는 대항력 있는 임차인, 점유하지 않는 전세권자·소유자는 명도확인서 없이 배당 가능하다. 임차인에게 명도확인서를 미리 발급해줄 경우는 임차인 배당금 중 일부를 낙찰자가 보관하고 이사할 때 반환해주도록 하는 것이 안전하다.
인도명령	대금납부와 동시에 신청하는 것이 유리하며, 대항력 있는 임차인은 전액배당으로 확정된 날(배당기일)로부터 인도명령의 대상이 된다.
명도소송	공매 또는 경매에서 인도명령 대상자가 아닐 때다.

내용증명	시가의 연 20% 임대료 청구(지연손해금 명목), 명도협의 불응할 시 인도명령에 의한 강제집행 신청, 불법점유에 따른 손해배상 및 강제집행비용 청구 등으로 배당금 가압류해 처리한다는 내용으로 점유자를 압박한다(실제 법적 효력은 없음).
점유이전금지가처분	현 점유자가 제삼자에게 점유를 이전해 인도명령의 집행을 방해할 가능성을 차단하기 위함이다. 가처분결정문을 송달받은 날로부터 2주 이내에 가처분집행(집행관과 동행해 결정문 부착, 집기 등 훼손 시 강제집행면탈죄, 기물파손죄, 경고장 작성)한다.
배당금 가압류	점유자의 배당금 가압류(임대료, 강제집행비용, 절차비용, 손해배상 등 명목)는 최우선변제금에는 가압류 불가하다.
각서	이사 날짜, 집기처분 등 (실제 법적인 효력은 없음)
재계약	낙찰자가 점유자와 새로 임대차계약 했다면 인도명령에 따른 강제집행 불가능하므로 특히 주의해야 한다(점유자(종전 임차인)가 계약금만 지불하고 계속 점유하지 않도록 주의).

초보자는 이 정도만 알아도 해결할 수 있을 것으로 믿는다. 시간 나는 대로 숙지하고, 책을 보며 열심히 공부하시라. 하지만 무엇보다 사례를 통해 간접 경험을 하며 배우는 게 좋다. 선배님들의 실제 경험담은 초심자에게는 피가 되고 살이 되는 큰 교훈이다. 이 책에 다양한 실패와 성공에 대한 경험담을 수록했으니 많은 간접 경험을 얻기 바란다.

Part 03

성공한 노숙자의 경매 필살기

이렇게 하면
백전백승이다

01

경매에 임하는
마음가짐과 자세

경매는 큰 욕심 없이 투잡으로 생각하고 기다릴 줄 아는 사람이 성공한다. 부동산 투자는 미련해야 성공한다. 즉 기다림의 미학이라고나 할까?

필자는 부산 사하구 하단이란 곳에서 살았는데, 그곳은 지명처럼 끝 동네 하단이었다. 하단 윗동네에 괴정 대티고개란 마을이 있었고, 거기에 분뇨처리장이 있어 비선호 지역이었다. 그러나 세월이 흐르고 발전하게 되니 분뇨처리장은 사라졌고, 5공 시절 부산의 인구가 급증했다. 수도공급에 문제가 생겨 밀물 때 바닷물이 강으로 유입되어 짠물이 되니, 유입을 막기 위해 둑이 건설되었다. 그러자 땅값이 급등해 동네 사람들이 전부 졸부가 되었다. 땅값이 두세 배 오를 때 약삭빠른 사람들은 다 팔아 다른 곳에 투자도 하고 마이카 붐으로 차를 샀다. 당시 우리나라 최고급 차종이었던 그랜저가 없는 집이 없었으니까. 그러나 10여 년 후, 먼저 땅을 팔고 다른 곳에 사업이나 투자한 사람들은 대부분 하나같이 거지가 되었고, 묵묵히 그 땅에 농사를 계속한 사람들은 수백억 원대 부자가 되었다.

이렇듯 부동산으로 부자가 된 사람들을 보면 다 같이 욕심 없이 기다리고 또 기다린 사람들이다. 결론은 부동산은 사이클이 크기 때문에 5년 아니 10년, 20년을 기다려야 한다는 투자원칙을 알 수 있다. 그러니 나이에 따라 투자해야 한다고 말할 수 있으며, 또한 대출을 내거나 빚을 얻어 산다면 그것은 투자가 아닌 투기다. 왜 나이를 거론하느냐, 지금 70대 노부가 투자한다면 당장 수익이 나는 투자를 해서 생활비 걱정 없이 쓰다가 저 세상에 가면 그것이 행복이지 20년 후 돈이 있으면 뭐하는가?

그러니 60대가 넘으면 땅 투자는 안 하는 것이 정답이고 젊은 30~40대는 땅에 투자하는 것이 정답이다. 그럼 아무 데나 하느냐? 그것은 이 책에서 논하기는 방대하기에 다음으로 미루겠다. 결론은 젊은이는 땅에! 나이 드신 분들은 현금, 즉 월세가 또박또박 들어오는 상가나 임대물건에 투자해야 한다. 그렇게 함에 있어 서두르거나 한 곳에 올인해도 안 된다. 베풀 줄 아는 경매! 남을 배려하는 경매! 기다리는 경매하기를 바란다.

02

이렇게 준비하면
백전백승이다

1. 인구의 증감을 먼저 파악하라

부동산의 불변 원칙은 '수요와 공급의 원칙'이다. 사람이 모이는 곳이면 수요가 많을 것이고 자연히 부동산 가격은 상승한다. 그러나 인구가 계속 감소하는 지역이라면 부동산은 경기와 관계없이 공급이 많아지고 수요가 없으니 부동산은 하향곡선을 그릴 게 뻔한 것이 아니겠는가?

인구가 늘어나는 지역을 보면 분명 이유가 있다. 대기업의 공장이 선다든가 아니면 고속도로나 일반국도가 건설된다면 접근성이 좋아 인구유입이 활발한 곳이다. 이런 곳에 땅이나 주거용건물이나 뭐든 투자한다면 절대적으로 실패할 확률은 낮다.

2. 남보다 한발 앞선 임장을 하라

대부분 경매인이 관심을 두는 시점을 보면 1회 유찰된 후 가격을 보고 현장답사, 즉 임장을 한다. 그런데 이러면 많은 사람이 찾아와 귀찮게 하니 사생활침해도 그렇고 무섭기도 해 문도 안 열어주는 것이 보통이다. 그러나 1차보다 예정물건에 임장한다면 이야기는 달라진다.

처음 오는 사람이고 1차 공고가 되었는지 잘 모른다. 어떤 때는 "우리 집이 경매가 들어갔다고요?" 오히려 묻는 분들도 있다. 아마 개시송달이 안 되어서 그럴 것으로 생각한다. 쉽게 내부도 볼 수 있고, 보면서 수리비용도 예측할 수 있고, 사연도 알 수 있고 낙찰받으면 구면이니 명도 또한 쉬울 것이다. 남보다 한발 앞선 임장이 경매의 꽃이다. 2차에 가면 수억 원을 주고 껍데기만 보고 사는 어리석음 때문에 큰 사고를 칠 수 있으니 주의해야 한다.

3. 권리분석은 1분이면 끝이다

권리분석은 기본만 알고 있다면, 절대 어려운 것이 아니다. 말소기준권리만 찾으면 그 뒤에 모든 권리는 대부분 소멸한다. 단, 유치권, 예고등기, 법정지상권, 지상권은 항상 인수라는 것만 알면 되고 '토지인도 청구를 위한 건물철거의 가처분'은 후순위라도 낙찰자에 인수된다는 것을 명심해야 한다.

문제가 되는 것은 선순위 임차인이 있을 때 그 판단이 복잡하고 어려운 것이니 앞에 기술한 내용을 보고 많은 공부하기 바란다. 경·공매에서 가장 공부를 많이 해야 하는 부분이 주택임대차보호법과 민법이고 또한 판례도 숙지해야만 한다. 공부는 민법이나 주택임대차보호법을 외우는 것이 아니라 이해하는 것이다. 90%가 여기에 판단이 잘못되었을 때 보증금을 포기하는 사태가 일어나는 것이다. 돈을 버는 것보다 지키는 것이 더 중요하다는 것은 두말할 필요가 없다.

4. 경매에 임하는 마음가짐이 중요하다

경매로 나오기까지는 과다한 채무나 악덕 채무자의 무성의한 채무변제가 원인이다. 과다한 채무가 부동산 가격보다 월등히 많이 잡혀 있다면, 도저히 팔 수도 없으니 결국 국가가 개입해 처리할 수밖에 없다. 그 처리 과정이 절차에 따라 행해지는데 이것이 경매인 것이다. 그 절차에 따라 우리가 입찰해 최고가로 판단하는 사람에게 낙찰되니, 어찌 채무자(점유자)에게 주눅이 들어 쩔쩔매는가? 당당히 자신감을 가지고 임해야 하는 이유가 여기에 있는 것이다.

5. 경매 공부는 단기간에 마스터하라

이론부터 차근차근 접근해야 하며 어느 책으로 공부해야 할지 모른다면 선배님께 조언을 구하라. 그리고 단기간에 집중해서 공부해야 한다. 왜냐하면, 반복적으로 공부하면 나도 모르게 체계 잡힌 이론이 빠르게 몸에 체화되기 때문이다. 가능하다면 유능한 교수님의 강의를 듣는 것도 좋은 방법이 될 것이다.

학원에 다니면 궁금했던 것을 물어볼 수도 있고, 이야기를 들어보면 책에 나오지 않는 중요한 것들을 많이 들을 수 있고, 또한 수강생 동료들과 친분을 쌓아두면 같은 목적을 가진 사람들이 간접 경험이나 힘들 때 도움을 받을 수 있는 장점이 많이 있다.

앤소니 교수님을 알게 된 것은 '지신' 카페를 통해서다. 글을 읽고 감동도 받아, 교수님의 《전문가도 몰랐던 실전 경매 노하우》란 책을 사서 수십 번 읽었다. 임장 갈 때나 명도하러 갈 때나 비가 오나 눈이 오나 항상 가지고 다녔다. 너무 많이 보니 낡고 헤져 책은 엉망이 되었다. 그런데 나중에 교수님이 그걸 보고 학원에 기념으로 둔다고 해서 드리고, 새 책을 한 권 얻어 왔다. 카페 가입은 2006년도에 '땅부자'라는 닉네임으로 했다. 그러다 2009년, 부산에서 법무법인 '창우'에서 경매 팀장을 할 때 닉네임을 '천지인'으로 바꿨다.

이후 동영상 강의가 나와 '웅진'에서 구입하니 교수님을 곁에 모시고 있는 것만 같았다. 부산에 사는 사람으로서는 획기적인 일이었다. 그동안 학원도 다니지 않고 경매를 몸으로만 체화된 필자는 단번에 175강을 하루 5강씩 열 번 정도(1년여 소요) 시청했다. 그러다 보니 모조리 다 외우게 되었다. 누가 뭘 물어봐도 즉석에서 설명하고 내 경험과 믹스하니 시너지 효과가 났다. 질문에 바로 대답해줄 수 있게 되어 가슴이 뿌듯했다. 카페에서 부산방 회장도 하고, 연회원은 아니지만, 수원 가서 연회원 모임에도 몇 번 참석하고 열심히 칼럼을 올리고 활동하다 보니 '명예 수료증'도 받았다.

그 후 2009년 정들었던, 삶의 애환이 깃들었던 법무사 경매 팀장을 그만두고 나를 위한 경매를 시작했다. 부산, 경남지방에서 닉네임이 알려지고 좋은 소문이 입에서 입으로 전파되어 각 학원이나 대학 평생교육원에서 소개가 들어와 강의도 하곤 했다. 지금은 나이가 많다 보니 특강만 하고 있다.

안수현(앤소니) 교수님의 은덕으로 오늘의 내가 있는 것이다. 필자의 영원한 멘토이고 스승이다. 한번 스승은 영원한 스승 아닌가? 그동안 필자가 섭섭하게 해드린 적도 있으나 필자의 마음은 절대 불변이다.

"앤소니 교수님, 사랑합니다, 건강히 지내십시오, 여기까지 오게 된 것이 다 교수님의 배려와 베푸신 덕이었습니다."

교수님 제자 중 독립해 학원 차리고, 책도 여러 권 낸 훌륭한 분들이 많지만, 지식이 전부가 아니라 인성이 돼야 한다. 아주 간혹 수강생들로부터 좋지 않은 이야기를 전해 들을 때마다 가슴이 아프다. 제발 그러지 말자. 나 또한 책을 내지만 인지도를 높이기 위해? 학원을 차리려고? 절대 아니다. 그러니 이 책을 읽고 학원에 가고 싶다면 수원역 앞 아이메카빌딩 5층 '마스터경매학원'으로 가라. 거기서 필자의 스승 앤소니 교수님을 만나 공부하라. 그래서 경제적 자유는 물론이고 노후 걱정 없는 경매 고수가 되길 바란다.

수도권 독자들은 아래 소개하는 학원(카페)을 노크해보시라.

- 좌포의 부동산 경매 '더 리치'(다음 카페)
- 행복한 부자를 꿈꾸는 사람들(다음 카페)
- 부동산에 미친 사람들의 모임(다음 카페)
- 야생화의 실전 경매(다음 카페)

많은 경매 학원이 있지만 소개하는 학원은 굴지의 경매 학원들이고 강사진 역시 내로라하는 분들이다. 서울분들은 참고하고 관심이 생기면 방문하기 바란다.

6. 인터넷 경매 카페에 가입하라

인터넷 카페는 대부분 카페지기가 경매 고수들이다. 집에 앉아서 간접 경험하기는 카페만 한 것이 없다. 이론이든 현장 경험이든 간접 경험으로 숙지하기 좋은 자료들이 넘친다. 입맛에 맞는 카페를 선택해 가입하고 열심히 활동해 일반 정회원보다는 높은 레벨의 우수회원이 되면 더 많은 고급정보를 만날 수 있다. 단, 보기만 하지 말고 기고자의 노고를 생각해서 댓글을 남기자. 그것이 예의다.

7. 투자는 목적이 분명해야 한다

남들이 근린시설이나 상가가 좋다니까 무조건 따라 하다가 공실로 관리비, 이자를 감당하지 못해 결국 경매로 마무리 짓는 분들이 너무도 많다. 목적 없는 투자는 금물이며 누구의 현혹도 따돌릴 수 있는 소신, 자신만의 투자자가 되어야 한다. 공실일 때 어떻게 대처하겠다는 자기만의 핵심도 없이 남을 따라 하는 것은 위험하다. 모든 책임은 본인의 판단에 따라 자신이 지는 것임을 알아야 한다.

8. 물건도, 수익 창출 수단도 여러 가지다

재개발 지역에서는 대지 지분이 큰 빌라가 인기가 있고, 골목 길 도로라도 낙찰받고 재개발된다면 $30m^2$ 이상이면 조합원이 될 수 있다. 또한, 똑같은 상가라도 1층 정문 대로변이나 엘리베이터 바로 앞의 상가, 이왕이면 안쪽의 상가보다 밖이 훤히 보이는 창 가 쪽 상가, 대로변 교차로 코너 상가 그리고 구분된 상가가 인 기가 높다. 부동산은 위치가 핵심이며 또한 가격을 좌우하는 요 인이다.

9. 시대와 지역에 따라 인기 물건이 다르다

주택이든 상가든 사람들이 많이 모이면 임대 수요나 매매확률이 아주 높다. 이왕이면 그 지역 주민들의 주 이동 경로와 인접한 상 가나 주택을 목표로 정하는 것이 절대 실패하지 않는 요인임을 명 심하자. 현재를 보지 말고 장래를 보고 투자해야 한다. 사람이 모 이는 곳과 흐르는 곳을 파악하라. 좋은 곳을 낙찰받기 어려우니 우 리가 특수물건을 공부하는 것이다. 또한, 개발이 한창 이루어지는 제주나 세종시 같은 곳은 특히 땅이 주거용보다 활발히 거래되고 상승률 또한 전국최고 상한가를 치는 것 아니겠는가?

10. 보기 좋은 떡이 먹기도 좋다

똑같은 평형대라도, 방향과 일조권, 층수에 따라 수천만 원의 차이가 발생한다. 외장도 봐야 하고 내부 인테리어도 같은 값이면 몇 군데 견적을 보고 디자인을 멋지게 해야 매매 임대가 수월하다. 주택도 주택으로 보지 말고, 상가도 상가로 보지 마라. 우리 경매인은 어떻게 그 부동산을 극대화하고 치장을 해서 많은 값을 받고 팔 것인가가 문제 아니겠는가? 즉 부동산 성형외과 의사가 되어야 한다는 말이다.

11. 초급매물 가격을 알아보라

부동산 중개업소에 가서 알아보면 똑같은 호수의 매물인데도 중개업소마다 가격이 제각각인 경우가 허다하다. 이는 경매인에 대한 편견 때문이기도 하다. 따라서 진정성을 가지고 나는 앞으로 당신의 잠정고객이라는 인식을 심어줘야 한다. 공인중개사가 믿음을 갖고 모든 브리핑을 하게 만드는 경매인이 되어야 한다. 누구나 진정성 있게 대화하면 믿음을 주고, 좋은 물건이 나오면 제일 먼저 연락할 것이다.

12. 오감(손품, 발품, 눈품, 귀품, 말품) 테크로 팔아야 한다

경매는 많은 노력과 품을 팔아야 하며 품을 팔은 만큼 보답하는 것이다. 아무리 부동산을 잘 알아도 현장에 가서 보면 안 보이는 것도 보이고, 아침에 한 번 더 가면 보지 못한 부분이 다시 들어오고 밤에 가면 치명적인 부분도 알 수 있다. 역시 임장은 몇 번이고 시간 날 때마다 가봐야 한다는 것을 느끼고, 또한 모든 경매 사건은 똑같은 것은 없고 현장에 모든 것이 답이 있음을 깨달아야 한다.

13. 고수를 멘토로 모셔라

경매 고수는 피와 눈물로 경험한 노하우를 잘 풀려고 하지 않는다. 그 사람도 처음 배울 때는 시간과 돈을 많이 들여 배운 것을 인정하고 대접도 하고 예의를 갖추고 평소에 잘하면 경매의 엑기스를 줄 것이다. 조금 섭섭하다고 배신하면 언젠가는 엄청난 손해가 돌아올 수 있다는 걸 염두에 두어야 한다. 세상은 무서운 것이다. 고수도 대가를 치르고 배운 것이니 작은 성의라도 표시할 줄 알아야 진정으로 당신을 제자로 볼 것이다.

되도록 공동투자는 삼가고, 감언이설에 속아서 전 재산을 날리지 않기를 바란다. 기획부동산이나 감언이설로 속여 돈을 끌어모아 도주하는 경매 강사에게 속지 마라. 무엇보다 본인 내면의 구렁이 같은 더러운 마음이 먼저라는 것을 스스로 느끼고 자중하며, 진정한 투자자의 자세를 갖추길 진정으로 조언한다.

필자도 경매 책을 수십 권 읽었다. 그중 좋은 책, 희망을 주는 책도 많았지만 개중에는 허무맹랑한 타이틀로 현혹하는 책들도 많다. 실전 사례에 성공한 사례만 있고 실패 사례는 그 어느 책에서도 찾아볼 수 없었다. 물론 훌륭한 고수분들이라 그럴 수도 있겠으나 필자는 나와 같은 실패를 범하지 않도록, 도움이 되었으면 하는 마음으로 다양한 경험을 소개하는 것이다.

경매한 지 3년 되던 해 겪은 쪽박 사례

여러분들도 경매하다 보면 이러한 일 당하지 말란 법 없으니 간접 경험 삼아 읽고 가슴 깊이 새기길 바란다. 이글은 경매 3년 차 된 해 필자가 당한 내용이다. 경매 3년 차 되니 몇 번의 패찰과 낙찰로 경매에 자신이 조금 붙고 종잣돈은 조금씩 늘어나 7,000여만 원의 돈이 수중에 있었다. 신불자다 보니 남의 명의를 빌려 한다는 것이 여간 신경 쓰이고 힘든 일이 아니었다. 그러나 열심히 한 덕분에 큰 종잣돈을 마련하니, 세상이 내 것 같고, 영롱한 별빛도 나를 축복해주는 것 같았다. 늘 들뜬 기분으로 살아가고 있는 자신이 자랑스럽고 대견했다.

누구나 경매를 하다 보면, 좋은 물건이 있으면 하나 소개해달라는 부탁을 받는다. 그러나 경험상 이런 부탁은 정중히 거절해야 한다. 시원찮은 실력으로 하다간 쪽박 찰 일이 많이 있기 때문이다. 그러나 필자는 자신감도 있었고, 어차피 컨설팅해서라도 수익을 올려야 하는 처지라 받아들였다.

초보라 그럴 단계는 아니라고 극구 사양하곤 할 때쯤, 중소기업을 운영하는 젊은 기업인인 전○○ 사장님으로부터 제의가 들어왔다. 잘 아는 분이라 거절하기도 그랬다. 자기는 주례에 살고 있지만 누님이 신평동 한신아파트에 전세로 살고 있는데, 같은 동 1306호가 경매에 나왔다며 꼭 낙찰받아야 한다는 것이다. 극구 사양했지만, 돈은 모두 자기가 대고 200만 원 주겠노라고 부추겼다. 그래서 그렇게 하기로 하고 물건검색과 권리분석에 들어갔다.

권리분석

※소유자(채무자) : 이○철

1. 근저당	1996.04.20.	사하농협 78,000,000원(경매 신청자)
2. 근저당	1998.01.13.	삼보상호신용금고 65,000,000원
3. 가압류	1998.04.20.	사하농협 28,186,000원
4. 가압류	1998.06.27.	대한보증보험 53,460,000원
5. 압류	1998.12.31.	사하구청(세무과)
6. 임의경매	2001.03.26.	사하농협
7. 압류	2001.04.04.	서부산세무서

※임차인 현황 채무자 주민등록 전입됨(폐문부재)

물건분석 : 초역세권이고 1994년에 건축해서 싸고, 6~7년 정도밖엔 안 되어 새 아파트다. 25층 중 13층. 낙동강이 내려다보이고, 을숙도 철새도래지도 한눈에 볼 수 있으며 다대포 앞바다도 보이고, 뒤로는 산이라 공기도 좋고 입지는 최고다. 마을버스는 정문에 정류소가 있어서 항상 이용할 수 있으며 3분 정도 걸어가면 지하철 종점과 버스 노선이 여섯 개나 있어서 생활에 전혀 불편이 없다. 단점은 약간의 고지라는 점.

- **가격** : 세 개 중개업소에 물어보니, 1억 3,000~4,000만 원 정도라고 한다.
- **감정평가** : 한 중개업소 대표가 감정평가사가 조사 나왔을 때 일부러 저평가로 말했는데, 51평형이라서 잘 팔리지도 않고 그것이 관례라고 한다. 싸게 낙찰되면 팔기 쉽기 때문이라고 하니, 이해는 간다.
- **입찰가 산정** : 소형평수(24평형, 32평형)는 95~103% 정도 낙찰되고, 중대형 평수는 보통 83~93%, 입찰자 수 역시 적다. 그래서 1억 510만 원으로 잡았다.

입찰 전날 770만 원을 입금받았다. 불길한 예감이 엄습해 200만 원을 올려 입찰금액 1억 707만 원을 적어 네 명 중 150만 원 차이로 낙찰에 성공했다. 임장 시 몇 번 벨을 눌러도 주인을 만날 수 없어 허탕을 쳤다. 앞집에 물어보니, 여자분 혼자 사는 것 같고, 반상회도 안 나오고, 주인 아내인지 누군지 모른다. 나 역시 소유자의 처라고 생각했다. 어느 미친 여자가 남자 혼자 있는 데 세를 살겠나? 매각물건명세서나 현황조사서에도 채무자소유자 점유라고 나오니, 명도 저항이야 세입자보다 크겠지만 큰 걱정은 하지 않아도 될 것 같았다. 1주일 후 매각이 결정 나고, 대금납부통지서가 왔다. 그동안 이상하게 꿈자리가 시끄럽고 해서 대법원사이트에 들어가 몇 번이고 살펴보아도 아무런 변화는 없었다. 등사 신청해 소유자의 전화번호를 확인하고, 임차인 내역은 어디에도 없어 안심했다. 통지서를 받고 난 10여 일 후 소유자인 이○철에게 전화를 했다.

"누구십니까?"

삶에 찌든 피곤한 목소리다.

"안녕하세요? 저, 이번에 이 사장님의 아파트를 낙찰받은 전창○라고 합니다!"

"그래서요."

"언제쯤 이사할 수 있는지 여쭤보고, 이사 날짜를 상의하고 싶어 전화 드렸습니다."

"잔금 치렀소?"

"아직 내지는 않았습니다만, 날짜도 있고 해서."

"아직 나와 이야기할 자격이 없으니, 잔금치고 이야기합시다."

'뚝!' 하고 전화가 끊어졌다. 뭔가 포스가 느껴지는 아주 노련한 기사 같았다. 며칠 후 전 사장님에게 잔금납부 상의를 했다. 잔금이 모자라니, 우선 대출해서 납부하기로 하고 전화 주겠다고 한다. 며칠 후, 부산은행에서 잔금대출해 소유권 이전했으니, 일주일 정도면 등기부등본을 받을 수 있다고 한다. 곧 소식이 있을 거라고 이제 합법적인 소유권이 이전되었으니, 내가 소유자 행세를 하며 명도협상에 들어갔다.

우리나라 최고수라도 당할 수밖에 없었던 상황이 벌어졌다. 소유자 이○철에게 전화했다. 처음엔 전화를 받지 않더니, 두 번째 다시 걸으니 받는다.

"여보세요, 낙찰자인데요. 잔금 내고 명의이전했으니, 이제 어찌하실 계획입니까?"

"음, 알겠습니다. 저야 뭐, 짐만 옮기면 되니까? 집을 구할 동안 한 달만 여유를 주시면 조용히 비워 드리지요."

"그럼 날짜 잡으셔서 연락 주십시오."

야, 진짜 사업하던 분이라 다르네. 구질구질한 것도 없고 명도가 이렇게 쉽게 될 줄이야 생각도 못 했다. 20여 일 후 아침, 운동하고 있는데 전화가 왔다. 내일 이사할 테니 50만 원만 달란다. 하하, 한 100만 원 잡았는데?

다음 날 아침 10시에 도착하니 용달차 두 대가 와서 이삿짐을 싣고 있었다. 엘리베이터를 타고 올라가 보니 과연 52평형이라 컸다. 감탄사를 연발하고 집을 둘러보았다. 방은 네 개, 대리석 바닥, 거실 인테리어가 죽인다. 언제 수리했냐고 물어보니 분양받고 수리한 것이라 한다. 기분이 너무 좋아 50만 원짜리 수표 한 장을 건네고 고맙다고 10만 원 밥값이라고 인사까지 드렸다. 관리비 정산도 다 했다니 확인차 관리소장을 만났다.

"축하합니다. 앞으로 잘 봐주십시오. 그런데 지금 이사하시나요?"

"예, 지금 하고 있습니다."

"짐이 많을 텐데, 그 사장님 이 집 사고 처음 오신 거 같은데."

"아뇨, 별로 짐은 없던데요?"

그러고 다시 아파트로 오니 짐을 다 실었고, 고맙다며 인사를 나누었다.

"저, 우리 집에 세 사시는 분은 대만 여자분인데 한국에 산 지 오래돼서 말은 잘 통할 겁니다. 혼자 여기 와서 직장 생활하는데 저녁 9시나 되어야 올 겁니다. 서로 잘 타협하세요."

"예? 무슨 말씀이신지? 세입자라니요?"

소유자의 이야기는 이러했다. 이사 오고 얼마 안 돼 부인과 사별해 집도 보기 싫고, 팔리지도 않고. 돈도 별 필요 없고, 집에 오면 와이프 생각에 잠 못 이루어 세를 줬는데, 그 여자가 바로 대만 여자란다. 아이들은 부모님께 맡기고, 방이 네 개니 구석진 뒷방을 짐 보관용으로 쓰기로 하고 전세로 싸게 줬단다. 대만 여자는 1996년 3월 10일 계약하고, 열흘 후 이사 와서 지금까지 살고 있으니 보증금 주면 바로 나간다고 이야기한다. 하늘이 노랗고, 눈에 아지랑이가 피고, 현기증이 나서 쓰러질 것 같았다. 가방에 서류를 뒤져 대항력이 있나? 없나? 봐야 했다. 뒤져보니 서류를 집에 두고 가져오지 않았다. 떨려서 운전할 수가 없어 택시를 타고 사무실로 향했다. 책상 서랍장에서 서류를 꺼내서 말소기준권리와 전입했다는 날짜를 확인했다. 말소기준권리는 1996년 4월 20일 사하농협 근저당. 세입자는 1996년 3월 10일 세입자? 아, 큰일 났다. 법이 어떻게 되는지, 경매 책을 뒤져봐도 어디에 있는지, 내용이 어떻게 되는지 전혀 찾을 수가 없다. 누구에게 물어볼 사람도 없다. 학원이라도 다녔다면 경매에 대해 아는 지인이라도 있겠지만. 물어볼 곳이 없으니, 일단 지신 카페에 가입해, 경매 Q&A에 질문을 올리고 다시 현장으로 갔다.

집주인한테 전화했다. '뚜뚜' 통화 중이다. 계속 통화 중이다. 아, 미치겠네. 휴, 전화한들 뭘 하겠나? 정신 차리고 밤을 지새우더라도 세입자라는 사람을 만나야 했다. 점심때가 지났어도 배도 고프지 않았다. 오후 5시경 슈퍼에서 빵과 우유를 사 입에 넣으니 구역질이 나온다. 지루한 기다림의 시간, 저녁 늦도록 계단 위 현관 앞에서 쭈그리고 기다렸다. 엘리베이터 움직이는 글자만 눈이 빠지라 응시했다. 저녁 10시가 다 되어 현관문 앞에서 열쇠를 끄집어내는 여자가 눈에 어렴풋이 보인다. 중간 계단에 있다 뛰어내려 사정없이 손목을 잡아끌었다.

"어, 어머, 강도야!"

"아니요! 강도 아니요. 이 집 산 사람이란 말이요. 아줌마 만나러 왔소."

진정시키고 자초지종을 이야기했다. 그리고 세 얼마에 사느냐고, 언제부터 사느냐고 물었다.

"왜 그걸 묻습네까?"

한국말이 약간은 서툴다. 차분히 물어보니 이름이 홍화영(鴻和影)이다. 외국인등록증을 보고 등록번호를 적었다. 전세금은 7,000만 원이란다. 계약서도 보여준다. 휴, 내일 다시 오겠다고 약속하고, 집으로 돌아왔다.

부부는 직감으로 아는가 보다. 아내는 무슨 일이 있느냐고, 이사는 갔느냐고 묻는다. 아무 대답도 하지 않았다. 하고 싶지도 않고, 할 말도 없었다. 차려주는 밥을 먹을 수가 없어 물을 부어 후루룩 마셨다.

컴퓨터를 켜고 카페에 답변이 올라온 것을 확인했다. '유슈아'라는 닉네임의 여자분으로 상당히 고수라고 알고 있는 분이었다. 그분의 답변은 다음과 같았다.

꼭 알고 넘어가야 할 법률

제외동포의 출입국과 법적 지위에 관한 법률(이하 '법')을 살펴보면 제외동포란?

1. 대한민국의 국민으로서 외국의 영주권을 취득한 자 또는 영주할 목적으로 외국에 거주하는 자(재외국민),
2. 대한민국 국적을 보유했던 자 또는 그 직계비속으로서 외국 국적을 취득한 자 중 대통령이 정하는 자(외국국적 동포)를 말하고, '이 법'은 재외국민과 출입국관리법 제10조의 규정에 의한 체류자격 중 체류자격을 가진 외국국적 동포의 대한민국에서의 출입국과 대한민국 안에서의 법적 지위에 관한 적용된다(이 법 제2조, 제3조).
(중간생략)

이 법 제9조(주민등록 등과의 관계)에서는 "법령에 규정된 각종절차와 거래관계 등에서 주민등록증, 초본, 외국인등록증 신고사실증명을 요하는 경우에는 국내거소증 또는 국내거소사실 증명으로 이에 갈음할 수 있다"라고 규정하므로 국내거소신고를 위 임차주택소재지 지번으로 했다면 주택임대차보호법에 의한 보호를 받는다.

몇 번을 또 읽고 읽었지만, 나에게는 사형집행문과 같았다. 다음 날, 9시 출입국 관리사무소를 찾아 이름과 등록번호를 적어 확인 요청하니 알려주는데, 거주지도 등록번호도 정확히 신고되어 있다. 이제 나는 죽은 목숨이다. 오늘이 10월 6일이니 배당이 끝난 지 10여 일이나 지났다. 법원으로 가서 경매계장에게 물었다.

"계장님, 저 좀 살려주십시오."

"무슨 말씀입니까?"

"다름이 아니라 말입니다."

사정 이야기를 했다.

"아니, 진작 알아보고 불허가 신청을 하셔야지. 배당까지 끝나 경매 사건은 종결되었습니다."

"그럼 어떻게 해야 합니까?"

"나가서 변호사 사무실에 가서 알아보셔야 할 것 같습니다.

변호사 사무실을 찾아 면담했다. 그러나 임차인이 아무런 신고 (배당요구)가 없었고 채권자들이 부당이득을 보았다고 할 수가 없으니 어쩔 수가 없으니 잘 타협해보라는 말밖엔 없었다. 아, 낙찰자 전○○ 사장에게 이 사실을 알리고 나의 실수를 이야기할 수밖에 없었다. 만나서 자초지종을 말했다.

"아니 컨설팅하는 분이 그런 것도 모르고 컨설팅합니까?"

대답은 단호했다. 할 말이 없었다. 그 후 두 달여가 흘러 지인을 만나 합의를 유도해달라고 간곡히 말했다. 오랜 설득 끝에 현 시가가 1억 4,000만 원 정도 하니 공인중개사 소개로 산 요량하고 전 사장님 2,500만 원(의뢰인), 내가 4,500만 원 부담하기로 해서 7,000만 원을 주고 명도했다.

명도하고 이사 가는 날, 송도 바닷가에 갔다. 죽고 싶었다. 벌써 10월이 되니 바닷가에 연인들은 팔짱을 끼고 데이트하는 모습과 가족들과 손잡고 거니는 사람들을 보고 있으니 하염없는 눈물이 비 오듯 했다. 몇 시간을 울었는지 모른다. 하느님도 원망스럽고 천지신명도 원망하며 왜? 나에게 이런 고통을 주는지… 하늘을 쳐다보고 욕을 하며 고래고래 소리 질렀다. 철썩이는 파도 소리에 메아리는 묻힌다. 얼마나 굶었는지 몰골은 산 송장이고 씻지도 않아서 거지가 따로 없다. 몇 시간을 울었는지? 눈이 부어올라 앞이 보이지 않았다. 지금도 그때를 생각하면서 글을 쓰니, 나도 모르게 눈물이 흐른다.

집으로 돌아와 희미한 불빛에 소파에 웅크리고 누워 있었다.

"여보, 일어나요. 당신이 기둥인데 난 누굴 믿고 살라고…."

말없이 돌아서서 어깨를 흔들며 흐느끼는 아내를 보니 화가 치밀었다. 책상과 컴퓨터고 모조리 다 부숴버렸다. 아내는 말리지도 않는다.

"하고 싶은 대로 하세요. 당신이 화가 풀릴 수만 있다면…."

내 풀에 지쳤다. 아이가 엄마 품에 안겨 아이가 울듯이 아내를 안고 "미안하다! 미안하다!" 하며 둘이 얼마간을 흐느꼈다. 임장을 소홀히 한 대가는 너무나 처참했다. 낙찰 후라도 알았다면… 얼마든지 매각불허가나 매각허가이의신청이라도 할 기회는 얼마든지 있었는데. '괜찮겠지' 하는 안일한 생각으로 아무 생각이 없었다. 뒤늦게 후회한들 뭐하겠나? 잔금도 다 치르고 배당까지 끝났는데 말이다.

그 후 또 한 번 법원 경매계에 가서 자초지종을 이야기하고 구제방법을 물어보니, 아무것도 할 방법은 없단다. 법원에 가서 물었다.

"세입자가 신고한 것도 없고, 잔금 다 내고 배당 다 되었는데 부당이득반환청구의 소는 안 될까요?"

"누가 부당이득을 취했나요? 선순위 임차인의 유무는 낙찰자 본인이 조사하고 입찰하는 거 아닙니까? 경매 사건은 이미 종결되었으니 앞에 변호사 사무실에 가서 상의해보세요. 자 그만 돌아가세요."

법원은 정말 너무나 냉정하다. 딱 죽이고 싶도록 미웠다. 경매를 포기하고 조용히 며칠간 쉬었다. 카페도 들르지도 않고 아니 경매라는 글자가 무서웠다. 이렇게 무참히 내 인생은 끝인가? 경매가 너무 무서웠다. 사무실도 나간 지가 10여 일이 넘었다 그만두고 싶었다. 그럼 노후에 뭘 한단 말인가? 아파트 경비원? 아니면 구청일일 공공근로? 참으로 막막했다. 이제 돈도 없다. 돈 2,000여만 원

가지고는 전세도 안 된다. 우선 신불자를 면하자. 한참 개인회생이니 뭐니 사회의 이슈다. 일단 전문 법무사에 상담하고 개인 파산을 선택했다. 아내도 같이 170만 원 주고 법무사에 의뢰했다. 무언가 희망이 보이는 듯했다.

경매로 잃은 것 경매로 찾자. 문득 또다시 내 머리를 스치는 것이 있었다. 컨설팅하다 잃었으니 컨설팅으로 찾으면? 모질게 경매 공부한 2년이 너무 아까웠다. 이렇게 생각하고 투자자 모집방법을 생각하게 되었다. 당시는 변호사나 법무사 외는 입찰대행을 할 수 없었다.

나 같은 브로커가 하면 변호사법 위반, 법무사법 위반이다. 지금도 마찬가지다. 이 세상 법대로만 사는가? 예전 대통령도, 현직 국회의원도, 고위공직자도, 나도 다 마찬가지 아닌가? 전부 비리에 얼룩진 사회가 아닌가? 이렇게 마음을 굳히고 컨설팅을 하기로 다시 마음을 먹고, 이날부터 다시 공부에 올인했다. 그리고 그 결과, 오늘에 이르렀다.

이때부터 나는 임장을 꼭 세 번 이상 하며 점유자를 만나지 않으면 절대 입찰하지 않았다. 지금까지 지켜온 철칙이다. 1차 땐 그나마 문을 열어주는 게 50% 정도여서, 예정물건을 임장하니 거의 90% 정도 만날 수 있었다. 그렇게 하니 아주 마음 편하고 여유 있게 1차가 뜨면 저평가물건을 잽싸게 입찰해 단독으로 낙찰받아 수익을 올렸다. 교육하면서 강조하는 것이 예정물건 임장이다. 그러나 그렇게 하는 분이 거의 없는 것이 현실이다. 아무리 가르쳐도 듣지 않는 걸 난들 어쩌랴. 죽어봐야 저승을 안다잖는가? 대부분 누구는 얼마로 얼마 벌은 무용담만 말한다. 그러나 창피하지만, 나처럼 이렇게 실패한 이야기도 해야 한다. 진작에 이런 판례가 있었고, 알았다면 거금 7,000만 원을 잃지 않았을 것이다. 안타까운 사연이고 내 경매 인생의 오점으로 기록된 사건이다. 여러분도 써먹지 않더라도 알고 있으면 당하지 않을 것이다. 돈을 버는 것보다 지키는 것이 급선무임을 명심하시기 바란다.

꼭 알고 넘어가야 할 판례

재외국민의 거소신고와 주택임대차보호법상 대항력

경매 절차에서 주택임대차보호법상 일정 요건을 갖춘 임차인은 경매 목적물을 매수한 자에게 자신의 임차인으로서의 지위를 보장받을 수 있다. 이러한 임차인의 권리를 임차인의 대항력이라고 하는데 임차인이 경매 절차에서 주택임대차보호법상 대항력을 갖추기 위해서는 말소기준권리보다 먼저 주택인도와 주민등록법상 주민등록을 마쳐야 한다.

그런데 재외국민이나 외국국적 동포는 주민등록법에 따른 주민등록을 할 수 없고 다만 재외동포의 출입국과 법적 지위에 관한 법률에 따라 국내거소신고를 할 수 있을 뿐인바, 이러한 국내거소신고를 주민등록법상 주민등록으로 보아 주택임대차보호법상 대항력 요건을 구비할 수 있는지가 문제 된다. 결론부터 말하면, 재외국민은 국내거소신고는 주민등록법상 주민등록과 법적 효과가 다른바, 국내거소신고를 통해 주택임대차보호법상 대항력을 취득할 수 없다.

A는 캐나다 영주권을 취득한 재외국민으로서, 2007년 6월 12일 아파트 소유자 B로부터 아파트를 임대차보증금 3억 3,000만 원에, 2007년 7월 9일부터 2년간 임차했고, 2007년 7월 4일 국내거소신고를 마쳤다. A의 아내 C와 딸 D는 캐나다 국적을 취득한 외국국적 동포로서 2007년 7월 19일 위 아파트를 거소로 한 국내거소신고를 마치고 그 무렵부터 A와 함께 거주했다. 그런데 법원은 2011년 05월 27일 아파트에 대해 임의경매개시결정을 했고, A는 2011년 8월 16일 임의경매 절차에서 임차인으로서 권리신고를 했는데, E는 임의경매 절차에서 매수인으로 낙찰되어 매각대금을 납부한 후, 2012년 5월 17일 아파트에 대한 소유권이전등기를 마친 후 A에게 아파트를 인도하라고 요구했다.

법원은 이와 관련해, "재외동포의 출입국과 법적 지위에 관한 법률 제9조가 재외국민의 거소이전신고를 주택임대차보호법상 대항요건인 주민등록에 갈음하도록 한 규정이라고 해석하기 어렵고, 재외국민의 국내거소신고를 주택임대차보호법상 주민등록으로 볼 수 없는 이상, 재외국민의 동거가족이 국내거소신고를 갖춘다고 해서 재외국민이 주택임대차보호법상 주민등록을 갖추었다고 볼 수 없으며, 재외동포의 출입국과 법적 지위에 관한 법률 제10조 제4항과 출입국관리법 제88조의2가 외국국적 동포의 국내거소신고에 주택임대차보호법상 주민등록과 같은 효과를 부여한다고 볼 수 없으므로 A 자신이나 동거가족 C, D의 국내거소신고로 주택임대차보호법상 대항력을 취득하지 못했다."고 해서 B의 청구를 인용하는 판결을 했다(서울고등법원 2014.07.08.선고 2013나2027716, 2027723판결).

경매 절차에서 임차인에게 주택임대차보호법상 대항력이 인정되는 경우, 경매 목적물을 취득하는 임차인에게 임대차계약기간 동안 거주를 보장해야 하고 임대차계약기간이 종료되면 임대차보증금을 반환해줘야 한다. 따라서 경매 절차에 참여하려는 자는 주택임대차보호법상 대항력 있는 임차인이 존재하는지에 대해 사전에 판단할 수 있어야 하는바, 거래안전을 위해 임차권의 존재를 제삼자가 명백히 인식할 수 있게 하는 공시방법으로서 주민등록을 주택임대차보호법상 대항력의 요건 중 하나로 명시하고 있는 것이다.

"주민등록이 이해관계인 등의 열람 등을 허용하고 있는 것과 달리, 재외동포의 출국과 법적 지위에 관한 법률은 국내거소신고에 대해 열람 등에 관한 규정을 두고 있지 않은 국내거소신고는 공시 기능이 없어 이를 주택임대차보호법상 대항력 요건인 주민등록과 동시에 할 수는 없다는 것이 법원의 견해다. 따라서 재외국민은 경매 절차에서 불측의 손해를 피하기 위해, 전세권 설정 등기를 경료하거나 근저당권을 설정하는 등과 같은 대책을 강구할 필요가 있다."

이 판결(서울고등법원 2014.07.08. 선고 2013나 2027716, 2027723 판결)은 6년 후의 판결이다. 진작에 이런 판결이 있었다면 아니 소송이라도 한번 해봤으면… 너무나 후회가 밀려온다. 이와 같은 내용을 모른다면 언젠가는 한 번쯤 위험에 처할 수 있으니 익혀두기 바란다.

03

시대적 흐름을 읽고
순응하라

1. 사회의 흐름을 읽어라

경기의 선순환적인 요인도 중요하지만, 더욱 중요한 것은 사회의 흐름이다. 저평가된 물건이나 호재를 찾는다는 것은 미리 연습하고 확인(발품)하는 작업을 하지 않으면 알 수가 없다. 그렇게 하려면 인구가 늘어나는 지역이 아니면 아무리 싸게 낙찰받는다 해도 쓸데없는 헛고생이다. 조금 비싸게 또는 시가에 매입했어도 그곳이 호재가 있고, 앞으로 유망지역(도로, 공단, 지하철, 대기업 투자지역 등)이라면 필자는 잘한 투자라고 칭찬하고 싶다.

2. 경·공매는 싸게 취득하는 하나의 방법일 뿐이다

필자가 특강하면서 자주 말했던 부분이다. 임장할 때는 별로 호감이 가지 않더라도 그 근처 다섯 곳 정도를 방문하라. 주변 부동산 가격을 알고 공인중개사에게 '나는 투자자'라는 인식을 심어주고, 잠정적인 당신의 고객이라는 믿음을 주어야 한다. 그리고 그 근처 시세가 2억 원이라면 1억 8,000만 원 정도의 급매가 있다면 언제라도 매입할 수 있다고 찍어서 말해야 한다. 그러면 연락이 온다.

실례를 들어보겠다. 다음 물건은 얼마 전 공매로 나와 입찰하려고 조사, 분석을 다 마친 것이다. 하지만 얼마 전 다른 곳에 투자해 자금압박으로 필자가 직접 하기엔 무리가 있었다. 너무 아까워서 카페 회원으로 열정적으로 활동하는 박○○ 님에게 알려드렸다. 이후 낙찰되어 고맙다고 컴퓨터까지 선물 받아 잘 쓰고 있다. 이 자리를 빌려 감사의 말씀 드린다. 그 후 공매가 정도로 급매도 한 채 더 취득했다는 소식도 들었다. 그 후 생각보다 빨리 자금이 회수되었고, 공인중개사로부터 연락이 왔다. 2층 급급매가 있는데 필자에게 하라기에 두 말없이 가보고 계약하려는데 주인이 너무 싸다고 한다. 생각해보자기에 공인중개사를 부추겨 1억 7,000만 원에 매입했다. 이것이 '기브 앤 테이크'가 아닐까? 그래서 공인중

매매 날짜	아파트	단지명	면적	금액	층	층/총층	중개사
매매 16.02.23	아파트 배방읍	오르젠중앙하이츠2차 ⓒ 역세권 집상태양호,전망나움,빠른입주	109A/87	20,500	203	5/15	배방중앙부동산공인.. 041-532-2323
매매 16.02.19	아파트 배방읍	오르젠중앙하이츠2차 ⓒ 역세권 아이들키우기좋은집,깨끗함	109B/87	20,000	201	2/15	배방중앙부동산공인.. 041-532-2323
매매 16.02.18	아파트 배방읍	오르젠중앙하이츠2차 역세권	112/89	21,000	201	4/15	중앙1번지공인중개사.. 041-546-0077
매매 16.02.18	아파트 배방읍	오르젠중앙하이츠2차 ⓒ	109B/87	22,000	204	14/15	중앙1번지공인중개사.. 041-546-0077
매매 16.02.12	아파트 배방읍	오르젠중앙하이츠2차 ⓒ 역세권 깨끗함,기본인테리어,전망굿	109B/87	22,000	201	13/15	배방중앙부동산공인.. 041-532-2323
매매 16.02.06	아파트 배방읍	오르젠중앙하이츠2차 ⓒ 역세권 해산잔드느른입주 난향 직상태화상	109B/87	22,500	201	13/15	배방한성단지내공인.. 041-546-2114

개사님, 박○○, 나 이렇게 맛있는 고기까지 먹고, 바로 제1금융권에 대출을 신청했다. 엄청 까다로워졌다고 하는데 1억 5,000만 원 대출 가능하다고 한다. 우리은행은 얼마에 샀든 KB시세(2억 1,000만 원)의 70%! 무피도 한참 무피다.

3. 정부의 정책을 거스르지 말고 순응하라

경매하는 분들이 가장 민감하게 생각하는 부분이 바로 세금, 대출 규제다. "쉬어가는 것도 투자"라고 누가 말하던데, 맞는 말이다. 작금의 현실을, 특히 부동산 이슈를 보면 그 첫째가 '대출규제'다. 지금은 개인에 따라 MCI(Mortgage Credit Insuance, 모기지신용보험)가 차이가 있다. 지금 MCI가 없다면 금융선진화법 강화로 수도권은 70% 대출에 방 빼기라 보면 맞다. 제1금융권은 70%라도 거치 없이 이자+원금을 매월 내야 하니 큰 부담이 아닐 수 없다. 그러나 제1금융권은 이자가 1.7%밖에 안 되고 35년 분할상환 조건으로 하면 1억 5,000만 원 대출에 22만 원 정도 된다. 원금+이자 월 55만 원 정도 되면 이자 주고 10~20만 원 남던 것을, 그냥 원금 상환하며 저축한다고 생각하면 마음이 편하다.

그러나 하늘이 무너져도 솟아날 구멍은 있다. 정부시책에 순응하라. 거스르면 손해고 어렵다. 제2금융권 대출하면 이자가 벌써 3.2%대 이상으로 올라가고 거치기간은 3년 되나 변동금리라 3개월마다 변동 적용하니 많이 오른다. 그리고 대출 역시 70%밖에 안 되니, 자금이 부족하다. 그러면 신용대출로 유도한다. 신용대출하면 문제가 다음 대출 때 일어난다. 신용등급이 2등급 정도 하락한다.

더 겁나는 건 제2금융권 저축은행이나 캐피탈 대출, 카드 대출이 있으면 8등급으로 하향되므로 주의하기 바란다. 선택은 여러분이 알아서 할 일이다. 이해가 잘 안 되는 분들은 필자에게 전화하면 자세히 알려드리겠다. 앞으로 물건이 많아서 그런 게 아니고 대출 규제로 입찰자가 반으로 줄 것이니 좋은 물건 아니면 자제하기 바란다. 기다림도 투자다! 명심하고 초급매만 찾기 바란다.

04

체크 리스트를 가지고
임장하라

경매에 있어 무엇보다 중요한 것은 바로 현장답사다. 이 글을 몇 번이고 반복해서 읽어 꼭 내 것으로 만들기 바란다.

일단 경매 사이트(지지옥션, 굿옥션, 스피드옥션, 태인 등)에 회원 등록하고 서비스 사용기간 동안 마음에 드는 곳을 선택해 결제한다. 사이트에서 좋은 물건을 찾았으면 이제 '임장'을 나갈 차례다. 임장은 '어떤 일이나 문제가 일어난 현장에 나옴'을 뜻하는 말이다. 필자는 임장을 나가기 전, 준비해서 가지고 나가야 할 '임장 전 체크 리스트'를 만든다. 또 임장을 나간 후 체크해야 할 '임장 시 체크 리스트'를 만들어 놓고 확인함으로써 놓치거나 실수하는 것이 없도록 하고 있다. 여러분도 꼭 임장 체크 리스트를 만들어 사용하기 바란다. 임장 시에는 보고 듣고 확인해야 할 것들이 너무 많다. 지금부터 임장 나갔을 때 체크해야 할 몇 가지 사항에 대해 핵심적인 부분을 설명하겠다.

전입세대열람은 기본이다. 문자 그대로 현재의 주거지에 누가 거주하고 있는지에 대한 '신고' 내역을 말한다. 전입세대열람을 신청하기 위해서는 주민센터 아무 곳이나 가서 전입세대열람 신청서를 작성해야 한다. 발급 신청 시 신분증이 필요하니 잊지 말고 주민등록증과 경매 정보지를 챙기도록 하자. 전입세대열람은 신고 내역을 설명해주기에, 경매 정보지와 달리 전혀 상관없는 사람이 거주하고 있는 경우도 종종 있다. 가끔 집합건물의 경우 104호와 103호가 헷갈리게 기재되어 있는 경우도 있다. 따라서 주민센터 직원이 아무도 살지 않는다고 하더라도 경매 정보지에 나와 있는 점유자의 이름으로 다시 한 번 검색해달라고 부탁해 재차 확인하는 것이 좋다.

주변 시설을 확인해보기 위해서는 목적 물건 주변을 돌아보는 것이 좋다. 임장의 기본은 '내가 살고 싶은 집'을 찾는 것이다. 따라서 '내가 이 집에 살면 무엇이 있으면 편할까?' 확인하면, 일이 쉽고 실수가 없다. 이때 지하철역과 버스정류장까지의 거리를 파악하는 것은 기본이다.

건물 외부도 주목해야 한다. 신축건물도 이른바 날림공사한 경우가 적지 않기 때문이다. 특히 빌라는 건축한 지 1년이 되지 않았는데도 외벽에 금이 가 보수한 흔적이 있는 경우가 많다. 건물 내부를 볼 때는 청소 여부를 보자. 쓰레기나 고장 난 물건들을 버려두었는데 며칠째 치운 흔적이 없다면 관리가 안 되는 건물이다. 빌라의 경우, 관리사무소가 없는데도 청소가 깨끗하게 잘 되어 있다면, 공동대표가 일을 추진하는 경우이므로 빌라의 키맨, 즉 관리하는 집(반장 집)을 찾아 궁금한 것들을 물어보라. 그러면 상당한 정보를 얻을 수 있을 것이다.

다음은 물건 내부로 먼저 볼 것은 방의 개수다. 대부분의 경매

정보지에는 평수만 기재되어 있을 뿐 방의 개수와 크기는 나와 있지 않다. 또 볕이 얼마나 잘 드는지를 파악한다. 만약 낮에도 형광등을 켜놓아야 하는 집이라면, 아무래도 임대가 늦게 나갈 수밖에 없다. 또한, 옆집과 너무 붙어 있어 사생활 침해가 있는지 반드시 체크해야 한다.

주방과 화장실 체크는 필수다. 험하고 더러우면 수리해도 되지만, 물이 잘 나오는지 아닌지는 직접 확인해봐야 한다. 또한, 순간적으로 주위를 둘러보아 도배와 장판의 상태가 어떤지도 대략 판단한다. "아, 인테리어가 다른 집들과 다른 것 같은데, 직접 하신 건가요? 훨씬 보기 좋은데요." "주방이 참 깨끗하네요. 정리정돈도 잘 되어 있고요." 이런 말들을 먼저 던지며 호감을 표시하면, 더 많은 정보를 얻을 수 있을 것이다.

가장 중요한 정보는 바로 점유자의 정보다. 문이 열리는 순간 어떤 사람이 거주하는지 파악해야 다음 협상이 쉬워진다. 어떤 빌라의 경우는 주변 환경, 권리분석 등 모든 것이 쉽고 좋아 보였다. 그런데 막상 찾아가 사람을 만나보니 점(占)을 치는 사람인지라, 내부에 불단이 모셔져 있고 절대로 나갈 수 없다는 의지가 대단하기에 입찰을 포기한 일도 있었다.

| Key Point | 사람이 없을 경우, 반드시 점검할 사항

1. 전기계량기

우선적으로 봐야 할 건 전기계량기다. 전기계량기의 바늘이 계속 돌아가고 있다면 사람이 살고 있다는 뜻이다. 그것도 아주 빠른 속도로 돌아가고 있다면 100% 사람이 살고 있다고 보아도 좋다. 만약 계량기가 멈추어 있다면 국번 없이 123에 전화를 걸어 그 지역 한전에 물어보라. 굳이 집주인이라고 거짓말할 필요는 없고, "뭐 좀 물어보려고 하는데요. 혹시 ○○번지 ○○호 밀린 전기세 있습니까? 이번에 경매로 낙찰받게 되면 제가 내야 할 것 같아서요." 이런 식으로 문의하면 정말 친절하고 자세히도 알려준다. 또 경매에 나온 지 오래된 집이라면 언제부터 단전되었고, 언제부터 납부되어 다시 전기가 돌아가기 시작했는지 등을 알아보면 된다.

2. 수도계량기

이 역시 간단하게 한 번만 들여다보면 된다. 만약 수도계량기의 유리판에 금이 가 있거나, 깨져 있다면 겨우내 동파되고 나서 아무도 신경을 안 쓰고 있다는 얘기로, 이는 현재 물이 나오지 않는다는 얘기다. 만약 수도계량기 보호통을 열었을 때 황당하게도 계량기가 없다면, 지독히도 오랫동안 연체를 해 수도국에서 아예 계량기를 철거해 갔다는 얘기가 된다. 마찬가지로 직접 전화를 걸어 재설치 시 비용이 얼마나 드는지 언제부터 철거 상태인지 등을 확인해보면 된다. 하지만 가끔 아주 지독한 분들의 경우 수도와 가스 없이 버티는 분들도 있긴 하다.

3. 우편물

우편물을 갖고 가면 절도범이 되니 절대 우편물에는 손을 대지 말자. 하지만 겉봉투만 슬쩍 보는 것은 괜찮지 않을까? 편지함에 각종 우편물아 수십 통 쌓여 있다면 꺼내본 사람이 없다는 뜻이니 역시 집을 비운 지 오래되었다는 뜻이다.

우편물의 앞장을 슬쩍슬쩍 보면 어떤 사람이 거주하고 있는지 추측할 수 있다.

위의 세 가지 요건에 모두 맞는 집을 하나 발견한 적이 있다. 주위에 수소문해보니 그 집 아주머니를 본 지가 몇 달은 되었단다. 저녁때 다시 찾아가 봤을 때 앞집 아주머니가 결정적인 힌트를 주었는데, 몇 달 전에 황급히 이사했고, 이따금 찾아와 중요한 우편물만 갖고 가는 것 같다는 얘기였다. 낙찰을 받고 보니 정말로 빈집이었다. 너무나 쉽게 명도를 할 수 있었다. 이것을 무혈입성이라 하지 않는가?

이상으로 집을 조사했고, 다음은 주변 공인중개사를 찾아서 매매가격, 전·월세가격과 임대가 잘 나가는지 등을 알아본다. 그 호수에 대한 정보를 알고 있는 중개업소도 있으니 참고하기 바란다. 시골이거나 근처에 중개업소가 없다면 관리실에서 매매를 알선하는 경우도 많다. 또한, 슈퍼나 미용실, 노인정 등 터줏대감에게 물어보면 틀림없다. 참고하기 바란다.

임장을 게을리한 대가는 너무나 황당했다

부산은 2010년에는 아파트 가격이 고공 행진이라 낙찰가가 너무나 높아 울산 물건을 몇 건 임장했다. 양산에 주공아파트 한 건을 보러 가자고 제자한테 연락이 왔다. 현장에 가보니 평지고 남향이며 층수도 로열층이었다. 가격만 정확히 알 수 있다면 입찰해도 무방하나 좀 께름칙한 것은 폐문부재이고, 전입세대가 없다는 것이다. 이런 물건은 모 아니면 도다. 아침 일찍이라 문을 연 곳도 없고 해서 중개업소 유리창의 매물현황판을 보았다. 23평형 1억 1,500~2,500만 원이다. 대지권이 10평이라 소형치고는 크다. 그래서 23평형인가? 눈을 씻고 보아도 그 아래 평형은 없다.

"그런데 이 물건 몇 번이나 임장했나?"

"한 두어 번 와봤습니다."

"그래?"

"선생님, 이거 감정가가 왜 이리 낮습니까?"

"글쎄, 어디 굿옥션 정보 보자. 이 정도 평수면 17~18평형인데? 감정이 2009년 11월이네. 저평가되었나? 자네 임장 와서 몇 군데 중개업소에 물어봤나?"

"예, 두 군데 가봤는데요."

"몇 평형 얼마라고 하더나?"

"23평형이라고 하는 거 같은데요."

"이거 그럼 대박 물건이네. 근데 뭔가 좀 이상한 거 같은데. 여하튼 확실하지 않으니 9,155만 원 정도만 써봐."

"그래 되겠습니까? 남의 물건 저평가하지 말라고 선생님이 이야기하셔서."

"흠, 알아서 해라. 니 돈 니가 하는데, 내가 뭐, 맘대로 할 수도 없고."

"빨리 가십시다. 10시 다 됐습니다."

2009타경31453 ・울산지방법원 본원 ・매각기일 : 2010.10.26.(火) (10:00) ・경매 5계 (전화:052-228-8265)

소재지	경상남도 양산시 중부동 694-1, 양산신도시주공아파트 412동 9층 905호						
물건종별	아파트	감정가	73,000,000원		**[입찰진행내용]**		
대지권	35.65㎡(10.784평)	최저가	(100%) 73,000,000원	구분	입찰기일	최저매각가격	결과
건물면적	49.58㎡(14.998평)	보증금	(10%) 7,300,000원	1차	2010-10-26	**73,000,000**	
매각물건	토지·건물 일괄매각	소유자	김█진,김█우		낙찰 : 102,219,000원 (140.03%)		
경매개시	2009-11-24(신법적용)	채무자	김█진,김█우		(입찰22명,낙찰:부산진구대천동 심█미 / 2등입찰가 93,210,000원)		
입찰방법	기일입찰	채권자	국민은행		매각결정기일 : 2010.11.02 - 매각허가결정		

현장사진　현장사진　지적도　위치도　개황도　현장사진　전자지도　전자지적도

■ 매각건물현황

목록	구분	평형	면적	건축용도	감정가격	(보존등기일:'00.07.12)
건물	13층중 9층		49.58㎡ (15평)	주거용	51,100,000원	▶가격시점:'09.11.30/ 가온감정평가
토지	대지권		49811.3㎡ 중 35.65㎡		21,900,000원	

■ 임차인현황 (말소기준권리 : 2005.09.30 / 배당요구종기일 : 2010.02.24)

===== 조사된 임차내역 없음 =====

기타참고	☞본건 부동산은 폐문부재로 점유자 조사불가하여 관할동사무소의 전입자 주민등록열람하였으나 전입세대 없음

■ 등기부현황 (채권액합계 : 45,506,580원)

No	접수	권리종류	권리자	채권금액	비고	소멸여부
1	2005.09.30	소유권이전(매매)	박█순			
2	2005.09.30	근저당	국민은행	44,200,000원	말소기준등기	소멸
3	2006.02.27	압류	북부산세무서			소멸
4	2007.10.02	압류	근로복지공단			소멸
5	2007.11.20	압류	국민건강보험공단			소멸
6	2009.11.25	임의경매	국민은행	청구금액: 35,143,370원	2009타경31453	소멸
7	2010.05.26	소유권이전(상속)	김█진,김█우		각 1/2	
8	2010.07.16	가압류	양산신도시주공4단지아파트입주자대표회	1,306,580원	대표자 회장 김█진	소멸
9	2010.08.20	김█진지분압류	양산시		세무과-100820	소멸
10	2010.09.29	김█우지분압류	양산시		세무과-100929	소멸

인근진행물건　인근매각물건　공매인근진행물건　동산인근진행물건　주택임대차보호법　상가임대차보호법　시세　실거래가

현장조사보고서　경락잔금

● 굿옥션 현장조사

관리비 등 체납내역 (조사일 2010.11.21 현재)	관리비 담당(055-388-3661)

● 지자체 정보 및 기타현황

인근역과의 거리 (반경 1km이내)	・2호선 양산역 491m
중앙동 주민센터	[626-800] 경남 양산시 북부동 327-2 / 전화번호: 055-388-2501 / 팩스: 055-387-4468 [홈페이지]
관련 사이트	경남개발공사
관련 파일	경남도시개발정비.pdf

● 낙찰사례분석 (경상남도 양산시 중부동 아파트)

나는 다른 물건에 입찰했고, 제자는 아침에 대강 봤던 양산 주공에 입찰한 모양이다. 드디어 사건번호가 불리고 제자가 당당히 낙찰자로 선정되었다. 그런데 2등과 차이가 900만 원이나 난다. 이 무슨 일인가. 난 간발의 차이로 2등에 머물고 말았다. 제자가 새파랗게 질렸다.

"선생님, 큰일 났습니다. 2등 한 분이 이야기하는데 23평형이 아니고 19평형이고, 최고로 받아봐야 1억 원이랍니다. 2등과 차이가 900만 원입니다. 어쩌면 좋겠습니까?"

난 황당하고 기가 막혀서 말문이 막혔다. 그러나 어쩌랴. 엎질러진 물인데 방법을 찾아보자. 그 길로 점심도 쫄쫄 굶고, 양산 현장에 갔다. 중개업소에 들러서 다시 물어봤다.

"얼마나 받을 수 있을까요?"

"아, 경매 나온 거 말입니까?"

"예, 제가 오늘 낙찰받았는데요."

황당하고 미칠 것만 같았다.

"샘요? 포기해야겠지요?"

제자는 은근히 원망하는 눈치였다. 고수라고 믿었을 텐데… 잘 되면 제 탓이고, 못되면 조상 탓이란 말이 있지 않은가?

주공아파트 내 상가 중개업소에 들렀다.

"어, 아까 2등 하신 분 아닙니까?"

사무실에서 자세한 내막을 들을 수 있었다. 내용은 다음과 같았다. 소유자 박○○ 씨가 내연남과 같이 이 아파트에 살았다. 두 사람은 자주 싸움을 했고, 박 씨가 다른 남자를 알고 지내자 내연남이 박 씨를 살해했다는 것이다. 내연남은 복역 중이고 소유자 박 씨 사망 후 계속 비어 있단다. 자식들이 팔려고 내놨으나, '내연녀 살해사건'이라고 소문이 나서 살 사람도 없다. 전세도, 월세도 나가질 않으니 방치했고, 박 씨가 빚이 많아서 자식들은 법원에 상속포기각서를 제출했다. 채권자 국민은행이 대위 상속시켜서 경매 진행한 것을 우리가 낙찰받은 것이다.

며칠 후 내가 주도해서 일을 진행해야 할 것 같았다. 일단 최선을 다해봐야겠다고 마음먹고 다시 제자와 양산으로 갔다. 관리사무소장을 찾았다. 음료수를 사 들고 가서 협조를 구했다. 소장님은 이런 집을 비싸게 낙찰받은 게 안쓰러웠던지 매우 협조적이었다. 우선 협조를 얻어 소장님 입회하에 개문해보자고 하니 안 된다고 한다.

"그럼 자식들을 만나 개문해도 좋다는 확인서를 받아오면 되겠습니까?"

"흠, 알았소."

그렇게 하면 개문해주겠단다. 그 길로 대위 등기된 아들딸의 전화번호와 주소를 알아내 근처까지 갔는데 집을 찾을 길이 없었다. 파출소에 가서 협조를 구하니 또 난색을 보인다.

"누군데 무슨 이유로 찾나요?"

자초지종을 이야기한 후에야 신원조회 후 알려주었다. 집을 찾아가다 우연히 60대 어르신을 만났는데, 본인이 그 딸을 어릴 적부터 보호하며 길렀단다. 친척이냐고 물으니, 자기네 집에 세를 들어왔는데 돌보지 않아 딸처럼 지금까지 보호자 역할을 하고 있다는 것이다. 세상에 고마운 마음씨를 가진 분도 많다.

지금 강원도 갔는데 전화해서 오면 만나게 해주겠단다. 고맙다고 인사를 드리고 돌아와 기다릴 수밖엔 없었다. 그러다 보니 낙찰받고 5일이 흘러간다. 난 매각불허가 신청서를 제출했다. 이중으로 일을 볼 수밖에 없다. 불허가는 기각(채권자의 반대로)되어 허가가 떨어졌다. 난 다시 즉시항고를 제출하려 준비하고 있었다.

'어렵게 돈을 모아 내 집 마련의 꿈으로 비싼 가격에 낙찰받아와보니 살인사건 난 집이라 무섭고 두려워 살 수가 없다. 벽에도 혈흔이 낭자하며 동네 소문이 나 손가락질받으며 살 수 없다. 세를 내놓으려 해도 공인중개사마저 거절한다'며 판사의 마음을 돌리려고 무지 애를 썼다.

경매계장을 만나서 협조를 구하고 설득하니 담당경찰서 살인사건 확인서와 관리소장 확인서를 제출하란다. 다음 날 다시 관리소장 확인서를 받고, 경찰서를 가니 본인 아니면 사건기록공개를 할수 없단다. 휴, 자식들 다 데려오란다. 미칠 지경이다. 낙찰허가이의신청과 감액 신청서를 직접 작성했으나 허사였다.

며칠 후 그 딸을 해운대 카페에서 만났다. 딸은 약혼자와 함께 나타났는데 남자의 반대로 경찰서 동행은 좌절되었다. 아버지 집에 있다는 아들 역시 협조할 리 만무했다. 기억을 떠올리기 싫으니, 집은 마음대로 개방해서 살란다. 상속포기각서도 제출했으니 다 필요 없고, 어머니란 말을 잊었으면 좋겠다고 한다. 얼마나 상처가 깊으면… 이해가 간다. 확인서를 받아 다음 날 소장님 입회하에 열쇠공 불러 열쇠를 바꾸고 디지털 키도 바꾸었다. 내부에 들어가니 섬뜩했지만 뜻밖에 깨끗하고 남향이라 채광이 좋았다. 제자보고 말했다.

"야, 지금 가서 월세고 전세고 다 내놔라. 팔아도 좋고."

"대금납부서도 안 받았는데 팔아도 됩니까?"

"잔소리 말고 시키는 대로 해라. 내가 책임진다."

그 길로 전세, 월세 매매 다 내놨다. 그로부터 3일 후 소식이 온다. 2,000만 원에 40만 원으로 월세다. 난 집사람 암 재발로 수술 전 검사받는 날이라 제자 혼자 보내고 계약을 하라 했다. 대금납부 통지서가 왔단다. 대금납부대출 알아주고 빨리 진행하라 했다. 몇 군데 알아보니 6,500만 원이 가능하다. 그런데 세입자가 집을 아예 사겠다고 한다. 밀고 당기기를 수십 분, 드디어 1억 500만 원에 계약하기로 했다. 단, 복등기로 하고 잔금을 법원에 바로 등기 쳐 달라는 조건으로 했다. 대출 수수료 나가니까. 계약서는 1억 200만 원으로 쓰고, 결국 20일 만에 팔아먹고 본전만 겨우 챙기고 식겁했다. 경매의 꽃은 명도가 아니고, 임장이라는 것을 새삼 느끼는 사건이었다. 원숭이도 나무에서 떨어지고, 운전도 숙달될 때 큰 사고를 낸다.

이 책을 읽은 분들은 꼭 세 번의 임장 후 입찰할 것을 간곡히 권한다. 남을 원망하지 말고, 모든 판단은 본인이 하고, 책임도 본인한테 있다는 것을 명심하라. 얼마에 입찰해야 하느냐고 누구에게도 제발 묻지 말고 본인 책임하에 진행하기 바란다.

이 사건에서 잘못된 것은 임장을 제대로 하지 않았다는 것, 평수를 착각해 최고가 낙찰되었다는 것이다. 그 후 매입자한테서 수없이 전화가 왔다고 한다. "왜 살인사건 난 아파트를 팔았느냐? 다시 사라." 결국은 공인중개사의 중재로 200만 원을 주고 마무리되었단다. 명도는 쉽고도 어려운 것이다. 그러나 상대방 처지에서 배려한다면 그리 어려운 것도 없다.

05

초보자 첫걸음 떼기
- 아파트 경매

1. 평범한 물건부터 시작하라

필자가 경매 초심자님들께 권하는 물건은 소형 아파트다. 평범한 소형 아파트를 왜 추천하는가? 의문이 갈 것이다. 보통 처음 경매하시는 분들은 수천만 원의 종잣돈으로 경매하려고 한다. 물론 수억 원을 가지고 경매하시는 분들도 많다. 그렇게 돈이 많다면 그 어렵고 난해한 법조문을 읽어가며 힘들게 공부할 이유가 없다. 컨설팅비용을 지불하고 편하게 맡기면 그만 아니겠는가?

그러나 대다수는 어렵고 힘들게 살아간다. 직장 생활로 노후를 보장할 수도 없고, 언제 어느 때 갑자기 명퇴할지 모른다는 불안감을 안고 살아간다. 아니 정년퇴임을 한다 해도 자식들 공부시키고 결혼까지 시키고 나면 남는 것은 빚과 늙은 몸밖에 더 있겠는가? 우선 작지만 공부하고 노력해 뭔가 해보려 하니 마땅히 도전할 일도 투자처도 보이지 않는다. 퇴직금으로 장사해보려고 체인점에 투자한 주위 분들도 몇 년 안에 돈 다 까먹고 빈털터리가 되니 이 역시 불안하다. 주식 역시 개미 투자자들은 성공하기가 쉽지 않고, 주식하다 깡통 찬 분들이 더 많으니 더욱 불안하다.

그렇다고 손 놓고 있자니 불안해 지인의 권유로 부동산 투자를 생각하다 경매에 입문하게 된 분들이 많다. 왜냐? 부동산에 대해서는 잘 모르나 어쨌든 땅은 없어지는 것이 아니잖은가? 그렇게 용기를 내 공부하려고 이 책을 집어 들지 않았을까? 아주 잘하셨다. 필자를 믿고 따라 해보는 것이다.

부동산이란 첫째, 잘 팔 수 있어야 가치가 있다고 본다. 수억 원을 투자했는데 잘 팔리지 않는다면 그것은 투자가치가 없는 부동산이다. 그러면 적은 종잣돈으로 어떻게 부동산을 취득할 수 있을까? 여러분에게 묻겠다. 고 정주영 회장이나 삼성의 이건희 회장은 자기 돈으로 기업을 만들고 일으켰나? 다 나랏돈을 이용했다.

수천, 수조 원을 이용한 것은 개인의 능력이라고 넘기고, 우리 같은 서민들은 신용만 있으면 몇억 원은 은행을 이용할 수 있다. 그러므로 은행 80% 대출하고 나는 20%만 투자해, 은행이자 뺀 나머지를 수익으로 모두 챙기는 것이다. 이것이 바로 지렛대 효과다. 여러분도 소액으로 경매할 수 있다. 적은 돈으로 지역에 맞게, 내 형편에 맞게, 감당할 수 있을 만큼 투자를 해야 한다.

하지만 서울 같은 곳에 투자할 데가 없다면? 물론 의아스럽기도 할 것이다. 하지만 서울의 좋은 지역 좀 괜찮은 아파트는 7~8억 원이 보통이다. 아주 변두리 빌라도 2억 원에서 3억 원이고, 더 중요한 것은 대출이다. "대출의 귀재가 되면 경매 도사다!" 이런 말이 있다. 사실이다. 특수물건도 요즘 대출한다고 한다만 필자는 안 해보았다. 그러나 경매를 오래 하다 보면 특수물건은 대박도 있겠지만, 쪽박이 더 많다. 투자금 대비 수익률을 보아야 하는 데 4,000~5,000만 원 가지고 경매하는 분이 대다수인 걸 생각한 다면? 서울 아니 수도권 광역시 신규 아파트 등은 3억 원 이상이 니 80% 대출을 실행해도 7,000~8,000만 원이 있어야 가능하다. 적은 종잣돈으로 한 건 하고 손가락 빨고 2년간 놀까? 바로 팔면 되지 않느냐? 그럼 요즘 단타가 가능한가? 경매 흐름을 모르고 하 는 이야기다.

2002년에서 2005년까지만 해도 낙찰받고 바로 팔면 수익이 기 천은 생기던 시절이었다. 이후 특수물건, 유치권, 지상권, 지분, 더 깊이 선순위 가등기, 가처분, 가장임차인이 유행했지만, 쪽박 찬 사 람 많다. 그러나 쪽박 찬 이야기는 안 한다. 책 써서 유명해지고 사 건에 휘말려 구속된 사람도 있다. 명성을 이용한 사기는 비일비재 하다. 3,000만 원 투자하면 한 달에 얼마 주겠다고 해서 수십억 원 챙겨 해외 도피한 사람도 있다. 그런 사람도 문제지만 그런 사람에 게 말려들어 투자한 사람도 문제가 많다고 생각한다. 도적놈 마음 은 통하기 마련이고 필자는 그 나물에 그 밥이라 생각한다.

정직한 투자를 하라. 경매로 사도 적당히 남기고 적당히 팔라는 말이다. 그 정직한 투자의 원칙은 손품과 발품을 팔아 조사하고 연 구하고 확신하고 투자에 임하는 것이다. 형편과 실력, 능력에 맞 게 투자하다 보면 대박을 만나게 된다. 초보가 고수 따라 하면 가 랑이가 찢어진다. 그럼 물건선정이 경매의 핵심인데, 어떻게 고르 는가? 물건 고르는 기준은 말해줄 수 있지만 보는 눈은 1,000건 이상 성실히 임장하고 신발이 닳도록 다니며 물어야 생긴다. 그러다 보면 뿌연 안개가 사라지고 밝은 태양이 비춰, 돈 되는 것만 한눈에 알아보게 된다.

2. 초심자들의 돈 되는 아파트 고르기

1) 제일 먼저 숲을 보라

인구 추이를 분류해 물건선정 및 탈출 전략에 활용하라. 수요와 공급의 원칙은 불변이다. 수요가 많으면 매도자 우위 시장이 되고. 공급이 많으면 매수자 우위 시장이 된다.

- 인구 증가 지역(지속적 인구 유입, 산업단지 등)
- 인구 정체 지역(노령화. 1~2인 가구의 증가)
- 인구 감소 지역(저출산, 대기업이 이주하고 떠난 지역)

여기에 관한 정보는 지자체 홈페이지에서 면적 대비 인구비율을 확인해볼 수 있다.

2) 그 도시의 성장 동력을 보라

- 기존산업단지나 신규 산업단지조성계획 여부를 파악하라.
- 안정된 정규직 근로자의 수를 파악하라.

3) 미래가치가 있는 지역을 선점하라

- 기존 지하철 구간의 연장이나 신규 착공 계획이 있는 예정지

를 눈여겨보라.

- 재개발·재건축 예정지역이나 대지지분이 많은 노후한 아파트를 눈여겨보라. 특히 대지지분이 많은 오래된 아파트는 월세로 돌려 투자금을 모두 회수할 때쯤이면 재개발 이야기가 나올 수 있다.

4) 나무를 보라

- 전철역과 멀어도 주변에 재래시장이나 대형마트(상권), 학교, 병원들이 몰려 있는 지역. 완벽한 건 없으므로 택지개발지구와 더불어 지하철이 다소 멀어도 학군이나 편의시설이 좋으면 접근성으로 충분하다.

- 20년 이상 된 허름한 아파트도 상관없다. 20년이 훨씬 넘어도 학군이 좋거나 도시의 성장 동력이 있는 산업단지가 $1km$ 이내면 임대 사업하기 좋은 곳이다(주택가격 5,000~1억 5,000만 원 내외면 적격이다).

- 층, 향, 단지의 규모 : 여름에는 덥고, 겨울에는 추운 최고층(신경이 예민한 사람)과 최저층(아동이 많은 집. 노인세대)은 특정 선호도를 가진 수요층이므로 임대·매매 시 시간이 좀 더 걸릴 수 있다. 대개 일조량 때문에 남향을 선호하는데, 500~1,000세대 이상 단지라면 가장 좋다. 단, 1층이라도 사생활침해가 되지 않는 곳이라면 수요층이 많다.

5) 투자금이 소액인 물건을 찾아라

1억 5,000만 원이 넘으면 가격상승 속도가 더디고 수익도 작다.

작은 평수의 희소가치에 투자하자(무피 투자 가능). 소형이 귀한 이유는 건설사의 수익성이 크지 않기 때문이다.

6) 공실률과 수익성을 사전에 파악하라

전세·월세 비율을 파악하고 정부정책 변화에 따른 금융권의 대출비율도 잘 파악하고 있어야 실패가 없다.

이 정도면 물건 고르는데, 많은 도움이 되리라 믿어 의심치 않는다.

06

경매 중급자 주춧돌 쌓기
- 토지 경매

땅이란 무엇인가? 땅이란 '하늘에서 내려준 원천 재화'라고 정의할 수 있다. 땅은 첫째, 이동이 불가능(그래서 不動産이다)하다. 둘째, 지목에 따라 이용도가 다르며, 지목은 스물여덟 가지가 있다. 지목은 토지관리의 효율화를 위해, 일필지별 주된 사용 목적 또는 용도에 따라 토지의 종류를 구분 표시하는 명칭이다.

지목의 종류 및 도면에 표기하는 부호

번호	지목	부호	번호	지목	부호
1	전	전	15	철도용지	철
2	답	답	16	제방	제
3	과수원	과	17	하천하	천
4	목장용지	목	18	구거	구
5	임야	임	19	유지	유
6	광천지	광	20	양어장	양
7	염전	염	21	수도용지	수
8	대	대	22	공원	공
9	공장용지	장	23	체육 용지	체
10	학교용지	학	24	유원지	원
11	주차장	차	25	종교용지	종
12	주유소 용지	주	26	사적지	사
13	창고용지	창	27	묘지	묘
14	도로	도	28	잡종지	잡

셋째, 가격의 차이가 천차만별이다. 땅은 경매하는 분만 아니라 세 살배기 어린아이도 좋아한다. 그러나 땅이 보기 좋고, 사거리 각지라 좋다고 샀는데, 공법상 제한에 걸려 내 마음대로 할 수 없다면? 도로를 물고 있어 개발이 가능한 줄 알고 비싸게 샀는데, 접도구역에 걸려 맹지나 마찬가지라 남의 땅을 사서 도로를 내고 돌아서 들어와야 한다면? 배보다 배꼽이 크지 않는가?

그래서 토지 투자는 분야도 넓고, 배울 것이 너무 많다. 투자해서 돈이 묶이거나 수십 년 그대로 있다면 똥값에도 팔아야 한다. 대지라고 다 집을 지을 수 있는 것은 아니듯이 땅도 땅 나름이어서 부동산 공법의 행위제한을 숙지하지 않으면 투자했다 낭패 보기 일쑤다.

1. 실패 없는 투자 지역과 땅 고르는 노하우

1) 맹지에 투자하되, 도로 개설 가능성을 보라

개발행위를 하든 안 하든 도로가 없으면 사람의 눈, 귀, 코가 없는 것과 마찬가지로 이를 비유해 맹지라고 한다. 도로가 있는 땅과 없는 땅값의 차이는 약 40% 내지 반값이다. 그러나 주위에 구거나 작은 땅이 있다면 그것을 이용해 도로를 개설하면 맹지 탈출로 지가의 상승과는 무관하게 배가 오른다.

2) 토지 형질을 변경하라

토지를 사서 대지나 공장용지로 개발하면 큰 수익이 나지만 이 분야는 정말로 최고수가 아니면 하기 어렵고 힘들다. 최고의 전문가를 만나 도움을 받아야 한다. 형질 변경하려면 그에 대한 조건도 까다롭고 투자금액도 많이 들어가기 때문에 초보나 종잣돈이 작은 분들은 참고만 하기 바란다. 예를 들어 싼 임야를 2~3만 원에 사들여 전원주택 용지를 개발해 열 배 이상 부풀려 매도한다. 형질 변경하면 최하 서너 배 가격이 오르는 건 기본이다.

3) 구거나 도로 옆 자투리땅을 사라

80~150m 정도의 도로에 접한 개인 구거나, 도로 공사하다 남은 조그만 땅이 경매나 공매로 나온다면 한없이 유찰되어 25~30% 정도에 낙찰할 수 있다. 소액 투자자는 이런 것을 투자하면 대박을 맛볼 수 있다. 이런 땅을 가지고 있거나 낙찰받는다면 도로가 나 있거나 하면 개발행위가 이루어진다. 개발행위를 하려면 내 토지를 이용해야 하는데 나에게 사용승인을 받지 않으면 개발할 수 없으니 부르는 게 금이다. 소위 알박기 비슷하다 보면 된다. 또한, 임야를 살 때 멋진 계곡이 있고 도로가 가깝다면 사라. 요즘 젊은 세대들이 여름이면 계곡을 찾아, 바다를 향해 레저활동에 주력한다. 도로에서 얼마 안 되는 위치에 계곡 옆에 평평한 임야가 있다면 사서 조용히 굴착기로 주차장을 만들고 캠핑을 할 수 있도록 한다. 여름 한 철 야영장으로 만들어 컨테이너 하우스 등을 갖춰놓고 민박도 하고 야영장만 빌려줘도 하룻저녁 3만 원이다. 여름 한 철 벌면 임야 값 두 배 나온다.

4) 도시의 합병되는 곳에 투자하라

필자가 부산 있을 때 겪어서 잘 알고 있다. 마산, 창원, 진해가 행정구역이 통합되어 100만이 넘는 대도시가 되었다. 이 중 진해 신항만 구역에 친구와 공동으로 조그만 밭을 주말농장용으로 2분의 1 지분으로 사두었다. 당시 마산, 창원, 진해 중 진해의 땅값이 가장 저렴했는데 지금은 똑같이 올랐다.

열 배는 올랐다. 좋다고 팔았는데 세금만 많이 내고 덕 본 건 국가다. 손 안 대고 코 풀었으니. 지금 그 땅이 100배는 올랐다. 땅은 기다림의 미학이라는 것을 뼈저리게 느낀다. 특히 청주와 청원군이 합병하지 않았나? 눈여겨보기 바란다. 투자하기 전 싸고 개발 가능지역 먼저 조사하길 권한다.

5) 하천이나 공원을 도로로 보라

독자 여러분은 직접 건축해본 적이 있는가? 건축하려면 일조권과 사선(건축선 높이)제한이라는 게 가장 중요하다. 일조권 때문에 북향 토지가 남쪽 토지보다 건폐율이 좋다. 사선제한과 일조권제한으로 계단식건물을 흉물스럽게 짓고, 준공 후 불법으로 증축하는 것도 보았을 것이다. 건축할 때는 집 높이, 즉 층수의 제한이 있는데 공원이나 길옆에 구거가 있다면 사선제한이 없어 최고로 건물을 올릴 수가 있다. 강남 석촌호수공원 옆 롯데타워를 보았는가? 왜 거기다가 지었겠는가? 다 그런 이유로 그 땅을 선택한 것이다.

6) 구획정리사업 후 자투리땅을 사라

구획정리하고 난 코너의 자투리땅 같은 걸 시행사나 LH공사에서 공매로 매각하는 것이 상당히 많다. 뒤 블록에 있는 작은 땅 같은 것은 쓸모가 없다고 해서 하염없이 떨어져 20~35% 정도에 낙찰되는 것을 자주 본다. 이런 것 사두시면 코너에 위치하니 토지주가 개발할 때 사용승인동의서를 받지 않으면 아무것도 지을 수가 없다. 이런 땅은 대박이라는 것을 염두에 두고 조사에 임하고 많은 수익을 내기 바란다.

7) 지분 투자를 두려워 마라

만약에 2만 2평 중의 두 평 지분이 나왔다면? 사시겠는가? 필자는 얼른 산다. 2만 평의 지분권자나 두 평 지분의 내 토지나 똑같은 권리를 가지고 있다. 나는 두 평이니 개발할 수도 할 필요도 없다. 그러나 2만 평을 가진 지분권자는 팔려고 해도 잘 안 팔리고, 또한 개발행위도 혼자는 못한다. 어쩌겠는가? 건축허가나 개발행위 들어가려면 동의서 받아야 한다. 안 받고 혼자 작게 하면 안 되느냐? 반문할 수 있으나 절대 안 된다.

왜냐하면, 나의 두 평 지분이 지정된 것이 아니라 2만 2평 안 어느 곳에 있는지 모르기 때문이다. 그러니 두 평을 사든 동의서를 받든 해야 한다. 만약 특정되어 있다면 그것은 '구분소유적 공유'라는 것이다.

자, 토지에 대해서는 이만 언급하겠다. 워낙 분야가 넓어 책 한 권 더 쓰면 모를까 더 이상은 힘들다.

2. 경·공매로 임야 고를 때 부동산 공법 이해하기

보통 공법이라고 하면 대부분 귀찮아하기도 하고 골치 아프다고 회피하기도 한다. 필자도 충분히 이해는 한다. 학교 졸업한 이후로 암기해가면서 공부하기가 쉬운 일은 아니니까. 그래도 공법을 모르면 토지에 투자하기가 힘들다. 그리고 개인적으로 아파트나 빌라 투자만으로는 한계가 있다고 생각한다. 초심자는 어차피 해야 한다. 중수 정도 되면 주거용 아파트나 빌라를 하다가 결국 마지막엔 토지가 정답이란 것을 깨닫게 된다.

경매를 활용해서 부동산을 취득하고 장기적이고 안정적으로 시세 차익 혹은 임대 이익을 얻으려면 본인이 물건을 판단할 수 있는 안목을 길러야 한다. 그런 면에서 공법에 관심이 없는 분들이라도 조금씩은 공부하는 것을 권하고 싶다. 공법이 적용되는 여러 가지 형태의 부동산 중에서도 국토의 가장 많은 면적을 차지하고 있는 임야에 대해 간단하게 설명하겠다.

현행법상 임야는 보전산지와 준보전산지로 나눌 수 있다. 다시 보전산지는 공익용산지와 임업용산지로 구분된다. '준보전산지'와 '보전산지' 중에서 어떤 쪽이 좋은가 하면 '준'이 붙어 있는 땅이 좋다. 준주거지역이 주거지역보다 좋고 준공업지역이 공업지역보다 좋다. 공법 잘 모르시면 앞으로 '준'이 붙어 있는 땅이 붙지 않은 땅보다 좋다는 점만 기억하면 되겠다.

준보전산지에 대해 간단하 말하자면 국토의 계획 및 이용에 관한 법률에 따른 지역 지구의 하나로 다른 법이나 조례에 따른 제한사항이 없으면 이것저것 편하게 할 수 있는 땅이라고 보면 된다. 무엇을 할 수 있는가는 인터넷에서 간단한 검색을 하면 되니 이 정도만 설명하겠다.

보전산지는 어떨까? '준' 자가 붙지 못했으니 당연히 더욱 많은 제한을 받게 된다. 그중에서도 공익용산지가 특히 그렇다. 임업용산지나 공익용산지를 샀다고 가정을 해보겠다. 그럼 그 땅은 건축 가능한가, 불가능한가를 봐야 한다. 땅을 사서 관상용으로 지켜볼 요량인 분은 없을 거다. 아무것도 지을 수 없는 땅은 가치가 없다. 그 땅을 활용해서 뭔가를 할 때 가치가 발휘되니까.

공익용산지에서 할 수 있는 행위는 농림어업인이 자기 소유의 산지에서 직접 농림어업을 경영하며 실제 거주하기 위해 신축하는 주택과 부대시설로 부지면적이 $660m^2$ 이하의 단독주택이다. 어떤 생각이 드는가? 혹시 풍광 좋은 임야를 1,000~2,000만 원에 사서 전원주택을 지어놓고 비싼 값에 팔고 싶다는 생각은 안 드는가?

공익용산지나 임업용산지를 사서 집을 지어놓고 팔아서 수익을 만드는 분들이 실제로 있다. 임야를 싸게 사서 집을 지어놓기만 하면 서너 배는 충분히 가격을 올릴 수 있는 경우가 종종 있으니까. 말이 서너 배지 실제로는 훨씬 큰 차익을 남기기도 한다. 그게 흔한 일이냐? 흔하다. 그래서 그런 사람들을 노리는 부동산 업자도 존재한다. 이때 고려해야 할 사항이 있다. 공익용산지에 집을 짓는 행위 자체가 지자체의 성격을 따라간다. 인구가 별로 없고 지자체의 장이 개발에 호응해준다면 알면서도 대충 허가를 내주는 곳이 있다. 반대로 지자체의 장이 그런 개발을 혐오한다면 그 사람이 자리에 붙어 있는 동안에는 집을 지을 수가 없다. 대한민국 안에서도 천차만별이고 갑질하는 공직자도 아직도 엄연히 존재한다.

다음(Daum)에서 지도를 켜고 부산시 기장군 장안읍 덕선리, 용소리 일대를 한번 살펴보라. 그리고 토지이용계획확인원을 보시면 상당한 임야가 공익용산지로 지정되어 있다. 집을 지을 수 있을까? 일반인은 안 되고 농림어업인은 가능하다. 그럼 덕선리 공익용산지에 집을 지을 수 있을까? 가능한 토지도 일부 있지만, 대부분은 현재 집을 지을 수 없다. 이런 결론이 나는 것이 공법이다.

임야를 경매로 매입해서 시세 차익을 남기고자 할 때 검토해야 할 사항이다.

| Key Point |

- **공법상의 규제 혹은 현황상의 규제를 확인한다.**
  간단하게 말해서 집을 지을 수 있는 땅인지 판단한다.
- **규제가 있다면 그걸 푸는 방법이 있는지 확인한다.**
  앞 사례처럼 일반인은 안 돼도 농업인은 가능할 수가 있다. 농업인이 되거나 농업인의 명의를 빌려 와서 해결할 수 있는지 판단한다. 맹지라면 맹지를 벗어날 수 있는지를 판단한다.
- **지자체의 성격을 파악한다.**
  외지인이 들어온다고 하면 반기는 분위기인지, 너무 많이 들어와서 귀찮아하는지를 본다. 기장처럼 외지인들이 폭증하는 곳에서는 해결이 어려운 경우가 많다. 텃세가 심한 아산 같은 곳도 있다.

- **현장의 분위기를 파악한다.**

현장에서 호가를 들어보고 실제로 거래되는 사례 혹은 인근의 경매 낙찰가와 현재 시세를 살펴본다. 토지의 경우 급매가 아니라면 대부분 가장 최근에 거래된 가격을 기준으로 시세가 형성된다. 그리고 대부분은 가장 최근에 거래된 가격은 가장 비싸다.

- **마지막으로 매각 가능한 가격을 확인한다.**

대략적인 시세를 말하는 것이 아니다. 매입하려는 토지 인근의 비슷한 토지 매도인으로 방문해 실제 매각 가능한 가격과 기간을 파악한다. 그 가격에서 10% 정도 더 낮게 매각한다고 가정하고 접근하면 안전하다. 이상의 과정을 거쳐서 매입하게 되면 적어도 임야를 사서 손해 보는 상황은 방지할 수 있으리라 판단된다.

관련된 공법을 배우는 첫 번째 목적은 내가 매입하려는 토지에서 어떤 행위가 가능한지를 보기 위함이고, 두 번째 목적은 만약 제한사항이 있다면 그걸 어떻게 풀어낼 수 있는가를 배우기 위함이다. 단순히 이런저런 규제나 법규만 외워서 될 일은 아니고 그걸 활용하는 방법을 배우는 것이 정답이다.

07

성공적인
경매를 위한 방법

1. 경매 물건 선정의 기법

• 대법원 사이트, 유료정보 사이트를 효율적으로 이용하라.

사이트마다 특징이 있으니, 잘 둘러보고 자기 취향에 맞는 사이트에 가입하면 된다.

• 하루 공부하지 않으면 관심이 사라지고, 이틀 공부 안 하면 경쟁에서 도태된다.

매일 매일 물건을 검색해보는 습관을 들이자. 자기가 익숙한 지역부터 시작해 범위를 점차 넓혀나가자. 동물의 세계에서도 보면 짝짓기와 영역싸움을 목숨을 걸고 한다. 왜냐? 영역이 넓으면 먹을 것이 풍부하다. 경매도 또한 이와 같은 것이다.

• 인기 지역, 인기 물건보다는 조금 못한 물건을 택하라.

거듭되는 패찰의 고배를 들이키고 싶지 않다면, 인기 물건은 일찌감치 미련을 버리는 게 좋다. 낙찰받는다 해도 실익이 없다. 경매 선수는 수익 없을 물건은 입찰하지 않는다. 시간은 돈이니 아껴

써라. 단, 투자자라면 1차에 입찰하지 않으려면 2차에는 헛수고 마시고 과감히 포기하시라. 들러리밖에 안 된다.

• 현장에 가보지 않고도 현장 상황을 알 수 있다.

로브뷰, 스카이뷰, 항공사진 등을 적극적으로 활용하라. 그러나 참고만 하고 꼭 입찰물건이라면 적어도 현장답사를 세 번 이상 하면 실수를 줄일 수 있다.

• 때로는 감정가 대비 100% 물건에도 응찰한다.

부동산 경기가 대세 상승기에 있을 때, 감정가격은 6~7개월 전이라 현 시세와는 차이가 난다. 그럴 때는 과감히 1차에 최저가로 응찰하라. 또한, 대지권 포함되지 않은 전유부분만 나온 집합건물, 감정가가 부정확한 토지 경매 등의 경우에는 때로는 첫 기일에 응찰해 고수익을 노릴 수도 있다.

• 3회 이상 유찰된 물건이 있으면 유찰된 이유를 연구하라.

유찰된 이유를 분석해보고, 해결 가능한 방법을 찾아보는 것이 고수로 가는 지름길이다.

• 이름있는 브랜드 아파트는 법적인 하자가 없으면 응하지 않는다.

급매 시세 이상 낙찰될 것이 뻔한 아파트에는 더 이상 미련을 두지 말라. 낙찰받아 봐야 실익이 없다.

- 단점을 장점으로 바라볼 수 있는 안목을 키운다.

단점이 커 보이는 물건도 그 단점을 최소화할 방법만 알고 있다면 우량 물건이 될 수 있다. 즉 선순위의 가처분권자가 소유권을 이전했다면, 혼돈으로 소멸하는 아무런 문제가 없는 물건이 된다.

- 부동산 사이트를 적극적으로 활용하면 앉아서 시세를 알 수 있다.

kb시세조회, 부동산 사이트상 시세파악 등을 통해 거래빈도와 급매시세 등을 알아보는 것이 오히려 더 정확할 수 있다. 현장 가기 전 미리 훑어보고, 수익률도 계산해서 헛수고하지 말고 기름값이라도 아껴라.

2. 입찰가 산정 기법

- 급매물시세, 낙찰통계, 동종물건 통계를 적극적으로 활용하라.
- 적을 알면 응찰가를 산정할 수 있다.
- 내공이 쌓이면 차순위와의 격차보다는 목표수익률에 목적을 둔다.
- 서류상의 분석만으로 해결되는 하자는 오히려 경쟁률이 더 높을 수 있다.
- 이론과 경험에 비례해 응찰가는 높아진다.
- 문제 해결에 대한 자신감, 응찰가 산정의 기준이다.
- 경매 법정의 분위기에 휩쓸려 응찰가를 다시 정하지 않는다.
- 단독 응찰이 예상되어도 절대 최저가 언저리로는 쓰지 않는다.

- 허위권리를 밝혀내는 과정의 난이도에 따라 응찰가를 조정한다.
- 응찰가 산정은 운이 아닌, 과학이다. 끊임없이 공부해 승부사의 감을 익혀라.

3. 명도의 기법

명도의 왕도는 원만한 협상이다. 협상 시 포기하지 않고 항상 칼자루는 내 쪽에서 쥐어야 한다. 협상에 임할 때는 내용증명, 인도명령 등 모든 조처를 해두어야 한다. 협상에서 기준은 감정의 만족이 아닌, 수익률이다. 지금 현재의 인격을 보고 대응하고 협상의 여지가 없을 때는 과감하게 집행해야 한다. 내용증명을 효율적으로 활용해야 하며 가압류, 가처분만으로도 원하는 결과를 얻어낼 수 있다. 강제집행은 최후의 보루로 남겨두어야 한다.

4. 소송의 기법

- 난해한 사건은 반드시 전문변호사에게 의뢰하라.
- 허위유치권자, 가장임차인 명도 시 인도명령을 적극적으로 활용하라.
- 관련 판례는 반드시 숙지하고 있다가 적절히 이용하라.
- 소송기일의 공전 전략은 사전에 타파하라.
- 조정이 불필요해 보이면 조정을 단호히 거부하라.

- 확실히 유리한 위치를 점하고 있지 않으면 조정제도를 적극적으로
  활용하라.

5. 매각의 기법

- 공인중개사를 내 사람으로 만들어라.
- 부동산의 가치를 높이기 위한 화장법을 익혀라.
- 때로는 급매가 이하로도 매각할 수 있어야 한다.
- 때로는 매각 시기를 늦추는 것도 요령이다.
- 적정한 대출을 받아두거나 매수인에게 대출정보를 제공하라.

6. 절세의 기법

- 세금도 줄이면 훌륭한 종잣돈이 될 수 있다.
- 취득 시 영수증을 꼭 챙겨놓고, 매각 시기 조절로 양도세를 줄인다.
- 수시로 변하는 세무 관련 정보에 관심을 가져야 한다.
- 매매사업자, 임대사업자 혹은 법인 개설 등을 통해 절세방안을 모색
  한다.

08

좋은 부동산
낙찰 방법

1. 어떤 부동산을 고르고 낙찰받을까?

예전처럼 호재 많은 지역 내 부동산을 사뒀다가 시간이 지나면 무조건 가격이 오르던 시대는 이미 지나갔다. 이제 투자에 나설 때는 정부나 공기업이 추진하는 개발계획안만 믿고 돈을 묻는 건 위험천만하다. 신뢰성 없는 정부정책에 기대하기보다는 예측할 수 있고 안전한 부동산에 묻어두는 것이 최선책이다. 투자 나침반 바늘이 왔다 갔다 하는 부동산 시장에서는 장밋빛 개발계획에 기댄 공격적 투자보다 안정적으로 투자수익을 올릴 부동산에 주목해야 한다.

2. 재정자립도 높은 자치 시(구)에 주목하라

투자의 제1원칙은 '안전'이다. 부동산 대세 상승기에는 목 좋은 곳의 중대형 부동산을 선점하면 언제든 소득을 기대할 수 있었다. 하지만 거품 빠지는 신호탄이 보이는 미래 부동산 시장에서는 무조건 안전을 고려한 투자에 관심을 가져야 한다.

개발 예정지 내 부동산에 돈을 묻을 때는 재정자립도가 높은 자치 시(구)거나 정부 차원에서 국책사업으로 진행하는 개발 확정, 고시된 투자처를 골라야 한다. 재정자립도 높은 지자체는 지방세 등 주 수입원이 높아 개발사업 진척이 충실하지만, 자립도가 낮으면 정부지원에 의존해 자치구 사업을 추진하는 데 어려움을 겪어 계획이 무산되기 쉽다. 자립도가 높은 지역은 땅과 집값이 완만하게 상승하고 부자나 기업의 수요가 많아 투자 장점이 상승한다.

3. 규제 풀리는 종목에 관심을 가져라

투자를 장려하기 위해 규제를 꾸준히 풀거나 완화하는 상품과 지역을 고르면 장기적으로 투자에 성공할 확률이 높다. 반면에 규제가 강화되고 거래와 보유 세금이 높아질수록 일시에 유행상품처럼 바뀌면서 결국 막차를 타는 종목으로 순식간에 바뀌기 쉽다. 다주택자의 고가주택 매입과 분양권 전매, 재개발 지분 쪼개기, 개발지 토지, 집값 많이 뛴 곳의 추격매수 등은 투자 규제의 변동이 심해 장기 투자 대상으로 삼기에는 위험하다.

향후 정부 정책의 큰 물줄기는 거래 활성화를 위한 규제 완화다. 세금을 낮추고 도심의 용적률을 높이기 위해 정책을 푸는 만큼 투자의 큰 방향은 규제 완화 상품과 지역을 선정해야 한다. 소형주택 임대사업과 도시형생활주택, 재건축과 뉴타운 등 장래 환금성이 양호한 부동산을 고르는 게 중요하다. 규제 완화 부동산을 고를 때는 투자 전 어떤 부분에서 먼저 규제가 완화되고 폭은 어느 정도인지, 파장은 얼마나 큰지 꼼꼼히 분석해봐야 한다.

4. 실수요 위주의 부동산에 접근하라

부동산도 유행을 많이 탄다. 신도시 개발이 한창일 때는 집과 상가를 지을 수 있을 대지와 상업용지가 인기를 끌다가, 몇 해 전에는 수도권의 농지와 임야가 폭발적인 인기를 끌었다. 요즘의 투자대세는 도심 용적률 상향조정과 소형 임대주택이 관심을 끌면서 도심 대지가 인기 상한가다. 인기 위주의 부동산에 돈을 묻으면 잠깐 가격상승으로 재미를 보기도 하지만 장기적으로는 가격거품이 빠져 투자를 후회하는 경우가 다반사다. 돌고 도는 게 유행이라지만 실패를 줄이는 부동산을 고르는 게 낫다. 그러려면 실수요자들이 많이 찾는 종목을 골라야 한다. 재개발 주변의 중소형 아파트나 역세권 다가구주택이나 상가주택 등 소형 주거시설은 항상 풍부한 전세 수요가 대기 중이어서 사두면 유행을 타지 않는다. 전세가 비율도 높아 투자비용을 줄인다. 업무용 오피스텔은 세입자가 가능한 한 기존 사무실을 유지하려는 특성 때문에 주거용보다 실수요자들이 많이 찾는다.

5. 부동산 투자 시 고려 사항

- 작은 주택은 지금 꼭짓점에 있으니 값이 비슷한 큰 집을 고르자.
- 땅이나 상가는 작더라도 지금 사는 게 답이고, 구매 가격이 낮아야 투자성이 있다.
- 부근에 신규분양이 많은 지역에 집을 사면 3~5년 동안 값이 오르지 않는다.
- 인프라가 훌륭한 지역이나 발전 가능성이 있는 지역에 부동산을 사자.
- 도심회귀현상을 고려해 공원 같은 지역에 부동산을 사지 말고, 재래시장처럼 사람이 모이는 곳에 사자.
- 하루에 단 한 시간이라도 볕이 들어오는 집이나 땅을 사자.
- 요즘 신규 분양하는 입지는 좋지 않은 곳이 많으니 조심하자.
- 한국은행의 기준금리 정책을 참고하자.
- 나이가 많다고 생각되거든 수익성 상품, 적다고 생각되거든 토지에 투자하자.

6. 실속 있는 물건 고르는 노하우

1) 스스로 수익을 창출하라

수익을 내는 핵심은 좋은 물건을 선별하는 안목, 장기적인 발전을 가늠할 수 있는 능력이다. 그에 더해 낙찰받은 물건의 가치를 스스로 상승시킬 수 있다면 단순히 시세 차익을 얻는 수준이 아니라 한 단계 진화한 투자자가 되지 않을까 싶다. 여러분들도 단순히 지금 가격을 조금 싸게 사는 것이 목적이 아니라 그 물건의 가치가 어떠한가에 대해 살펴보는 것이 장기적으로 도움이 되리라 믿는다.

2) 제대로 알고 시작하라

경매라는 수단을 활용하기 위해서는 자신이 들고 있는 무기가 무엇인지를 명확하게 알고 있어야 하지 않을까? 혹은 명확하게 알지 못하더라도 대략의 윤곽은 파악해야 한다. 경매는 민사집행법이라는 절차법을 토대로 진행된다. 당연히 민사집행법을 알아야 한다. 법의 이면에 숨어 있는 현실도 알아야 한다. 인도명령만 받으면 무조건 집행되나? 받아서 나가봤더니 집행이 안 되더라? 그럼 왜 안 되는지, 되게 하려면 어떻게 해야 하는지 알아야 한다. 그러려면 민사집행법을 제대로 활용하거나 현실에서의 해결책을 알아야 한다. 아니면 최소한 해결해줄 수 있는 사람이라도 알아야 한다.

3) 물건별 특징을 파악하라

주택을 예로 들어보자. 대부분의 경매 교육에서 빌라나 아파트 임장할 때 내부를 들여다보라고 한다. 필자는 경매인들이 실제로 그 집의 내부를 확인하고 입찰에 참여하는지 아주 궁금하다. 필자는 입찰하겠다고 판단한 경우에 반드시 내부를 둘러 봤다. 하지만 내부 확인도 하지 않고 입찰하는 사람들이 더 많다고 확신한다. 베란다 폭이 얼마나 되는지, 창호는 언제 교체했는지, 보일러에 문제는 없는지 확인하는가? 그런 내부적인 문제 외에도 인근에 학교는 얼마나 있는지, 교통은 어떻게 되는지, 편의시설은 어디에 있는지 확인해야 한다. 그렇게 하기 위해서는 다른 사람들보다 한발이라도 먼저 움직여야 하고 약간의 요령이 있어야 한다. 하다못해 건축물 현황도면이라도 보면서 임장을 해야 하는데 전국 어디에든 그런 분들이 많지 않은 것 같다.

상가의 경우에는 현재 임차인이 있는 경우와 없는 경우로 나뉠 테고 임차인이 있다면 업종이 무엇인지, 그 업소의 영업이 잘되는지, 임차인이 재계약을 원하는지, 명도를 해야 할지, 임대 놓기 편한 자리인지를 판단해야 할 것이다. 그리고 장기적으로 해당 위치의 가치가 상승할지, 하락할지도 봐야겠다.

많은 분이 구분상가 1층을 권한다. 적당한 입지만 되면 세를 놓기도 편하고 장기적으로도 안전하니까. 무엇보다 권리금 작업을 하기도 편하고 한번 임차인을 구해놓으면 그 뒤에는 크게 스트레스받을 일이 없다는 장점도 있다. 하지만 필자는 꼭 1층을 고집할 필요는 없다고 본다. 엘리베이터만 있으면 고층이 더 좋은 예도 있다. 그런 판단을 내리려면 그 지역을 잘 알아야 한다. 꾸준히 상가를 둘러보는 고수분들이라면 낯선 지역이라도 빠른 판단이 내려지지만 그게 아니라면 그 지역의 전문가를 통해서 알아보는 것도 좋다. 그래서 경매는 자기가 아는 지역, 즉 연고가 있는 지역부터 시작해야 실패를 줄일 수 있다.

토지는 주택이나 상가보다 접근이 쉽지 않다. 분야도 넓고 공부해야 할 게 너무나 광범위하다. 그래도 꾸준히 공부하고 현장 경험을 하게 되면 보이게 되어 있다. 주택이나 상가도 인근의 개발계획이나 도로, 편의시설의 신설 등을 따져보게 된다. 토지는 이런 계획의 영향이 가장 큰 종목이다. 더구나 그런 계획과는 전혀 다른 현지의 특별한 사정이라는 것도 개입하게 된다. 개인적으로 가장 까다로운 제한은 상수원보호구역이라고 본다. 그런데 오히려 상수원보호구역이라서 좋은 땅도 있다. 일반적으로 토지는 활용가치에 따라서 가격이 정해진다. 말하자면 건축이 필요한 곳은 그 건축이 얼마나 가능한지를 봐야 할 것이고 건축이 필요 없는 곳이라면 입지나 환경이 어떠냐에 따라서 가치가 결정된다. 그 외에도 임산물이나 농산물이 있으면 그런 생산물의 가치도 봐야 한다. 예를 들자면 토지 자체는 쓸모가 없더라도 그 토지 위에 반출 가능한 고가의 수목이 있는 예도 있다. 즉 우리가 주택 임장을 가서 내부를 들여다보듯 토지도 자세히 들여다볼 필요가 있다는 것이다.

4) 자신만의 장점 혹은 강점을 가져라

앞에서 주택, 상가, 토지를 투자할 때 어떻게 해야 하는지 언급했는데 큰 맥락은 같다. 해당 물건을 자세히 검토하고 주변의 상황을 분석해서 미래가치를 판단한다. 그렇게 하기 위해서는 자신만의 장점, 남들과는 다른 특기가 있어야 한다.

좋은 물건을 고르는 안목도 각자의 기준이 다르다. 필자가 A급이라고 판단한 물건이라도 다른 고수분이 봤을 때 C급일 수 있다.

다른 분이 A급이라고 판단한 물건을 필자는 C급이라고 판단할 수 있다. 그러면 필자가 틀리고 다른 분이 맞느냐? 그렇지 않다. 단지 기준이 다르고 수익을 창출하는 방법이 달라서 단순히 호불호를 말할 수 없다는 것이다.

예를 들어, 필자가 올해 취득한 토지 중 다른 사람들 보기에 쓸모없는 것도 있다. 필자는 엄밀히 말해 토지를 산 것이 아니고 그 토지 안에 있는 나무를 샀다. 올겨울에 차량 진입이 가능한 현황도로를 개설할 생각이고 이후에 재선충이 해제되면 소나무들을 반출해서 팔 생각이다. 이 내용을 모르는 사람이 봤을 때는 쓸모없는 땅이지만 이런 내용을 알고 활용할 수 있는 사람이라면 수익을 만들어낼 수 있다. 자신의 기준을 확실하게 세우고 그 기준에 맞는 방식을 만들어야 한다. 그 방식이 확고해지면 그것이 여러분의 장점이 된다.

조금 더 쉽게 풀어서 말씀드리자면 투자하는 분 중에 주택만 하는 분들이 계실 것이다. 그 주택 투자에도 여러 가지 방법이 있다. 오래된 주택이나 빌라를 본인이 직접 수리해서 내놓는 분도 계시고, 전국을 무대로 수요 공급을 예상해서 투자하는 분도 계시고, 단순히 주변보다 싸다는 점만으로 매수하는 분들도 있다. 그런 여러 가지 방법 중에서 다른 사람보다 뭔가 하나는 더 잘하는 부분이 있어야만 물건을 고르기가 편해지고 수익을 안정적으로 만들어낼 수 있다.

내가 직접 수리해서 매도한다고 가정했다면 남들보다 집수리에서 뭔가 더 뛰어난 부분이 있어야 한다. 수요와 공급을 예상해서 투자한다면 그쪽에 뭔가 더 치밀한 부분이 있어야 한다. 정부에서 매달 나오는 인구이동 수치 정도는 기본적으로 분석해야 한다. 다음 달에 부산 인구가 대략 5,000명 정도 늘어난 것으로 발표될 가능성이 큰데 이런 유례없는 인구증가의 이유는 알아야 하지 않을까?

간단하게 경매 몇 번 해서 살 집을 장만하려는 목적이라면 이렇게 할 필요는 없다. 하지만 경매를 오래 할 생각이고 경매를 통해 경제적 자유를 얻으려면 다른 수많은 투자자보다 딱 한 가지만이라도 더 잘하는 부분이 있어야 하지 않을까 싶다. 바로 그 한 가지가 경매의 고수가 되느냐 못 되느냐의 차이라고 생각한다.

5) 투자 목적을 확고하게 하라

경매에서 최선의 투자전략은 '실속'이다. 돈 되는 부동산을 저가에 낙찰받은 후 높은 시세차익과 고수익을 거두는 게 경매 투자의 목적이다. 그러나 어렵게 감정가 대비 반값에 낙찰받았더라도 남는 게 아주 적거나 소유권을 이전받아오지 못한다면 상황은 크게 달라진다. 실제 경매 물건 3분의 1 정도는 실속 없는 허당 물건이라고 봐도 무방하다. 겉만 번드르르한 속 빈 강정 같은 물건이 산재해 있다.

투자자들이 남지 않는 물건을 고르게 되는 이유는 투자 대상에 대한 안목이 부족해서다. 경매에 입찰할 물량은 많지만, 입찰준비 기간이 짧다 보니 선택의 여지가 많지 않다. 매각기일 1~2주 만에 입찰이 진행되기 때문에 충분한 조사 기간을 갖기 어렵다. 유찰 횟수와 최저가만 보고 서둘러 투자를 선택하기 일쑤다. 감정가를 시세로 오인하는 착시현상 탓에 유찰이 잦으면 값싸고 수익성이 좋은 부동산으로 착각하기 쉽다. 경매에서 남는 장사를 하려면 싸게 낙찰받는 것 외에도 입찰 경쟁을 피해 낙찰받는 것이 무엇보다 중요하다.

다양한 물건 중에 남들이 입찰하지 않는 종목, 경쟁자들이 덜 몰리는 물건이 실속 있는 알짜다. 한 번에 수십 명이 몰리거나 낙찰 후 소유권 이전이 어렵다면 아예 입찰을 자제해야 한다. 경매에서 겉으로 드러나지 않은 알짜 이익을 챙기려면 돈 되는 물건만을 골라 싸게 낙찰받아야 하는 게 기본이다.

7. 오히려 대형이 실속 있을 수 있다(남이 가지 않는 길을 가라!)

소형 아파트와 다세대주택, 상가, 오피스텔은 경매 투자자들이 가장 관심 있어 하는 물건이다. 한 물건당 수십 명이 경쟁을 벌여 운 좋아야 낙찰받을 수 있을 정도다. 신기록 행진 중이다. 전셋값에서 약간의 웃돈을 보태 낙찰받을 수 있다 보니 투자자들은 입찰가를 한껏 높여서 쓴다. 실수요자가 몰리는 탓에 낙찰가는 거의 시세 수준에 낙찰된다. 경매에서 가장 비효율적인 투자처인 셈이다. 실수요자가 몰리는 물건일수록 경매 투자의 실익은 반감된다. 요즘 수익형 부동산 중 인기 상종가를 치는 수도권과 광역시 일대 소형 오피스텔, 재개발, 뉴타운 지역 인근의 원·투룸 다세대주택과 다가구주택, 택지 예정지거나 지하철 개통예정 지역 인근의 대지와 농지 등은 경쟁률이 최소 15대 1을 넘는다. 낙찰가율은 감정가에 육박한다. 묻지마 투자에 나서는 경매 투자자들도 제법 늘어나 오히려 시세보다 높게 낙찰되기도 한다.

중장년층이 선호하는 수도권과 관광지 주변의 소형 단독주택과 농가전원주택 등 농가 관련 시설도 경매 시장에서 인기가 치솟는 물건 중 하나다. 주로 1~2억 원 미만의 소액 물건 중 주거 용도로 활용이 가능한 주택의 경우 최고 경쟁률을 기록한다. 실제 연초에 제주도의 시골 농가주택이 152대 1의 입찰 경쟁 끝에 감정가의 2배가 넘는 236%(8,529만 원)의 낙찰가를 나타내며 새 주인을 찾았다. 입찰경쟁률 152대 1은 2000년 이래 최고치다. 필자도 깜짝 놀랐다. 경매하고 첫 경험이니 말이다. 그리고 무더기로 경매에 부쳐진 집단상가는 대체로 실속 없는 투자처다. 공급이 많은 테마상가나 전문상가 등 목 좋은 위치에 있는 상가라도 규모만 컸지 수익이 거의 나지 않는 게 대부분이다. 테마상가의 경우 1~2층 일부만 낮은 임대료로 수익을 얻을 뿐 상층부일수록 공실이 수년째 이어진다. 의류상가나 공구상가처럼 전문상가도 대부분 영업력이 떨어져 임대가 안 나가거나 경매보다 저렴하게 급매물로 나온 경우가 대부분이다.

8. 어설프게 하자있는 물건(특수물건) 낙찰받으면?

하자있는 물건이란 낙찰 후 대출도 안 되고 보증금을 날리거나 명도가 어려워 경제적·정신적 손해를 입히는 물건들이다. 종잣돈만 묶이고 송사에 고통만 더한다. 수십 명의 경쟁자를 물리치고 최고가매수인으로 결정났지만, 낙찰받은 부동산의 소유권을 넘겨받지 못한다면? 애물단지로 바뀔 수 있다.

학교·사회복지·의료법인 등의 부동산을 경매로 입찰할 때 주무관청의 허가를 받아야 하는 물건이라면? 매각불허가로 인해 소유권을 취득하지 못하고 꼼짝없이 보증금 날리는 경우다. 외견상으로 보면 낙찰 불허가가 났으니 보증금은 돌려받은 것처럼 보이지만 실제를 몰수당한 것이다. 즉 농지취득자격증명원을 발급받지 못해 불허가가 나서 몰수당해도 내용은 불허가다. 이런 경우 자기 자신이 입찰보증금을 포기하지 않고 농지취득자격증명원 제출기한 연장 신청을 하고 해당 군청이나 면사무소를 상대로 행정소송(낙찰자가 할 수 없는 이유를 들어)을 하면 이길 수 있다. 하지만 경험이 없다 보니 보증금 그냥 포기하고 마는 경우가 대부분이다. 아니면 낙찰받기 전 미리 해당 관청에 가서 상담 후 입찰을 해야 하고 그렇지 않고 자신이 없다면 다분히 포기함이 옳은 것이다.

입찰 물건이 특별한 하자가 없는 쉬운 경매 물건은 입찰경쟁률이 높아 싸게 낙찰받기 쉽지 않다. '채무자나 소유자가 직접 점유' 하거나, '임차인이 전액 배당'받거나 '소액임차인이 거주해 일정 금액을 최우선변제받는 경매'라면 명도가 수월하고 권리관계가 명확한 쉬운 물건이다. 따라서 초심자라도 누구나 안전하게 입찰받을 수 있어 대부분 높은 경쟁률로 높게 낙찰받는다. 이럴 땐 부동산의 미래, 즉 장래성을 보고 낙찰받아야 후회가 없다. 실속 있는 경매는 입찰 경쟁 없이 싸게 낙찰받을 수 있는 물건이다. 물량이 풍부한 수도권 중대형 아파트, 저감률 30% 지역 내 다세대주택과 단독주택, 낙찰가율이 60~70%대인 근린상가, 감정가가 저평가된 상태에서 1~2회 유찰 후 최저가에서 매수할 수 있는 중대형 주택, 권리와 물건상 약간의 흠집이 있어 싸게 낙찰받지만 이해관계자와 유리한 합의를 통해 충분히 해결할 수 있는 경매 물건들이 수익을 최대로 높일 수 있다.

9. 정확한 시세 확인부터 시작하라

시세를 정확히 파악하는 것이 관건이다. 부동산의 각종 거품을 빼고 가장 싼 가격이 얼마인지를 미리 정한 후 낙찰받아야 한다. 최근에는 분양가나 매매가보다 20~30% 싼 급매물 거래가 많아서 급매가격 이하로 싸게 낙찰받는 전략이 필요하다.

경매 대중화는 필연적으로 낙찰가율을 높이기 때문에 수익률을 적게 잡고 저가에 꾸준하게 입찰하는 전략을 세워야 한다. 모든 일은 서두르면 손해 보는 것이니, 서둘지 말고 기다리는 것도 투자라고 생각하라. 항상 누누이 지적하고 충고해도 못 알아듣는 사오정들이여, 특수물건에 현혹되지 말고, 쉽고 쉽게 가시라.

10. 낙찰받으면 안 되는 물건들(주의)

물건을 낙찰받고 잔금을 내야 할지, 말아야 할지 판단이 서지 않아 조언을 구하는 카페 회원님들의 전화를 받은 적이 많다. 한 회원은 경매 자료를 보다, 멋진 붉은 벽돌집이 감정가 3억 원으로 경매가 진행 중인 것을 알았다. 입찰자가 없어 감정가의 절반 가격인 1억 5,000만 원을 조금 넘긴 가격에 낙찰받았다. 그런데 그 기쁨을 누리기도 전에 토지 소유주로부터 한 통의 전화가 걸려온다. 내용은 기존 토지 사용료, 즉 지료를 받을 목적으로 경매를 신청한 상태이고, 낙찰받은 물건은 벌써 법정지상권 해지를 하고 법원의 철거 판결을 받았기 때문에 잔금을 내면 바로 철거에 들어갈 것이라고 한다. 회원은 이것이 가능한 말이냐고 물었다.

2015타경3749		* 창원지방법원 통영지원 * 매각기일 : 2016.09.08 (木) (10:00) * 경매 4계 (전화:055-640-8506)				
소재지	경상남도 고성군 회화면 배둔리 1288-123 도로명주소검색					
물건종별	근린시설	감정가	1,285,653,120원	오늘조회: 11 2주누적: 476 2주평균: 34 조회등향		
				구분	입찰기일	최저매각가격	결과
토지면적	토지는 매각제외	최저가	(21%) 269,621,000원	1차	2015-09-10	1,285,653,120원	유찰
				2차	2015-10-08	1,028,522,000원	유찰
건물면적	1430.12㎡(432.611평)	보증금	(10%) 26,970,000원		2015-11-12	822,818,000원	변경
				3차	2016-01-14	822,818,000원	유찰
매각물건	건물만 매각	소유자	김빼태	4차	2016-02-11	658,254,000원	유찰
				5차	2016-03-10	526,603,000원	유찰
개시결정	2015-05-01	채무자	김빼태		2016-04-14	421,282,000원	변경
				6차	2016-07-14	421,282,000원	유찰
사건명	강제경매	채권자	벽돌호	7차	2016-08-11	337,026,000원	유찰
				8차	**2016-09-08**	**269,621,000원**	
관련사건	2010타경974(소유권이전)					

No	접수	※주의 : 토지는 매각제외		채권금액	비고	소멸여부
1(갑1)	1995.05.27	소유권이전(매매)	남■우외1명		남■우,강■희 각 지분 1/2	
2(갑2)	2007.03.26	공유자전원지분전부이전	이■훈		임의경매로 인한 매각	
3(갑4)	2007.06.29	소유권이전(매매)	윤■종		거래가액:650,000,000원	
4(갑5)	2008.06.12	소유권이전(매매)	(주)삼선		거래가액:285,000,000원	
5(갑19)	2011.03.31	소유권이전(매각)	제■자외2명	임의경매로 인한 매각 2010타경974, 제■자 지분 50/100, 노■길 지분 26.19/100, 김■혜 지분 23.8 1/100		
6(갑23)	2014.12.02	노동길지분전부이전	(주)선민엔엡에스		매매, 거래가액:110,00 0,000원, 지분 26.19/10 0	
주의사항	▶본 경매대상 건물이 있는 토지의 공유자 주식회사 선민엔엡에스가 건물 소유자 김형태를 상대로 건물등철거 소송을 제기하여 승소하고 판결이 확정되어 건물철거 우려가 있음.					

부동산종합정보+	토지이용계획+	개별공시지가+	인근진행물건	동일번지진행물건	인근반경진행물건	인근매각물건	동일번지매각물건
공매인근진행물건	동산인근진행물건	임대차보호법	예상배당표	입찰가분석표	입찰표작성		

감정가에서 21%까지 떨어졌으나, 입찰자가 없다. 왜? 받으면 죽으니까. 모든 사건에 임자는 정해져 있다. 이 사건의 토지주(건물철거 승소한 지주) 외엔 입찰할 사람이 없다. 자료를 보니 건물만 매각하는 건으로 토지 소유주가 말한 것이 모두 사실이었다. 잔금 내고 소유권을 취득하더라도 낙찰자가 법에 따라 자비로 철거 의무까지 부담하게 될 상황이었다. 필자가 "등기부분석 자료에 토지 소유자가 건물에 해놓은 가처분이 인수된다는 내용도 보지 못했는지" 물었다. 회원은 "법원을 통해 경매되는 물건이기 때문에 약간의 토지 사용료만 내면 건물을 사용하는 데 아무 문제가 없을 것으로 생각하고 입찰했다"고 한다.

법원은 단순히 법에 따른 경매 절차만 진행할 뿐 낙찰 후 법적, 사실적 위험은 입찰자 스스로 부담한다는 특징만 조금 알았더라면 경매 정보상 빨간 글씨의 위험성에 대해 신중하게 알아보았을 것이다. 그랬다면 토지 없이 건물만 매각하는 물건의 위험성을 알고 입찰하지 않았을 텐데, 이미 낙찰받은 뒤라 '최선의 방법이 잔금을 내지 않고 입찰보증금을 포기하는 것뿐'이라고 조언하는 수밖에 없었다. 특이한 사건이기도 했지만, 이 사례가 인상 깊었던 것은 별 도움이 되지 못해 안타까워하는 나에게 낙찰자가 1,500여만 원이나 되는 보증금을 포기하면서 "수업료로 흔쾌히 받아들이겠다"고 했기 때문이다. 진작에 문의했다면 절대 못 받게 했고, 보이지 않는 1,500여만 원은 그냥 벌지 않았겠는가? 꼭 보증금을 돌려받아야 득 본 것이 아니라 입찰을 말리는 것도 돈 벌게 해주는 방법이다.

수상가옥이 아니라면 건물이 존립하기 위해서는 토지가 필요한데 이를 위해 일반적으로는 토지 소유권을 취득하고 그 위에 건물을 짓게 된다. 토지 소유권이 없다면 건물은 그에 상응해 토지에 대한 임차권이나 전세권, 지상권 등 권리라도 있어야 타인 토지 위에 건물이 존립할 수 있다. 그런데 아무리 법원 경매를 통해 매입한 건물이라도 토지에 대한 사용권까지 같이 매각하는 것이 아니라면 전 건물 소유자의 토지 사용권을 승계받든지 스스로 토지 사용권을 획득해야 한다.

현실적으로 건물이 경매 처분당하는 마당에 이러한 권리를 유효하게 보존하고 있을 가능성은 작다. 설사 이러한 권리가 경매 당시에 있는 물건이라도 토지 소유자와 기존 건물 소유자는 일반적으로 가까운 사이라는 것을 감안하면 낙찰자에게 사실을 말하거나 호의적으로 새로운 임대차를 설정하기도 어렵다. 따라서 토지 사용권을 확보하지 못한 낙찰자는 토지 소유자의 철거요구를 받아들여야 하는 아주 고약한 상황에 부닥치게 될 수밖에 없다.

입장을 바꿔 생각하면 더 이해하기 쉬운데 경매에서 자주 보이는 물건 중 하나가 지상에 건물이 있는데도 불구하고 토지만 매각되는 경우가 있다. 이러한 물건은 앞에서 언급한 대로 건물 소유자에게 토지 사용권이 있느냐 없느냐가 토지의 가치를 결정하는 중요한 사항이다. 이른바 법정지상권이 성립하면 토지는 내 소유지만 건물 소유자가 법에 따라 사용권을 강제로 취득해 토지 소유권은 단순히 지료만 청구할 수 있는 반쪽짜리 소유권이 된다. 따라서 빠른 수익을 원하는 투자자에게는 선호되지 않는 물건이지만 여기에도 세월의 힘으로 전화위복하는 때도 있다.

이 사례의 토지 소유자도 경매를 통해 토지만 취득했는데 건물의 소유자가 법정지상권을 취득해 토지 소유자는 건물 소유자에 대해 지료만 받을 수밖에 없었다. 지료는 인근의 임대 시세 등을 살펴 당사자끼리 약정하거나 지료청구소송을 통해 법원이 결정하는데 1년 단위로 책정하되 일반적으로는 이것을 월별 분납하게 된다. 한 달에 한 번 통장에 현금이 입금되면 좋은 일이건만 이러한 경우에는 입금되는 현금이 야속하다. 왜냐하면, 건물 소유자가 2기분 지료를 연체하면 토지 소유자는 법으로 강제된 지상권, 즉 법정지상권을 해지하고 토지 사용권이 없어진 건물을 철거하도록 요구할 수 있기 때문이다. 이때 토지 소유자는 건물이 등기가 있고 사용가치가 있으면 철거를 위한 소송과 함께 그간 연체된 지료를 청구하는 소송을 같이 진행하고 소송 중간에 건물 소유자가 바뀌어 바뀐 건물 소유자를 상대로 다시 소송하는 불편을 없애기 위해 가처분을 신청하게 된다. 이 가처분이 토지 소유자가 건물에 대해 신청하는 가처분으로 말소기준권리보다 후순위지만 낙찰로 인해 말소되지 않는 유일한 경우다.

어쨌든 토지 소유자인 원고는 이러한 소송을 통해 두 가지 판결을 받는데 건물철거요구권리와 지료채권을 회수하기 위해 경매를 신청할 수 있는 권리다. 그러기에 경매 물건 중에는 임자가 정해져 있는 물건도 많다. 이러한 형태의 물건이 경매되면 현실적으로 토지 소유자밖에 낙찰받을 수 없는 물건이 된다. 다른 사람이 낙찰받게 되면 철거가 예정된 임시의 건물을 받는 것이나 마찬가지기 때문이다.

토지 소유자도 황당했을 것이다. 2년 넘도록 공들여 드디어 자신만 낙찰받을 수 있는 물건이기에 최저 매각가가 더 떨어지기만 기다리고 있었는데 웬 물정 모르는 사람이 덜컥 낙찰받았으니 말이다.

아무리 급해도 바늘허리에 실 매어 쓸 수 없다. 사슴을 말이라고 해봐야 그것은 그 사람만의 착각일 뿐 돌아오는 것은 허무한 결말과 금전적 손실뿐이다. 아무리 낮은 최저매각가가 유혹해도 건물만 매각하는 물건은 토지 소유자거나 토지 소유자와 특수한 관계에 있어 안정적으로 토지 사용권을 확보할 수 있는 사람이 아니라면 그림의 떡으로 생각하고 쳐다보지도 말아야 할 것이다.

오히려 토지만 매각하는 물건 중에 법정지상권 성립이 불분명

한 물건이 많이 유찰되는 경향이 있다. 이러한 물건을 싸게 낙찰받아 건물 소유자와 법적인 힘겨루기를 해서 토지를 법정지상권에서 탈피한 물건으로 만들어 수익을 올리거나 법정지상권이 성립하더라도 이미 토지를 경매 처분당한 건물 소유자는 지료를 감당하지 못하는 경우가 많다.

신중하게 2년 이상 시간을 투자해 지료가 연체되기 기다린 다음 2기분의 지료가 연체되면 그때 지상권을 해지시켜 건물을 싸게 취득하는 방법으로 투자하는 연구가 더 나은 방법일 것이다. 이 사례의 낙찰자와 같이 비싼 수업료를 담담히 받아들일 상황이 아니라면 말이다.

09

낙찰 후 사후처리 방법은
이렇게 하라

1. 입찰 후 진행절차(민사집행법 참조)

① 입찰 이후 7일 이내 매각 허, 부가 결정된다.

② 낙찰허가 후 7일까지가 항고기간이다.

③ 항고·재항고가 제기되면 각각 약 3~4개월 정도가 소요된다.

④ 항고가 제기되지 않으면 낙찰기일 후 7일이 지나면서 낙찰허
가는 확정된다.

⑤ 항고가 기각된 후 7일 이내에 재항고가 제기되지 않아도 낙
찰허가는 확정된다.

⑥ 재항고가 기각되면 기각되는 즉시 확정된다.

⑦ 낙찰허가의 확정은 재판의 확정과 달리 기판력(旣判力)이 없
으므로 때에 따라서는 낙찰허가확정취소 신청이 가능하다.

⑧ 항고가 제기되지 않은 경우는 약 2~3주 후 잔금일이 정해져
낙찰자에게 등기로 송달된다.

⑨ 혹시 항고가 있어 기각되면 기각된 후부터 약 1개월 정도 후
에 잔금지급기일이 잡힌다.

⑩ 잔금일 이후 약 30일 전후면 배당기일이 잡힌다.

⑪ 낙찰대금을 납부하면 소유권이전등기를 하지 않은 상태에서도 이미 법적인 소유자다(민사집행법 제135조).

⑫ 통상적으로 대금을 낸 후 바로 소유권이전등기와 부동산의 명도를 시작한다.

⑬ 소유권이전등기는 약 1주일 정도가 소요된다.

⑭ 부동산의 명도는 빠르면 즉시 이뤄지기도 하지만 늦어지면 3~4개월 소요되는 경우도 있다. 법원의 사건은 송달이 생명이다. 송달이 안 되면 낙찰자는 빨리 '나의 사건검색'을 통해 확인하고 대처해야 한다.

2. 낙찰허가

1) 판사(실제, 사법보좌관이 함)의 허가

① 입찰기일부터 7일 이내에 담당 판사는 집행관이 실시한 경매가 적법하게 진행되었는가를 서류로 검토해 낙찰허가 여부를 결정해 법원 게시판에 공고한다.

② 낙찰자 등 이해관계인에게 별도로 통보하지는 않는다. 확인은 송달내역을 보면 기록이 보인다.

③ 일괄입찰한 여러 개의 부동산 중 일부에 대해 낙찰불허가 사유가 있으면 전체에 대해 낙찰불허가결정을 한다(대법원 결정).

2) 집행법원이 낙찰을 허가할 때 참고하는 사항

① 지목이 농지인 경우 농지취득자격증명원을 제출했는지 여부

② 선순위 가등기에 기한 본등기가 되어 있는지 여부

③ 채무자, 소유자에 대한 경매개시결정 송달 여부

④ 입찰기일의 통지가 적법하게 되었는지 여부

⑤ 최저입찰가격 저감의 적법성과 그 준수 여부

⑥ 선순위 채권과 관련해 경매 신청채권자에게 배당금이 돌아갈 수 있는지 여부

⑦ 입찰물건명세서와 실질적인 부동산 상황이 같은 것인지, 다른 것인지의 여부

⑧ 채무자, 전 경락인, 집달관의 친족, 미성년자 등 입찰자격이 없는 사람이 입찰에 참여한 것은 아닌지 여부

> ※물상보증인은 채무자가 아니므로 입찰할 수 있다.
> ※외국인은 건물의 입찰에는 제한이 없으나, 토지의 거래허가가 필요한 경우에는 낙찰허가 전에 허가서를 제출해야 하고, 신고만 필요한 경우에는 소유권이전등기 시에 신고필증을 제출해야 한다(외국인토지법 제4조).

⑨ 입찰표의 기재 및 최고가입찰자 결정의 적법성 여부와 최고가입찰자의 인적사항

⑩ 입찰절차가 정지 중이거나 적법하게 취하되지는 않았는지의 여부

⑪ 학교의 기본 재산인지 여부

> ※교육시설 학교의 기본 재산은 관할 관청의 허가가 필요하며, 학교 교육에 직접 사용되는 교지, 교사, 체육관, 실습 또는 연구시설 등은 근본적으로 매도 및 담보 제공이 불가능하다.

⑫ 선순위 가등기에 기한 본등기가 경료되었는지의 여부

⑬ 조세채권에 기한 선행의 공매 처분이 종결되었는지의 여부

3. 낙찰허가에 대한 의견진술권

① 이해관계인은 낙찰기일에 낙찰허가 여부가 결정되기 이전에 낙찰허가에 대해 의견진술을 할 수 있다.

② 낙찰허가가 결정된 이후에는 모든 항고인에게 공탁금이 필요하므로(민사집행법 제130조 제3항), 특히 낙찰자가 권리분석에 실패한 경우라든지 아니면 낙찰기일까지 농지취득자격증명원을 발급받지 못한 낙찰자는 공탁금이 필요하지 않은 이 제도를 이용하면 편리하다.

| Key Point | 농지취득자격증명원

• 농지(논, 밭, 과수원 등)를 경매로 취득하기 위해서는 농지취득자격증명원이 필요하다.

• 1,000㎡(302.5평)가 넘는 농지의 경우는 기존의 농지를 가지고 있지 않은 자라도 농지취득자격증명원을 받을 수 있다(주말 체험농장, 도시인도 가능).

• 1,000㎡(302.5평) 미만의 농지의 경우에는 농지원부(農地原簿)를 가지고 있는 자만이 기존의 농지와 경매로 취득하는 농지를 합해서 1,000㎡가 넘는 때에만 농지취득자격증명원을 발급받을 수 있다.

• 농지취급자격증명원을 받으려면 농업경영계획서와 농지취득자격증명 신청원을 작성해 시·군·구·읍·면의 장에게 신청한다.

• 농지취득자격증명원이 필요한가는 원칙적으로 토지의 현황을 중심으로 판단한다.

• 토지의 현황이 농지가 아닌 경우에는 농지취득자격증명원이 불필요하지만, 토지가 불법으로 전용된 경우에는 등기부상의 지목인 농지로 감정평가

하게 된다.

- 고정된 온실, 버섯재배사, 비닐하우스가 설치되어 있거나 설치하고자 하는 농지의 경우에는 330㎡ 이상이면 농지취득증명이 가능하다.
- 최초의 농지취득 시 도시계획 구역의 주거·상업·공업지역으로 지정된 농지와 녹지지역 중 도시계획 시설 예정지로 결정된 농지는 농지취득자격증명원이 불필요하며 1,000㎡의 면적제한도 적용되지 않는다.
- 농지취득자격증명원은 허가기일까지 법원에 제출해야 하므로 최고가매수인으로 지정되면 바로 받기 위해 노력해야 한다. 낙찰 전 미리 해당 관청에 알아보는 것이 안전하다.
- 법원에 따라서는 농지취득자격증명원을 제출하지 못하면 입찰보증금을 대부분 몰수하므로 특히 주의해야 한다.

4. 낙찰허가 불허가에 대한 즉시항고

① 낙찰자, 매수신고인, 기타 이해관계인(압류채권자, 집행력 있는 정본에 기한 배당요구 채권자, 채무자, 소유자, 등기부에 기입된 부동산 위의 권리자, 권리를 증명한 부동산 위의 권리자)은 낙찰허가에 대해 즉시항고를 제기할 수 있다(민사집행법 제129조).
② 현행 민사집행법에 의하면 낙찰허가에 대한 모든 항고인은 법원에 낙찰가의 10%를 공탁해야 한다(낙찰불허가에 대한 항고에는 공탁금 불필요).

| **Key Point** | 즉시항고를 제기할 수 있는 자

- 가압류채권자, 처분금지가처분권자 기타 예고등기자 등은 이해관계인이 아니므로 항고할 수 없다.
- 경매 신청등기 이후의 임차인(대결)과 저당권자의 항고라도 법원에서는 받아들이는 경향이 있다.
- 경매개시결정기입등기 이후의 저당권자라도 낙찰기일 전까지 그 사실을 증명한 경우에는 이해관계인이다(대판).
- 이해관계인이 아닌 자가 낙찰허가 결정에 대해 항고하는 경우라든지 이해관계인이 낙찰허가결정 전에 항고한 경우는 항고법원이 항고각하결정을 하게 된다(서울지법 결정).

1) 임차인이 항고하는 경우

① 즉시항고는 주로 임차인을 통해서 이루어지는데, 그 목적은 이사비용을 요구하기 위해서거나 아니면 세 얻어 나갈 보증금이 없을 때 시간을 벌기 위해서다.

② 구법에서는 임차인의 항고에는 낙찰가 10%의 공탁금이 들지 않았으므로, 공탁금을 내야 했던 소유자가 직접 항고하는 경우는 드물었고, 세입자를 항고하도록 설득하는 경우가 많았다.

2) 소유자가 항고하는 경우

① 소유자가 항고하는 목적은 주로 자금을 융통해 채무를 청산함으로써 경매의 취하를 노리기 위해서다.

3) 낙찰자가 항고하는 경우

① 낙찰자 역시 항고하기 위해서는 공탁금이 들어갔으므로, 채권자를 설득해 항고하기도 했다.

② 낙찰자가 항고하는 목적은 잔금이 부족해 잔금기일을 연장하거나, 항고기간 동안 목적물의 가격동향을 살펴본 후 가격이 한없이 내려가는 상황이라면 잔금을 내지 않기 위해서 또는 권리분석의 실패로 인수 부담해야 할 금액이 있는 경우에 혹시라도 낙찰불허가가 떨어지기를 바라는 것이다.

③ 후순위 임차인에 대한 입찰물건명세서상의 하자(보증금이 2,000만 원인데, 1,000만 원으로 조사)가 있었다는 이유로 낙찰불허가결정을 내린 법원에 낙찰자가 항고를 제기해 낙찰허가결정을 끌어낸 사례(서울지법)도 있다.

④ 매수가격의 신고 후 천재지변 기타 자기가 책임질 수 없는 사유로 인해 부동산이 훼손된 때 최고가매수신고인은 낙찰불허가 신청을, 낙찰자는 대금납부 시까지 낙찰허가결정취소 신청을 할 수 있다.

⑤ 선순위 임차인에 대한 주민등록에 대한 기재가 빠진 집달관의 임대차조사보고서 및 입찰물건명세서의 하자는 낙찰불허가 사유가 된다(대판).

4) 항고 제기의 효력

① 즉시항고에는 집행정지의 효력이 없다(다만 대금납부, 배당기일 등 지정, 실시 불가).

② 항고가 기각되면 공탁금은 배당금에 합산되지만, 채무자와 소유자는 공탁금을 반환받을 수 없으나 다른 항고자의 경우에는 항고일부터 항고기각결정이 확정될 때까지의 낙찰가에 대한 대법원 규칙상의 이율(연 20%)에 의한 금액을 제외하고는 반환받을 수 있다(민사집행법 제130조 제6항, 제7항).

③ 항고를 취하하는 때도 항고가 기각되는 경우와 동일하다(동법 제130조 제8항).

④ 항고가 제기되면 경매 절차가 3~4개월, 대법원에 재항고가 제기되면 또다시 3~4개월이 소요되어 경매 절차가 한없이 지연되므로, 낙찰자는 항고자를 만나서 재계약을 통해서 영업을 보장해주는 대신 항고취하를 설득하는 것이 바람직하다.

5. 낙찰대금의 납부

1) 납부절차

① 즉시항고기간 7일이 경과하거나 항고기각판결이 나면 낙찰허가가 확정되는데, 확정되면 법원은 입찰기록이 법원에 돌아온 후 1개월 이내의 날로 대금납부기일을 정해 낙찰자에게 대금납부통지서를 보낸다.

② 낙찰대금의 납부는 나눠서 낼 수 없다.

③ 담당 경매계를 찾아가서 '법원보관금납부명령서'를 받는다.

④ 납부명령서를 보관금 접수계에 접수하고 '법원보관금납부서'

를 받는다.

⑤ 납부서를 대금과 함께 법원 내 지정은행에 내고 '법원보관금 영수증'을 받는다.

⑥ 낙찰대금완납증명원을 2부 작성해 은행에서 받은 영수증과 함께 경매계에 제출하면 경매계장은 '위 사실을 증명합니다' 라는 도장을 찍어 1부 내주는데, 이것이 '낙찰대금완납증명 서'다.

2) 소유권의 취득

① 법원에서 법원보관금 영수증을 받는 순간 즉시 소유권을 취득한다(민법 제187조, 민사집행법 제135조).

② 대금납부기일 이전에 대금을 내도 납부순간 소유권을 취득한다.

③ 대금납부기일 이후에 대금을 내면 재경매비용과 통상적으로 연 20%의 지연이자를 부담하게 되는데, 만일 대금을 내지 않으면 대금납부기일부터 3일 이내에 차순위매수신고인에게 낙찰기일을 통지하고 낙찰, 즉시항고, 대금납부(원래의 대금지급기일부터 14일 이내의 날)의 과정을 거친다.

④ 차순위매수신고인도 대금을 내지 않으면 그들 중 먼저 내는 사람이 소유권을 취득한다(민사집행법 제138조 제3항 단서).

⑤ 차순위매수신고인이 없는 경우는 재경매한다.

⑥ 재경매기일이 지정되었다 하더라도 낙찰자가 재입찰기일 3일 전까지 대금을 내면 낙찰자는 소유권을 취득하며(민사집행

법 제138조 제3항), 재경매 절차는 취소된다(이 취소결정에 대해서는 집행에 관한 이의 가능).

⑦ 실무상으로는 3일 전 이후라도 재입찰 시행 이전이면 보통 대금납부가 허용된다.

⑧ 재입찰기일에 매수신고가 없어 신기일이 지정된 경우에도 신기일 3일 전까지는 대금을 낼 수 있다.

⑨ 재경매기일 3일 전까지도 대금을 내지 못하면 입찰보증금은 배당재단에 산입된다.

⑩ 만일 재경매가 취소되거나 취하되면 입찰보증금은 반환받을 수 있지만, 이중경매의 경우에는 후행 사건마저 취소되거나 취하되어야 반환받을 수 있다.

3) 특수한 대금납부의 방법

① 채무인수 신청(거의 지금은 안 됨)이나 상계 신청 등 특수한 대금납부의 방법을 통해서도 대금납부를 할 수 있다(민사집행법 제143조 제1항, 제2항).

② 채무인수 신청이나 상계 신청(낙찰일로부터 7일 내 신청)이 들어오면 대금납부기일은 배당기일과 같은 날로 잡힌다.

③ 다만 낙찰자가 인수한 채무액이나 낙찰자가 배당받을 금액에 대해 이의가 제기된 때는 채무인수 신청이나 상계 신청이 불가능하다(민사집행법 제143조 제3항).

④ 종전 낙찰자가 재경매기일 후에 대금을 납부하는 경우에도 채무인수 신청 또는 상계 신청이 불가능하다(대판).

| Key Point |

※채무인수 신청서의 제출

- 배당받을 채권자의 동의를 얻어 배당채권을 인수하고 채권액만큼 덜 내는 방법이다(실무에서는 잘 해주지 않고, 법원에서도 거절한다).
- 즉 잔금이 부족한 낙찰자가 금융기관과 상의해 필요한 금액만큼 채무를 인수하고 잔금을 덜 내는 방법이다(그 채권자의 동의서와 인감증명서 필요).

※상계 신청서의 제출

- 자신이 채권자일 경우로서 자신의 채권액만큼을 대금에서 상계(相計)하는 방법이다.
- 즉 낙찰 잔금을 다 내고 나서 배당을 받는 것이 아니라 처음부터 그 채권액만큼 덜 내는 방법이다.
- 임차인 등 배당 가능한 채권자가 낙찰받았을 때 주로 이용된다.
- 다만 낙찰자의 채권에 이의가 제기되면 상계 신청이 불가능하다.
- 만일 이의에도 불구하고 상계처리되어 배당을 마치게 되면 대금납부의 효력은 발생한다.
- 낙찰자의 채권이 압류 또는 가압류된 경우와 낙찰자의 채권이 가압류채권인 경우에도 상계 신청이 불가능하다.
- 낙찰자의 채권이 훗날 전부 또는 일부가 부존재하는 것으로 판명되더라도 대금납부의 효력은 발생한다(대판).

※잔금납입 전 소유자의 건물 훼손행위에 대한 대책

- 낙찰허가 결정을 한 후에는 법원은 낙찰자 또는 채권자의 신청으로 부동산에 대한 침해행위(건물 손상, 토지의 심굴 등)를 방지하기 위해 부동산 명도 시까지 필요한 조치를 할 수 있다.
- 신청 상대방은 채무자, 그 점유보조자 및 점유승계인을 포함하나 불법점유

자나 압류 이전의 점유자는 포함되지 않는다.
- 법원의 조치에 대해서는 집행에 관한 이의를 할 수 있다.

※부동산관리명령의 신청(민사집행법 제136조 제2항)
- 채무자가 관리를 함부로 해서 부동산의 가치를 감소시킬 우려가 있을 때 일정한 행위를 금지시키거나 일정한 행위를 명하는 관리명령 신청이 가능하다.
- 이때 관리인보수 등 관리비용을 예납해야 한다.

※관리를 위한 집행관에게 인도명령의 신청(민사집행법 제136조 제3항)
- 만일 채무자가 부동산관리명령에 따른 내용을 이행하지 않을 때 신청한다.
- 이때 법원은 담보를 제공하게 할 수 있다.
- 인도명령결정이 상대방에게 송달되기 이전에도 집행할 수 있으나 고지된 날부터 2주일 경과하면 집행할 수 없다.

4) 소유권 이전 등기
(1) 등기방법과 필요한 서류

대금납부 후 60일 이내 다음 서류들을 경매계에 제출한 후 다시 수령해 법원 내 우체국에서 송달우표를 정해진 만큼 사서(접수계에 문의하면 우표 금액을 알려줌) 접수계에 접수한다. 그리고 약 2주 후 경매계에서 등기필증을 받는다.

① 소유권 이전 및 말소등기 촉탁 신청서(법원 양식)
- 소유권이전등기는 5,000원, 말소등기는 1,000원의 수수료가 든다.

② 부동산목록

- 해당 사항을 등기부등본을 보고 형식에 맞춰 작성한다.

③ 소유권 이전 및 말소등기에 따른 등록세, 교육세 영수필 확인서, 영수필 통지서 및 계산 내역

- 낙찰대금 완납증명서 사본 1부와 말소할 등기목록(등기부 보면서 메모)을 낙찰 부동산의 관할 시·군·구청의 부과과에 제출하면 은행납부 지로고지서를 발급해주는데, 이를 은행이나 우체국에 낸다.
- 납부영수증인 영수필확인서와 영수필통지서는 붙어 있는데, 이를 분리해서는 안 된다.
- 등록세과표내역서 역시 작성하고 그 내역서 한쪽 끝 여백에 '영수필확인서 및 영수필통지서'를 스테이플러로 찍어둔다.

④ 제1종 국민주택채권 매입 필증 및 계산 내역

- 공시지가가 표시된 토지대장과 건축물대장을 들고 등기소 민원담당자에게 계산을 요청하면 토지분과 건물분을 분리해 계산서를 발급해준다.
- 계산서에 적힌 만큼 은행에서 구입해 즉시 매도하고 매입필증을 받는다.
- 주택채권구입내역서는 등기소에서 받은 계산서의 여백에 채권매입필증 한쪽 끝을 풀칠해 나란히 붙인다.
- 농어민이 영농을 목적으로 농지를 취득해 소유권이전등기를 하거나 농지에 저당권 설정등기를 할 때는 국민주택채권 매입이 면제된다.

- 다만 농어민 아닌 사람이 최초로 농지를 취득하는 경우에는 농지원부가 없으므로 국민주택채권을 매입해야 한다.

⑤ 토지·건물 등기부등본

⑥ 토지대장

⑦ 건축물관리대장

⑧ 주민등록등본

| Key Point | 특수한 경우 : 등기권리자 또는 등기의무자가 사망한 경우

낙찰허가 확정 후 대금납부 전에 낙찰자가 사망해 상속인이 대금을 납부한 경우에는 직접 상속인을 등기권리자로 해서 등기를 촉탁하는데, 촉탁서에는 상속을 증명하는 호적등본과 제적등본 등의 서면을 첨부하게 된다. 낙찰자가 대금납부 후에 사망한 경우에도 상속인을 등기권리자로 촉탁한다. 또한 최고가 매수인이 사망한 경우에는 상속인을 낙찰자로 해서 낙찰허가결정을 해야 하지만 이를 간과하고 사망자에 대해 낙찰허가결정을 하고 상속인이 대금을 납부한 경우에는 그냥 상속증명서면으로 등기를 촉탁하게 된다. 한편 등기의무자는 압류의 효력 발생 시점의 소유권자이지만 만일 상속등기가 경료되지 않은 채 대금납부가 끝난 경우에는 따로 상속등기를 할 필요 없이 그 사망자를 등기의무자로 표시하면 된다.

5) 점유자를 내보내는 방법(명도의 방법)

현행 민사집행법은 인도명령의 대상을 모든 점유자로 확대함으로써, 부동산 명도를 쉽게 하는 획기적인 입법을 단행했다(2002.07.01. 시행).

(1) 인도명령

잔금을 낸 후 낙찰자는 6월 이내에 소유자, 채무자, 부동산 점유자에 대해 인도명령을 신청한다(민사집행법 제136조 제1항). 구법에서는 경매기입등기일 이후의 점유자에 한정했으나 현행법은 모든 점유자로 확대했다.

- 점유자가 낙찰자에게 대항할 수 있는 권원(權原)에 의해 점유하고 있는 것으로 인정되는 경우에는(예컨대 보증금 중 일부라도 반환받지 못한 선순위 임차인) 인도명령의 대상이 아니다.
- 낙찰자 및 낙찰자의 일반승계인(상속인)은 명령을 신청할 수 있으나 특별승계인(매수인)은 인도명령을 신청할 수 없다(대결).
- 채무자나 소유자의 일반승계인(호적등본 또는 법인등기부등본을 첨부)도 인도명령의 대상이다(대결).
- 상속인이 복수면 공동상속인마다 개별적으로 인도명령의 상대방이 된다.
- 채무자나 소유자의 동거가족, 채무자를 위해 부동산을 소지하는 자, 점유보조자(피고용인, 법인인 채무자의 기관 등), 신의칙상 채무자와 동일하게 취급되는 자(점유자가 채무자의 근친자, 집행방해의 목적으로 채무자와 공모한 점유자 등)도 인도명령

의 대상이 된다.

- 입찰기록서류에 기록이 없는 점유자를 상대방으로 하는 경우는 주민등록등본 또는 집행관이 작성한 집행불능조서를 첨부해야 한다.
- 법원은 소유자, 채무자 이외의 자에 대해서는 점유의 내용, 권원 등을 진술할 기회를 주기 위해 점유자를 심문한다(민사집행법 제136조 제4항).
- 만일 이미 심문을 했거나, 낙찰자에게 대항할 수 있는 권원이 없음이 명백하거나 기타 점유자가 심문에 불응하면 심문 없이 인도명령을 내린다(동법 제136조 제4항 단서).

인도명령을 신청하게 되면 약 5일 전후로 인도명령결정이 나온다.

- 인도명령정본은 신청인 및 상대방에게 송달하게 되는데, 우편송달로 송달되지 않는 경우이거나 고의로 송달을 회피할 때는 특별송달을 신청해 집행관이 보내게 한다.
- 법원의 인도명령에 대해서 점유자가 불응할 때 신청인은 집행관에게 인도집행을 위임하게 된다.
- 인도명령송달증명서와 인도명령정본을 집행관사무실에 제출하면 제출 후 3~4일 이내에 집행기일이 정해지는데, 인도명령은 명도소송과 달리 집행문부여절차는 불필요하다.
- 다만 인도명령집행 신청자와 집행관은 집행규모, 노무자의 수, 현장안내 등을 위해서 사전에 협의는 필요하다.

상대방이 부재중이거나 또는 집행방해 목적으로 문을 열어주지 않음으로써 2회 집행이 불능으로 된 경우에는 공무원 또는 경찰관 1인이나 성인 2인의 입회하에 강제로 문을 열고 물건을 들어낼 수 있다.

- 사람도 없고 물건도 없으면 관리실이나 이웃이 입회한 가운데 문 열고 입주할 수 있다.
- 집행 후 점유자가 재침입할 경우에는 다시 명도 과정을 거쳐야 하지만, 침입자는 주거침입죄의 형사책임을 면하기 어려울 것이다.

물건을 들어내는 경우 점유자가 있으면 집 밖 아무 곳에나 들어내도 되지만 주택 안에 점유자가 없으면 집행관은 입회자의 참여로 물건의 목록을 작성해 유료창고에 맡기게 된다.

- 만일 점유자가 창고비용을 지급하지 않을 때는 채무명의를 얻어 유체동산에 대해 강제집행을 하게 된다.
- 통상적으로는 매수자가 없으므로 낙찰자가 매수해 폐기처분한다.
- 요컨대 유료창고 이용료는 낙찰자가 먼저 부담한 후 나중에 물건 소유자에 청구하는 것이다.

경매 부동산 내에 압류, 가처분된 물건(동산)이 있을 때는,
- 권리 당사자들 간의 협의로 가처분등기를 풀거나, 압류된 물건은 인도명령 전에 동산 경매를 신청해 낙찰된 건물 내에서

경매를 진행해 처분한다.

- 만일 권리자가 처리를 꺼리거나 소유자가 행불된 경우에는 집행관이 정하는 제삼의 장소에 물건을 보관한 후(낙찰자가 보관료 부담) 동산 권리자에게 손해배상 취지의 내용증명을 발송한다.
- 압류 동산의 경우에 3개월이 지나도록 압류권자가 동산을 처분하지 않으면 법원은 압류권자에 두 번까지 처분을 촉구한 후 그래도 시행되지 않으면 법원은 직권으로 압류를 취하한다.
- 이때 낙찰자는 보관임대료를 채권으로 동산을 다시 압류. 경매 절차를 거친다.
- 가처분된 동산은 권리자와 협의 안 되면 소송뿐이다.

점유자의 법적 대응은 다음과 같다.
- 법원의 인도명령 자체에 대하여는 즉시항고로만 불복할 수 있다(민사집행법 제136조. 제5항).
- 이때의 즉시항고 사유는 인도명령에서의 판단사항인 절차적·실체적 사항, 심리절차의 하자, 인도명령 자체의 형식적 하자, 상대방이 낙찰자에 대항할 수 있는 점유권원의 존재에 한정된다.
- 인도명령의 집행 자체의 위법에 관해서는 집행에 관한 이의로 불복할 수 있다.
- 이들 경우에 인도명령 집행정지 신청을 병행해야 집행이 정지된다.

(2) 명도소송

- 인도명령 대상이 아닌 기타의 점유자가 명도소송의 대상이 된다.
- 인도명령 대상의 확대로 인해 소송으로까지 진행되는 경우는 거의 없다.
- 소송을 제기할 때는 점유이전금지가처분을 먼저 해야 한다.
- 현장에 가서 실제로 점유하고 있는 자가 누구인지를 확인해(112 신고, 주거침입으로) 임대차계약서나 사업자등록상의 명의인과 다른 경우에는 그 삼자도 명도소송의 상대방으로 해야 한다.
- 명도소송의 소장 청구취지에는 '1항 피고는 원고에게 부동산을 명도한다. 2항 잔금지급 시부터 명도 시까지 현재의 임차보증금 ○○○○원 기준으로 연 20%의 이자인 월 ○○○○원을 부당이득으로, 원고의 재산권 침해에 대한 위자료 ○○○○원, 총 ○○○○원을 지급하라. 소송 비용은 피고가 부담한다. 3항 상기의 1항은 가집행할 수 있다는 재판을 구합니다'라고 기재하는 것이 바람직하다.
- 낙찰자는 채무명의(집행권원)가 되는 판결정본에 집행문부여를 신청해 부여받고, 송달증명서를 첨부해 집행관사무실에 강제집행을 위임한다.
- 명도소송은 점유자를 만나서 그의 의견을 들어보고 협상할 수 없다는 판단이 들 때 하는 것이 통례다.

(3) 명도 실무

잔금납입과 동시에 점유이전금지가처분과 인도명령을 신청한다.

- 잔금을 완납함과 동시에 점유이전금지가처분 신청과 인도명령을 신청하는 것이 바람직하다(비용이 저렴하고 절차가 간단).
- 실무상으로는 법적인 인도명령이나 명도소송으로 가기보다는 협상으로 명도가 완결되는 경우가 대부분이며 고수가 취하는 덕목이다.
- 법적 대응도 진행하면서 협상을 하는 것이 시간과 노력이 절감하는 길이다. 협상이 원만히 타결되지 않았을 때 다시 법적 대응을 시작하면 그만큼 명도가 늦어지기 때문에 협상과 법적 대응을 동시 진행한다.
- 점유이전금지가처분 신청은 새로운 점유자에 대해서도 인도명령이나 명도소송의 효력이 미치게 하기 위해서다(점유자가 바뀌었다면 승계집행문을 부여받아 바로 진행하면 된다).

거주자를 방문하는 시점은 다음과 같다.

- 소유자가 점유하는 부동산의 경우에는 잔금을 완납하기 전에 방문하는 것은 되도록 피해야 한다(때에 따라 낙찰 후 바로 만나면 명도가 빨라진다. 소유자 점유 시는 바로 잔금 치르는 것이 빠르다).
- 낙찰자는 잔금을 지급하기 전에는 새로운 소유자가 아닌 까닭에 그 이전에 방문했다가는 까다로운 소유자에게 상당한 봉변을 당할 수도 있기 때문이다.
- 임차인이 거주하고 있는 경우에는 잔금 지급 전에 방문해서

명도문제를 협의해야 한다.

이사비의 협상은 다음과 같이 한다.
- 거주자의 의사를 타진하는 과정에서 대부분은 거주자가 이사비를 요구한다.
- 이사비 요구는 아무런 법적 근거 규정이 없는 것이다.
- 낙찰자는 강제집행비의 범위 내에서 이사비 협상을 끝내는 것이 가장 일반적이다.
- 아파트의 경우, 집행비가 평당 약 8~10만 원 정도이므로 30평 아파트의 경우에는 약 250만 원 이하의 금액이 이사비로 결정된다.
- 잔금을 내면서 바로 인도명령을 신청하는 것이 바람직하다.
- 인도명령장이 도달되면 거주자의 심리가 위축되어 명도협상이 그만큼 유리하다.
- 거주자가 임차인의 경우에는 법원에서 배당금을 받아 이사하겠다는 이유로 낙찰자에게 명도확인서를 요구하기도 하는데, 특별한 사유가 없는 한 명도가 되기 전에 명도확인서를 써주면 이후의 약속된 날짜에 임차인이 이사하지 않을 때 곤란하게 된다. 칼자루를 넘겨주는 거나 마찬가지다. 이삿짐 다 싣고 갈 때 주는 것임을 명심하라.

체납관리비의 문제는 이렇게 해야 한다.
- 입찰 전에 반드시 거주자의 체납관리비를 확인해야 한다.

- 체납관리비를 누가 부담해야 하는가에 관하여는 사용자부담설(1998년 대법원판례)과 2분설(전유부분관리비는 사용자부담이고 공용부분 관리비는 입주자부담이라는 설-2001년 대법원판례)이 있다.
- 하지만 낙찰자는 관리비를 이사비와 연계시켜 협상하는 것이 통상적인 실무 예다. 즉 체납관리비가 100만 원이라면 이사비 협상으로 200만 원이 결정되면 이사 나갈 때 100만 원만 지급하면 되는 것이다.
- 체납관리비를 명도 후에 확인하면 나중에 분쟁이 벌어져 매우 피곤하게 된다.

초보는 명도가 쉬운 부동산을 찾아라. 낙찰받은 부동산의 명도 문제는 결국 거주자 심성의 문제지만 다음과 같은 부동산의 경우에 통상적으로 명도가 좀 더 쉽다.
- 채무자나 소유자가 점유하는 물건
- 배당요구한 임차인의 배당금이 어느 정도 배당받게 되는 물건
- 임차인이 많지 않은 물건

초보가 피해야 할 명도가 어려운 부동산(현장답사를 게을리하면 이런 부동산 만난다)은 다음과 같다.
- 장애인이나 나이 많은 노인이 거주하는 경우와 정신박약자, 소년·소녀 가장의 집
- 종교시설의 세입자 또는 소유자

- 폐문부재의 부동산(경우에 따라 무혈입성! 모든 것은 임장에서 판가름난다)
- 유치권자, 권원이 없는 점유자
- 살인사건이나 사회에 이슈가 된 부동산

명도가 난해한 것은 15~25% 정도 된다고 보면 되고 대부분 이사비를 주면 명도는 쉽게 마무리된다. 가장 중요한 것은 당근과 채찍을 겸해야 명도가 빠르고 쉽다는 것이다. 이사비 없는 명도는 없다고 생각하고 명도에 임해야 하며, 합의돼도 임차인이 배당받을 때는 '명도확인서와 인감증명서를 제출해야 법원에서는 배당금을 내준다. 즉 명도확인서는 낙찰자의 마지막 칼자루이니 임차인 말만 믿고 내주지 말고, 반드시 이삿짐 싣고 가는 차 뒤에서 주어야 한다. 명도확인서를 주면 배당받고 안 나가고 배 째라 하면 명도소송으로 가야 하며, 시간 또한 4개월 정도 더 걸리고 하니 명심하시기 바란다.

(4) 명도확인서의 의미와 이해

경매로 매각되는 부동산을 매수해 온전한 소유권을 취득하는 과정에서 가장 어려운 부분이 명도라고 하며, 또한 경매의 꽃이라고도 말한다. 그리고 명도를 잘하는 사람이 진정한 경매 전문가라는 의견이 또한 지배적이다.

무엇보다 잔금을 지급하고 소유권을 취득했어도 명도를 하지 못한다면 그 부동산을 내 마음대로 활용할 수 없다는 점에서 명도의 중요성은 절대적이라 할 수 있다. 명도의 기본 매뉴얼은 간단하다. 합의를 우선으로 하고, 그 합의가 부결되면 인도명령에 따른 강제 집행을 하는 것이다.

점유자가 배당을 받을 수 있는 경우라면 명도는 쉬워진다. 배당을 받을 수 있는 점유자는 주로 임차인인 경우가 많은데, 이러한 임차인이라 하더라도 무조건 배당을 받을 수 있는 것은 아니다. 낙찰자에게 명도확인서를 받아 이를 첨부해 법원에 신청해야 배당을 받을 수 있다. 따라서 낙찰자는 점유자(임차인)가 건물을 인도해줄 때 명도확인서를 교부해줘야 한다.

이는 계약으로 부동산을 매매했을 경우 부동산의 인도와 동시에 잔금을 지급해주는 것과 동일한 행위로 이해하면 된다. 간혹 명도확인서를 먼저 교부해 임차인이 법원에서 배당을 받고도 명도를 거부해 낭패를 보는 경우가 많다. 이럴 경우 어쩔 수 없이 명도소송을 거쳐 강제집행을 해야 하므로 명도확인서는 반드시 부동산의 인도와 동시에 교부해야 한다. 임차인이 "배당을 받아야 그 돈으로 다른 부동산의 임대보증금을 납부할 수 있고 이사를 갈 수 있다"고 주장해 명도확인서를 먼저 교부해줄 것을 요구하는 경우에도 부동산의 인도보다 먼저 명도확인서를 교부해서는 안 된다. 부동산의 인도와 명도확인서의 교부는 동시에 하되, 임차인의 물건을 일정 기간까지 낙찰자가 보관해주는 형식을 취해야 한다.

부동산을 낙찰자에게 인도한다는 확인서를 받고, 그 확인서에

'부동산 내부에 있는 집기는 낙찰자가 보관해준다는 취지와 언제까지 반출한다는 취지, 반출 약속이 이행되지 않을 경우는 낙찰자가 임의대로 처분 또는 폐기할 수 있다는 등의 취지'를 기입한다. 이렇게 해야 임차인이 비워준다는 날까지 인도가 이루어지지 않으면 낙찰자가 임의대로 부동산의 잠금장치를 풀고 입주할 수 있다.

점유자가 자신의 권리 금액에 대해 한 푼도 배당을 받지 못하고 쫓겨나야 하는 상황이라면 저항은 심할 수밖에 없다. 그러나 이러한 경우라고 해서 합의가 전혀 불가능한 것은 아니다. 합의는 정중하고 명쾌해야 한다. 점유자가 명도의 대가로 터무니없는 요구를 하면 정중하고 명쾌하게 거절해야 한다는 말이다. 하지만 합의의 방법은 그리 중요하지 않다. 중요한 것은 어차피 이길 수밖에 없는 싸움이라는 사실이다. 어차피 이길 싸움을 어떠한 방법으로 얼마나 빨리 끝내느냐의 문제일 뿐이다.

이러한 사실을 합의 과정에서 한순간도 잊어서는 안 된다. 최악에는 인도명령이라는 강력한 무기가 있다. 이러한 무기가 있음에도 합의하려는 것은 낙찰자의 너그러운 배려다. 그러한 배려에도 불구하고 점유자가 오히려 적반하장의 태도로 일관한다면 낙찰자의 강력한 권리를 경험하게 해주는 수밖에 없다. 이러한 사실만 잊지 않는다면 점유자를 무서워할 일도, 점유자에게 끌려다닐 일도 없다.

공매에서 임차인이 점유한다면 그리 어렵지 않지만, 소유자라면 이야기는 180도 달라진다. 배 째라. 네 마음대로 하라니까? 여러분은 어찌 대처하겠는가? 소유자는 초보 경매인보다 한 수 위에 있다. 그러니까 초보분은 공매가 힘들고 잘못하면 골병든다. 경매로 명도 열 번 이상 해보고 명도가 뭔지 확실히 알 때 공매를 해야 한다. 그러나 필자는 간단히 처리한다. 이 노하우는 아무에게도 가르쳐 주지 않았다. 경·공매 노하우 20% 정도는 풀지 않았다. 그 노하우는 명도확인서보다 더 강력한 힘을 발휘한다. 필자의 노하우는 교수들도 모르는 피와 땀, 그리고 눈물의 결정체다. 여러분이 생각하는 이상의 무섭고 소름 끼치는 노하우를 가지고 있다. 처절하게 공부하고 경험한 것이다.

(5) 경매 고수들의 물건 찾기와 명도 이야기

200*타경****호 사건.

천안시 서북구 두정동에 있는 아파트로 한참 잘 나가던 우성건설이 지은 아파트다. 필자가 이 물건을 처음 접한 건 2007년 10월 초순쯤이었다. 우연히 물건 검색을 하는데 이 아파트가 신건으로 등재된 것이었다. 물건을 보는 순간 "으악!" 하는 사건이 발생했다. 그것은 바로 '평'을 '제곱미터'로 환산하는 과정에서 오류가 발생해 32평짜리 아파트가 24평짜리로 감정된 것이었다. 가슴이 두 근 반 세 근 반! 쿵쾅쿵쾅!

24평짜리 아파트는 감정가가 9,500만 원, 32평짜리 아파트는 감정가가 1억 4,000만 원이었는데 감정이 잘못된 것이었다. 잘못 감정돼서 다시 들어가면 어쩌나 하는 불안한 마음이 있었지만 그래도 나름대로 분석을 하고 열심히 작업하기 시작했다. 등기부등본부터 시작해서 주민등록열람까지 모든 것을 비밀리에 착수했다. 혹시 누가 눈치채고 들어오면 낭패기 때문에 아무한테도 알리지 않고 모든 것을 마음속에 담아두고 혼자서 은밀하게 진행했다.

드디어 입찰 날, 경매 법정에 들어가서 눈을 번뜩이기 시작했다. 혹시 누가 이 물건을 알아채고 들어오면 난감한 일이었다. 필자는 내심 시작금액인 9,500만 원만 적을 생각이었다. 혹시 누가 이 물건에 들어온다면 분명히 떨어질 것이지만, 단독입찰을 열망하면서 금액을 정했다. 보통 신건에 입찰하지 않고 2~3차에 몰리는 건 지금이나 옛날이나 거의 마찬가지 아니겠는가?

그런데 입찰표를 작성하는 순간, 마음속에 조금 더 적어야겠다는 강한 열망이 용솟음쳤다. 아, 얼마를 더 적을 것인가? 꼬리만 달까? 아니면 100만 원을 더 적을까? 200? 300? 500? 짧은 순간에 미묘한 감정이 뒤죽박죽 엉켜 머릿속이 무지하게 복잡해지기 시작했다. 긴 심호흡 끝에 최초 감정가에서 200만 원을 더 얹어서 9,700만 원을 적어 넣었다. 누가 들어오면 떨어진다는 가정하에, 그래도 이왕이면 이거 한 건으로 약 3,000만 원은 올릴 수 있다는 생각으로 한번 많이 먹어보자는 욕심껏 적은 것이다.

결과 발표하기 전 입찰봉투를 정리하는 순간 내가 단독입찰이 아닌 것을 알게 되었다. 신건이라 맨 마지막 사건이었는데 입찰봉투가 한 개가 아닌 두 개였다. 이런, 혼자 맛있게 독식하려고 했던 나의 꿈이 산산이 부서지는 순간이었다. 더 쓸걸! 후회가 밀물처럼 밀려온다. 앞에 물건들이 하나둘씩 주인을 찾아가고 맨 마지막에 내 것을 부르는 순간이 되었다.

200*타경**** 사건

○○○ 씨 96,599,000원(여자분)

○○○ 씨 97,087,000원

49만 원 차이로 짜릿하게 낙찰되는 순간이었다. 그때 나랑 같이 입찰에 응했던 아줌마가 완전히 × 씹은 얼굴로 입찰보증금을 휙 하고 낚아채더니 나를 힐끔 째려보고 찬바람을 일으키며 나가버렸다. '고마워요, 아줌마!' 입찰장에는 법원 직원들과 나만 남아 있었는데 직원이 말한다.

"아휴 49만 원 차이네요. 정말 짜릿하게 낙찰받으셨네요."

"하하하, 고맙습니다. 정말 짜릿하네요."

급매도 1억 3,000만 원인 아파트를 9,700만 원에 먹다니 이런 횡재가 어디 있겠는가. 영수증을 받고 나오는데 대출 아줌마들이 한심한 눈초리로 쳐다본다. '9,500만 원짜리를 9,700만 원에 먹었다고요. 서울도 아닌 촌구석에서?' 그래도 명함은 준다, 하하하! 낙찰 후에도 계속 진정이 되질 않았다. 혹 항소하면 어떡하지? 아님 매각결정이 안 떨어지면 어떡하지? 불안함에 2주를 어떻게 참고 지냈는지 모를 정도로 정신이 없었다. 다행히 매각결정문이 떨어지고 잔금지급날짜가 잡혔다.

10월 말경 서둘러 미리 잔금 내고 소유권이전등기까지 무사히 마치고 나서야 안도의 한숨을 쉬게 되었다. 소유권이전등기를 마치고 아파트를 찾아갔다. 아줌마가 반갑게(?) 맞아주더라. 낙찰된 건 알았는데 왜 낙찰자가 찾아오지 않나 불안했단다. 순수하게 나온다. 필자도 순수하게 나간다. 11월 말까지 집 빼주겠다네. 이렇게 일이 일사천리로 진행될 수 있을까? 너무나도 감사해 이사비용 냅다 200만 원 드리겠다고 했다. 아주머니 무진장 감사하더라. 한 가지만 부탁했다. 월세 놓을 거니까 사람들 오면 집 좀 보여달라고. 아줌마 흔쾌히 응한다. 이 모든 것이 너무나도 순조롭게 흘러가고, 11월 말일이 됐다.

"아줌마 오늘 이사 나가시나요?"
"아뇨 집을 못 구해서 못 나가겠어요. 시간을 좀 더 주셔야겠어요."
"그래요? 그럼 애들 방학할 때까지 드리면 될까요?"
"예, 그러면 12월 28일까지는 꼭 비울게요."
"그러세요. 그런데 그 날짜 지나면 저는 이사비용 못 드리고요. 무상거주기간 월세 청구할 수 있으니까 꼭 그 날짜까지 비워주셔야 해요 그리고 중개업소에서 오면 말씀 좀 잘해주시고요."
"예, 알았어요."
이때만 해도 좋았다. 그런데 문제는 중개업소에서 찾아갔을 때 발생하고 말았다. 3,000/50만 원으로 월세를 놓으려고 중개업소에서 찾아갔는데 글쎄 아주머니가 집을 안 보여주는 거다. 들어올 분이 1월 7일 날 이사한다고 날짜도 딱 맞아서 참 좋았는데 아주머니가 28일까지도 돈이 없어서 못 나가겠다는 거다. 이 아줌마 완전히 고단수인가 보다. 확실하게 당한 거 같다. 배신감 강하게 느낀다. '아주머니, 제가 좋게 해드릴 때 나가시는 게 좋아요. 저 경매 좀 할 줄 아는 사람입니다.' 이 아주머니 처음에 너무나도 순진하게 대했더니만 필자를 갖고 놀려고 한다. 그래서 초고단수로 나갔다.

바로 그날 내용증명을 발송했다. 매월 월세 낙찰가의 1%인 97만 원씩 내라고. 그리고 인도명령 신청과 동시에 점유이전금지가처분 신청을 했다. 법원에 아는 동생한테 부탁해서 초스피드로 진행했다. 인도명령이 송달되자마자 강제집행 바로 실행하고 집행관 사무실에 급히 부탁해 바로 집행계고장 붙이러 나갔다. 모든 것이 일주일 새에 다 이루어졌다. 강제집행예고장 붙이러 나갔는데도 이 아주머니랑 아저씨, 집에 없었다. 집에 없으면 되는 줄 알았나 보다. 그래서 무식하게 나갔다. 문 따고 바로 들어가서 가장 잘 보이는 곳에다 강제집행예고장을 붙였다. 그랬더니 전화도 안 받고 끊던 분이 바로 전화 오더라.

"이러는 법이 어디 있어요?"

"그러길래 좋게 해서 나가시라고 했잖습니까? 왜 좋게 해드렸는데 저를 악한 사람으로 만드십니까? 선의를 이렇게 악의로 화답하는 사람이 어디 있습니까?"

법원에서 1월 10일까지 안 비우면 바로 집행한다고 하니까 이분들 12월 31일자로 집 비웠다. 이사비용? 창피해서 그런지 달란 말도 못 하더라. 그 돈으로 도배장판하고 페인트칠까지 다 할 수 있었다. 물론 필자를 비난할 수도 있다. 주기로 한 이사비용을 안 주고 그럴 수가 있냐고? 그리고 경매 처분당해 나가는 사람들에게 그렇게 매몰차게 할 수 있느냐고. 필자가 여기에 자세한 내막을 안 써서 그렇지 이분들 경매로 2억 원 넘는 채무 다 탕감했다. 거기다 가짜 근저당으로 3,500만 원이나 챙겨 나갔다. 필자가 이의제기 안

한 것만도 이분들 돈 번 거다.

　명도를 가장 어려워하는 이유 중의 하나는 모르는 사람을 접해야 한다는 사실이다. 그런데 명심할 것이 하나 있다. 나는 집주인이고 상대방은 내 집에 무상거주하는 사람이다. 그리고 나보다 상대방은 훨씬 더 불안에 떨고 있다. 자신감을 갖고 상대방을 만나야 한다. 그리고 중요한 것은 법을 들먹이면 안 된다는 것이다. 사실 경매를 당한 사람은 법이라는 소리만 들어도 상당히 거부감을 일으킨다. 내가 조금 아는 상식이 있다고 해서 인도명령이니 점유이전가처분, 강제집행이니 이런 단어를 꺼내면 상대방은 대화의 문을 닫는다. 제일 중요한 것은 상대방이 나를 믿어줘야 한다는 것이다. 내가 힘들더라도 상대방의 얘기를 경청해주고 단어 선택을 참 잘해야 한다.

　인도명령이란 단어보다는 집을 낙찰자에게 돌려줘야 한다는 서류로, 점유이전금지가처분은 물건을 다른 곳으로 옮기지도 말고 다른 분도 여기다 주민등록을 옮겨 놓으면 안 된다는 말로, 내용증명은 내 집임을 인정하는 서류 등으로 부드러운 단어를 선택해야 한다. 그래야만 상대방이 편안함을 느끼고 그러면서 자신의 처지를 얘기하게 된다. 그러면 거기서 상대방의 약점을 자세히 파악해야 한다. 분명히 허점이 있다. 그런 것을 정확히 파악한 후, 그것으로 약점을 조금씩 건드리면 바로 꼬리를 내리게 돼 있다. 전국을 보다 보면 이런 물건도 있어 횡재할 때도 있다. 참, 돈 벌기 쉽다. 여러분도 열심히 공부하고 능력을 배양시켜 전국을 보는 그 날을 기대하기 바란다.

(6) 난동과 자해로 버티는 점유자

박 대리는 "아주 질 나쁜 ××"라며 치를 떤다. 결국, 직원과 함께 직접 아파트를 찾았고, 만약을 대비해 경비원과 셋이서 문 앞에서 몇 차례 벨을 눌렀다. 사람 소리는 나는데 감감무소식이다. 현관문을 발로 차고 쾅쾅 문을 두들겼다. 그런데 한참 후에 문을 열고 나온 소유자를 보고 우리 세 명은 놀라 뒤로 넘어질 뻔했다. 건장한 중년 남자가 몸에 실오라기 하나 걸치지 않고 험악한 얼굴로 째려본다.

"이자, 준비됐나? 으이?"

양팔을 올리고 들어올 테면 들어와 보라며 현관문을 막고 서 있다. 나는 나체인 소유자를 일단 안으로 들여 보내려고 했다. 소유자는 덩치가 황소만 해 밀어도 꿈쩍하지 않았다. 하는 수 없이 세 명이 같이 밀어 넣으니, 동네가 떠나갈 듯이 고함을 치며 갑자기 바닥에 나뒹굴며 "아이고, 나 죽네!" 소리치며 자해하기 시작했다.

우리는 점유자인 소유자에게 어떠한 위해도 가하지 않았지만, 그는 셋이서 단체로 구타한다고 야단법석을 쳐댔다. 아파트 주민이 하나둘씩 모여들기 시작하니 더욱더 소리는 더 커지고 주민들은 질색하며 삼십육계 줄행랑이다. 기가 막혀 말도 할 수 없었다. 잠시 진정되기를 기다렸다가 그날은 일단 사무실로 돌아왔다.

그 일로 점유자(소유자)는 직원과 나를 공동상해죄와 주거침입죄로 고소했다. 어이없지만 1대 1이 아닌 세 명이 한 사람에게 상해를 입혔다는 죄목으로 경찰서에서 조사까지 받았다. 이사비용으로 1,000만 원을 요구하다 700만 원으로 마지막 협상을 하기 위해 둘이 만나던 중 중요한 사실을 알았다. 점유자는 낙찰자에게 진상을 부려 자신에게 유리하게 합의금을 받아낼 줄 아는 고단수 채무자(소유자)였던 것이다.

소유자 서 씨가 6년 전 2003타경 14927호에 응찰해 낙찰받았다는 기록이 나온다. 다 그런 건 아니지만 낙찰받은 분이 다시 경매에 나오는 걸 우린 자주 접하고 별다른 생각을 하지 않는 것이 보통이다. 그러나 이런 경우, 명도의 난도가 높다는 것을 간접 경험으로 배우기 바란다.

매각물건현황(감정원 : 에이원감정평가 / 가격시점 : 2008.07.30)

목록	구분	사용승인	면적	이용상태	감정가격	기타
건물	24층중 5층		84.96㎡ (25.7평) (32평형)	방3, 거실등	63,000,000원	
토지	대지권		31688㎡ 중 28.887㎡		27,000,000원	
현황 위치	지하철1호선 신평역 북동측 인근에 위치 주위는 대단위아파트단지,단지내상가,소규모점포,기존의 단독주택이 혼재					

임차인현황 (말소기준권리 : 2003.11.06 / 배당요구종기일 : 2008.10.20)

===== 조사된 임차내역 없음 =====

기타사항	☞ 본건 현장을 수차 방문한바 폐문으로 거주자등을 만나지 못하여 부동산 경매 사건에 관한 통지서를 두고왔으나 아무런 응답이 없었음(전기계량기 정상작동, 가스검침도 정상기재)/☞ 가족만 전입되어 있음을 확인 함

등기부현황 (채권액합계 : 131,354,852원)

No	접수	권리종류	권리자	채권금액	비고	소멸여부
1	2003.11.06	소유권이전(매각)	서통호	2003타경14927		
2	2003.11.06	근저당	한국외환은행 (범일동지점)	57,600,000원	말소기준등기	소멸
3	2007.07.26	가압류	주택금융신용보증기금	28,636,993원		소멸
4	2008.06.23	가압류	중소기업은행	7,697,540원		소멸
5	2008.07.04	가압류	한국외환은행	10,346,395원		소멸
6	2008.07.07	가압류	한국외환은행	21,225,796원		소멸
7	2008.07.24	가압류	현대캐피탈(주)	5,848,128원		소멸
8	2008.07.25	임의경매	한국외환은행	청구금액: 57,600,000원	2008타경30870	소멸

　낙찰받은 후 이 집 실수요자로 명도 후 입주해 살다가, 경매로 나온 것을 알 수 있을 것이다. 잔금대출을 하고 입주해 살다가 2007년에 사업이 어려워지기 시작해 신용보증기금의 가압류부터 중소기업은행, 외환은행, 카드까지 연체되자 마지막엔 캐피탈에서 고금리 500만 원까지 빌려 회복 불가능해 경매에 부쳐진 사건이란 걸 등기부등본은 말해준다. 서 씨 역시 명도에 애를 먹었던 것을 짐작하게 된다. 그래서 명도에 대해, 아니 경매를 잘 알고 있었던 것이다. 즉 '너도 한번 나처럼 애도 먹고 나처럼 이사비도 많이 줘야 안 되겠나? 너도 한번 당해봐라' 이것이다.

　박 대리를 불러서 조용히 설명을 해주니 무릎을 치며 탄식한다. 일단은 내가 나서야 하니 따라다니면서 조용히 보라고 하고 다음 날 만나기로 했다. 커피숍에서 오후 2시에 만나기로 해서 박 대리와

서둘러 가서 기다리는데 30분이나 기다려도 오지 않아 전화한다.

"여보세요? 서 사장님, 아직 멀었나요?"

"알았소. 지금 버스에서 내렸으니 좀 기다리쇼."

얼마 후 커피숍에 슬리퍼를 질질 끌고 나타났다. 다 떨어진 청바지에 모자는 45도로 삐뚤어졌다.

"정식으로 인사드립니다. 저는 법무사 경매 팀장 김광석입니다. 그날은 경황이 없어 인사도 드리지 못했습니다."

"보소, 우예 잘 빠져나오데요? 경찰서에 아는 사람 있나 보지, 흠?"

쓸데없는 말이 한참 오간다. 자기가 살아온 이야기를 한 시간 넘게 한다. 이럴 때 아무리 바빠도 예의 있게 맞장구치며 경청해야한다. 많은 명도를 하면서 익힌 노하우다.

"미안쏨다. 제 이야기만 한 것 같아서."

"아, 아닙니다. 이야기 더 하소. 참, 파란만장하네요."

그렇다, 누구나 이렇게 어려움을 겪는 사람은 사연이 많을 수밖에.

"그리고 마지막 한마디만 하겠소. 자네, 박 대리라 캤나? 너 인마, 그라믄 안 돼. 말 함부로 하면 죽어. 뭐? 그따구 행동을 하니까 경매 처분당해? 이 자슥 말이면 단줄 아나, 씨벌!"

나는 박 대리 옆구리를 찔렀다.

"박 대리, 뭐라 했는지 모르겠으나 사과해라. 나이도 어린놈이, 빨리!"

"죄송합니다. 제가 말을 잘못했습니다. 죄송합니다."

"됐고, 앞으로 갱맬하드라도 말조심 하그래이. 돈이 문제가 아이다 아이가?"

서 사장은 전 주인이 돈 한 푼 없는 장애인이었으며, 이사비로 애를 먹고 700만 원을 주고 겨우 합의를 보았단다. 자기도 경매 한 번으로 너무 많은 것을 알게 되었고, 쓰라린 경험으로 자기가 준 것 정도는 받아야겠다고 결심을 했다는 것이다. 남자들 세계는 술 한 잔에 풀 수도 있다. 그것도 하나의 요령이고, 방법이라서 서 사장을 술로 달래려고 마음먹었다.

"자, 인제 그만하시고, 출출한데, 소곱창에 쇠주나 한잔하고 나중에 또 얘기합시다."

셋이 일어나 뜨거운 땡볕을 맞으며 자갈치 곱창 골목으로 향했다. 우리는 곱창 8인분에 소주 8병을 마셨다. 나는 현재 당뇨가 심해 술은 먹지 않은 지가 5~6년 되었으나 그때만 해도 센 술은 아니라도 반주는 맞출 줄 아는 보통의 주당이었다.

그 후 몇 번 만나 설득을 하고, 강제집행을 하면 당시 평당 7만 원, 210만 원 드니 서로 얼굴 붉히지 말고 합의하자고 제의했다. 그러나 계속 500만 원을 주장해서 계고장을(계고하면 90%는 합의 됨) 부칠 수밖에 없었다. 씩씩거리며 화난 기색으로 연락이 왔다.

"김 팀장님, 꼭 이러기요? 내 말 못 알아들었소?"

"서 사장님, 미안합니다. 그간 시간도 오래됐고, 의뢰자에게 그것도 며칠을 설득했으나 500만 원으론 합의할 생각이 없으시다니 제가 마음대로 할 순 없고 안타까울 뿐입니다. 200만 원 드릴 테니 다시 한 번 생각해보시지요?"

한참 동안 수화기에서 말 한마디 들리지 않더니 잠시 후 뜸을 들인 후 힘없이 대답한다.

"좋소, 관리비 50만 원 정도 되는데, 그것까지 대신 내주면 200만 원으로 합의하겠소."

어차피 공용관리비는 인수이니 매한가지 아닌가? 상대방 체면? 명분을 줘야 한다. 이것이 요령이다.

"감사합니다, 잘 생각하셨어요. 어렵지만 설득해보도록 하겠습니다. 서로 한 걸음씩 양보하고 해결하도록 합시다."

의뢰인을 만나서 강제집행하면, 결국 관리비는 우리가 부담해야하고 보관료 역시 선납으로 60만 원(2달) 정도 내야 하니 부담스럽다. 합의에 응하는 게 낮지 않겠느냐고 설득해 합의에 이르게 됐다.

이 사건에서도 보다시피 '명도는 가슴으로 해야 한다'는 것을 새삼 깨달음과 동시에 소유자(점유자)에게 상처가 될 만한 말은 극히 삼가야 한다는 것을 알 수 있다. 세 치 혀로 인생을 망칠 수도 있다는 말이다.

| **Key Point** | 협상이나 명도할 때 하지 말아야 할 행동과 말

첫째, 자존심을 자극하는 말을 삼가라.
감정이 서로 격하다 보면 흥분할 수 있는데 낙찰자는 냉정함을 잃지 않고 여유롭게 대처해야 한다.
예) "이따위로 하니까 망하지.", "이렇게 하니, 망할 수밖에 없네", "이러니 경매 처분당할 수밖에 없지!", "뭐 오갈 데도 별로 없잖아요."

둘째, 점유자의 몸을 절대 건드리지 마라.

고단수 점유자는 오히려 터치를 유도하고 몸을 건드리면 기다렸다는 듯이 자해하는 경우도 종종 있으니 절대 손을 대서는 안 된다.

셋째, 둘만 있는 장소로 가지 마라.

점유자와 밀폐된 공간이나 좁은 골목길 등에서 둘만 있게 되었을 때는 핸드폰 녹음기를 작동시키고 주위의 CCTV를 확인해두라. 점유자가 자해하거나 좋지 않은 상황일 때 증인이 없으면 꼼짝없이 낭패를 당할 수 있다.

넷째, 명도를 할 때는 자신의 입장을 증명할 장비를 소지해야 한다.

녹취를 할 수 있는 녹음기나 동영상 촬영 카메라를 작동시키는 버릇을 들여라. 최근에는 볼펜이나 목걸이 등 초소형 동영상 카메라도 나와 상대방 모르게 촬영할 수도 있다. 위험할 땐 CCTV나 동영상 카메라로 일거수일투족을 촬영한다고 하면 상대방은 움찔하며 태도를 바꾼다. 협의 내용을 녹음했다고 밝히고, 그대로만 약속을 이행하라고 점잖게 말하면 차후에 발뺌하거나 오리발 내밀 확률은 극히 낮다.

다섯째, 가슴으로 명도하라!

강제집행과 협의 명도 시 따져보고 마음의 상처를 입히지 않는 방향으로 진행해야 한다.

(7) 위험한 명도

부산이나 근교는 오를 대로 올라 수익성도 없기 때문에 지금은 아예 입찰하지 않는다. 경남 외진 곳이나 시골 읍 단위로 활동영역을 바꾸었다. 외진 곳이라도 농공단지가 있고 전월세가 잘 나간다면 당장 수익이 나지 않더라도 2~3년 보고 월세를 놓으면 된다. 필자는 자금부담도 없고 내 돈 투자가 없다 해서 무피로 그해 열 개를 목표로 현재 세 개(두 달 동안) 낙찰받았다. 지금 그중 하나인 경남 사천에 있는 물건에 대한 명도 이야기를 하려 한다.

2010타경8821 (2) · 창원지방법원 진주지원 · 매각기일 : 2011.01.24(月) (10:00) · 경매 1계(전화:055-760-3271)

소재지	경상남도 사천시 정동면 풍정리 520 외 5필지, 송보파인빌아파트 107동 10층 1001호							
물건종별	아파트	감정가	64,000,000원	\[입찰진행내용 \]				
대 지 권	38.718㎡(11.712평)	최저가	(80%) 51,200,000원	구분	입찰기일	최저매각가격		결과
건물면적	59.896㎡(18.118평)	보증금	(10%) 5,120,000원	1차	2010-12-20	64,000,000원		유찰
매각물건	토지·건물 일괄매각	소유자	황■■육	2차	2011-01-24	51,200,000원		
경매개시	2010-07-13(신법적용)	채무자	황■■육	낙찰 : 63,760,000원 (99.63%)				
입찰방법	기일입찰	채권자	선정당사자 지■민	(입찰7명,낙찰:부산 김 ■섭)				
				매각결정기일 : 2011.01.31 - 매각허가결정				
				대금지급기한 : 2011.02.25				

현장사진	현장사진	지적도	위치도	개황도	전자지도	전자지적도	로드뷰

■ 매각건물현황

목록	구분	평형	면적	건축용도	감정가격	(보존등기일:01.08.17)
건물	15층중 10층		59.8956㎡ (18.12평)	방3,욕실1등	53,760,000원	· 사용승인:2001.07.26 · 도시가스보일러 ·가격시점:10.08.03/

■ 임차인현황 (말소기준권리: 2007.08.03 / 배당요구종기일 : 2010.09.29)

===== 조사된 임차내역 없음 =====

■ 등기부현황 (채권액합계 : 447,800,000원)

No	접수	권리종류	권리자	채권금액	비고	소멸여부
1	2007.08.03	소유권이전(매매)	황■■육		거래가액 금56,800,000원	
2	2007.08.03	근저당	국민은행 (삼천포지점)	26,000,000원	말소기준등기	소멸
3	2008.08.22	근저당	에스피피해양조선(주)	150,000,000원		소멸
4	2009.12.15	압류	국민건강보험공단			소멸
5	2009.12.16	가압류	신용보증기금	271,800,000원		소멸
6	2010.07.14	강제경매	선정당사자 지■민	청구금액: 125,326,219원	2010타경8821	소멸
7	2010.09.07	압류	진주세무서			소멸
8	2010.11.19	압류	사천시		세무과-17012	소멸

인근진행물건	인근매각물건	공매인근진행물건	동산인근진행물건	주택임대차보호법	상가임대차보호법	시세	실거래가
경락잔금							

■ 굿옥션 현장조사

건설회사	송보건설	면적	18.11평	방 수	3개	현관구조	계단식	매 매 가	6,000 ~ 7,000 만
입주년도	2001.07	총세대수	888세대	전체층수	10-15층	동 수	12개동	전 세 가	4,500 ~ 5,500 만
버스노선		난방방식/연료	개별난방/도시가스			관리사무소		☎055-852-4455	
교육시설	정동초, 사천중, 사천여자중, 사천고, 사천여자고								
NAVER 단지정보	시세정보	단지정보	평면도	갤러리(평면도/이미지)			면적표기 : 굿옥션(전용), 네이버(공급)		

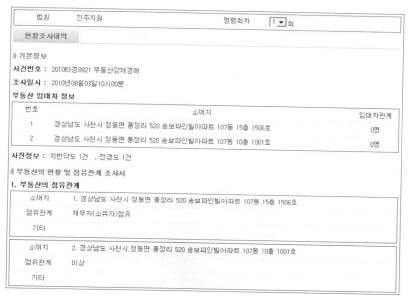

법원	진주지원		명령회차	1 ▾ 회

현황조사내역

◎ 기본정보

사건번호 : 2010타경8821 부동산강제경매

조사일시 : 2010년 08월 03일 10시 00분

부동산 임대차 정보

번호	소재지	임대차관계
1	경상남도 사천시 정동면 풍정리 520 송보파인빌아파트 107동 15층 1506호	0명
2	경상남도 사천시 정동면 풍정리 520 송보파인빌아파트 107동 10층 1001호	0명

사진정보 : 지번약도 1건 , 전경도 1건

◎ 부동산의 현황 및 점유관계 조사서

1. 부동산의 점유관계

소재지	1. 경상남도 사천시 정동면 풍정리 520 송보파인빌아파트 107동 15층 1506호
점유관계	채무자(소유자)점유
기타	

소재지	2. 경상남도 사천시 정동면 풍정리 520 송보파인빌아파트 107동 10층 1001호
점유관계	미상
기타	

전입세대열람 내역(동거인포함)

행정기관: 경상남도 사천시 정동면

작업일시 : 2010년 12월 13일 15:35
페이지 : 1

주소 : 경상남도 사천시 정동면 풍정리 (일반+산) 520 송보파인빌아파트 107-1001

순번	세대주성명	전입일자	거주상태	최초전입자	전입일자	거주상태	동거인수	동거인 사항		
								순번	성 명	전입일자	거주상태
1	()	-								

해당주소의 세대주가 존재하지 않음.

- 이하여백 -

물건 검색을 하다 보니 단지가 크고 24평에 감정가 6,300만 원. 매물이 같은 사건번호에 10층과 15층 두 건이다. 당연히 시골일수록 로열층을 택해야 한다. 아무래도 입찰자가 15층보다 두세 명 더 붙을 것 같다. 초보나 고수나 입찰가 산정할 때 가장 머리에 쥐가 난다.

일단 임장을 해보자. 필자는 항상 임장할 땐 마누라와 같이 여행 가듯이 간다. 왜냐하면, 남자가 벨을 누르면 무조건 안 열어주나 여자가 벨을 누르면 열 중 여덟아홉은 열어주기 때문이다. 오는 길에 그곳 유명음식점을 찾아서 외식도 시켜주면 점수도 따고 일거양득이다. 본론으로 들어가자. 현장에 가니 앞도 훤히 틔고 보이는 건 논밭과 뒤론 벚꽃 나무가 산을 에워쌌다. 하얀 눈이 뒤덮여 나지막한 산이 아름답고 한 폭의 동양화 같았다.

같은 동 15층을 가니, 옥상이 평평하다. 이렇게 되면 겨울에 춥고 여름엔 몹시 덥다. 물샐 염려도 많고. 그래서 시골이라도 15층과 1층은 로열층과 200~300만 원 차이가 나고, 선호하는 동에 따라 200~300만 원 차이가 난다. 시세는 세 군데 가격을 알아보니 6,300~7,000만 원 정도의 가격이 형성되어 있고 전세는 4,800~5,300만 원 정도 형성되어 있었다. 임장을 대강 마치고, 관리사무소에 들러 음료수를 드리면서 자세히 문의하니, 집은 비어 있는 것으로 알고 있고 관리비 미납이 130만 원이란다.

"그럼 소장님, 이삿짐도 없나요?"

"그건 모르지요. 들어가 본 것도 아닌데."

그래서 발로 차도 기척이 없었구나. 다시 가보니 도시가스는 요금미납으로 봉해져 있고, 전기는 미세하게 돌아가고 있었다. 아, 고민이 된다. 폐문부재는 모 아니면 도다. 짐이 있다면 6~8개월 명도시간이 걸리는데, 아무것도 없다면 들어가 살면 되고. 어떻게라도 확인해야겠다 싶어 옆집 문을 노크했다. 아주머니가 공장직원 기숙사로 썼는데 몇 달 비어 있다가 지난달엔 사람이 있었고, 요즘은 또 아무 인기척이 없다고 한다. 휴, 땡감인가? 홍시인가?

　1회 유찰이 되고 2회 입찰일이 다가오고 있었다. 입찰해야 하나? 말아야 하나? 고민이었다. 며칠 있으면 설인데, 그래 한번 받아보자. 거리가 멀어 경비가 장난이 아닐 텐데. 결국, 6,376만 원에 입찰했고, 일곱 명이 응찰해 20여만 원 차이로 짜릿한 전율을 느꼈다. 누구나 떨어지면 아쉽고, 낙찰되면 걱정이고, 이제부터 시작이다. 1주일을 판례를 보고 또 보고 공부만 계속했다. 거의 다 읽고 터득했으나 아직 3분의 1 정도는 세 번밖에 못 읽었다.

　일주일 되어, 대법원사이트를 검색하니 매각허가가 떨어졌다. 자, 이제 슬슬 움직여보자. 일요일을 택해 친구 둘을 데리고 같이 갔다. 그중 한 친구는 철물점 하는 친구인데 열쇠업도 겸업하고 있다. 진주 사천 열쇠업자는 돈도 많이 달라 할 거고 일요일이라서 문도 열지 않을 것 같아 아예 친구를 대동했다. 현장에 도착해 문을 여는데 10여 분. 가슴이 콩닥 요동을 쳤다. 드디어 문을 열고 들어가니 냉장고 구형 240 *l* 짜리와 세탁기, 주방 집기, 식탁 테이블, 5단 서랍장이 있었다.

　"야, 열쇠 바까라."

　순식간에 바꾸고 사진 찍고, 관리사무소장에게 전화했다.

　"아, 일요일인데 누구요?"

　"죄송합니다. 잠깐만 오셨다 가시죠. 제가 맛있는 음식 대접하려고."

　소장에게 확인시키고 목록 적고 사인을 부탁했다. 그리고 옆집 아줌마도 모시고 촌닭집으로 가서 함께 식사했다. 두 시간 이런저런 얘기 하다 그 길로 부산행. 그리고 설을 바쁘게 보내고 관리소장께 안부 전하니 관리비 빨리 정산하란다. 130여만 원인데 78만 원(공용관리비)만 내고 끝내기로 하고 조만간 수리하러 내려가는 길에 결제하기로 했다.

며칠 후 내려가 장식집에 들러서 두 군데 견적보고 바로 수리하라 하고 50만 원 선금 주고 돌아왔다. 그리고 대금납부통지서가 나와서 바로 납부하고 명의 이전한 3일 후, 인테리어업자한테 다급한 목소리로 전화가 왔다. 전화기 너머로 고함이 들린다.

"남 세 사는 집에 문 따고 수리를 했냐? 쌍, ×××끼들아!"

인테리어업자가 전화 바꿀 테니 직접 말하란다.

"예, 전화 바꿨습니다."

"야, 이 ××놈아! 니 집이가? 엥? 니 뭐하는 놈이고?"

"전화상으로 이야기 안 되니 내일 아침 10시까지 가겠습니다. 현장에서 만납시다."

오만 욕을 퍼붓는 사람을 달래고 겨우 끊었다. 아, 이 일을 어쩐담? 일단 인테리어 사장한테 일 중단하고 철수하라 했다. 다음 날 잠도 설쳐서 몹시 피곤했다. 우군이 있어야 했다. 동네 지인 두 명 태우고 사천으로 향했다. 현장에 도착하니 인테리어업자와 함께 일당들이 기다리고 있었다.

"당신이 낙찰자요? 누구 허락받고 문 따고, 맘대로 수리하나? 서랍 안에 소송 서류도 없어졌어."

떼를 쓰고 주거침입 및 절도로 고소한다고 노발대발한다. 아, 큰

일 났다. 꼼짝없이 당할 수밖에. 어떻게 대처할까? 생각에 생각을 거듭해보아도 답이 없었다. 물론 소장님, 이웃집 아줌마, 내 친구 열쇠 사장 보는 데 확인하고 핸드폰에도 서랍 속까지 찍어 놓은 사진이 있으니, 크게 걱정할 일은 아니라고 스스로 위로했다. 이에는 이, 주먹에는 주먹으로 돌파할 수밖엔 별다른 방법이 없어 보인다.

경찰차가 왱왱거리면서 오는 소리가 들려서 동생들에게 눈짓하고 시비를 걸어 싸움을 시작했다.

"야, 나보다 한참 어린놈이 말버릇 한번 ×× 같네."

바로 멱살을 잡는다.

"너 잘 걸렸다. 관리비 130만 원 내가 냈다. 그리고 잔금 냈으니 내 집이다 어디서 행패야! 정식아, 명길아, 이 ××끼들 도망 못 가게 잡고, 너 빨리 도시가스, 한전에 연락해라."

동생들이 한 놈씩 바짝 들고 휘젓자 그중 두 놈이 나뒹군다.

"야, 인마! 넌 형님도 없나? 니 어제 머라켓노? 좀 맞아 볼래."

동생들은 오랜만에 몸 좀 풀겠다며 으르렁대는데 걱정이 앞선다. 저거 건드리면 일이 커지는데 그 뒤 책임은 내가 저야 하니까. 안 되겠다 싶어 동생들한테 호통을 쳤다.

"야, 놓아주고 말로 해라. 우린 잘됐지 뭐냐, 찾아와 돈 주겠다니."

그러자 경찰관이 두 명이 와서 묻는다.

"자, 그만들 하시고 무슨 일입니까?"

난 경찰관한테 자초지종을 이야기했다. 모든 증거 사진과 내 집이라는 등기부등본을 보여주며 도둑도 아니고 주거침입도 아니라는 것을 설명했다. 관리소장도 입회했고 옆집 아줌마와 열쇠 수리공 등 확인 싸인 받아 놓은 것 보여주었다.

"뭘 잃어버렸다는 것입니까?"

놈들이 머뭇머뭇하는 사이에 내가 나서서, 이놈들이 관리비 1년 넘게 내지 않고 있다가 도망갔는데 도시가스비, 전기세 안 주려고 시비하는 거라고 설명했다.

"그런 것은 민사이니 잘 협의해서 해결하세요. 잃어버린 것 없지요?"

경찰관들은 가버린다. 서로 담배 한 대씩 물고 한참 시간을 보냈다. 사정 이야기를 들어보니 저쪽에 온 사람은 그 집을 세 얻은 사장인데, 직원들 숙소로 50만 원 보증금에 월 40만 원 주기로 하고 얻었단다. 그런데 부도가 나서 월세 1년 가까이 못 주고, 관리비 등등 전부 밀렸다는 것이다. 일단 세는 상관없고, 관리비는 좀 내야 한다고 했다. 관리소장도 일반관리비는 내야 한다고 하니, 세입자는 돈 구해오겠다고 어디론지 가버렸다. 대금납부통지서 오자마자 잔금대출하고 등기 촉탁하길 잘했다 생각이 든다.

사실 이런 위험한 명도는 안 해야 한다. 하지만 아무도 없고 전입세대열람해도 전입자도 없고 하니 공시송달하고 강제집행 그리고 이삿짐센터에 맡기고, 그 비용과 강제집행비용으로 동산 경매해야 한다. 아무리 빨라도 4개월이 소요된다. 그러니 위험한 명도를 할 수밖에 없는 게 현실이다. 이 방법은 옳지 않은 방법이니 절대로 이렇게 하시면 안 된다는 것을 말씀드린다. 초보 분들이 이런 식으로 하다가는 쇠고랑 찬다는 것을 명심해야 한다.

10

부동산 성형외과
의사가 돼라

　2010년 4월 어느 날 법무사 사무실에서 물건서류를 준비하고 있을 때, 노신사 한 분이 찾아오셨다. 아파트는 새집 같아 살기 싫으니 주택이 있으면 저렴하게 낙찰받아 수리해 살고 싶다고. 수리까지 해주면 사례를 톡톡히 하겠다고 한다. 법무사 명의로 영수증만 써주면 의뢰할 테니 필요한 자금을 말하라고 하기에, 찾아보고 좋은 물건이 있으면 연락드리겠다고 했다.

　그날 저녁부터 물건을 찾아서 부산 전체에서 단독주택을 두드리니, 돈 될 만한 물건이 눈에 띄었다.

대지 : 58평

건물 : 1층(28평), 2층(21평)

감정가 : 2억 1,000만 원

최저가(3차) 1억 3,400만 원까지 저감된 주택이고, 위치는 부산시 ○○구 ○○동 ○○시장 부근

　시장도 가까이 있고, 전철역(○○역)도 5분 거리이며 초·중·고 및 경성대학 등 대학교도 세 개나 있어 입지는 나무랄 데 없으며 남

서향이라 여름은 시원하고 겨울은 해질 때까지 햇볕이 잘 든다. 그런데 대다수 주택이 여름엔 덥고, 겨울은 춥다. 이래서 주택을 선호하지 않는다. 요즘은 주차가 제일 큰 문제인데 집 앞 도로가 공부상 8m 도로나 10m는 되어 집 앞 전면이 길어 세 대를 주차해도 충분해 보였다.

다음 날 의뢰한 노신사를 모시고 한걸음에 달려가 보여드리며 평당가격이 350만 원 호가하니, 어떠시냐 물었다. 한숨을 푹 내쉬면서 고개를 절레절레 흔드신다. 이 집을 고치려면 배보다 배꼽이 크겠다고(수리 전 사진을 찍지 않아 아쉬움이 많다. 그리고 자기 집을 다른 사람에게 내력을 말씀하지 말라는 간곡한 부탁이 있어 사건번호를 공개하지 않음을 양해 바란다). 설득했지만 어쩔 도리가 없었다. 필자는 돈이 없었다. 신용불량(개인회생) 면한 지 2년 차라 이자도 비싸게 줘야 하고, 일반주택은 방 빼기하면 낙찰가의 50% 보면 정확할 것이다. 자신이 없었다. 이틀을 거쳐 명도와 리모델링 설명을 했더니 나에게 제안을 한다.

"모든 돈은 내가 댈 테니 근저당 2억 원을 한다. 수리 후 마음에 안 들면 집을 팔 때까지 이자 월 80만 원에 모든 걸 제하고 수익 50%로 나누어 먹는다. 어떻소?"

있는 사람이 더 한다더니, 나도 제안을 했다. 남의 돈을 빌려 해보자고 간 크게 제안했다. 나에 대한 믿음이 없으면 뭐 되는 게 있겠는가? 경매하는 사람은 과감하게 돌진할 줄도 알아야 한다. 밀져야 본전이다.

"좋습니다. 수리까지 비용을 다 대주시고, 집을 팔려고 내놓은 다음 산다는 그 금액에 인수하십시오. 리모델링 후 한 달 지나도 안 팔리면 그때부터 월 80만 원씩 팔릴 때까지 지급하겠으며, 나머지는 50대 50으로 이익을 배분합시다."

이렇게 합의하고 입찰하는데 그렇게 마음이 내키는 것이 아니라 최저가에 710만 원을 올려 입찰했다. 100여만 원 차이로 낙찰을 받고, 세입자는 전액배당이라 배당 전에 이사를 나갔다. 소유자(채무자)가 항상 말썽이다. 강제집행계고까지 진행하니 결국 손들고 나가는데, 이사비 500만 원 요구하더니 결국 250만 원으로 합의하고 이사를 당겨서 한여름 7월에 이사했다.

그 후 내가 업자 노릇을 했다. 자재도 직접 구하고 외관은 전부 내 손으로 하고 내부와 2층 우측 보일러실은 업자에게 맡기고 전체 방수, 외벽 등 리모델링 비용 4,100여만 원으로 아파트보다 고급스럽게 만들어서 3억 5,000만 원에 중개업소에 내놨다. 부동산이 급등하고 있을 때라 시기가 기가 막히게 맞아떨어졌기도 했지만 보는 사람마다 혹한다. 결국은 2,000만 원 깎고 3억 3,000만 원에 계약하고, 계약금 준다는 걸 내일로 미루고 의뢰인과의 협상에 돌입했다. 3,000만 원을 추가로 더 빼자고 사정한다.

약속대로 50%씩 5,550만 원 벌었고, 당시 암이 대장에서 폐로 전이된 아내 수술비로 냈다.

사진을 보라. 돈이 보이는가? 주택 성형외과 의사가 되면 진짜 성형외과 의사처럼 돈을 벌 수 있다.

1. 흐름을 읽고 부동산을 성형하라

2014년 12월 15일, 아내가 병원에서 사경을 헤매고 있던 때였다. 병원에서 꼼짝도 못 하고 병간호하고 있을 때 핸드폰으로 굿옥션을 뒤져 49%까지 저감된 물건을 발견했다.

물건분석부터

대지가 150평이고 유류판매업소 건물이다. 건물은 볼 일 없다. 유류판매업소를 허가받아 지금도 세를 주고 있는 터라 경험이 있다. 유류판매업은 하향길이라 세 놓기도 힘들 것이고, 땅을 보고 사야 한다는 것이 답이다.

부동산은 위치다. 위성사진으로 보니 20분이면 천안 아산지역 어디라도 갈 수 있는 위치라 아주 좋았다. 다음은 공시지가 확인과 감정가를 확인하니 침이 꼴깍 넘어간다. $1m^2$(제곱미터)당 감정가가 306,000원이고, 공지가는 137,000원 2.2배이다. 이건 무슨 뜻이냐? 평당 호가는 100만 원이고, 공시지가는 평당 45만 원이란 뜻이다. 공시지가보다 감정가가 보통 1.5~1.7배가 정상인데, 호가가 높다는 것은 주위에 호재가 있거나 저평가란 말이다. 아내 때문에 내가 입찰할 수 없는 형편이라 회원님들께 추천물건으로 올려야겠다고 생각했다. 권리상 하자는 없으나 선순위 세입자의 보증금 500만 원이 인수라고 나온다. 심도 있게 파고 들어가 보니, 세입자 두 사람 중 한 사람은 점유하고 있고, 선순위는 점유가 불분명했다.

이 물건이 2009년 10월에 소유자가 임의경매로 낙찰을 받았으며 당시 허위 유치권으로 인해 대출을 받지 못했고, 2012년에 최초 근저당을 했다. 지인으로부터 1억 원을 빌려 쓴 게 확인이 되고 그 후 사업이 잘 안 되었는가 많은 압류가 들어와서 현재까지 이른 것이다. 보통 등기부등본을 보면 그 건물의 역사를 읽는 것이다. 건물주는 31세로 패기 넘치는 젊은 분이다. 사업한다고 이리저리 이사도 많이 다니고 현재는 주거지가 부산인 것으로 나타난다. 이런 물건은 특히 현장에 가야 답이 나온다. 유류판매업은 사양길이고 이건 땅 보고 가치판단을 해야 하고 사야 할 것이다. 과연 평당 시세는? 그리고 철거하고 완벽한 대지를 만들려면 이 계통을 잘 알아야 하는데 누가 입찰하며 물으면 대답해주지, 이렇게 생각하고 추천물건에 올렸다. 그런데 댓글도 없고, 10여 일 후 아내는 사망했다. 사십구재 끝나고 정신을 차리고 보니 이 물건이 34%까지 떨어져 있는 게 아닌가? 답사 후 입찰을 결정했다.

2월 2일 월요일 입찰인데 일요일은 공인중개사님들이 문을 안 열기 때문에 하루 당겨 토요일 7시 KTX를 예약하고 천안 아산으로 갔다. 둘째 딸이 마중 나와 아침 겸 점심을 먹고 현장 가니 12시 30분이다. 역에서 한 20여 분 걸린 것 같다. 미리 알아 놓은 중개업소 세 군데 가서 물어보니 이 근처 대지는 평당 90~100만 원 정도 한다고 한다. 이구동성으로 선순위 세입자와 지하 탱크 네 개 철거가 관건이라고 말한다. 재수 없어서 기름이 샌다면? 복구비가 수천만 원 공사비가 든다고, 하하하! 그래서 난 세입자(점유자)를 만나서 한 시간가량 이야기를 나누었다. 선순위 세입자도 내가 판단한 게 맞아 떨어진다. 유류판매 중 기름이 줄거나 한 적은 없느냐고 물어보니 "기름이 세면 장사합니까?"라고 한다.

모든 게 해결이 다 되는 순간이다. 한 가지 더 사람들이 많이 찾아왔느냐고 물었다. 30여 명 다녀갔는데 "다시 세 얻을 계획이 없느냐?"만 물어보더란다. 그리고 채무자가 8,300만 원 정도에 입찰할 것이고 또 뒷동네 아는 분이 입찰이 결정적이라고, 대략 10여 명은 입찰할 것 같다고 한다. 고마워서 10만 원을 드렸다. 이 돈은 공짜가 아니다. 명도를 쉽게 하려고 좋은 이미지를 남기려 한 것이다. 8월경에 보상이 나가고 바로 도로공사를 연이어 한다는 정보도 얻었다. 근처 쓰레기 소각장시설이 있고 옆에 산소가 있어 아주 최악의 조건이다. 그러나 악 속에 선이 있는 법. 이런 조건에서는 입찰자를 줄어드는 효과가 있다.

혐오시설도 호재가 된다

앞집 할머니가 계시기에 사과 한 상자(3만 원)를 드리면서 결정적 제보를 접하게 되었다. 할머님이 동네 내력을 말씀하신다. 쓰레기 소각장은 일종의 혐오시설이라 어느 마을에도 유치를 반대하는데 지금은 오히려 환경도 좋아지고 여러 가지 혜택으로 수용했다는 것이다. 그 혜택은 50억 원 보상 중 25억 원은 마을 발전기금으로 두고, 나머지 25억 원은 보상으로 받는 대신 도시가스를 놓아주고, 1년에 한 가구당 650만 원의 보상금(생활자금)을 지급한다는 것이다. 환경공단의 목욕시설과 찜질방, 헬스, 수영장(아산에서 금년에 전국체전 유치로 건축 중임)이 완공되면 모두 공짜로 이용할 수 있도록 지원한다고 했다.

아, 그러면 노인들은 기초노령연금 조금만 받아도 연 650만 원이면 생활비 걱정 없다. 경매인이라면 2억 원을 대출해도 이자를 공짜로 쓰는 것과 같으니 이런 호재가? 경매는 역시 임장에서 모든 것이 결정되는 것! 아무리 호재라도 주의해야 할 것도 있다. 뭐냐? 과연 소각장에서 보상 나오는 것만 좋아하면 뭐 하나? 만약 냄새가 나거나 문제가 생기면 살 수 없는 곳으로 되기 때문에 주위에 사는 어른들을 만나기 위해 노인정을 찾았다. 마을회관 내에 가니 약 10여 명의 어르신이 계시기에 음료수와 술(막걸리) 몇 병을 사 들고 인사를 드리고 마을에 대해 자세하게 알아보았다. 냄새 없고 오히려 바람이 서쪽에서 동쪽으로 부니 건너편 실옥동이 문제가 생겨 실옥동에 마을기금을 일부 주었다고 한다. 대여섯 번 방문하고 낮이고 밤이고 못 본 것이나 다른 것이 없나 샅샅이 알아보았다. 결론은 죽어도 낙찰받자.

입찰가 산정은 초보나 상수나 항상 고민이 된다. 저번 가격을 살짝 넘기자. 마음먹고 5만 원 더 써서 9,056만 원에 입찰했다. 번호순이 되어 법대 앞으로 나가니 열다섯 명이나 나온다. 법원마다 다르지만 다섯 명 상위자만 호명하고 나머지 열 명은 보증금 돌려주고 보낸다. 그래서 굿옥션이나 경매 사이트에 다섯 명 입찰자로 나온다. 그리고 2등도 대강 적는다. 왜 강조하느냐 하면, 대출에 지대한 영향을 미치기 때문이다. 결국은 낙찰을 받았다.

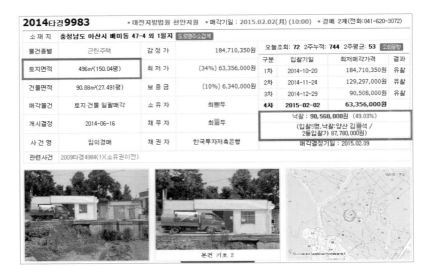

본건 기호 2

▣ 매각토지.건물현황 (감정원 : KS감정평가 / 가격시점 : 2014.06.20 / 보존등기일 : 1997.09.27)

목록	지번	용도/구조/면적/토지이용계획	m²당 단가(공시지가)	감정가	비고
토지 1	뺘미동 47-4	도시지역,자연녹지지역, 자연취락지구,가축사육제 한구역(2013-01-17)(...)	대 310m² (93.775평)	306,000원 (137,000원)	94,860,000원	
토지 2	뺘미동 47-8	도시지역,자연녹지지역, 자연취락지구,가축사육제 한구역(2013-01-17)(...)	대 186m² (56.265평)	288,000원 (124,800원)	53,568,000원	
		면적소계 496m²(150.04평)		소계 148,428,000원	
건물 1	뺘미로103번길 22 [뺘미동 47-4] 블럭조 스라브지붕	단층	유류판매시설 및 주택	43.68m²(13.213평)	270,000원	11,793,600원	*사용승인:1997.03.03 *유류보일러 *현황 블럭조 스레트지붕 *공부상 위험물 저장및 판매시설
건물 2	뺘미동 47-8 조적조 칼라강판지붕	단층	유류판매취급소	16.5m²(4.991평)	227,500원	3,753,750원	*사용승인:1999.12.18
		면적소계 60.18m²(18.204평)		소계 15,547,350원	
제시외건물 1	뺘미동 47-4 철골조 판넬지붕	차양	18.7m²(5.657평)	50,000원	935,000원	매각포함
제시외건물 2		다용도실	12m²(3.63평)	400,000원	4,800,000원	매각포함
제시외건물 3		지하유류저장탱크			15,000,000원	매각포함
	제시외건물 포함 일괄매각	면적소계 30.7m²(9.287평)		소계 20,735,000원	
감정가	토지:496m²(150.04평) / 건물:90.88m²(27.491평)		합계	184,710,350원	일괄매각

현황위치	*뺘미마을 북동측 인근에 소재하며 주위는 자연부락, 농경지, 공동주택, 중소규모의 공장, 임야 등이 소재하는 근교농촌지대로 제반 주위환경은 보통시됨 *본건까지 제반차량의 출입이 가능하며 인근에 자연부락 및 차량 통행이 빈번한 간선도로가 소재하는 등 제반 교통상황은 보통시됨 *부정형 평지로서 현황 주상용 건부지로 이용중임 *1)본건 남측으로 폭 약 3~4M 정도의 아스팔트 포장도로에 접함, 2)지적도상 맹지이나 토1을 이용하여 출입이 가능함
참고사항	▶본 물건은 공부상과 현황상 물건 상태가 다르니 확인하시고 입찰하시기 바랍니다.

▣ 임차인현황 (말소기준권리 : 2012.04.27 / 배당요구종기일 : 2014.08.25)

임차인	점유부분	전입/확정/배당	보증금/차임	대항력	배당예상금액	기타
이OO미	점포	사업자등록: 2013.12.03 확 정 일: 미상 배당요구일: 없음	보20,000,000원 월300,000원 환산5,000만원	없음	배당금 없음	
탕정산업(주) 뺘미지점	점포	사업자등록: 2006.11.30 확 정 일: 미상 배당요구일: 없음	보5,000,000원 월120,000원 환산1,700만원	있음	전액낙찰자인수	
	임차인수: 2명 , 임차보증금합계: 25,000,000원, 월세금합계: 420,000원					
임차인분석	▣현장 뺘미동 47-4 세입자는 유류용씨 만나 면담한바 뺘미동 47-4 는 세기에너지라는 유류판매소로 보증금 1,000만원/월차임 5 0만원의 임대차계약으로 점유중이라 진술하며 뺘미동 47-8 은 세입자없이 공실상태라 진출함 ▣세기에너지 이OO미, 탕정산업 최OO섭 등록, 전입세대 없음 ▣세무서 등록사항등의 현황서 상 내용 입력 (현장에서 진술한 세기에너지 보증금과 월차임이 등록사항등의 현황서 내용과 상이함) ▣대항력 있는 임차인 보증금전액은 매수인이 인수함

▣ 건물등기부 (채권액합계 : 210,260,000원)

No	접수	권리종류	권리자	채권금액	비고	소멸여부
1(갑5)	2009.11.18	소유권이전(매각)	최OO두	임의경매로 인한 매각, 2009타경4984 물번1		
2(을15)	2012.04.27	근저당	한국투자저축은행 (평택지점)	97,500,000원	말소기준등기	소멸
3(을16)	2012.06.19	근저당	박OO분	100,000,000원		소멸
4(갑7)	2013.11.12	압류	진주세무서			소멸
5(갑8)	2013.12.02	가압류	충남신용보증재단	12,760,000원	2013카단965	소멸
6(갑9)	2014.06.16	임의경매	한국투자저축은행 (평택지점)	청구금액: 77,106,574원	2014타경9983	소멸

▣ 토지등기부 (채권액합계 : 210,260,000원)

No	접수	권리종류	권리자	채권금액	비고	소멸여부
1(갑5)	2009.11.18	소유권이전(매각)	최OO두	임의경매로 인한 매각, 2009타경4984 물번1		
2(을21)	2012.04.27	근저당	한국투자저축은행 (평택지점)	97,500,000원	말소기준등기	소멸

이 물건은 2009년에 경매로 낙찰받았다는 게 나온다.

3(을22)	2012.06.19	근저당	박■분	100,000,000원		소멸
4(갑7)	2013.07.18	압류	부산광역시연제구			소멸
5(갑8)	2013.11.12	압류	진주세무서			소멸
6(갑9)	2013.12.02	가압류	충남신용보증재단	12,760,000원	2013카단965	소멸
7(갑10)	2014.05.19	압류	천안세무서			소멸
8(갑11)	2014.06.16	임의경매	한국투자저축은행 (평택지점)	청구금액: 77,106,574원	2014타경9983	소멸
9(갑12)	2014.07.09	압류	아산시			소멸

기타사항	□▥배미동 47-4 토지, 건물 등기부상

부동산종합정보+	토지이용계획+	개발공시지가+	인근진행물건	동일번지진행물건	인근반경진행물건	인근매각물건	동일번지매각물건
공매인근진행물건	동산인근진행물건	임대차보호법	예상배당표	입찰가분석표	경락진금대출+		

건물정보 및 현장조사

대지위치	충청남도 아산시 배미동 47-4 (충청남도 아산시 배미로103번길 22) [건축물대장 참조]				
대지면적	496㎡ (150.04평)	건폐율	8.81%	허가일자	
건축면적	43.68㎡ (13.2132평)	용적률	8.81%	착공일자	
연면적	43.68㎡ (13.2132평)	주용도	위험물저장및판매시설	사용승인일자	1997.09.09
변동사항	1997-09-09 사용검사로 인하여 작성				

지자체 정보 및 기타현황

온양4동 주민센터	[336-130] 충남 아산시 실옥로 220 / 전화: 041-537-3741 / 팩스: 041-537-3749 [홈페이지]
관련 사이트	• 도청이전본부 • 충남개발공사 • 아산신도시
관련 파일	• 3차충남종합계획.hwp

자, 이제 위치도 보셨으니 판단이 서는가? 간이 주유소로만 보면 이 사건에 입찰 안 한다. 그러나 철거하고 대지를 팔면? '발상의 전환'이 돈을 부른다. '성형외과 의사'가 되라는 것이다.

탱크와 집 멸실 신고 후 철거하면, 정상적으로 집을 지을 수 있는 대지가 된다. 대지라고 집 다 지을 순 없는 것이다. 150평×100만 원이라고 쉽게 계산하면 1억 5,000만 원이다. 9,000여만 원에 낙찰받았으니 세전 6,000여만 원 수익이다. 그리고 대출은 아산농협에서 최고로 90% 8,100만 원 약속받았다. 명의이전비용(4.6%, 450여만 원)과 명도비(승계비용 포함, 100만 원) 투자금액은 1,500만 원인 것이다. 잔금납부와 명의이전을 받고 아내와 같이 살던 양산의 아파트를 팔고, 부산의 모든 자산을 매각해 자식들에게 증여하고 정리했다. 아산에 집을 지을 동안 기거할 조그마한 아파트를 우리 회원 박짱 님께 부탁해 얻고 이사했다.

유류 탱크 멸실과정과 건축과정을 여러분들도 귀농 혹은 귀촌해 전원주택을 건축할 때 참고하시라고 자세히 올려드리겠다.

낙찰에서 명도까지

50% 이상 저감된 물건이 눈에 띄어 추천한 것인데, 이것을 근린시설 간이 주유소로 보면 낙찰받을 리 없고, 사양길의 간이 주유소를 입찰하는 바보가 있겠는가? 아랫집까지도 도시가스가 들어와 있는데 무슨 등유, 경유 장사? 산을 산으로 보지 말며, 밭을 밭으로 보지 말라. 눈을 크게 뜨고 그 속에 물건을 보라. 이 물건은 간이 주유시설이 없으면 대지다. 이 근처 대짓값을 알아보니 평당

80~100만 원? 그렇다면 주유시설이 없으면 대지 아닌가? 조금은 한적하고 공기도 좋고 남향이고, 도로도 접해 있으니, 집 지어 살기가 좋은 장소가 아닌가?

이렇게 생각하고 추천했는데 아무도 물어보는 회원도 없고 한 번 더 유찰될 때 와이프는 운명을 다 해 저세상으로 가고 사십구재를 치른 후 보니 아무도 쳐다보지 않는 게 아닌가. 모르는 사람은 쥐여줘도 모르는 법! 조용히 추천물건에서 내리고 임장을 가 공인중개사에 가서 물어보니 전부 고개를 내젓는다. 철거가 장난이 아니라고. 맞다, 장난이 아니다.

명도 과정

선순위 임차인이고 종전 경매 사건 세입자다. 대항력 있는 세입자? 대항 요건은? 현재 영업을 하는 유○용 씨에게 자세히 물어보니 이사한 지 오래되었다고? 두 분 다 배당요구도 안 했다. 왜? 보증금이 있는데 최우선변제 요건도 되는데 안 했다? 왜일까? 의문은 쌓이나 알려주는 이가 없다. 옆집에 찾아가 물었다. 전전세를 놓고 전 세입자는 갔다는 것이다. 그러면 500만 원 인수가 되나? 주인의 동의도 없이 그리고 점유도 안 하고? 말도 안 되지. 말없이 마지막 날을 기다려 잔금을 치르고 인도명령을 신청했다. 이상한 일도 다 있네. 잔금 낸 날 인도명령인용이라. 아니, 그날 바로 인용 나는 건 처음이라 어안이 벙벙하다.

슬레이트가 덮여 있는 건물 지붕

　지하 유류 탱크 20,000l 세 개, 10,000l 한 개. 그리고 공부상 슬래브 집인데, 골치 아픈 슬레이트가 50장 덮여 있다. 슬레이트는 신고해 처리하는 데 석면검사비만 38만 원? 철거 시 민간업자에 의뢰하면 200여만 원! 전에 시골집 슬레이트 처리한 경험이 있어 지자체에서 지원해주는 걸 알고 있기에 전화로 아산시에 문의하니 올해 예산은 없단다. 휴, 미치겠다. 돈뭉치! 유류 탱크 들어낸 후 그냥 땅에 묻으라네? 누구 죽이려고? 벌금이 1,000만 원이나 되는데? 철거 시 민원이나 쓰파라치한테 사진 찍혀 고발당하면 그 벌금은? 집에 와 머리를 싸매고 고민을 했다. 화장실 가서 생각했다. 그러니 답이 나온다. 여러분도 어려울 땐 화장실에서 심사숙고해보시길 권한다. 하하하!

이놈의 지하 탱크가 문제다.

철거과정

임차인과 몇 번의 통화를 하고 다시 만나 협상을 했다. 쉽게 양보하지 않는 줄다리기는 계속되고 시간은 흘러 한 달이나 지나가고 있었다. 임차인 요구는 선순위 세입자 500만 원, 후순위 세입자(배당요구 없음) 300만 원! 강제집행으로 가야 할 것 같아 최종 담판을 해야 하는데, 선순위 세입자 이장○ 씨는 얼굴 없는 저승사자 같이 숨어 나타나지 않는다. 화장실에서 생각에 생각을 거듭하다 나만의 결과에 도달했다.

정리하면, 선순위 이장○ 씨가 월세가 500/60만 원이다. 전전세로 유○용 씨가 1,000/50만 원에 동의 없이 전전세를 주었다면, 이장○ 씨는 500만 원을 공짜로 착복하고 월 10만 원을 부담한 것 아닌가? 두 분 다 배당요구를 하지 않았다? 그럼 세를 유○용 씨한테 이장○ 씨가 받아먹고 주인에게는 월세를 주지 않은 것 아닌가?

확인 작업에 들어갔다. 유○용 씨를 커피숍에서 만나 물었다.

"좋습니다. 당신들이 요구하는 금액 다 드리겠소. 단, 유 사장님은 누구에게 월세와 보증금을 주셨나요?"

"이장○ 씨에게 주었지요."

"세는 주인에게 주는 것 아닌가요?"

"이장○ 씨가 주인한테 계속 송금한 걸로 알고 있습니다."

"좋습니다, 그럼 이장○ 씨 전화번호를 알려주세요."

번호를 알려준다. 계속 통화 중이다. 몇 번의 시도 끝에 연결 음이 간다. 녹음기를 작동시키고 물었다.

"여보세요, 이장○ 씨 맞습니까?"

"누구세요?"

"예, 낙찰받은 김광석입니다. 다름이 아니라 이사비를 500만 원이나 요구하시면서 왜 나오시지 않는 건가요?"

"유 사장에게 주시면 해결됩니다."

"그렇게는 안 됩니다. 영수증도 자필로 받아야 하고, 유 씨한테 월세를 받아 주인에게 송금한 내역을 팩스로 보내 주시고, 사업자등록증 폐쇄와 유류판매업 신고필증 주시고, 승계 신청서 인감과 서류를 주십시오. 그러면 다 드리지요."

"알겠습니다, 유 사장에게 보내지요."

이장○ 씨와 전화를 끊고 유○용 씨에게 말했다.

"유 사장님, 다 녹음했고요. 유 사장님도 이장○ 씨에게 오늘까지 월세 입금한 영수증이나 통장 내역, 사업자등록증 말소증명서와 시청, 소방서 유류업신고필증, 승계 신청서 서명 날인, 인감 한

통 가져오십시오. 언제 만날까요?"

"다음 주 수요일 만납시다."

"월세를 주고받은 통장 내역이나 영수증 없으면 합의 못 합니다? 부탁합니다."

그렇게 헤어진 후 수요일 일찍 올라와 만났다. 수표를 보는 앞에 내놓고 서류를 달라고 하니, 이장○ 씨와 유○용 씨는 서류를 갖춰 왔다. 그러나 월세 통장 내역이나 영수증은 없었다. 서류를 주섬주섬 가방에 챙겨 놓고, 월세 입금 내역을 요구했다.

"없는데요. 그냥 세 달라고 오면 50만 원도 100만 원도 현금으로 주었는데요."

"유 사장님, 저를 지금 바보로 보십니까? 전 소유자와 통화했는데 경매 나오기 전부터 한 푼도 받은 적이 없다는 걸 알고 있습니다. 1년 7개월이나 못 받았다는데요."

"아니, 사장님이 월세 들어오고 나가는 게 무슨 상관인데요?"

"아, 그럼 한 가지 물어볼게요. 그럼 저한테 왜 보증금과 이사비를 달라고 하지요?"

"낙찰받았으니까요."

"네? 낙찰자가 무슨 봉입니까? 알려드릴까요? 낙찰자는 전 주인의 모든 권리를 승계받는 것입니다."

모든 권리란? 저당권과 채권 등 제일 앞선 권리보다 전입이 빠르면 선순위 세입자고, 그 권리는 인정하고 배당요구하면 법원에서 순위에 따라 배당하며, 배당을 다 못 받거나 배당요구를 하지 않을 시는 낙찰자가 승계자의 지위로 그 보증금을 인수하는 것이다. 그러면 그것만 인수하느냐? 아니다. 만약 세를 그동안 안 냈다면 보증금에서 공제 후 모자라면 내준다. 이해가 가는가? 그래서 세를 입금한 내역을 요구하는 것이고 그 결과에 따라 계산하고 주는 것이다.

"아, 그럼 이사비도 못 준단 말입니까?"

"지금껏 보증금 달라고 하셨잖아요. 계산하면 보증금 다 까먹고 도로 제게 주셔야 합니다. 승계해주시면 이사비 드리지요."

"얼마나 주시겠습니까?"

"이장○ 씨 100만 원, 유 사장님 50만 원입니다. 그 이상은 저도 자신 없네요?"

"각각 100만 원씩 더 주세요. 장사도 못 하고, 기름값도 내리고, 도시가스까지 들어와 장사를 못 했습니다. 그러면 최대한 협조해 달라는 대로 해드리겠습니다."

"생각은 해보겠으나 어렵겠습니다. 좀 더 생각해보시고 연락 주세요."

헤어지고 덧없는 세월은 잘도 간다. 7일 후 50만 원씩 더 주기로 하고, 250만 원에 합의할 수밖에 없었다. 가장 문제가 '유류판매업 승계'였다. 승계만 아니면 그렇게 합의할 필요도 없었는데 아쉬움이 남는다.

토양오염도 검사 의뢰

일에는 순서가 있는 법이다. 철거 전 토양오염도 검사를 의뢰하고, 검사기관은 전국에 여덟 군데 정도 있는데 주로 대학 산학연구기관으로 운영된다. 제일 가까운 곳에 의뢰하면 된다. 필자는 가까운 평택 신성대 환경연구소에 의뢰했다. 주소지 지번과 팩스 받아 의뢰서 접수하고 69만 원 입금하면 날짜가 정해지고 한 사람만 대기하면 된다. 의뢰하고 빠르면 5일, 늦으면 일주일이면 소유자 거주지로 시험성적서를 보내온다. 그리고 한 부는 소방서 방호과로 보내면, 소방서에서 철거승인이 나고 그 결과를 시청 토지보존과로 통보해준다.

주유소 건립한 지 10년이면 토양오염은 없으나, 오염되었다면 수억 원, 천문학적 돈이 들기 때문에 주유소 입찰 시 꼭 체크사항에 넣어야 한다. 몇 년이 경과했나? 기름이 줄거나 그런 적이 없는가? 수리업체가 몇 군데 안 되니 전화로 다 확인이 가능한데 그냥 대수롭지 않게 넘겼다가는 배보다 배꼽이 크다. 땅값은 2억 원인데 토양이 오염됐다면? 그 부위를 관계기관 감독하에 오염 안 된 부분까지 파내 정밀 재검사 후 새 흙으로 메워야 해서 수억 원 또는 10억 원이 넘을 수도 있으니 이 점 숙지하시기 바란다. 필자는 그 알아내는 노하우를 알고 있지만 공개하기는 곤란하다. 만약 이 책을 본 후 필자의 집으로 온다면 자세히 알려드리겠다.

유류통 철거작업

인터넷으로 철거업자를 검색하면 주유소 설치폐쇄 전문업소인 유지배관업소가 나온다. 시간 조정해 만나고 현장에서 견적을 보고, 철거의뢰를 하면 입금 후 날짜를 정해 철거공사를 다음과 같이 하게 된다. 그 비용이 장난이 아니다. 보통 200~400만 원(간이 주유판매소) 정도다. 크기에 따라, 즉 몇 리터냐에 따라 가격이 정해진다. 간이 주유판매소는 10,000ℓ &20,000ℓ 인데 개당 고물값은 12~13만 원으로 보면 된다. 필자의 것은 20,000ℓ 세 개, 10,000ℓ 한 개, 총 70,000ℓ 다. 주유기 네 개까지 130여만 원이나 된다. 모르면 그냥 가져간다. 고물업자를 불러 분해 작업할 때 두고 보다가 그냥 가져가면 중단하고 고물값을 잔금에서 빼고 지불하면 된다.

주입구 뚜껑을 열고 빈 통에다 공기를 30분 정도 주입했다. 마스크를 쓰고 통속으로 들어가 남은 찌꺼기 기름을 제거하고(퍼 올린다) 난 후 걸레로 통을 깨끗이 닦아낸 다음 다시 이물질이 들어가지 않게 공기구멍만 두고 다시 덮는다. 청소작업 후 하루 지난 다음 날 시멘트 겉포장을 깨고 통을 들어 올린다. 그리고 흙을 덮으면 완공되는데, 그때 소방서 방호과 소방관이 점검한 후 흙을 채워야 한다는 것을 명심해야 한다. 그렇지 않으면 다시 파내어 확인 후 흙을 덮어야 한다. 소방관이 다녀가면 땅 주인과 시청 토지보존과에 완료통보 된다. 이후 땅에 집을 짓든, 창고를 짓든 알아서 이용하면 된다.

나는 이번 철거나 멸실 과정에서 주유소 두 개를 철거하는 힘든 과정을 겪었다. 왜냐하면 필지가 2필지가 되고 허가도 두 개, 세입자도 두 명으로 힘들었다. 부산서 아산을 여섯 번이나 갔다 왔으니 길에 차비로 많이 깔았다.

대지의 합필, 모르면 바보 된다

합필의 조건은 다음과 같다.

첫째, 주인이 한 사람이고

둘째, 지목이 같아야 하고

셋째, 공시지가가 같아야 하고

넷째, 지번이(땅이) 붙어 있어야 하고

다섯째, 국토이용에 관한 법률 중 지역 지구가 같아야 한다.

필자의 대지는 모든 조건이 만족하기 때문에 합필 신청을 했다. 필요서류는 당해 시청 토지관리과에 가서 신청서 작성하고 본인 신분증과 등기부등본만 가져가면 된다. 수수료는 필지당 수입인지 1,000원이니 2,000원(2필지) 들었다.

경계측량 신청 필수

경·공매나 일반 취득 시 경계측량은 필수다. 왜냐하면, 경계 부분에 대해 건축 전 이웃과 보는 앞에 경계측량을 하면 시비가 없이 정확하다. 건축선도 법대로 70㎝를 띄우지 않으면 준공이 안 떨어지니 잘못하면 집을 일부 뜯어내는 경우도 생기기 때문이다.

건축 설계와 신고·허가 시 용도지역에 따라 건폐율과 용적률이 다르니 건축사가 알아서 할 것이다. 그러나 아는 것과 모르는 것은 천지 차이다. 건축은 30평 이하는 신고, 30평 이상은 허가 대상이니 참고하시기 바란다. 허가나 신고나 서류는 거의 같지만, 준공검사 시 조경도 해야 하고 많이 까다롭고 힘든 부분이 있다.

어려운 허가 진행과정

건축허가 과정을 알려드리면 아마 땅 보는 실력이 일취월장할 것이다. 집은 평생에 한 번 짓지 두 번 짓는 게 아니라는 옛 어른들의 말씀이 맞다. 필자는 이번이 두 번째다. 처음은 몽땅 다 맡기다 보니 어려움도 없고, 집 건축할 때 1주일에 한 번 정도 가봤으니 아주 쉬웠 대신 돈이 죽어났다.

아내가 살아 있을 때 막내딸네 집 근처에다 터를 사서 도시 속에 전원주택을 짓고 여생을 보내자고 약속했다. 사후지만 그 마지막 약속을 지키기 위해 그 땅을 샀다. 건축비도 모자라지만 풍류조사 님의 희생과 도움으로 힘들게 시작했다. 그 과정을 소상히 알려드리면 큰 도움이 되리라 믿으니 잘 습득하기 바란다.

대지에 도로 있고 건축물대장이 있으면 건축허가 받기가 쉬운 것 같지만, 그렇게 마음대로 술술 풀리는 건 아니더라. 어느 지역에 가나 텃세가 있고 우리나라 공무원들 갑질이 아직도 엄연히 존재한다는 것이 있어 많이 바뀌어야 한다는 것을 이번 사건을 통해 느꼈다. 개인적인 생각이지만 머리 좋고 공부 잘하는 사람이 공무원을 하니 나라 발전은 요원한 것 같다고 여겨진다. 풍류조사 님 말대로 머리 좋고 공부 잘하는 사람은 과학자나 기술자가 되어야 하는 것 같다.

앞에서 간이 주유소 철거과정을 잘 보았을 것이다. 기차를 타고 부산대 양산 캠퍼스 평생교육원 풍수지리학과로 갔다. 거기 건축사 한 분이 계시는데, 건축과 풍수지리를 접목해 설계하고자 세 번이나 수강했다. 상당한 이론을 알고 있기에 쉬는 시간이나 답사 시에 내 이야기를 하니, 함께 아산에 가서 보고 그 땅에 맞게 설계를 해보자고 해 마음이 솔깃했다. 좋은 게 좋은 거 아닌가? 며칠 후, 교수님과 함께 아산으로 가 내가 사놓은 땅을 보여드렸다.
대문은 서쪽, 집은 남향 그리고 안방, 주방, 거실, 화장실의 배치를 조언받았다. 아산의 불고기를 대접하고 울산으로 내려와서 두 분께 설계사님 수고비 20만 원, 작지만 교수님께 30만 원을 드렸다. 차비(30만 원)와 식사비까지 100만 원을 더 썼다. 하지만 아깝지 않았다. 그 이상의 조언을 듣고, 설계사까지 대동했으니 대만족이 아닌가? 혼자 먹으면 탈 나니까.

양산 도시건축 설계사님에게 설계를 맡기고 양산집 아파트를 팔려고 내놓으니 차액이 4,000여만 원, 양도세가 일반과세라도 차등과세(6~36%)이다 보니 양도세가 약 1,760만 원이나 된다. 내 명의로 된 주택은 거의 다 팔고, 현재 다섯 채다. 근린생활시설이 두 건, 주택으로는 지금 사는 아파트인데, 부산 양정의 주거용 오피스텔이 두 개가 애매했다. 모르면 물어보면 될 일, 단골 세무사님께 물었더니 근린시설이고, 빌라형 오피스텔이라도 '주민등록이 전입된 세입자나 본인이 거주할 시 주택으로 본다'고 한다. 아, 그러면 양도세 때문에 아까운 빌라형 오피스텔을 팔아야 하나?

2가구에 4,600만 원 투자, 월 53만 원의 순이익이 발생하는 효자인데. 중개업소에 내놓으니 바로 사겠다는 사람이 있다. 우리 회원들께 주면 얼마나 좋을까? 그러나 망설여진다. 못 팔아서 회원한테 파는 거라 오해의 소지도 있다. 가장 가까운 친구에게 권했다. 자금이 묶여 자기는 안 되고 누님께 권해보겠단다. 기다렸으나 자금이 여의치 않아 힘들다는 답변이다. 서울 박짱 님께 이야기했다. 일단 보고 결정하겠단다. 사실 요즘 4,000~5,000만 원 아파트 투자해봐야 월세 놔도 10~20만 원 나오기 어렵다. 그런데 이 건은 명도 필요 없고 공실도 없고 수리도 다 되어 있어 53만 원 나오니 이만한 물건이 없다. 얼마 후 박짱 님이 부인과 보고 오더니 자기는 마음에 드는데 와이프가 마음이 썩 내키지 않는단다. 아, 안 되겠다. 쥐여줘도 모르는구나. 그래서 부인에게 부동산 보는 법, 판단 법, 투자하는 법을 잠시 가르쳐 주었다. 이해가 되는지 밖에 나가 둘이 상의를 하고는 매입하겠단다. 흠, 망설여진다. 마치 사라고 꼬드긴 것 같아서다.

시간만 있다면 한 채에 500만 원 정도 더 받겠는데 시간이 없다. 왜? 양산 창조가 팔렸으니 잔금 일이 한 달밖에 남지 않은 상황이라 초점이 안 맞을 수 있다. 일단 양정 것 명의 이전하면 1가구 1주택이니 창조가 양도세가 면제된다. 그것 때문에 파는 것이다. 근저당 승계하고 4,600만 원만 받고 한 달 안에 이전하는 조건으로 매도했다. 승계도 되는지 안 되는지 은행 측에 물어봐야 하는 것.

그러는 동안 양산 도시건축사님에게 "아산에서 설계해야 하지 않겠냐"고 물었더니, 요즘은 온라인으로 다 접수시키고 하니 설계는 어디서 해도 관계없단다. 그러면 아는 분이 하시면 어차피 설계비는 마찬가지이니 서로 좋지 않은가? 이것이 실수가 될 줄이야.

세 번의 도면 수정을 거쳐 완성되어 건축허가 접수를 시켰다고 메시지가 뜬다. 허가는 7~10일 정도 걸리고 착공계 제출하면 7일 정도 걸리니 풍류조사 님께 연락하니 아주 바쁜 모양이다. 청송에 작업하면서 전북 김제에까지 두 군데 하니 얼마나 바쁘겠나? 일단 연락을 했다. 20여 일이면 청송은 다 끝나니 김제에서 아산까지는 한 시간 반 거리니 충분히 할 수 있다고 한다.

2일 후 아산시청 담당자에게 전화가 온다.

"여보세요, 아산시 배미동 47-4번지, 건축주 김광석 씨 되시죠? 아산시청 건축담당인데요. 양산 도시건축사에서 허가를 넣었는데, 이곳은 허가를 내 줄 수 있는 여건이 안 되는 곳입니다. 건축허가를 내시려면 담당자와 상의 후 허가를 하셔야지 그냥 넣으시면 되나요?"

"왜, 안 되나요?"

"전화상으로 자세히는 말씀드릴 수 없고요. 한번 들어오시면 자세히 설명해드리지요."

하늘이 노랗게 변한다. 바로 기차표를 예약했다. 다음 날 아산으로 올라가 자세히 알아보고 대처하는 수밖에. 아, 그럴 줄 알았으면 그냥 세나 줄걸. 건축사 말만 믿고 멸실한 것이 큰 화가 될 줄이야. 다음 날 KTX에 몸을 싣고 아산을 향에 출발했다. 비가 억수같이 내린다. 아내가 죽고 난 후 꿈에 한 번 보이더니 이번에 또 보인다. 예견이나 한 걸까? 얼굴이 창백하고 옷이 축축이 젖어 있고 물끄러미 바라본다. "여보, 어디 갔다가 이제 와?" 아무 말이 없이 물끄러미 쳐다보다, 깜짝 놀라 깨어났다.

뭔가 불길한 예감이 든다. 드디어 9시 30분 천안아산역에 도착하니 작은딸이 차를 갖고 마중 나와 기다린다. 딸의 자동차로 바로 아산시청 건축과로 담당자를 찾았다.

"안녕하세요, 수고 많습니다. 제가 배미동 47-4번지 건축허가를 한 건축주입니다. 허가가 안 된다 하셨는데 무슨 이유인가요?"

"먼 데서 오시느라 수고하셨고요. 전화로 말씀드릴 상황이 아니라서 오시라 했습니다. 47-4번지 앞 도로는 도로법상 도로는 인정됩니다만 건축법상의 도로는 아닙니다. 앞 4m 도로는 개인 소유이고 소유자의 개인 임야로 되어 있고 소유자의 동의를 받아야 건축허가를 내드릴 수가 있습니다. 이 점 양해하시고 승낙서를 받아 오시기 바랍니다."

기가 찰 일이다. 동의서를 호락호락 써줄 사람이 있겠는가? 부르는 게 값 아닌가? 담당자에게 물었다.

"소유자가 허락해주겠습니까? 임야에다 도로로 되어 있어 수십 년째 가지고 있는데, 나보고 사라 하든 아니면 몇천 내놓으라 할 게 뻔한데 말입니다."

"사정은 이해하지만, 법이 그러하니 전들 어쩌겠습니까? 일단 지주를 만나보세요. 그리고 다시 이야기하도록 하시지요."

"좋습니다, 그럼 다른 방법은 없습니까?"

"없습니다."

"하나만 더 묻겠습니다. 현재 건축물대장을 보나 등기전부증명서를 보면 18평 슬래브집이 있는데 그걸 증축, 또는 개축으로 허가를 내고 조금 더 키우는 건 증축으로 처리하면 되지 않습니까?"

"무슨 말씀인지는 알겠는데, 지금 현재 집을 다 철거하고 없던데요? 그런데 무슨 증, 개축입니까?"

아, 안일한 내 행동이 화를 자초했구나. 후회한들 뭐하겠는가? 서류상으론 멸실시키지 않았으니 되지 않겠느냐고 물어봤으나 소용이 없다. 밤새 선잠을 자고 안양으로 지주를 만나러 갔다. 조그만 아파트로, 한 17평이나 되려나? 사정 이야기를 하고 집으로 들어가 동의서 협조를 부탁했으나 아들이 와서 2,000만 원을 달라 하고 아니면 가라고 한다. 사정해서 될 일이 아니라서 아산으로 왔다.

다시 아산시청 건축과 담당을 만나서 이야기하고 해도 소용이 없다. 화가 치밀어 온다.

"에이, 집 안 짓겠다."

담당에게 따지고 들었다. 순리대로 해선 될 일이 아니다.

"담당자님, 47-8번지도 제 땅인데 99년도에 허가를 받았고 신축했습니다. 그땐 어떻게 허가를 내주었나요?"

"전 담당자가 한 일이니 모르겠습니다."

"오, 그래요? 그럼 당시 허가서류가 있을 텐데 그것 좀 보여주시지요. 본인이 이해당사자니 못 보여줄 이유가 없지 않습니까? 그걸 보고 그대로 신청하겠습니다. 안 된다고요? 이유가 뭡니까?"

한참을 다투다가 퇴근 시간이라 나가 버린다. 성질이 머리끝까지 나서 건축과장님 면담 좀 하자고 고함을 쳤다. 결국, 과장님과 단독면담을 하고 이야기를 나누었으나 답이 없다. 아산에 있는 건축사에 물어보면 답이 나올 것 같아 나와서 건축사를 찾아 물었다. 듣고 나더니 건축할 땐 그 지역 건축사에게 의뢰해야 안 되는 것도 된다고 한다. 이것이 답이다. 설계를 부탁하니 자기는 바빠서 못하고 다른 곳에 맡기라고 한다. 옆에 앉아 있던 박 사장이라는 분이 말을 거든다.

"아산은 특히 텃세가 심합니다. 그리고 건축시공자도 현지인 아니면 민원 때문에 힘들어요."

자기가 샌드위치 패널 공장도 하고 건축학 강의도 하니, 본인 공장에 오면 자세한 이야기를 해준단다. 다음 날, 박 사장 공장을 찾았다. 공장이 무척 컸다. 트러스 제작을 공장에서 종업원들이 하고 있었다. 요지는 자기한테 맡겨주면 설계대로 해주겠단다. 처음 만난 사람을 어떻게 믿나? 그러나 견적은 받아보는 것이 좋을 것 같아 물어보니 자기는 공장을 하니 평당 250만 원, 20평이면 5,000만 원이란다. 마당과 법면, 담장, 잔디까지 1,000만 원, 합이 6,000만 원이면 오케이라고… 자재는 최고급 불연재에 150mm 패널 정품을 쓴단다. 알겠다고 하고 딸 집에서 하루를 보낸 뒤 양산으로 왔다.

저녁에 꿈을 꾸었는데 아내가 흠뻑 비를 맞았는지 젖은 옷을 입고 있지 않은가? 깨어보니 꿈이라… 불길한 생각에 아내가 있는 부산 사상구 엄궁동 수목장으로 갔다. 아내가 제일 좋아하던 등산로 밑에 가(假)수목장을 했는데, 나중에 좋은 산을 낙찰받아 옮기려던 계획이었다. 보고 싶기도 했지만 뭔가 일이 꼬이고 되는 게 없고, 자꾸 불길한 생각이 들어 아내가 있는 곳을 손으로 파 보았다. 묻을 당시는 12월이라 양지바르고 좋았는데, 7월이니 풀이 무성히 자라서 찾기도 힘들었다. 그런데, 땅이 물구덩이다. 드디어 봉분 가루가 담긴 한지가 보이는데 물속에 담겨 있다. 순간, 눈물이 비 오듯 쏟아져 엉엉 울고 말았다.

"여보, 미안해… 이래서 꿈에 젖은 옷을 입고 있었구나. 미안해. 용서하구려."

유골함을 등산 가방에 넣어 집으로 왔다. 다시 깨끗이 며칠 동안 말려 엄궁동 등산길을 찾아서 사십구재 지낸 스님께 물어, 시키는 대로 양지바른 곳에 뿌리고 제를 올렸다. 다시는 아프지 말고, 나 같은 놈 만나지 말고 좋은 사람 만나서 이승에서 못다 한 행복 마음껏 누리라고 하늘을 향해, 바람에 날려 보냈다.

"여보, 미안해!"

흐느끼며 등산로를 따라서 오는데 오가는 등산객이 전부 쳐다본다. 흐느끼는 내 마음을 그 누가 알까. 참으려도 흐르는 눈물은 그칠 줄 모르고, 양산까지 오는 동안 차에서도 너무도 가슴 아파지고 보고 싶어 미칠 것 같다. 죽고 싶다. 누구를 위해 이렇게 사는가? 한심스럽기만 하다. 이 글을 읽는 독자님들 용서하고 이해 바란다. 너무나 한 맺힌 삶을 살다 보니, 그 누구에게 이야기할 수도 없어 나도 모르게 넋두리를 했다.

집에 와서 아산시청 건축조례를 찾아 읽는데 다음과 같은 내용이 나온다. "이거다!" 하고 청와대 민원실 신문고에 글을 올렸다.

[전문개정 2007. 1. 5]
제26조 삭제 <2007. 1. 5>
제27조 삭제 <2007. 1. 5>
제28조 삭제 <2007. 1. 5>
제29조 삭제 <2007. 1. 5>
제30조 삭제 <2007. 1. 5>
제31조(도로의 지정) ①법 제35조제1항제2호에 따른 통로라 함은 다음 각 호와 같다. 다만, 사유지인 경우에는 포장되어 사용중인 경우에 한한다. <개정 2007. 1. 5>
1. 국가 또는 지방자치단체에서 직접 시행하거나 지원에 의하여 주민 공동사업 등으로 개설되어 사용하고 있는 경우
2. 주민이 통로로 사용하고 있는 복개된 하천ㆍ제방ㆍ구거ㆍ철도ㆍ농로ㆍ공원내 도로 기타 이와 유사한 국ㆍ공유지
3. 현재 주민이 사용하고 있는 통로를 이용하여 건축허가(신고)된 사실이 있는 경우
4. 2가구 이상의 주민이 사용하고 있는 너비 2미터 이상의 통로(별도의 진입로가 없는 경우에 한한다)
②제1항에 따른 통로를 이용하여 건축허가를 받고자하는 건축주는 현황사진ㆍ현황측량 성과도ㆍ토지의 소유권을 증빙하는 서류를 첨부하여 도로의 지정을 신청하여야 한다.

앞의 제31조 1항 1, 2, 3, 4조 2항, 모두가 내 경우에 해당하는 것을 알고, 신문고에 민원을 제기했다. 며칠 후 배미동 담당 통장님의 확인서를 받아서 접수하라 해서 또다시 아산에 가 사과 상자를 들고 구 이장님(통장님)을 찾아가 사정 이야기를 했다. 너무 좋은 분을 만나 직접 동행까지 하면서 확인서를 받아 신문고에 접수했다.

확인서

성명 : 안○○
직위 : (직인) 배미동 1통장
연락처 : 010-5455-69**.
건축주 : 김광석(경남 양산시 교동 창조아파트 1동 209호) 010-4556-90**.

참조 : 아래 내용을 참조하시어 건축법상의 도로로 심의하시어 주민의 숙원과 어려움이 해결되게 협조와 당부를 드립니다(배미동 이장 : 안○○).

확인 내용

현 도로로 사용 중인 배미동(산28-16임)은 40여 전 전부터 마을의 유일한 도로로 이용 중이며, 약 30여 년 전 현 아산시 새마을과에서 주민들에게 편리하게 이용할 수 있도록 새마을사업 일환으로 시멘트 포장을 했습니다. 그 후 13~14년 전 상하수도를 개설하면서 새로 아스콘 포장해서 이용하던 중 배미동에서 아산시 자원처리장(쓰레기 소각장)을 유치하면서 주민들과 협의해 도시가스를 보상 차원에서 놓아주면서 다시 2015년 2월경에 아스팔트를 파고 도시가스관을 매설하면서 재포장했습니다. 마을주민들이 유일하게 이용하고 있는 도로이고 처음 시멘트 포장 당시 주위 모든 토지 지주들의 동의하에 도로가 포장되었으며, 그 외 상하수도와 도시가스 매설할 때도 예전에 동의를 받은 사항이라 사유지 지주에게 동의서를 받거나 한 적이 없습니다. 배미동 1통 주민 10여 가구가 모두 그 길을 유용한 도로로 이용하고 있고, 건축허가를 득해 모든 주민이 수년 전 신축한 것이고 지주의 동의서나 승낙서를 받고 건축허가를 받은 일은 없다고 주민들은 알고 있습니다. 그리고 개인 사유지이나 도로명 주소가 생기면서 그 도로명도 부여되어 현 '배미로 103번길'입니다. 위 사실을 사실대로 진술하오니 참고해주시기를 주무관님과 심사위원님께 바라옵니다.

그리고 2009년 8월 22일 제 토지 2필지 중 47-8번지에 신규건축허가를 내어 근린시설 23. 7㎡를 건축한 사실이 있는데, 그때는 어떻게 합법적으로 건축허가가 났는지 답변해주시기 바랍니다. 당시 위법이 있었다면 저는 건축을 포기하고, 당시 건축 주무관에게 끝까지 책임을 물을 것을 양지 바랍니다.

감사합니다.

2015년 6월 4일

충남 아산시 건축과 귀중

3일 후 아산시청 건축담당한테 전화가 왔다.

"안녕하십니까? 건축담당 엄○○입니다, 아이고, 선생님께서 민원을 넣으셨네요?"

"그런데 제가 뭐 잘못한 게 있나요?"

"그런 건 아니고요. 긍정적으로 검토하고 건축심의를 받을 수 있도록 주선할 테니 건축과로 한번 들어오시겠습니까?"

다음 날 또 아산으로 갔다. 그동안 기차비만 60여만 원 들었다. 건축과로 찾아갔더니 모 건축사를 소개해준다. 그리고 건축사를 만나니, 자기는 건축심의 전문건축사로 허가가 나올 수 있도록 해주겠단다. 그러면서 민원을 취하하란다. 그래야 나중에 준공 받을 때 걸고넘어지지 않는다나?

다음 날 취하하니 심의 날까지 불과 10여 일 남았다. 밑에 큰 도로부터 측량하고 필지마다 시험성적서 넣어야 하고 돈이 엄청 많이 들어간다. 측량비만 3필지, 필지마다 63만 원으로 180여만 원. 통장, 동장 확인서 등 서류도 많고 도로 각 필지 설계도 총 350만 원 달라는데 300만 원으로 했다. 건축 설계비 별도, 총 500만 원이다. 어쩌겠는가? 할 수 없이 믿고 맡기고 보름을 기다리니 드디어 7월 20일 심의통과 되었다는 통보를 받고, 건축설계 들어간 후 건축설계허가가 났다.

착공계 접수하면서 풍류조사 님과 함께 일하기로 했다. 뒤에 법면을 굴착기로 깨고, 마당 유류 탱크 철거한 곳을 메우고 정리하니 어언 10여 일이 흘렀다. 그동안 우여곡절 끝에 창조 아파트를 먼저 팔았기 때문에 비워줘야 해서 어쩔 수 없이 수도권에 있는 박짱 님께 부탁을 드려 아파트를 얻었다. 3개월간만 이용하기로 하고 아산으로 이사까지 와서 신축하게 된 것이다. 다시 한 번 강조한다. 자신이 공부한 대로 믿고 따르라. 길은 반드시 있으니 찾고 행동하면 된다.

다음은 완공된 사진으로 필자가 실제로 거주하고 있는 집이다. 여러분들도 필자와 같이 전원주택이 로망이라면 한번 낙찰받아 직접 도전해보길 바란다.

필자가 실제로 거주하고 있는 집

11

경매와 공매의
차이점 파악하기

공매와 경매는 다르다. 이에 입찰자들은 공매 입찰 시 경매와의 다른 점을 유념해야 한다. 먼저 경매는 직접 경매 법정을 찾아 입찰서를 내야 하지만 공매는 인터넷을 통해 입찰할 수 있다는 점에서 경매보다 편하다. 경매의 입찰보증금이 최저가의 10%인 것과 마찬가지로 공매에서도 최저가의 10%다. 때에 따라 경매보다 낮은 금액으로 입찰에 참여할 수 있다는 뜻이다. 하지만 경매는 통상적으로 유찰 시 전 회차 최저가격에서 20~30%씩 차감되나 공매는 1차 입찰가격에서 10%씩 차감된다.

공매는 집행관이 임대차 등 현황조사를 하지 않기 때문에 목적 부동산이 소재한 해당 주민센터에 방문해 전입세대열람을 반드시 해야 한다. 공매의 대금납부 기간도 경매와는 다르다. 경매는 매각허가결정확정일로부터 1개월 이내지만 공매는 3,000만 원 미만일 때는 매각결정일로부터 7일 이내에 3,000만 원 이상일 때는 30일 이내에 내면 된다.

경매는 낙찰을 받고서 잔금을 치르지 않은 전 낙찰자에 대해 매수제한(입찰불가)을 가한다. 그러나 공매는 전 낙찰자에게도 매수제한 규정을 두지 않고 있으므로 입찰할 수 있다. 그뿐만 아니라 경매는 낙찰을 받은 이후에 항고권리를 인정하고 소유권이전등기를 낙찰자가 직접 해야 한다. 반면 공매는 항고권을 인정하지 않고 소유권이전등기 시 낙찰자가 서류준비만 하면 KAMCO(한국자산관리공사)가 소유권이전등기를 해준다.

마지막으로 공매와 경매의 가장 중요한 차이는 명도책임 부분이다. 경매는 권원이 없는 모든 점유자에 대해 인도명령(강제집행)이 가능하지만, 공매는 명도소송을 통해야만 강제집행을 할 수가 있다. 이 때문에 많은 사람이 꺼리고 경매보다 공매의 낙찰가가 떨어지는 요인이 된다. 하지만 모든 명도를 소송을 통해서만 할 수 있는 것은 아니므로 명도 부분만 확실하다면 오히려 경매보다도 수익률을 높일 수가 있다.

일반적으로 공매로 매각하는 재산의 종류에는 유입자산, 수탁재산, 압류재산, 국유재산이 있다. 이중 대표적인 공매 매물은 압류재산으로, 세금을 내지 못해 국가기관 등이 체납자의 재산을 압류한 후 체납세금을 받기 위해 KAMCO에 매각을 의뢰한 부동산 등을 말한다.

압류재산 공매는 전자자산처분시스템(http://www.onbid.co.kr)을 통해 지정된 입찰 기간에 인터넷으로 입찰서를 제출하고 지정된 계좌로 보증금을 내면 가장 높은 가격으로 응찰한 자가 낙찰자로 결정된다. 낙찰되지 않은 자의 입찰보증금은 등록한 환급계좌로 자동이체 된다. 압류재산은 수의계약으로는 구입할 수 없고 KAMCO가 매각결정통지서를 교부함으로써 계약체결에 갈음한다.

공매에 참여하고자 하는 사람은 온비드(www.onbid.co.kr) 내 회원가입 코너를 통해 개인, 개인사업자, 법인 및 협력업체 회원 등 다양한 형태로 가입할 수 있다. 이때 공인인증서를 등록해야 한다. 공인인증서가 없을 때는 공인인증기관 또는 대행기관을 통해 발급받으면 되고, 발급된 공인인증서는 '나의 온비드'에서 꼭 등록해야 한다.

인터넷 입찰은 매주 월요일 10시부터 수요일 오후 5시까지고 '보증금 입금완료 확인'을 꼭 해야 한다. 개찰은 목요일 11시에 하게 되고 SMS 문자메시지로 통보가 온다. 낙찰이 안 됐을 때는 환급계좌로 바로 보증금을 반환받는다. 월요일 오전 10시에 매각결정통지서를 받고 KAMCO가 매각결정을 취소하고자 하면 낙찰자 동의가 필요하다. 배당받을 수 있는 임차인의 경우 경매와 마찬가지로 명도확인서를 낙찰자로부터 받아야만 배당이 된다.

1. 경매와 공매의 구체적 비교

공매와 경매는 집행채권의 성질, 집행기관, 집행권원의 성질에서는 다르지만, 채권회수의 목적으로 국가의 공권력이 개입해 강제적으로 압류·환가하는 방법은 동일하다. 민사집행법상에서는 경매라는 용어를 사용하고, 국세징수법상에서는 공매라는 용어를 사용하고 있다.

과거에는 양 절차가 다른 점이 많았으나 2012년 국세징수법이

구 분	법원 경매	공 매
법적 근거	민사집행법	국세징수법
압류	경매개시결정기입등기 기입	공매공고등기 (공·경매 같이 진행 시 선 잔대금 납부자 소유권 취득)
공유자우선매수 신청권	둘 다 있음	
매각방법	현재 모든 법원이 기일입찰 채택 시행 중	오직 기간입찰 온비드 사이트를 통한 입찰
배당요구종기일	첫 매각기일 이전인 배당요구종기일까지	첫 매각기일 이전 배분요구종기일까지
매각예정가격 체감	20~30%씩 저감 최저매각가를 기준으로 저감	10%씩 저감/50% 한도로 최초 매각가를 기준으로 저감
농지취득자격 증명원 제출기한	매각결정기일(7일 내)	소유권이전등기촉탁 신청
입찰방식	오프라인 입찰 (각 법원 입찰법정)	온라인 (온비드 사이트)
전 낙찰자 매수 제한 자격	매수제한	제한규정 없음
인도명령	인정	불인정-무조건 명도소송
입찰보증금	최저매각가격의 10%	최저매각가격의 10%
차순위매수신고	인정	물건에 따라 인정
상계 신청	인정	불인정
취소기간	낙찰자가 잔대금을 납부하기 전까지	매각결정 전 - 체납세액납부 후 매각결정 후 - 낙찰자 동의 필요

개정 시행되면서 거의 같은 방식에 의해서 이루어지고 있다는 점 알아두시기 바란다.

2. 공매입찰 시 입찰자격의 제한

공매의 공정하고 원활한 집행을 확보하기 위해 국세징수법은 공매 참가의 제한을 두고 있고, 다음에 해당하는 자는 입찰에 참여할 수 없다

① 입찰하고자 하는 자의 공매 참가, 최고가 입찰자의 결정 또는 매수인의 매수대금납부를 방해한 사실이 있는 자

② 부당하게 가격을 떨어뜨릴 목적으로 담합한 사실이 있는 자

③ 허위 명의로 매수 신청한 사실이 있는 자

④ 입찰장소 및 그 주위를 소란하게 한 자와 입찰을 실시하는 담당 직원의 직무집행을 방해하는 자

⑤ 공사가 운영하는 온비드에 의해 실시하는 공매를 방해하기 위한 목적 등으로 온비드를 정상적으로 작동하지 않게 하거나 이와 유사한 행위를 한 자

⑥ 입찰자격의 유지나 특정인의 입찰을 위해 담합 등 입찰의 자유경쟁을 부당하게 저해하는 불공정 행위를 한 자

⑦ 업무담당자 등에게 직·간접적으로 뇌물이나 부당한 이익을 제공하는 행위를 한 사실이 있는 자

⑧ 체납자, 관련 공무원 및 공사 직원

3. 압류재산의 입찰절차

① 입찰은 월~수요일, 3일간 기간입찰방식으로 진행
② 입찰발표는 목요일 오전 11~11시 30분
③ 매각결정 및 확정은 월요일 10시. 매각결정과 동시에 확정효
   력이 발생하도록 개정됨.

매각결정 이후 매수인의 동의 없이 체납액 상환이나 공유자우
선매수 신청이 불가능하다. 따라서 매각결정 이후부터는 체납자
의 일방에 의해서 공매 취소가 불가능하고 낙찰자의 동의를 얻어
야만 취소할 수 있다

4. 매각결정취소 방법

① 낙찰자가 매각결정서 교부 이전에 압류된 세금 및 가산금과
   체납분을 완납할 경우 매각결정을 취소할 수 있다
② 공매와 경매가 동시에 진행되는 경우 경매 절차에서 먼저 잔
   금을 납부한 경우
③ 낙찰자가 대금을 납부하지 않은 경우
④ 매각결정 이후 천재지변 기타 중대한 변동이 있거나 그러한
   내용 등이 밝혀진 경우
⑤ 법원의 결정, 판결 등이 있는 경우

5. 매각대금의 납부 및 소유권이전등기 절차

① 매각대금이 3,000만 원 미만은 7일 이내에 납부기한을 정한다.
② 매각대금이 3,000만 원 이상이면 30일 이내에 납부기한을 정한다(국세징수법 변경).
③ 공매에서는 상계 신청이나 채무인수방식의 대금납부제도가 없다.
④ 매각대금을 완납한 경우에 소유권을 취득하게 된다.

경매도 마찬가지다. 잔금납부하는 순간 소유권을 취득한다. 그러나 일반 매매에서는 그렇지 않다. 매매대금을 모두 지급했다고 해서 소유권을 취득하지 못한다. 반드시 소유권이전등기를 해야만 소유권을 취득하게 된다. 공매가 아쉬운 것은 바로 경매처럼 인도명령제도가 없다는 것이다.

6. 공매는 인도명령제도가 없다

수익형 부동산에 대한 투자가 활발하지만, 공매의 선호도가 떨어지는 이유가 바로 명도하는 데 상당한 시간이 소요된다는 점이다. 이유는 인도명령이 불가능하고 오직 소송만 가능하므로 그렇다. 따라서 공매에서는 명도소송과 점유이전금지가처분을 잘해야 한다.

통상 소송을 해야 해서 일반인들이 하기 어렵고 변호사에게 사건을 맡겨야 하는 경우가 많다. 그래서 비용도 경매의 인도명령보다는 많이 들어가는 편이다. 공매가 경매보다 가장 큰 단점이라고 하는 것 중의 하나가 바로 인도명령제도가 없고 오직 명도소송만이 있다는 점이다. 그래서 명도를 하는데 시간과 비용이 많이 소요된다는 단점이 있다.

명도소송은 시간이 오래 소요되는데 소송 도중에 점유자를 변경하면 차후 승소판결을 받아도 집행을 할 수 없으므로 사전에 반드시 점유이전금지가처분을 해야 한다. 더불어 이렇게 시간이 오래 걸리고 비용도 많이 들어가는 점을 점유자가 알고 있어서 경매보다는 명도협상이 잘 안 되는 편이 일반적이다

7. 공매로 다양하게 수익을 내는 방법

공매는 경매 중수 정도 경험자라야 주거용은 입찰해도 큰 어려움은 없다. 초심자는 특히 명도의 경험이 없는 데다 인도명령제도가 없어 소송까지 가야 하니 감당하기 어렵다. 권리분석 또한 사설 사이트에도 되어 있지 않아 일일이 등기부등본을 발급받아 보아야 알 수 있고 특히나 말소기준권리가 세금이다 보니 늦게 기입 등기되어 임차인이 대부분 대항력이 있다.

그러나 세금은 법정기일로 배분하다 보니 임차인보다 먼저 배당되어 임차인의 보증금이 전액 배분되지 않아 낙찰자가 인수하는

경우가 많아 낭패를 보는 경우가 많다. 공매 담당자에게 물어보면 대부분 알려주니 확인 후 입찰을 해야 한다.

경매라면 불허가나 이의신청으로 빠져나올 수 있으나 공매는 아예 그런 제도가 없다. 모든 것이 낙찰자 책임으로 이뤄진다. 그렇지만 발품을 팔아 자산관리공사에 가서 물어보고 확인하면 된다. 그 자체를 모르고 있어 어려움이 큰 것이다.

그러나 토지는 명도할 것이 없으니 경매보다 10% 정도 싸게 낙찰받을 수 있다. 대출은 금융기관마다 차이는 있으나 아예 공매 물건은 취급하지 않는 곳이 많으니 잔금이 충분치 않다면 미리미리 알아보고 입찰해야 한다. 결론은 공매는 입찰자가 경매보다 경쟁자가 많지 않으니 낙찰받기가 쉽고, 수익이란 구조는 낙찰로부터 오는 것이므로 경매보다는 수익률이 높은 것이다.

일반적으로 경매보다 공매가 10% 정도 저렴하다

다음 물건은 2014년 7월 15일 다가구주택을 현장답사 하면서 가는 길에 임장한 물건이다. 필자는 항상 답사할 때, 그 근처 공매나 경매가 나온 것이 있다면 같이 보는 것이 버릇이 되어 있다. 왜냐하면, 기름값이 비싸고 나이가 있다 보니 자주 갈 수가 없어 하루 날 잡아 다섯 건 이상을 기본으로 보고 온다.

그날은 해운대, 광안리, 대연동, 장림동, 하단동, 사상을 임장하며 마지막 코스로 잡고 집에 오는 길에 공매 건을 임장하게 되었다. 공매는 임장방법이 경매와는 다르다. 그래서 공매는 열 번 이상 명도경험이 없다면 아예 손 안 대는 것이 정신 건강에 좋다.

소유자는 초심자들보다 한 수 위에 있다고 생각해야 한다. 명도소송이란 것을 잘 알고 있고 컨설팅을 받고 많이 물어보고 해서 좋은 분 만나면 쉽게 된다. 하지만 독종 만나 버티면 8개월에서 1년은 더 살 수 있다는 것을 알기 때문에 섣불리 접근했다가 피박 쓰는 경우를 너무나 많이 봤다. 나도 경험한 터라 무엇보다 소유자의 성향과 나이 직업에 따라 그 대비책이 달라야 한다.

아파트에 도착해 입구에 중개업소가 있기에 가격을 물어보니 매물이 2억 1,500만 원과 2억 1,000만 원짜리가 있단다. 두 건을 다 안내받고 구조도 확인했는데 2억 1,500만 원짜리는 깨끗이 수리되어 있고, 그보다 500만 원 싼 집은 도배만 하면 깨끗하진 않지만 세 놓을 정도다. 생각해보겠다며 관리사무소에 들러서 관리비 연체 금액을 물어보니 230여만 원? 도시가스 전화하니 65만 원 미납이고 현재 중지 상태라고 한다.

다음 날 음료수 좋은 것 사 들고 관리실에 가서 정중히 소장님께 인사를 하고 소유자가 13년이나 살았는데 뭐하시는 분이냐고 물었다. 건축업자이고 나이는 50대 초반, 애들은 없고, 부인과 둘이 산단다. 최악의 조건이다. 포기할까? 명도의 난이도가 최고이니 당황스러웠다. 집에 와서 컴퓨터를 켜고 등기부등본을 발급받아 살아온 내력을 유추해본다. 신용보증, 은행의 가압류 근로복지공단의 임금채권 그리고 카드회사의 압류, 지자체 세금은 물론 사채업자의 가압류 등 16건이나 된다. 이렇게 교통범칙금까지 있으면 알 만한 것이다.

그런데 25평형 아파트가 2억 원이 넘다니 그 비싼 해운대 아파트보다 같은 평형대에 비해 약 3,000~4,000만 원이 비싸다. 그 이유를 알아야겠다. 다시 한 번 굿옥션 사이트를 검색했다. 부산은 평지의 아파트는 무조건 1,000만 원 비싸다. 두 번째는 더블역세권, 세 번째는 고속도로 접근성이 5분 이내, 네 번째는 초·중·고가 걸어서 10분 이내, 다섯 번째는 낙동강 조망이 좋고, 여섯 번째는 사상 시외터미널과 이마트, 홈플러스, 전통시장이 있으면 비싸다.

시내버스와 지하철이 있어 한 번 타면 부산 시내 어디라도 가니 최고의 입지조건이라 비싼 것이다. 또 2차이니 새 아파트나 마찬가지이고, 유명업체 아파트의 브랜드이니 비쌀 수밖에 없다는 것을 알게 되었다. 고민하다가 되면 좋고 안 되면 말고 식으로 접근했다. 소유자 점유에 공사판에서 잔뼈가 굵은 사람이니 명도의 난이도와 25평형 치고 너무 비싸서 입찰하면 단독일 것이다. 아니면 고수 한 분 들어온다 보고, 200만 원을 얹어 1억 8,738만 원에 입찰했다.

입찰 전 이 아파트의 낙찰 사례를 보니, 1억 9,787만 원에 두 달 전 낙찰되었다. 그리고 6층 이하 저층이라는 점을 염두에 두고 낙찰 사례보다 1,000만 원을 적게 썼다. 전에는 공매 낙찰이 되면 '낙찰을 축하합니다'라고 문자가 오는데 요즘은 아예 소식도 없다. 오직 온비드에서 확인할 수밖에 없다. 개선해야 할 일이다. 발표되는 7월 24일, 11시가 되어도 아무런 소식이 없다. 온비드에 들어가 확인하니 예상대로 단독이다.

여러분들도 경·공매를 오래 하다 보면 단독이 최고라는 걸 느낄

때가 있을 것이다. 초보 때는 단독이면 불안하고 초조하고 뭐가 잘 못되었는지 애가 탈 때가 있다. 그것은 공부가 부족하고 자신을 못 믿기 때문이니 더욱 열심히 공부하기 바란다. 다음 물건이니 잘 살 펴보시고, 필자의 설명이 맞는지 확인해보길 바란다.

5	임금채권	정■용	2014-03-12	0	10,000,000	2014-04-11
6	압류	사상구청	2013-12-13	1,505,320	1,505,320	2014-05-21
7	압류	사상구청(교통행정과)	2013-12-20	207,960	207,960	2014-04-14
8	압류	국민건강보험공단 부산사상지사	2014-04-14	6,938,490	6,938,490	2014-05-21
9	교부청구	부산광역시		0	0	
10	가압류	전■상	2013-10-11	5,291,931	6,853,819	2014-04-24

소유자 박○○가 점유 중이라 나온다. 소유자가 점유한다면 권리분석은 필요 없다. 이 아파트를 분양받고 지금까지 살았으니 올수리를 해야 한다는 것을 미루어 짐작할 수 있다. 위성으로 보면 더블(W)역세권 입지가 훤히 보인다.

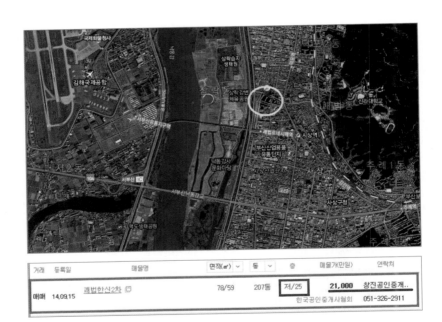

거래	등록일	매물명	면적(㎡) ∨	동 ∨	층	매물가(만원)	연락처
매매	14.09.15	괘법한신2차 🗐	78/59	207동	저/25	**21,000**	창진공인중개..
						한국공인중개사협회	051-326-2911

4층 저층인데 2억 500만 원에 실거래가 있고, 다음 그래프를 보면 시세가 오르고 있는 상승곡선이다.

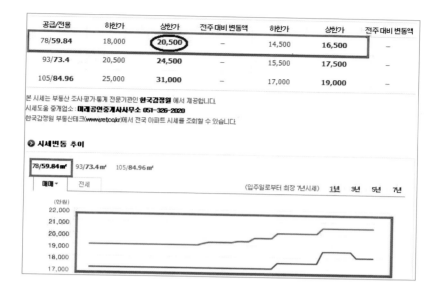

공급/전용	하한가	상한가	전주 대비 변동액	하한가	상한가	전주 대비 변동액
78/59.84	18,000	20,500	–	14,500	16,500	–
93/73.4	20,500	24,500	–	15,500	17,500	–
105/84.96	25,000	31,000	–	17,000	19,000	–

본 시세는 부동산 조사·평가·통계 전문기관인 **한국감정원**에서 제공합니다.
시세도움 중개업소 : **대리공인중개사사무소 051-326-2020**
한국감정원 부동산테크(www.retco.kr)에서 전국 아파트 시세를 조회할 수 있습니다.

◉ 시세변동 추이

78/59.84㎡   93/73.4㎡   105/84.96㎡

매매▾   전세   (입주일로부터 최장 7년시세)   1년   3년   5년   7년

2014년 7월 28일 낙찰 결정이 나고, 오후 3시경 아파트를 방문해 관리실의 협조를 구할 양으로 친분을 쌓기 위해 방문했다. 소장님과 좋은 인상으로 대면하고, 낙찰받은 아파트로 갔다. 엘리베이터를 타고 23층이라서 그런지 한참 걸린다. 벨을 몇 번이나 울렸는지 소식도 없고 기척도 없다. 차에 내려가서 안내문을 작성했다.

안내문

소유자 : 박○○ 사장님 귀하

소유자님께 알립니다.
저는 2014년 7월 28일 공매에 응찰해 낙찰받은 김○○ 님의 대리인입니다. 다름이 아니오라 그간 마음고생 하시고 괴로웠을 박 사장님께 인사 겸 명도에 관해 상의 말씀 드리고, 박 사장님의 형편을 알고자 방문했으나 부재중이시라 오늘은 그냥 돌아갑니다. 만나서 흉금을 털어놓고 허심탄회하게 말씀을 나누어보고 박 사장님의 형편에 맞게 서로 협의했으면 하는 것이 본인의 생각입니다. 명도를 맡아 진행하면서 불편이 없도록 최선을 다할 것이 오니, 들어오시는 대로 제게 연락해주시면 감사하겠습니다.

2014년 7월

천지경매연구소 경매 팀장 천지인 드림

명도에 임할 때, 낙찰자는 따로 있고 대행하는 것처럼, 즉 가공의 인물을 세우는 것이 좋다. 그게 자연스럽고 즉답을 피할 수도 있으며, 이사비 협상 때는 더욱 거절하기가 쉬워진다. A4 용지에 써서 손잡이 위에 다른 사람이 볼 수 없게 뒤집어 투명테이프로 붙여 놓고, 문 위에 투명테이프로 문과 문틀에 걸쳐 붙이고 양산 집으로 향했다. 위에 투명테이프를 왜 붙이느냐? 그것은 문을 열면 테이프가 소리 없이 찢어진다. 그러면 집에 누가 살고 있다는 것을 확인할 수가 있다.

　대부분 문에 붙여 놓은 글을 읽고 전화가 오는데, 그 후 며칠이 지나도 연락도 없다. 8월 2일 비가 억수같이 쏟아지는 빗줄기를 맞으며 차를 몰고 현장으로 갔다. 올해 들어 최고로 많이 내린다. 노동하는 분들은 비 오면 일은 안 할 테니 친구와 술을 마시거나 아니면 집에 있을 것으로 생각했기에 간 것이다. 비는 앞이 안 보일 정도로 많이도 내린다. 가면서 자산관리공사에 전화해 낙찰자임을 밝히고, 소유자 박○명의 연락처를 물어보니, 모른단다.

　전화 받는 아가씬지 아줌만지 한바탕 항의하니, 윗사람을 바꿔준다. 역시 모른단다. 기록이 있으면 알려주겠는데 연락처는 없단다. 근저당권자 전화번호라도 알려달라고 은행에 연락하니 사생활침해가 어쩌고저쩌고 알려주지 않는다. 할 수 없이 아파트에 도착해 벨을 누르니, 조용하다. 힘없이 내려와 편지함을 뒤졌다. SKT 요금 청구서에 전화번호는 나오는데 맨 끝자리가 보인다. 몇 장을 뒤적이니 교통위반범칙금 통보서에 차량 번호와 사진이 있다. 기아자동차 다마스다. 46머 67**! 내가 누구냐? 비가 억수같이 오니 지하주차장을 다 뒤졌다. 휴대폰 플래시를 켜고 옥외 주차장을 다 찾으니 다른 동에 주차되어 있다. 총알같이 앞 유리창을 보니 전화번호가 있다. 두드려라. 열릴 것이다.

　안내문을 매직으로 써서 비 내리는 유리창에 붙여 놓고, 다시 집으로 올라가 벨을 눌렀으나 기적이 없다. 역시 문에다 붙여 놓고 위에 테이프를 확인하니 찢어져 있다. 사람이 산다는 증거 아닌가?

늦은 시간이라 그냥 집으로 돌아왔다. 다음 날도 역시 전화는 없다.

진짜 애먹일 사람이군. 화가 났다. 이제 내가 전화를 하자. 그러
나 아예 받지 않는다. 다음 날 화를 참고 다시 아파트를 찾았다. 관
리사무소에 가서 연락처를 알려달라니 사생활이 어쩌고 한다. 전
화번호는 알아냈으나 혹시나 해서 물어봤는데 온 나라가 사생활
이 어쩌고저쩌고다. 다시 아파트로 올라가 벨을 눌렀다. 또 아무
소식이 없다.

그런데 도어록을 돌리니 문이 열리는 게 아닌가? 50대 아줌마가
놀라 눈이 동그랗게 쳐다본다. 나도 깜짝 놀랐다. 서로 말없이 주
시한다. 당황스러워 한참의 침묵이 흐르고 내가 먼저 말을 건넸다.

"죄송합니다. 몇 번의 벨을 눌러도 대답이 없으시기에 혹시나 해
서… 그런데 집에 계시면서 대답도 없으십니까?"

"화장실에 있었는데요? 누구세요?"

"저는 이 집을 낙찰받은 분의 부탁으로 대신 찾아뵈었고 몇 번이
나 와서 안내문도 문에 붙여 놓았는데 연락이 없어 지나는 길에 혹
시나 들렀습니다. 그런데 아주머니는 누구신가요?"

"왜요?"

"전입세대열람을 보니, 박○명 씨 혼자 전입이 되어 있던데, 그
래서 여쭙는 겁니다."

"우리 아저씬데요?"

"그럼, 주인 되십니까?"

"네."

나의 눈은 좌우 아래위로 눈을 굴려 집안 내부를 전부 접수했다. 짐작한 대로 집안은 너무나 더러웠다.

"우리 아저씨 오시면 연락드릴 테니 돌아가시지요."

"알겠습니다. 음료수를 사 가지고 왔는데 그냥 올라왔네요. 갖다 드리겠습니다."

"필요 없으니 그냥 가세요."

내려가서 차에 실어놓은 음료수를 문앞에 두고 벨을 누르니 또 소식이 없다. 꼼짝 안 하는 게 버릇인가? 그냥 문 앞에 두고 집으로 왔다.

다음 날도 그 다음 날도 연락이 없다. 좋게는 해결이 안 될 것 같은 예감이 든다. 그러면 하루빨리 대출을 받아 명도소송으로 가야 할 것 같아 대출을 알아보았다. 우리 회원 중에 대출 딜러를 하시는 분이 두 분이 있어 연락을 취했더니 갑자기 8월 1일부로 70%밖에 대출이 불가하단다. 단, 신용도에 따라 10% 정도는 가능하다는 통보를 받고 차질이 생겼다. 더 큰 문제는 중도상환수수료 2.5%가 있고, 1년마다 1%씩 저감된다나? 잘하면 2%로 할 수 있단다. 그러면 1억 5,000만 원을 대출하고 1년 이내에 팔면 300만 원을 중도상환 수수료로… 더 알아봐도 같은 대답뿐. 안 되겠다. 내가 직접 뛰는 수밖에.

친구 양 사장에게 전화로 알아보니 대출은 비슷한데 중도상환수수료 없이 단, 0.5%의 수수료를 내야 한단다. 몇 군데 알아보고 신용조회를 대여섯 번 했더니 신용등급이 4등급에서 6등급으로,

신용대출도 1,000만 원에 이자도 5, 6%란다. 화가 나서 금융권 신용등급회사(에이스)를 알아내어 따졌다. 나이가 있는 데다가 계속 신용조회를 해서 그렇게 되었다나? 몇 달 지나면 회복된다고 한다. 신용조회는 두 번 이후 한 번 할 때마다 0.25가 내려간다는 것을 처음 알았다.

며칠을 기다려도 소유자에겐 소식이 없더니 드디어 연락이 왔다.

"여보세요. 저, 내가 한신2차 박○명이요. 무슨 일로 전화하라는 거요?"

참, 싹수없다. 입에서 욕이 나오는 걸 꾹 참고 태연하게 말했다.

"반갑습니다. 전화상으로 이렇게 처음 뵙겠습니다. 아시면서, 무슨 일이냐시면? 하하하."

"알겠는데, 뭐 돈이 있어야 이사를 가든 뭘 할 건데 지금으로선."

"그대로 사시든, 이사하시든 만나서 이야기합시다. 언제 시간이 나시겠어요. 어차피 한번은 만나야 하지 않겠습니까?"

"내일 오후 3시에 아파트 앞 커피숍에서 만나지요."

"알겠습니다. 그럼 내일 뵙습니다."

다음 날 오후 3시 15분에 조금 늦게 커피숍으로 들어가니 스포츠머리에 앉아 있는 모양이 박○명이라는 직감이 온다.

"양산서 온다고 일찍 출발했는데도 늦었습니다. 죄송합니다."

카페라테 2잔을 시켜 놓고 이야기가 시작되었다.

"그동안 마음고생이 컸겠습니다. 위로의 말 말씀을 드립니다."

"음, 어제도 전화상으로 말했지만, 돈이 없으니, 이사한다 해도 지금은 대책이 없습니다. 좀 도와주신다면 생각해보겠습니다. 뭐, 이런 이야기는 좀 자존심이 상하지만 어쩔 수 없네요."

"화통하시니 좋습니다. 어차피 저는 들어와야 하고, 박 사장님은 비워줘야 하니 결론은 뻔합니다. 조건만 맞으면 생각해보죠. 뭐."

"좋소이다. 법무사에 계시니 좀 통할 것 같네요. 월세방을 얻으려면 보증금 최하 1,000만 원은 있어야 하니 1,000만 원만 주시지요."

"박 사장님께 채무가 있는 것도 아니고, 좀 무리하시는 거 아닙니까?"

"조금 무린 줄은 알지만 제가 지금 형편이 이러니, 있는 분이 도와주셔야죠, 음."

"낙찰은 제 이름으로 받았지만, 투자자 몇 분이 함께하는 일이기에 제 마음대로 결정할 수가 없습니다. 너무 무리한 요청이니 생각해보고 연락 주십시오. 저는 이 물건 말고도 몇 건이 있어 바쁘니 다음에 연락주시기 바랍니다. 오늘 만나주셔서 감사합니다. 그리고 박 사장님의 뜻을 사무실에 가서 전하도록 하겠습니다."

많은 명도를 해보았지만 무리한 요구를 해오는 사람이 간혹 있다. 이렇게 무리하게 요구하는 사람과 더 이상의 대화는 필요 없다고 생각하나 인내심을 가지고 설득하는 수밖에 없다. 비장의 카드인 나만의 압박수단을 할 수밖에 없다.

다음 날, 관리소장에게 전화해 시간을 내어 달라고 미리 약속하고 관리실을 찾아갔다.

"어제 만나셨다는데 잘 해결되었습니까?"

"소장님이 좀 도와주셔야겠습니다. 1,000만 원을 요구하는 분과 대화가 되겠습니까?"

"1,000만 원이요? 그 사람 좀 심하네, 하하."

"관리비가 230만 원이나 밀렸다는데 소장님께서 그동안 조치하셨나요?"

"내용증명도 보내고 만나면 잔소리도 하고 도시가스에 이야기해 지금 현재 단전된 상태입니다."

"단전하시고 단수도 하셨나요? "

"가스, 전기, 수도가 중단된 상태입니다."

"그런데도 그렇게 미납관리비가 많아요? 벨을 눌러보니 초인종 소리가 나던데 무슨 중단입니까?"

"어, 김 과장. 어찌 된 거요?"

옆에 있던 김 과장이 대답한다.

"며칠 전 경찰을 불러 불법이라고 신고를 해서 제가 풀지는 않았고요. 자기가 직접 풀어서 쓰는가 보네요."

"원래 단전, 단수는 못 하게 되어 있습니다. 또 지금 싸움을 하면서 단전, 단수하기란 쉽지 않습니다."

"소장님, 여기 판례가 있으니 읽어보시고 단전, 단수해주십시오. 저 집은 제집입니다. 단전, 단수 안 시키면 오늘부터 나오는 공용 부분도 제가 못 내겠습니다. 책임은 제가 지겠습니다."

판례를 소장님께 전해주고, 옥신각신하며 소장님을 설득해 전기 분전함을 못 열도록 조그만 열쇠 잠금장치도 하고 수도계량기 핸들도 빼버렸다.

【판시사항】 대법원 2004. 8. 20. 선고 2003도4732 판결

[4] 시장번영회 회장이 이사회의 결의와 시장번영회의 관리규정에 따라서 **관리비 체납자의 점포에 대하여 실시한 단전조치는 정당행위로서 업무방해죄를 구성하지 아니한다고 한 사례**

【판결요지】

[4] 시장번영회 회장이 이사회의 결의와 시장번영회의 관리규정에 따라서 관리비 체납자의 점포에 대하여 실시한 단전조치는 정당행위로서 업무방해죄를 구성하지 아니한다고 한 사례.
기록에 의하면, 시장번영회는 삼천포종합시장 내의 상점소유자나 개점자 등으로 구성되어 있고, 그 **관리규약에 따르면 3개월 이상 관리비를 연체하는 경우에는** 사용자와 소유자에게 동시에 **통보하고 미납할 때에는 단수, 단전 등의 불이익조치를 취할 수 있도록 규정하고 있으며,** 피해자인 이현권과 박윤엽은 부부로서 삼천포종합시장 내 경남상가 마동 23호, 24호, 25호를 연결하여 의류가게와 세탁소 등을 운영하면서 2000. 5. 무렵부터 관리비를 체납하고 있었고, 사천시와 한전에서는 시장번영회에 대하여 **수도료와 전기료 등을 납부하지 아니하면 단수, 단전조치를 취하겠다고 예고하였으며,** 이에 따라 시장번영회에서 부득이 관리비 고액체납자들로부터 관리비를 효율적으로 징수하기 위하여 2001. 7. 24. 시장번영회 이사회를 열고 관리비의 고액체납자에 대하여 강력한 법적 조치와 함께 **단수, 단전 등의 조치를 병행하기로 만장일치로 결의하였으며,** 이에 따라 시장번영회 회장인 피고인이 사무국장인 공소외인에게 고액체납자들의 점포에 대하여 단전조치를 하도록 지시하여 공소외인이 위 상가의 전기단자함을 열고 이현권과 박윤엽의 점포에 공급되는 전기를 차단하는 조치를 취하였고, 한편 피고인이 단전조치를 취하기 전에 시장번영회에서 이현권과 박윤엽을 상대로 **체납관리비의 지급을 구하는 소송을 제기하고 그 채권을 보전하기 위하여 2000. 10. 10. 부동산가압류결정과 2001. 7. 24. 유체동산가압류결정을** 받게 되자 비로소 이현권과 박윤엽이 2001. 9. 15. 가압류해방금으로서 그 청구금액 상당을 창원지방법원 진주지원에 공탁한 것을 알 수 있다(이와 같은 가압류해방금은 가압류의 목적물에 갈음하는 것으로 가압류해방금이 공탁되면 그 가압류의 효력이 채무자가 가지는 공탁금회수청구권에 존속하게 되는 것에 불과하여 변제로서의 효력이 없다).

사정이 이러하다면, 피고인이 단전조치를 하게 된 경위는 **단전조치 그 자체를 목적으로 하는 것이 아니고 오로지 시장번영회의 관리규정에 따라 체납된 관리비를 효율적으로 징수하기 위한 제재수단으로서** 이사회의 결의에 따라서 적법하게 실시한 것이고, 그와 같은 관리규정의 내용은 시장번영회를 운영하기 위한 효과적인 규제로서 그 구성원들의 권리를 합리적인 범위를 벗어나 과도하게 침해하거나 제한하는 것으로 사회통념상 현저하게 타당성을 잃은 것으로 보이지 아니하며, 피고인이 이현권 등이 연체된 관리비를 시장번영회에 직접 납부하지 아니하고 법원에 공탁하였다는 이유로 단전조치를 지시한 것으로도 보이지 아니하므로 피고인의 행위는 그 동기와 목적, 그 수단과 방법, 그와 같은 조치에 이르게 된 경위 등 여러 가지 사정에 비추어 볼 때, **사회통념상 허용될 만한 정도의 상당성이 있는 위법성이 결여된 행위로서 형법 제20조에 정하여진 정당행위에 해당하는 것으로 볼 여지가 충분하다.**

| Key Point | 관리사무소장과 협상하는 요령

- 월별 체납관리비 내역과 관리규약을 받아라.
- 관리규약대로 관리비체납에 대한 대응(독촉장 발부, 최고장, 단전, 단수, 가압류 등)을 했는지 다그쳐라. 관리사무소장의 업무과실 및 업무 소홀을 주장하라.
- 입주자로서 관리비 납부 등의 의무를 다할 것임을 알리되, 본인의 입주를 방해하거나 임차인을 방해할 경우 '업무방해죄'로 형사고소할 것임을 주장 하라.
- 업무 소홀에 대해 관리소장, 건물관리업체의 연대책임이 있음을 알려라. 입주자들이 입은 피해를 공지하고 관리사무소의 비싼 관리비를 추궁하라.

판례를 한참 읽어보더니 소장님이 말한다.

"이건 상가건물에 대한 판례가 아닙니까?"

"소장님, 상가나 아파트나 집합건물이고, 관리규약이 있지 않습니까? 이 아파트의 관리규약을 좀 보여주시지요."

"관리규약 보나 마나 이건 하기 힘듭니다. 단전, 단수가 쉬운 게아니에요. 기본 생활권이기 때문에 그렇습니다. 모든 게 법으로만되나요?"

"알겠습니다. 그러나 이 집은 엄연히 제집입니다. 제집에 다른 사람이 불법점유하고 있고, 전기, 수도, 가스를 채워 놓았는데도임의로 풀어서 쓰고 있으니 이는 엄연히 절도입니다. 그래서 중단해주십사 하는 건데 안 된다니요."

승강이하다가 관리자 김 과장과 같이 2304호로 올라가 전기와수도를 단전시켰다.

며칠이 지나고 대출해 소유권을 이전했다. 소장님은 소유권 이전한 것으로 알고 있었나 보다. 이야기하면서 좀 찔리긴 했지만 그래도 대비책이 있었으니까. 다음 날 관리실과 소유자(박○명)와 승강이가 있었다. 시키는 대로 관리소에서는 발뺌하니 씩씩거리며 나에게 전화가 온다.

"여보시오. 이럴 수가 있소? 사람이 살 수 있도록 해줘야지요. 기본권까지."

"박 사장님이 돈도 안 내고 모든 걸 다 쓰고 있지 않습니까. 안 내면 법적으로 승계한 내가 다 내야 하는데 그럼 지금이라도 관리비 정산하십시오. 그러면 관리실에서 다 풀어줄 것이니 걱정하지 마시고 밀린 관리비 정산하시고 제게 전화하십시오. 그러면 간단히 해결됩니다. 그러기 전엔 저 역시 어쩔 수 없습니다."

"아, 그래요? 막가자는 거네요? 해보자는 건가요? 알겠습니다. 그럼 맘대로 해보시지."

전화는 끊겼고 소송을 각오하고 있으니, 걱정은 되지만 기다려 보기로 했다. 여름이라 날은 덥지 선풍기도 못 틀고 전기도 없으니 전등도 못 켜고, 물도 안 나오니 세수도 못 할 것이고, 볼일 보고 물을 못 내리니 구수한 냄새가 진동할 것이다.

다음 날, 전화가 온다. 모르는 번호다.

"누구십니까?"

"박○명이요."

"생각해보셨나요?"

"8월 30일까지 이사할 테니, 이사비 500만 원 주고, 전기, 수도,

해제해주십시오."

"아니, 제가 제시하겠습니다. 관리비 정산하시면 200만 원 드리고, 관리비 정산 안 하시고 가시면 70만 원 드리겠습니다. 우리 사무실에서는 더 지불하지 않습니다. 그 기준은 강제집행비용에서 정해지니 어쩔 수가 없습니다."

말없이 전화를 끊고 소식이 없다. 그런데 중개업소에서 신혼부부가 사려고 하는데 집 좀 보자고 한다. 8월 12일 저녁 10시경 늦은 시간에 전화가 온다.

"여보세요? 박○명입니다. 관리비는 못 내고, 100만 원을 맞춰주면 8월 30일까지 비우겠습니다. 그리고 전기, 수도 풀어주십시오. 경매에 대해 좀 아는 동생이 시키는 대로 했는데 다 부질없고, 호랑이를 만났네요."

"알겠습니다. 그러면 내일 만나서 각서를 써 주시면 바로 입금해 드리겠습니다. 내일 1시에 그 커피숍에서 기다리겠습니다."

이렇게 빨리 해결될 줄은 몰랐다. 역시 이번에도 의연하게 마지막 각오를 하며 느긋이 대처한 결과였다. 다음 날 만나서 각서를 받고 전기, 수도를 풀어주었다. 중개업소에 부탁하니 마침 일반주택이 월세로 나와 100/15만 원으로 계약하고 이사 갈 집주인에게 송금했다. 내가 계약했고 내 명의로 얻었으니, 만약 이사를 안 해도 100만 원은 내 돈이다.

8월 31일 일요일, 이사한다기에 새벽에 하라고 했다. 그렇지 않으면 관리소나 경비실에서 이사를 못 하게 할 터이니 되도록 엘리베이터 안 쓰는 시간대에 가라고 했다.

8월 31일 9시경 전화가 부리나케 온다. 관리사무소다. 무조건 안 받고 핸드폰을 껐다. 아침을 먹고 11시경 아파트에 도착하니 이미 사람은 사라졌고, 마지막 이삿짐만 경비실 앞에 덩그러니 있다. 마지막 차가 출발하는데 경비원이 차 앞에 드러누우며 저지해 짐을 경비실 앞에 내려놓고 가버렸다는 것이다. 한참 후 소장님이 나에게 미납관리비 230만 원을 다 내란다. 말없이 미납관리비 내역을 뽑아달라고 해서 살펴보니 다른 아파트와 다른 게 있다. 보통 가스와 전기는 별도인데 이 아파트는 전기와 수도가 관리비에 포함되어 있다. 정산해보니, 공용은 110만 원 정도이고, 나머지가 전기세와 수도세 1년 치가 120만 원이다. 수도전기는 내가 직접 정산해오겠다고 하고 공용부분을 정산했다.

오후에 한전과 수도국의 정산내역을 관리소에 가져다주었다. 도시가스도 수익자 원칙에 의해 한 푼도 안 물고 해결했다. 9월 4일 청소하는 분을 불러 쓰레기 치우는 데 25만 원을 주었다. 그리고 수리하지 않고 매물로 바로 입구 중개업소에 내놓았다. 올 리모델링하려면 1,500~2,000만 원을 들여야 하는데 그렇다고 수리비를 다 받을 수 있는 것도 아니라, 조금 싸게 내놓았다. 어설프게 수리해봐야 들어오는 분들은 다시 수리하니 서로 필요 없는 돈 아닌가.

9월 12일 중개업소로부터 가계약금 200만 원이 입금된다. 다음 날 2억 1,500만 원에 매매계약을 하고 잔금은 조금 빨리 10월 8일 날 치르기로 계약했다. 낙찰을 1억 8,738만 원에 받았으니 명도비(관리비 포함) 200만 원. 세전수익이 낙찰받고 1개월 7일 만에 2,762만 원이다. 좋은 손님 만나 잘 판 것 같다.

다음은 경매로 낙찰된 것을 공매로 빼앗아 먹는 방법을 알려드리겠다. 경매 물건을 검색하다 보면 같은 물건인데 경매와 공매가 동시에 이뤄지는 물건이 가끔 있다. 경매는 법원에서 민사집행법에 따라 이뤄지는 것이고, 공매는 국세징수법에 따라 진행하는 것이니 별개의 법으로 진행된 것이며, 같은 날 낙찰이 되면 잔대금을 먼저 내는 자가 소유권을 가지게 되고 공매나 경매의 다른 낙찰자는 헛물켜고 보증금만 돌려받고 마는 것이다. 이것은 경매도 잘 알고, 공매도 잘 알아야 할 수 있다. 타이밍의 극치다. 여러분도 잘 익혀두고 후일에 시도해보길 바란다. 잘 알면 지킬 수도 있다.

경매로 낙찰된 것 공매로 빼앗아 먹기

요즘 좀 괜찮다 하면 소형 아파트는 수십 명씩 입찰자가 몰린다. 이 물건을 조사하러 아파트에 찾아갔다. 낮에 가서 보니 집에는 아무도 없어 관리실에 찾아가 관리비 연체내역을 물으니 개인정보가 어쩌고저쩌고 못 알려주니 낙찰받고 오란다.

"소장님, 제가 주민등록번호나 성함 또는 주소, 가족관계를 여쭤봤나요? 관리비 연체가 있는가를 여쭤봤는데 개인정보라뇨? 저 개인정보가 뭔지 잘 모르거든요? 개인정보에 관해 공부 좀 해야겠으니 좀 말씀해주시지요?"

개인정보가 뭔지 얼버무리며 무조건 낙찰받고 오란다. 화가 났다.

"소장님, 제가 낙찰받으면 이 자리에 못 계실 겁니다. 그리고 연체가 있으면 공용부분을 부담해야 하는데 저는 못합니다. 여기 녹음하고 있으니 책임질 수 있지요?"

그때야 알려준다.

"경매로 너무 많이 물어보고 찾아와 업무에 지장도 많고 귀찮아서 그랬습니다. 지금 연체비용은 89만 원입니다."

그리고 뭐하시는 분이냐고 물으니 모른단다.

"단전이나 단수 예고하시고 최선을 다해 받아내시길. 소장님의 책임을 다하시길 바라며 갑니다."

오후 8시니 왔겠지. 올라가 벨을 누르고 기다리니 세입자가 나온다. 부인은 입원해있고 자기는 목수인데 매일 정관으로 일하러 다닌단다. 어차피 보증금도 다 못 받으니 버텨보면 뭘 하겠느냐고 한다. 임장은 이 정도로 끝내기로 했다. 집에서 차로 한 시간씩 두 번이나 왔다 갔으나 내부도 보고 세입자의 사정도 들었으니, 나름 운 좋은 케이스다.

시세는 로열 동에 로열층이니 1억 8,700~1억 9,000만 원, 몇 군데 물어보고, 국토교통부 실거래가, KB은행 시세를 확인했다. 입찰 당일 날 이 건에 입찰하지 않았다. 입찰해봐야 뻔한 것. 누가 낙찰받는가와 그분 연락처만 알면 만족. 이 건은 공매로도 공고되어 있어서 입찰하지 않은 것이다.

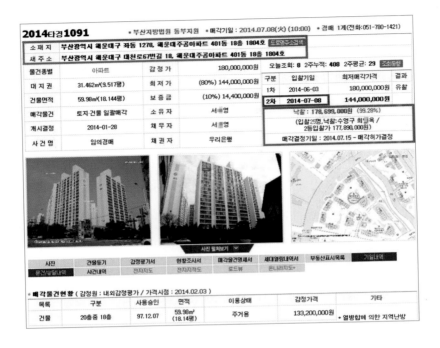

2014타경1091 · 부산지방법원 동부지원 · 매각기일 : 2014.07.08(火) (10:00) · 경매 1계(전화:051-780-1421)

소재지	부산광역시 해운대구 좌동 1278, 해운대주공아파트 401동 18층 1804호 도로명주소검색						
새 주 소	부산광역시 해운대구 대천로67번길 18, 해운대주공아파트 401동 18층 1804호						

물건종별	아파트	감정가	180,000,000원	오늘조회: 8 2주누적: 408 2주평균: 29 조회동향

대 지 권	31.462㎡(9.517평)	최저가	(80%) 144,000,000원
건물면적	59.98㎡(18.144평)	보증금	(10%) 14,400,000원

구분	입찰기일	최저매각가격	결과
1차	2014-06-03	180,000,000원	유찰
2차	**2014-07-08**	**144,000,000원**	

매각물건	토지·건물 일괄매각	소유자	서○영
개시결정	2014-01-28	채 무 자	서○영
사 건 명	임의경매	채 권 자	우리은행

낙찰 : 178,699,000원 (99.28%)
(입찰25명,낙찰:수영구 최○옥 /
2등입찰가 177,890,000원)
매각결정기일 : 2014.07.15 - 매각허가결정

사진	건물등기	감정평가서	현황조사서	매각물건명세서	세대열람내역서	부동산표시목록	기일내역
문건/송달내역	사건내역	전자지도	전자지적도	로드뷰	온나라지도+		

■ 매각물건현황 (감정원 : 내외감정평가 / 가격시점 : 2014.02.03)

목록	구분	사용승인	면적	이용상태	감정가격	기타
건물	20층중 18층	97.12.07	59.98㎡ (18.14평)	주거용	133,200,000원	• 열병합에 의한 지역난방

    드디어 낙찰, 금액은 178,699,000원. 여자분 이름인데 남자가 대리입찰? 컨설팅하는 친구들이 틀림없다. 그러면 낙찰자 전화번호 알아보면 안 된다. 조용히 포기하고 다른 물건 입찰한 것 순서를 기다렸다. 되면 좋고 안 되면 말고 식으로 최저가 입찰했다. 물론 패찰이다. 다음 주부터 이 건에 대한 공매가 시작된다. 계산을 미리 해보니 내가 2~3일 빠르니 낙찰되면 게임은 끝난 것이다. 부산에 카페회원이며 나이도 같아 친구로 지내는 친구에게 모든 조언을 해주고 지도하며 친구에게 양보한 물건이다. 1주일 지나 한 번 유찰시킨 후 2차에 입찰했다. 열 명 이상은 입찰할 것을 짐작하고 입찰가에 많은 신경을 썼다. 입찰가는 조금 적게 수익을 생

각하고 173,069,100원, 열두 명의 경합 끝에 40여만 원 차이로 낙찰받았다.

2014-04176-001		입찰시간 : 2014-07-14 10:00~ 2014-07-16 17:00			☎ 051-860-8059)	
소재지	부산 해운대구 좌동 1278 해운대주공아파트 제401동 제18층 제1804호				도로명주소검색	
물건용도	아파트	위임기관	해운대구청		감정기관	삼일감정평가법인(주)
세부용도		집행기관	한국자산관리공사		감정일자	2014-04-08
물건상태	낙찰	담당부서	부산지역본부		감정금액	178,000,000
공고일자	2014-05-28	재산종류	압류재산		배분요구종기	2014-05-12
면적	아파트 59.98㎡, 대 31.462㎡ 지분(총면적 28,900.2㎡)				처분방식	매각
명도책임	매수자	부대조건				
유의사항						

● 입찰 정보(인터넷 입찰)

회/차	대금납부(납부기한)	입찰시작 일시~입찰마감 일시	개찰일시 / 매각결정일시	최저입찰가	결과
026/001	일시불(낙찰금액별 구분)	14.07.07 10:00 ~ 14.07.09 17:00	14.07.10 11:00 / 14.07.14 10:00	178,000,000	유찰
027/001	일시불(낙찰금액별 구분)	14.07.14 10:00 ~ 14.07.16 17:00	14.07.17 11:00 / 14.07.21 10:00	160,200,000	낙찰

📌 낙찰 결과

낙찰금액	173,069,100	낙찰가율 (감정가격 대비)	97.23%	낙찰가율 (최저입찰 대비)	108.03%
유효입찰자수	12명	입찰금액	173,069,100원 172,660,000원, 170,000,000원, 168,980,000원, 167,110,000 원, 166,000,000원, 166,000,000원, 164,000,000원, 163,920,000원, 163,700,0 00원, 162,670,000원, 162,010,000원		

→ **경매 사건** 낙찰(2014.07.08.)

매각허가(2014.07.15.)

항고기간(2014.07.22.)

대금납부통지서(2014.07.24.)

→ **공매사건** 1차 유찰(2014.07.10.)

2차 입찰(2014.07.14.~16.)

매각허가결정(2014.07.21.)

대금납부(2014.07.22.)

낙찰받은 다음 날부터 대출을 알아보고 일사천리로 진행해 잔금을 납부하고, 7월 23일 세입자와 만났다. 집이 엉망이었다. 마누라가 병원에 있다고 해도 너무 했다. 이사비 일부 배당받는 세입자이나 3,500만 원 중 1,400만 원 배당받아 너무 안쓰러워 50만 원 주겠다 하니, 화를 내고 가버리더란다. 이 글을 그 친구가 쓴 글이니 이해 바란다.

처음부터 합의되겠나? 세입자가 씩씩거리며 다시 내게로 온다. 관리비도 다 내었고 보증금도 다 못 받고 어려운 처지인데 50만 원이 말이나 되냐고 한다. 나는 그늘로 가자고 손을 끌었다. 7월의 뙤약볕이 너무 덥고 하니 시원한 그늘에서 이야기하자. 말을 내가 이어갔다.

"협상이란 상대성입니다. 내가 제시하면 그쪽도 제시금액이 부당하다는 것을 이야기하고 생각한 이사비를 제시해야죠. 그냥 화를 내며 마음대로 하라며 가신다면 제가 할 수 있는 일은 없습니다. 얼마를 원하십니까?"

"다른 데 물어보니, 150만 원 정도 받으면 된다던데…."

"150만 원 요구하면 100만 원 정도 받으시겠다고 말씀하셨겠지요. 저도 제 마음대로 결정할 사항이 아니니, 같이 하시는 분과 상의해보겠습니다."

항상 명도 시 가공의 인물을 내세워야 한다. 이것이 명도의 기법이고, 직접적인 협상에서 오는 감정의 골을 피할 수 있다. 협상해 80만 원에 관리비 정산과 도시가스 비용, 전기료 영수증을 주고,

집 비밀번호를 알려주면 바로 입금해드리겠다고 해서 결국 잔금 치고, 하루 만에 명도합의를 하고 명도를 끝냈다.

다음 날 10시부터 이사 한다고 해서 12시경 가니 용달차 한 대와 인부 세 명이 쓰레기를 싣고 있었다. 나는 이사 끝나고 명도확인서와 이사비를 전해드리고, 마지막 악수하며 격려해드리고 작별의 인사를 나누었다. 필자는 쓰레기와 몇몇 가재도구만 있다는 것을 임장 때부터 알고 있었다. 여러분도 판단해보길 바란다.

경매 송달내역에 보면 송달장소변경 신청서를 임차인이 냈다는 것은 이사했다는 것이다. 15년 경매에서 터득한 결론이다. 여러분도 꾸준히 하다 보면 경매 고수의 경지에 나도 모르는 사이에 도달하게 될 것이다.

12

경매와 일반 매매의 차이를 알자

경매는 일반 매매와 확실히 다른 장점이 있는데, 그것은 이중 매매 등 사기당할 염려가 없고, 경매로 나온 부동산은 함정이 많으므로 일반 매매에 비해 값이 저렴하다는 것이 큰 장점이다. 그 함정을 피해 나갈 수 있는 길이 권리분석이다. 권리분석이 정확해야만 싸게 매수할 수 있기에 권리분석에 관해 많은 경매 동호회들이 강의 내지는 상담을 하고 있다. 그럼 기본적인 권리분석에 대해 설명하겠다.

공적매매인 경매는 일반 매매와 달리 공인중개사가 없으므로 물건확인에 대해 설명해줄 사람이 없다. 오로지 자기 자신의 경험과 지식으로 경매 부동산의 매수 결정을 해야 하기에 권리분석의 실패는 엄청난 결과를 초래한다. 우선 권리분석을 하기 위해 꼭 알아야 할 것이 있는데 그것은 말소기준권리를 알아야 한다. 말소기준권리란 등기부상 제한물건, 즉 (근)저당, 담보가등기, (가)압류, 전세권(집합건물), 강제경매개시등기가 있다.

다음 사건에서 최○은(임차인) 씨는 기한이 끝나 보증금을 돌려

달라고 해도 돌려줄 생각을 안 하는 주인(대훈건설)을 상대로 보증
금반환청구소송을 제기해 승소 후 강제경매를 진행했다. 선순위
소유권이전청구권가등기가 있는 물건으로 아예 입찰해선 안 될 물
건이다. 첫 번째 공부를 안 한 초보 낙찰자는 200여만 원을 포기하
고 정신수양에 들어갔다. 두 번째 입찰자는 아는 분이 전화가 와서
410만 원을 포기해야 할 처지에 놓여, 필자에게 부탁해 난 아무것
도 모른다고 했다. 카페지기이고 평생교육원 교수라는데, 한번 봐
달라고 우리 회원과 같이 와서 사정하기에 며칠 있다가 오시라 했
다. 권리분석을 하고 낙찰자와 대동해 법원 서류 열람해 임차인보
다 빠른 조세채권을 발견하고 불허가 빌미를 찾아 혼을 다해 말해
불허가를 받아냈다.

2014타경15711 · 부산지방법원 본원 · 매각기일 : 2015.09.11(金) (10:00) · 경매 2계(전화:051-590-1813)

소재지	부산광역시 사하구 당리동 341-12, 대훈아트룸 7층 705호 도로명주소검색						
새 주소	부산광역시 사하구 낙동대로 368-1, 대훈아트룸 7층 705호						
물건종별	오피스텔	감 정 가	50,000,000원	오늘조회: 11 2주누적: 273 2주평균: 20 조회동향			
				구분	입찰기일	최저매각가격	결과
대 지 권	7.53㎡(2.278평)	최 저 가	(33%) 16,384,000원	1차	2014-10-31	50,000,000원	유찰
				2차	2014-12-05	40,000,000원	유찰
건물면적	26.64㎡(8.059평)	보 증 금	(20%) 3,280,000원	3차	2015-01-09	32,000,000원	유찰
				4차	2015-02-13	25,600,000원	유찰
매각물건	토지·건물 일괄매각	소 유 자	대훈건설(주)	5차	2015-03-20	20,480,000원	낙찰
					낙찰 20,480,000원(40.96%) / 1명 / 미납		
개시결정	2014-06-16	채 무 자	대훈건설(주)	6차	2015-05-29	20,480,000원	낙찰
					낙찰 21,000,000원(42%) / 1명 / 불허가		
사 건 명	강제경매	채 권 자	최■은	7차	2015-08-07	20,480,000원	유찰
				8차	2015-09-11	16,384,000원	

목록	구분	사용승인	면적	이용상태	감정가격	기타
건물	14층중 7층	03.06.20	26.64㎡ (8.06평)	오피스텔	36,000,000원	·도시가스 개별난방
토지	대지권		426.9㎡ 중 7.53㎡		14,000,000원	
현황 위치	·지하철1호선 당리역 남동측 인근에 위치하며, 부근은 노변들따라 각종 근린생활시설, 업무시설 등으로 형성되어 있으며, 후면으로는 단독주택 및 공동주택이 소재함 ·차량출입 용이하며, 인근에 지하철1호선 당리역 및 시내버스정류장이 위치하여 대중교통상황 편리한 편임 ·부정다각형의 토지로서 업무시설(오피스텔) 건부지로 이용중임 ·본건토지 남서측으로 노폭 약350l터 내외의 아스팔트포장도로에 접함					
참고사항	▶본건낙찰 2015.03.20 / 낙찰가 20,480,000원 / 부산시 동구 문■규 / 1명 입찰 / 대금미납 ▶본건낙찰 2015.05.29 / 낙찰가 21,000,000원 / 부산시 서구 손■헌 / 1명 입찰 / 최고가매각불허가결정					

* 임차인현황 (말소기준권리 : 2005.11.28 / 배당요구종기일 : 2014.08.28)

임차인	점유부분	전입/확정/배당	보증금/차임	대항력	배당예상금액	기타
최■은	주거용 전부	전 입 일 : 2004.03.08 확 정 일 : 2004.03.08 배당구일 : 2014.06.13	보38,000,000원	있음	예상배당표참조	임차권등기권자,경매신청인
임차인분석	▶현장 폐문부재하여 방문취지를 알리는 통지서를 현장에 두고 왔으나 연락이 없음 ▶동사무소에 전입세대열람 내역 신청한바 최■은(2004.03.08.)이 전입되어 있음 ▶매수인에게 대항할 수 있는 임차인 있으며, 보증금이 전액 변제되지 아니하면 잔액은 매수인이 인수함					

* 등기부현황 (채권액합계 : 538,000,000원)

No	접수	권리종류	권리자	채권금액	비고	소멸여부
1(갑1)	2003.07.02	소유권보존	대훈건설(주)			
2(갑2)	2004.04.06	소유권이전 청구권가등기	박■회		매매예약	인수
3(갑5)	2005.11.28	압류	부산진세무서		말소기준등기	소멸
4(갑5)	2006.02.20	가압류	(주)정리금융공사	500,000,000원	2006카단3162	소멸
5(갑7)	2007.12.24	압류	부산광역시사하구			소멸
6(갑9)	2008.11.04	압류	근로복지공단부산중부지사			소멸
7(갑9)	2008.11.24	압류	부산광역시부산진구			소멸
8(갑10)	2008.11.28	압류	국민연금공단부산지사			소멸
9(갑11)	2010.07.19	압류	국민건강보험공단부산진구지사			소멸
10(갑12)	2014.06.16	강제경매	최■■	청구금액: 38,000,000원	2014타경15711	소멸
11(을3)	2014.06.30	주택임차권(전부)	최■■	38,000,000원	전입:2004.03.08 확정:2004.03.08 2014카기902	
주의사항	▶ 매각허가에 의하여 소멸되지 아니하는 것-갑구 2번 소유권이전청구권가등기(2004.4.6.제12415호)는 말소되지 않고 매수인이 인수함 ▶이 사건 임차인에 우선하는 선순위 조세(2004.1.25. 금255,652,260원/당해세 1,427,510원) 있음					

부동산종합정보+	토지이용계획+	개별공시지가+	인근진행물건	동일번지진행물건	인근반경진행물건	인근매각물건	동일번지매각물건
공매인근진행물건	동산인근진행물건	임대차보호법	예상배당표	입찰가분석표	입찰표작성		

* 지자체 정보 및 기타현황

인근역과의 거리 (반경 1km이내)	·1호선 당리역 398m · 1호선 사하역 569m
당리동 주민센터	[604-831] 부산 사하구 낙동대로 380 / 전화: 051-220-4905 / 팩스: 051-220-5129 [홈페이지]
인근개발정보	·당리-재건축-1 · 당리-재건축-2
관련 사이트	·부산정비사업 · 부산진해경제자유구역 · 부산도시공사

비슷한 사건으로 대구의 카페회원 물건은 불허가를 받을 수 있는 사안인데 안 해주어 허가에 대해 이의신청을 하라고 했다. 그러나 당사자가 소송에 겁을 내고 의지가 약해 그를 호되게 나무랐다. "그럴 거면 뭣 하러 경매하며 입찰했느냐?" 타이르기도 하며 또 다른 방법

으로 취하를 생각했다. 세입자에게 결국 금일봉을 내고 취하해 1,840만 원 중 600여만 원 손해 보고 1,240만 원만 회수한 사건도 있었다.

경매는 처절해야 하고 너 안 죽으면 나 죽는다는 절박한 심정으로 싸워야 한다. 그러면 길은 열려 있다. 그 전에 먼저 임장할 만한 물건이 없을 땐 밤낮없이 공부해야 하는 이유가 이런 것이다. 똑같이 입찰해 누구는 보증금 포기하고, 누구는 보증금 돌려받고. 천당과 지옥에 둘 중 어디에 가느냐는 하늘과 땅 차이고, 공부하는 이유가 여기 있다.

한 건이면 1년 살 수 있는 생활비도 번다. 돈을 버는 것도 중요하지만 내 돈을 먼저 지킬 수 있어야 진정 경매꾼이고 고수라 할 수 있다. 학원 다닌다고 다 지키고 버는 것도 아니다. 다만 얼마나 노력했느냐가 결과로 귀결됨을 알아야 한다. 뭣도 모르면서 들은풍월 읊지 마라. 과연 여러분은 경매를 얼마나 알기에 남 앞에 말하는가? 반성해야 한다.

다음 사건은 저렴하기는 한데, 입찰해도 될까? 공부한 분은 알겠지만 입찰해도 된다. 좋은 물건이다. 선순위 소유권이전청구권 가등기가 있지만 혼돈으로 소멸이다. 혼돈이 무엇이냐? 모르면 공부하라. 가등기권자가 가등기의 원인으로 소유권을 넘겨받았으니, 사실상 가등기의 효력을 다 한 것이니 아무 의미가 없다.

주의할 점은 그래도 초보자인 은행 대출 담당 직원이 대출 실행 안 한다는 것이다. 물론 다음과 같은 도로는 원래 안 해준다. 예를 들은 것이다. 왜 좋은 물건이냐? 재개발지구이고 30평 이상이면 입주권이 나온다. 대박 물건이다. 이런 것을 보는 안목이 고수의 눈이다. 난 알아도 입찰 안 한다. 투자해놓고 기다릴 수 있는 나이가 아니라서 안 하는 것이다. 여러분은 젊으니까 도전하라. 재개발된다면, 분양권 안 받으면 5,000만 원 번다.

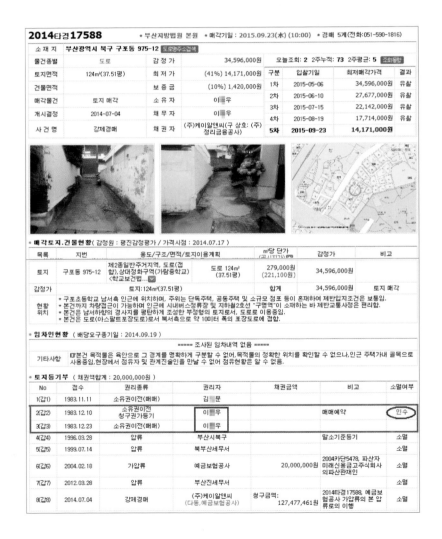

2014타경17588　　• 부산지방법원 본원 • 매각기일 : 2015.09.23(水) (10:00) • 경매 5계(전화:051-590-1816)

소재지	부산광역시 북구 구포동 975-12 도로명주소검색						
물건종별	도로	감정가	34,596,000원	오늘조회: 2 2주누적: 73 2주평균: 5 조회동향			
토지면적	124㎡(37.51평)	최저가	(41%) 14,171,000원	구분	입찰기일	최저매각가격	결과
건물면적		보증금	(10%) 1,420,000원	1차	2015-05-06	34,596,000원	유찰
매각물건	토지 매각	소유자	이■우	2차	2015-06-10	27,677,000원	유찰
개시결정	2014-07-04	채무자	이■우	3차	2015-07-15	22,142,000원	유찰
사건명	강제경매	채권자	(주)케이알앤씨(구 상호: (주)정리금융공사)	4차	2015-08-19	17,714,000원	유찰
				5차	2015-09-23	14,171,000원	

• 뼈각토지.건물현황(감정원 : 평진감정평가 / 가격시점 : 2014.07.17)

목록	지번	용도/구조/면적/토지이용계획	㎡당 단가 (공시지가)	감정가	비고
토지	구포동 975-12	제2종일반주거지역, 도로(접합),상대정화구역(가람중학교) <학교보건법...▣>	도로 124㎡ (37.51평)	279,000원 (221,100원)	34,596,000원	
감정가		토지:124㎡(37.51평)		합계	34,596,000원	토지 매각
현황 위치	• 구포초등학교 남서측 인근에 위치하며, 주위는 단독주택, 공동주택 및 소규모 점포 등이 혼재하여 제반입지조건는 보통임. • 본건까지 차량접근이 가능하며 인근에 시내버스정류장 및 지하철2호선 "구명역"이 소재하여 제반교통사정은 편리함. • 본건은 남서하향의 경사지를 평탄하게 조성한 부정형의 토지로서, 도로로 이용중임. • 본건은 도로(아스팔트포장도로)로서 북서측으로 약 10미터 폭의 포장도로에 접함.				

• 임차인현황 (배당요구종기일 : 2014.09.19)

===== 조사된 임차내역 없음 =====

기타사항	☞본건 목적물은 육안으로 그 경계를 명확히 구분할 수 없어, 목적물의 정확한 위치를 확인할 수 없으나,인근 주택가내 골목으로 사용중임.현장에서 점유자 및 관계진술인을 만날 수 없어 점유현황은 알 수 없음.

• 토지등기부 (채권액합계 : 20,000,000원)

No	접수	권리종류	권리자	채권금액	비고	소멸여부
1(갑1)	1983.11.11	소유권이전(매매)	김■문			
2(갑2)	1983.12.10	소유권이전 청구권가등기	이■우		매매예약	인수
3(갑3)	1983.12.23	소유권이전(매매)	이■우			
4(갑4)	1996.03.28	압류	부산시북구		말소기준등기	소멸
5(갑5)	1999.07.14	압류	북부산세무서			소멸
6(갑6)	2004.02.18	가압류	예금보험공사	20,000,000원	2004카단5478, 파산으로 미래신용금고주식회사의파산관재인	소멸
7(갑7)	2012.03.28	압류	부산진세무서			소멸
8(갑8)	2014.07.04	강제경매	(주)케이알앤씨 (다동,예금보험공사)	청구금액: 127,477,461원	2014타경17588, 예금보험공사 가압류의 본 압류로의 이행	소멸

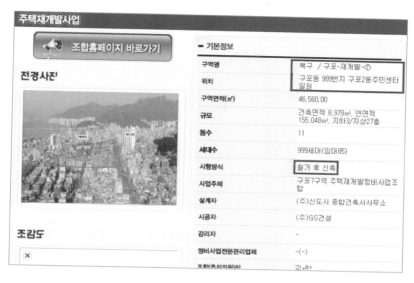

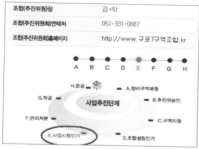

상가는 몇 번 낙찰도 받고 세도 놓아 보았지만, 개인적으로 본인 필요 때문에 산다면 모를까 세를 놓기 위해서라면 말린다. 왜냐하면, 상권은 활성화될 수도, 갑자기 쇠퇴할 수도 있기 때문이다. 서울에도 그런 곳 많다. 우리는 투자함에 있어 항상 최악의 상황을 염두에 두어야 한다. 한 예로 강원도의 빌딩이 경매로 나왔는데 카드회사가 입주해 있는 상태이고, 낙찰받아 세를 놓는다면 대박이

다. 그것을 학원에서 교육용 자료로 쓰던데, 상가는 순간적으로 대박이 쪽박으로 변한다. 지금은 카드회사 나가고 임차인이 없어 1년 넘게 공실이다. 공실이면 그냥 공실? 관리비 150여만 원에 대출이자 100여만 원, 250여만 원씩 매달 나간다. 세가 나가 있을 땐 월 500여만 원 수입이라 대박이나 공실이면 쪽박이다.

필자는 상가로 재미를 못 보아서 그런지 영업 동선이 어쩌고저쩌고 그런 분석은 딱 질색이다. 현장에 가서 세가 잘 나갈지 보고, 바닥 권리금 받을 수 있으면 입찰한다. 권리금의 종류는 세 가지가 있다. 바닥권리금, 시설권리금, 영업권리금. 그중 바닥권리금은 주인이 받을 수 있다. 물론 필자의 판단이 100% 옳은 것은 아니다. 상가 전문가는 상권분석이 예리하고 정확할 것이다.

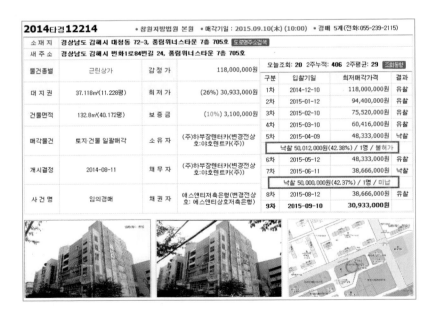

2014타경12214	● 창원지방법원 본원 ● 매각기일 : 2015.09.10(木) (10:00) ● 경매 5계(전화:055-239-2115)			
소 재 지	경상남도 김해시 대청동 72-3, 종림위너스타운 7층 705호 도로명주소검색			
새 주 소	경상남도 김해시 번화1로84번길 24, 종림위너스타운 7층 705호			

물건종별	근린상가	감 정 가	118,000,000원			
				오늘조회: 20 2주누적: 406 2주평균: 29 조회동향		
				구분	입찰기일	최저매각가격	결과
대 지 권	37.118㎡(11.228평)	최 저 가	(26%) 30,933,000원	1차	2014-12-10	118,000,000원	유찰
				2차	2015-01-12	94,400,000원	유찰
건물면적	132.8㎡(40.172평)	보 증 금	(10%) 3,100,000원	3차	2015-02-10	75,520,000원	유찰
				4차	2015-03-10	60,416,000원	유찰
매각물건	토지·건물 일괄매각	소 유 자	(주)하부장렌터카(변경전상호:야호렌트카(주))	5차	2015-04-09	48,333,000원	낙찰
				낙찰 50,012,000원(42.38%) / 1명 / 불허가			
개시결정	2014-08-11	채 무 자	(주)하부장렌터카(변경전상호:야호렌트카(주))	6차	2015-05-12	48,333,000원	유찰
				7차	2015-06-11	38,666,000원	낙찰
				낙찰 50,000,000원(42.37%) / 1명 / 미납			
사 건 명	임의경매	채 권 자	애스앤티저축은행(변경전상호: 에스앤티상호저축은행)	8차	2015-08-12	38,666,000원	유찰
				9차	2015-09-10	30,933,000원	

● 매각물건현황 (감정원 : 동원감정평가 / 가격시점 : 2014.08.16 / 보존등기일 : 2002.11.16)

목록	구분	사용승인	면적	이용상태	감정가격	기타
건물	8층중 7층	02.11.12	132.8㎡ (40.17평)	공실	82,600,000원	
토지			대지권 1316.9㎡ 중 37.118㎡		35,400,000원	
현황위치	* 주변은 아파트, 상가 등이 소재하며, 차량출입 용이하고 대중 교통사정은 보통시임. * 정방형의 평지로 상가부지로 이용중이며, 북측으로 도로에 접합.					
참고사항	▶본건낙찰 2015.04.09 / 낙찰가 50,012,000원 / 1명 입찰 / 최고가매각불허가결정 ▶본건낙찰 2015.06.11 / 낙찰가 50,000,000원 / 1명 입찰 / 대금미납					

● 임차인현황 (말소기준권리 : 2010.05.19 / 배당요구종기일 : 2014.10.31)

===== 조사된 임차내역 없음 =====

기타사항	☑점유자 없이 공실 상태임. ☑관리사무소에 탐문한 결과 수년전부터 점유자 없이 폐쇄되어 있고 관리비가 약2,800만원 미납되어 있다고 함. ☑세무서에 등록사항 등의 열람 및 제출 요청한 결과 본건 등록된 사항이 없고 주민등록 전입세대열람 결과 전입된 세대가 존재하지 않음.

● 등기부현황 (채권액합계 : 910,000,000원)

No	접수	권리종류	권리자	채권금액	비고	소멸여부
1(갑13)	2010.04.21	소유권이전(매매)	야호켄트카(주)		거래가액:100,000,000	
2(을4)	2010.05.19	근저당	에스앤티저축은행	390,000,000원	말소기준등기	소멸
3(을5)	2010.08.13	근저당	에스앤티저축은행	520,000,000원		소멸
4(갑14)	2011.12.29	압류	서울특별시강서구			소멸
5(갑15)	2012.07.24	압류	부산광역시 사상구			소멸
6(갑16)	2012.09.06	압류	서울특별시 강서구			소멸
7(갑17)	2012.10.29	압류	부산진세무서			소멸
8(갑18)	2012.11.01	압류	서울특별시 양천구			소멸
9(갑21)	2013.01.25	압류	서울특별시양천구			소멸
10(갑22)	2013.05.20	압류	서울특별시양천구			소멸
11(갑23)	2013.08.09	압류	서울특별시영등포구			소멸
12(갑24)	2013.08.27	압류	서울특별시마포구			소멸
13(갑25)	2013.11.06	압류	양천세무서			소멸
14(갑26)	2014.03.03	압류	서울특별시양천구			소멸
15(갑29)	2014.07.21	압류	서울특별시양천구			소멸
16(갑30)	2014.08.11	임의경매	에스앤티저축은행	청구금액: 336,759,082원	2014타경12214,변경전 상호:에스티앤티상호저축은행	소멸
17(갑31)	2014.08.18	압류	국민건강보험공단			소멸
18(갑34)	2014.10.06	압류	서울특별시양천구			소멸
19(갑35)	2014.10.31	압류	서울특별시양천구			소멸

주의사항	▶관리비 약2,800만원 미납됨(기준:현황조사일)

이 사건에서 문제는 수년간 밀려 있는 2,800만 원의 관리비다. 관리비에 대해 여러분은 제대로 아는가? 관리비는 공용으로 전액 인수로 보는데, 임차인이 없이 공실이니까. 관리비는 판례에 의해 3년 이하만 받을 수 있다. 왜? 일종의 채권으로 3년이 소멸 기간 이라서 그러지 싶다. 세만 잘 나간다면, 아니면 경매 학원이 될 만 하면 도전해보라. 요즘 경매 3년 하면 너도나도 경매 강사 한다고

하니 말이다. 아니면 노래연습장으로 세를 놓든 알아서 판단하라.

채부사가 말하는 '천지인의 낙찰 대박 사건!'

그저께 저녁이었나? 천지인 형님으로부터 전화가 왔다.

"동생, 바쁘지?. 이거 뭐 바빠서 자네 모텔도 한번 못 가보고 장사는 그래 좀 어떻나?"

"어? 형님 어쩐 일입니까? 지는 마, 그냥저냥 있습니다. 행수님은 괜찮으십니까?"

"동생, 내가 김천에 주택 하나랑 주유소 쪼매난 거 하나 입찰 들어갈라는데 아무래도 자네가 그쪽 동네니까 내보다 잘 알 거 아이가? 그래서 머 좀 물어볼라고."

형님이 김천 남산동 주택이 관심을 두고 있다는 소식은 니캉내캉 님한테 들어 알고 있던 터라 나도 바로 대답이 나간다.

"예, 형님. 그 동네는 이래서 좋고 저래서 안 좋고…, 교통이 어쩌고저쩌고…, 이쁜 여자들이 있고 없고, 남북통일이 어쩌고저쩌고… 그렇습니다, 형님."

뭣도 모르면서 아는 체 해본다. 뭐, 이때가 아니면 언제 고수한테 잘난 체를 해보랴, 흠.

"응. 그렇지? 그래, 응 그건 그리고 구야리에 석유판매소 쪼매난 거 하나 나온 거 있던데, 거기는 좀 어떻나?"

근래 여러 가지 일로 인해 물건 검색을 소홀히 하고 있던 나로서는 그 물건에 대해 아는 바가 없는 게 당연지사. 더듬거리다가 전화드리겠다고 하고 물건을 검색했는데….

2012타경9118 · 대구지방법원 김천지원 · 매각기일 : 2013.04.25(木) (10:00) · 경매 2계 (전화:054-420-2092)

소재지	경상북도 김천시 남산동 8-11 도로명주소검색		
물건종별	주택	감정가	64,997,220원
토지면적	147.6㎡(44.649평)	최저가	(70%) 45,498,000원
건물면적	70.32㎡(21.272평)	보증금	(10%) 4,550,000원
매각물건	토지·건물 일괄매각	소유자	문■철
개시결정	2012-11-14	채무자	문■철
사건명	임의경매	채권자	김천농협

오늘조회: 1 2주누적: 0 2주평균: 0 조회동향

구분	입찰기일	최저매각가격	결과
1차	2013-03-27	64,997,220원	유찰
2차	2013-04-25	45,498,000원	

낙찰 : 56,378,000원 (86.74%)
(입찰10명,낙찰:김■남■희 /
2등입찰가 56,130,000원)
매각결정기일 : 2013.05.02 - 매각허가결정
대금지급기한 : 2013.05.27
대금납부 2013.05.10 / 배당기일 2013.06.21
배당종결 2013.06.21

2,953만 원에 낙찰받은 대박 물건(사진에는 낙찰액이 잘못 기재되었다)

　　다른 건 차치하고 우선 눈에 띄는 것이 감정가보다 아주 싼 임차인 보증금과 상당한 월세다. 감정가 2,950만 원짜리 물건에 보증금 500만 원에 월세가 40만 원이란다. 얼핏 봐도 대박 물건 아닌가? 은행에 3,000만 원 돈 넣어놔 봐라. 이자랍시고 얼마나 나올까? 전화를 드렸다.

　　"형님, 좋은데요. 김천에서 6~7㎞밖에 안 떨어져 있고 뭣보다 지금 월세가 진짜라면 이건 끝내주는 것 같습니다. 임차인 보증금하고 월세가 진짜인가만 밝히면 되겠는데요?"

　　"그렇지? 내일모레가 입찰인데 남산동 주택하고 이거 하고 두 개 들어가 볼라고. 김천까지 가서 하나만 입찰해서 패찰하면 억울하잖아, 니캉내캉 님이 내일모레 아침 9시까지 역으로 나오라고 했네."

"예, 형님 9시 30분까지 남산동 주택으로 가겠습니다."

이틀 후 천지인 형님, 니캉내캉 님, 비주얼채 님과 남산동 주택을 둘러보고 구야리 주유소 현장에 들러 늦었지만 이른(입찰 당일에 하는 임장이라 늦었다는 거고, 아침 일찍 하는 임장이라 이르다고) 임장을 했다. 법원에 오니 버버리 님이 와서 반긴다.

구아리 물건 29,530,000원에 낙찰!

영수증을 받아오는 형님이 씩 웃는다. 원래 신건에 50만 원을 더 쓴다. 그런데 내가 1만 원만 더 쓰라고 했고, 예상은 적중했다(아, 나는 정녕 입찰가의 神이런가?).

형님으로부터 낙찰 턱으로 직지사 산채비빔밥을 얻어먹고, 처남 형님이 하는 주유소에 들러 차 한잔하는데, 이제부터가 대박! 처남에게서 들은 얘기는 이러했다. 사실 이곳은 주유소가 아니라 주유소를 하는 사람들이 영수증, 카드결제 등의 탈세 및 단속적발 시 피해가기 위해 영업을 하지 않는, 위장 기름 저장소였다. 요즘은 기름 저장소의 허가가 나지 않을뿐더러 저장소의 허가가 난다고 해도 주변 사람들의 민원 때문에 영업할 수가 없다는 것이다. 그뿐만 아니라 오늘 낙찰받은 이곳보다 못한 장소가 얼마 전 1억 5,000만 원에 거래 되었다는 것이다. 2,500만 원 정도 투자로 월세 40만 원 받는 것도 대단한 것 아닌가? 그런데 그 보증금에 월세는 줄을 서 있으며 당장 팔아도 1억 5,000만 원 이상 가는 정말 대박 물건을 건진 것이었다.

여기서 우리가 깊이 고민해봄 직하다.

· 천지인 형님은 어떻게 저런 멋진 물건을 잡았을까?
· 우리는 왜, 저런 물건을 보지 못하는 걸까?
· 경매는 정말 많은 돈이 있어야만 잘하는 걸까?
· 과연 우리는 뼛속까지 경매인이라고 할 수 있을까?
· 천지인 형님은 시간이 남아돌아서 물건 검색을 많이 할까?

나름 영리하고 똑똑하기로 소문난 니캉내캉 님과 어리버리 채부사는 얼굴을 들 수 없었으니… 지금도 보증금 500만 원에 월세 30만 원, 또박또박 1년 선세로 받고 있다나? 아이코, 배야.

세 번의 기회는 온다. 기회가 왔을 때 승부를 걸어라!

2009년 8월 1일, 친구가 창원시청 과장으로 승진발령이 났다. 부산시 수영구 민락동에 사는 관계로 우선 원룸이라도 얻어보려고 같이 여행 삼아 갔다 오자는 제의를 받고 함께 가게 되었다. 기름값도 비싼데 혹시나 원룸이나 조그만 아파트라도 경매 물건이 있으면 낙찰받아 친구한테 세라도 주려고 훑어보고 두 개를 임장하기로 했다.

물건지로 가보니 창원은 기획도시라 너무나 비싸고 길거리는 사람이 없었다. 두 군데를 보고 입찰할 마음을 접었다. 임장해보니 장사 되지도 않는 모텔이었다. 말이 모텔이지 여관급이다. 주위에 중개업소에 들러 시세를 알아보니 4억 원 받기 힘들다는 이야기를 듣고 실망했다.

친구에게 권할 원룸이나 투룸을 알아보니 이 지역은 상업지역에 땅이 없어 원룸을 건축하지 못한단다. 장기 투숙자를 구하는 여관이 있으니 그쪽으로 가보라고 권한다. 가격을 물어보니, 원룸 500/35만 원, 투룸 500/55만 원이란다. 그래서 이 모텔에도 방이 나온 게 있냐고 물으니 투룸은 없고 방 하나인데 굉장히 넓다고 해서 임장할 겸 가보았다. 얼마냐고 하니 500/50만 원이란다. 경매도 진행 중인데 갖은 감언이설로 말한다. 계약할 것처럼 하고 2층부터 5층까지 서너 개 빼고 다 보았다. 오래된 집이라 방이 아주 크고, 특히 화장실이 작은 방만하고 월풀욕조까지 있다. 머리에 번뜩 떠오르는 생각이, 이걸 원룸으로 개조하면 어떨까? 기본적으로 침대, 화장실과 샤워실, TV, 소형냉장고까지 있다.

오는 길에 친구와 이야기하는데 원룸개조는 주차장법의 강화로 불가능하고 차라리 고시원이면 가능하단다. 원룸은 당시만 해도 0.5대의 주차장을 확보해야만 가능했다. 불법으로 하면 안 되느냐 하니 주위에서 신고만 들어 오지 않는다면 단속을 하는 경우가 별로 없단다. 오면서 맛있는 회를 먹고 집에 와 곰곰이 몇 날 며칠을 고민했다. 떨어진 이유가 있었다. 잘되지 않는 여관에다가 유치권까지 걸려 있으니. 다시 한 번 임장을 심도 있게 해보기로 했다.

며칠 후 혼자서 작심하고 심층 조사했다. 채권은행에도 가서 담당자와 협상을 했다. 조금 높게 받을 터이니 대출을 부탁하자, 이건으로 골머리가 아프니 윗사람에게 이야기해도 불가능하단다. 유치권 배제를 했는데 이유가 뭐냐고 하니 작년에 수십 번을 이자 독촉하러 갔으나 공사한 적도 없고, 유치권자를 만나려고 가도 점유도 하지 않고 있으며 어떤 표식도 없고 1층 세탁소에 물어봐도 오히려 유치권이 뭐냐고 묻더란다. 그럼 틀림없이 저가에 낙찰받으려는 소유자의 계략인 것인 틀림없는 것 같다.

물건지 1층 가게에 가서 확인하고 2층 여관 세입자한테까지 공사한 사실이 없다는 진술서를 확보했다. 지하에 가 유치권에 관해 물으니 유치권은 있다는데 내막은 모른다나? 자기네가 해놓고 모른다?

집에 와 (주)삼정건설 법인등기부등본을 떼어보니, 대표이사가 이○정이었다. 어디서 많이 본 이름인데, 하고 굿옥션 경매 정보를 보니 지하층에 3,000만 원에 세입자로 있는 이○정? 동명이인인가? 우연의 일치라도 이렇게 딱 맞을 수가? 다시 채권은행 농협에 전화해 그 사람 세입자 주민등록번호 앞자리만 알려달라고 하니 알려주지 않는다.

다음 날 바쁜 시간이 지나 2시경 은행담당자에게 비싼 컨디션 음료를 내밀며 같은 사람이면 고개라도 끄덕여달라고 애원했다. 복사한 서류를 혼자 보면서 흠칫 놀라는 표정이다.

"대단합니다. 어디에 계십니까?"
조용히 명함을 드렸다.
"입찰하시죠."
"대출이라도 해주신다면…."

긍정적으로 검토하겠단다. 야호, 입찰가 산정은 초보나 고수나 고민은 매한가지다. 3억 원으로 하려고 했으나 확실한 게 좋다. 3억 1,000만 원? 뭐가 찜찜해 300만 원을 더 붙였다. 입찰 당일 또다시 구땡, 99를 붙이자. 입찰서를 정정해 313,990,000원을 써서 투찰했다.

후회스럽다. 물건을 볼 줄 아는 사람이 입찰한다면 저번 회차 가격을 넘기는 거 아닌가? 불안하고 초조하다. 사건번호가 불리고 입찰자들 법대 앞으로 나오라는데, 떨어졌구나. 열 명이라니? 그런데 집행관 보조가 내 입찰서를 펴서 제일 위에 올리는 게 아닌가. 야호! 쾌재를 불렀다. 드디어 발표가 나고 최고가매수신고인이 되었다. 2등이 그 지하 세입자 이○정이었다. 초짜는 3억 원에 귀도 안 달았다. 그럴 줄 알았으면 99만 원을 괜히 썼다는 후회가 들었다. 인간의 마음이란 이렇게 간사한가 보다. 입찰하고 나면 항상 후회스럽다. 그럴 줄 알았으면 1,000만 원 적게 쓸걸! 순간적으로 1,400만 원이 날아갔다.

2009타경1623 • 창원지방법원 본원 • 매각기일 : 2009.08.27(木) (10:00) • 경매 7계 (전화:055-239-2117)

소 재 지	경상남도 창원시 중앙동 79-3 도로명주소검색						

물건종별	근린시설	감 정 가	624,511,690원

| | | | 오늘조회: 1 2주누적: 4 2주평균: 0 조회동향 |

구분	입찰기일	최저매각가격	결과
1차	2009-04-28	624,511,690원	유찰
2차	2009-05-25	499,609,000원	유찰
3차	2009-06-25	399,687,000원	유찰
4차	2009-07-28	319,750,000원	유찰
5차	**2009-08-27**	**255,800,000원**	

토지면적	210.6㎡(63.707평)	최 저 가	(41%) 255,800,000원

건물면적	868.17㎡(262.621평)	보 증 금	(10%) 25,580,000원

낙찰 : 313,990,000원 (50.28%)

(입찰10명,낙찰:김
2등입찰가 300,000,000원)

매각물건	토지·건물 일괄매각	소 유 자	박■회

매각결정기일 : 2009.09.03 - 매각허가결정

개시결정	2009-01-16	채 무 자	박■회

대금지급기한 : 2009.09.30

사 건 명	임의경매	채 권 자	농협중앙회

배당기일 : 2009.10.26

배당종결 2009.10.26

• 매각토지.건물현황 (감정원 / 한국감정평가 / 가격시점 : 2009.03.18)

목록	지번	용도/구조/면적/토지이용계획		㎡당 단가	감정가	비고
토지	중앙동 79-3	일반상업지역,중심지미관지구,제1종지구단위계획구역, 소로3류(국지도 로)(접함)	대 210.6㎡ (63.707평)	1,430,000원	301,158,000원	표준지공시지가 : (㎡당)1,030,000원
건물	1	위지상 철근콩크리트조을래브	지하 금성골프스쿨 147.84㎡(44.722평)	231,000원	34,151,040원	• 사용승인:1989.12.08
	2		1층 점포2 144.89㎡(43.829평)	317,000원	45,930,130원	• 상호:엄마손세탁빨래방,장모님양념통닭
	3		2층 토마토모텔 143.94㎡(43.542평)	433,000원	62,326,020원	
	4		3층 토마토모텔 143.94㎡(43.542평)	433,000원	62,326,020원	
	5		4층 토마토모텔 143.94㎡(43.542평)	433,000원	62,326,020원	
	6		5층 토마토모텔 114.82㎡(34.733평)	433,000원	49,717,060원	
			면적소계 839.37㎡(253.909평)		소계 316,776,290원	
제시외 건물	1	중앙동 79-3 조적조슬래브	옥상 창고및옥탑 27.5㎡(8.319평)	231,000원	6,352,500원	매각포함
	2		단층 화장실 1.3㎡(0.393평)	173,000원	224,900원	매각포함
		제시외건물 포함 일괄매각	면적소계 28.8㎡(8.712평)		소계 6,577,400원	
감정가		토지:210.6㎡(63.707평) / 건물:868.17㎡(262.621평)			합계 624,511,690원	일괄매각

현황 위치	• '중앙동오거리' 동측인근에 위치, 주위는 숙박시설, 각종 근린시서 등 밀집한 상업지대 • 본건까지 차량출입가능, 인근에 시내버스정류장 위치, 대중교통사정 보통 • 가로장방형 평지, 북동측으로 폭 약6m내외의 도로와 접함 • 심야전기난방, 유류보일러 온수설비

• 임차인현황 (말소기준권리 : 2001.12.22 / 배당요구종기일 : 2009.03.25)

임차인	점유부분	전입/확정/배당	보증금/차임	대항력	배당예상금액	기타
목■자	점포 1층일부 (엄마손세탁)	사업자등록: 2009.02.12 확 정 일: 미상 배당요구일: 2009.02.12	보20,000,000원 월500,000원	없음	배당금 없음	경매등기후 사업자등록
이■미	점포 1층일부 (장모님양념통닭)	사업자등록: 2000.12.04 확 정 일: 미상 배당요구일: 2009.02.12	보13,400,000원 월250,000원	없음	배당금 없음	
이■정	점포 지하층전부 (금성골프스쿨)	사업자등록: 2009.01.12 확 정 일: 2009.01.12 배당요구일: 없음	보30,000,000원	없음	배당금 없음	배당요구없음
최■임	영업소 2-5층전부 (토마토모텔)	사업자등록: 2008.09.24 확 정 일: 2008.10.27 배당요구일: 2009.02.11	보50,000,000원	없음	배당여부불투명	현황서상 사업자:200 8.10.27
기타사항	임차인수: 4명 , 임차보증금합계: 113,400,000원 , 월세합계: 750,000원					
	▶주민등록상 장■운(전입:2007.08.01) 전입되어 있으나, 임차관계 및 점유는 불명임					

• 건물등기부 (채권액합계 : 687,665,455원)

No	접수	권리종류	권리자	채권금액	비고	소멸여부
1	2001.12.22	근저당	농협중앙회 (창원남지점)	611,000,000원	말소기준등기 창원남지점	소멸
2	2002.01.18	근저당	농협중앙회	52,000,000원		소멸
3	2003.11.15	소유권이전(매매)	박■회			
4	2009.01.16	임의경매	농협중앙회 (창원여신관리단)	청구금액: 663,000,000원	2009타경1623	소멸
5	2009.03.12	가압류	진해농협	24,665,455원		소멸

• 토지등기부 (채권액합계 : 687,665,455원)

No	접수	권리종류	권리자	채권금액	비고	소멸여부
1	2001.12.22	근저당	농협중앙회 (창원남지점)	611,000,000원	말소기준등기 창원남지점	소멸
2	2002.01.18	근저당	농협중앙회	52,000,000원		소멸
3	2003.11.15	소유권이전(매매)	박■회			
4	2009.01.16	임의경매	농협중앙회 (창원여신관리단)	청구금액: 663,000,000원	2009타경1623	소멸
5	2009.03.12	가압류	진해농협	24,665,455원		소멸

주의사항	※유치권신고 있음-주식회사삼정건설로부터 유치권신고(공사대금 119,200,000원) 있으나 그 성립여부는 불분명함 • 신청채권자 농업협동조합중앙회로부터 유치권배제신청 했음

모텔에서 3분 거리 롯데마트와 이마트 주차장을 보고, 꼭 낙찰
받아야겠다는 생각에 지른 것이다. 여관의 주차장이 협소해 4대
정도밖에 주차할 수 없다. 롯데마트, 이마트 주차장으로 이용하면
원룸으로선 딱 아닌가? 또 하나의 약점은 옛날건물이라 엘리베이
터가 없고, 건물 외부를 리모델링을 해야 한다는 것이었다. 계획을
세우고 명도협상에 들어가면서 잔금대출을 알아보니 유치권이 있

다고 해서 대출해주는 곳이 없어 아주 애를 먹었다.

기쁨은 순간이고 낙찰되고도 걱정이 앞설 뿐이었다. 만약 대출이 안 된다면? 결국 보증금(2,558만 원)을 포기할 수밖에 없는 게 아닌가. 최선을 다해 처절하게 두드려라. 그러면 열릴 것이다. 그래도 부산에서 법무사 근무하면서 몇몇 은행 대출 담당자를 알고 있어 부탁했으나 잘 안 되었다. 아, 보증금 떼이고 포기해야 하나? 이 건이 나에게 일생일대의 승부라 생각하고 부산의 모든 지인을 만나 부탁하고 설명해도 유치권 포기각서를 받아오란다. 미치고 환장할 일이었다.

내가 나에게 물었다. "여기까지 어떻게 왔는데 이대로 무너지겠냐?" 내 인생에 포기란 없다. 수협의 아는 은행장을 만나 법무사 경매 팀장 시절에 대항력이 있는 임차인 때문에 은행장이 대출과장 시절 도와준 기억이나 찾아가 애절히 부탁했다. 유치권배제 신청 접수 복사와 지하의 이○정이 임차인이라는 것만 증명하면 대출해주겠단다. 하늘이 도운 것이다. 결국, 서류를 복사하고 임차인 사실확인서를 만들어 주고 2억 5,100만 원을 대출받아 무사히 잔금을 치렀다.

기본정보			
• 사건번호 : 2009타경1623 부동산임의경매			
• 조사일시 : 2009년02월11일12시00분 2009년02월23일10시05분			
부동산 임대차 정보			
번호	소재지		임대차관계
1	경상남도 창원시 중앙동 79-3		0명
2	경상남도 창원시 중앙동 79-3		5명
부동산의 현황 및 점유관계 조사서			
1. 부동산의 점유관계			
소재지	1. 경상남도 창원시 중앙동 79-3		
점유관계			
기타			

소재지	2. 경상남도 창원시 중앙동 79-3
점유관계	임차인(별지)점유
기타	*전입세대열람내역서 발급확인결과 별지 조사된 임차인들외 장용운세대가 등재되어 임차인으로 보고함*

2. 부동산의 현황

본건1.토지는 현`대`로 이용중이며 위 지상 본건2의 제시건물 소재함.

임대차관계조사서
1. 임차 목적물의 용도 및 임대차 계약등의 내용
[소재지] 2. 경상남도 창원시 중앙동 79-3

	점유인	이■정(금성골프스쿨)	당사자구분	임차인
	점유부분	지하층 전체	용도	점포
1	점유기간	2008년 12월 01일 ~ 현재		
	보증(전세)금	3000 만원	차임	
	전입일자	2009.01.12	확정일자	2009.01.12
	점유인	목■자(엄마손세탁)	당사자구분	임차인
	점유부분	1층내 점포1칸	용도	점포
2	점유기간	2004년 06월 01일 ~ 현재		
	보증(전세)금	2000 만원	차임	50 만원
	전입일자	사업자등록사항등의 현황서 발급확인결과 해당사항없음	확정일자	미확인
	점유인	이■미(장모님양념통닭)	당사자구분	임차인
	점유부분	1층내 점포1칸	용도	점포
3	점유기간	2005년 10월 30일 ~ 현재		
	보증(전세)금	1340 만원	차임	25 만원
	전입일자	2000.12.04	확정일자	미확인
	점유인	최■임(토마토모텔)	당사자구분	임차인
	점유부분	2층~5층 전부	용도	주거및점포
4	점유기간	2008년 09월 23일 ~ 현재		
	보증(전세)금	5000 만원	차임	없음
	전입일자	2008.10.27	확정일자	2008.10.27

순위번호	등 기 목 적	접 수	등 기 원 인	권 리 자 및 기 타 사 항
9	전세권설정	2002년3월11일 제25046호	2002년3월8일 설정계약	전세금 금20,000,000원 범위 1층 남서편 약99.20㎡ 존속기간 2002년 3월 8일부터 2002년 12월 7일까지 전세권자 안■자 620825 ******* 창원시 용호동 70 용지아파트 210동 401호 도면편철장 제2책 303면
10	9번전세권설정등기말소	2004년6월7일 제42731호	2004년6월4일 해지	
11	7번근저당권설정, 8번근저당권설정 등기말소	2009년9월23일 제66347호	2009년9월23일 임의경매로 인한 낙찰	
12	근저당권설정 **251,000,000 대출**	2009년9월23일 제66348호	2009년9월23일 설정계약	채권최고액 금326,300,000원 **130%** 채무자 김■정 경상남도 진해시 용원동 1244-3 근저당권자 수산업협동조합중앙회 110136-0000014 서울특별시 송파구 신천동 11-6 **부산 영도지점** 공동담보 토지 경상남도 창원시 중앙동 79-3
12-1	12번근저당권변경	2012년4월30일 제26984호	2012년4월30일 계약인수	채무자 박■란 경상남도 거제시 상동7길 30, 111동 602호 (상동동,내동더숲아파트)
12-2	12번등기명의인표시변경		2011년10월31일 도로명주소	수산업협동조합중앙회의 주소 서울특별시 송파구 오금로 62(신천동) 2013년10월7일 부기

유치권자는 허위 유치권자라는 것을 내세워 압박하고 내용증명 한 장 보내 쉽게 재계약으로 마무리되었다. 이 사건으로 종잣돈 없이 고생하던 일이 주마등처럼 흐른다. 원룸으로 리모델링해 월세 주고 안 나갈 땐 여관으로 이용하니 꿩 먹고 알 먹고가 아닌가? 지인이 많다 보니 많은 도움을 받았다. 돈이 없었으나 대륙건설을 운영하는 지인에게 부탁해 멋지게 리모델링했다.

【　매　매　목　록　】			
목록번호	2012-460		
거래가액	금1,100,000,000원	양도세와 중개사 수수료는 매수자가 부담함	
일련번호	부동산의 표시		순위번호
1	[건물] 경상남도 창원시 성산구 중앙동 79-3		18
2	[토지] 경상남도 창원시 성산구 중앙동 79-3		14
		-- 이 하 여 백 --	

양도세와 중개수수료 매수자 부담으로 11억 원에 매도

2년 6개월 동안 월세 1,100만 원씩 잘 받다가 대우조선에 다니다 정년 퇴임한 분께 11억 원에 매도했다. 양도세와 중개수수료 매수자 부담으로. 이때 창원은 원룸 지을 터 자체가 없었다. 지금도 공실 자체가 없으며, 세입자들은 줄을 서 기다리는 곳이다. 내 경매 인생에서 가장 대박 난 사건이다.

이 책을 끝까지 읽어주신 독자 여러분에게 감사의 말씀을 전한다. 한 번 읽어서 이해가 가지 않으면 다시 한 번 읽기 바란다. 그리고 몇 번을 읽어도 이해가 안 될 때는 다음 카페 '천지인의 실전경매(http://cafe.daum.net/cheonjiinauction)'로 와서 질문하면 자세히 설명해주겠다.

만일 이 책 내용을 다 이해한다면, 중수 정도의 실력이라고 인정하겠다. 물론 경매에 대한 내용만 알아서는 소용이 없다. 무엇보다 실제 물건을 골라 입찰 경험을 쌓는 게 중요하다. 풍부한 경험을 쌓고 낙찰되어, 경제적 자유를 누리기를 두 손 모아 기원한다.

본 책의 내용에 대해 의견이나 질문이 있으면
전화(02)360-4565, 이메일 dodreamedia@naver.com을 이용해주십시오.
의견을 적극 수렴하겠습니다.

나는 경매로 노숙자에서 억대 연봉자가 되었다

제1판 1쇄 인쇄 | 2016년 11월 17일
제1판 1쇄 발행 | 2016년 11월 28일

지은이 | 천지인(김광석)
펴낸이 | 고광철
펴낸곳 | 한국경제신문 *i*
기획·편집 | 두드림미디어

주소 | 서울특별시 중구 청파로 463
기획출판팀 | 02-3604-565
영업마케팅팀 | 02-3604-595, 583 FAX | 02-3604-599
E-mail | dodreamedia@naver.com
등록 | 제 2-315(1967. 5. 15)

ISBN 978-89-475-4154-1 03320

책값은 뒤표지에 있습니다.
잘못 만들어진 책은 구입처에서 바꿔드립니다.